高等学校供应链管理专业核心课程教材

供应链风险管理

韩　兵　骆嘉琪　编著

中国财富出版社有限公司

图书在版编目（CIP）数据

供应链风险管理／韩兵，骆嘉琪编著．--北京：中国财富出版社有限公司，2025.2（2025.8重印）．--ISBN 978-7-5047-8404-9

Ⅰ．F252.1

中国国家版本馆CIP数据核字第2025QK5866号

策划编辑	徐　妍	**责任编辑**	徐　妍	**版权编辑**	武　玥
责任印制	荀　宁	**责任校对**	杨小静	**责任发行**	敬　东

出版发行	中国财富出版社有限公司		
社　　址	北京市丰台区南四环西路188号5区20楼	**邮政编码**	100070
电　　话	010－52227588转2098（发行部）		010－52227588转321（总编室）
	010－52227566（24小时读者服务）		010－52227588转305（质检部）
网　　址	http：//www.cfpress.com.cn	**排　　版**	宝蕾元
经　　销	新华书店	**印　　刷**	北京九州迅驰传媒文化有限公司
书　　号	ISBN 978-7-5047-8404-9/F·3786		
开　　本	787mm×1092mm　1/16	**版　　次**	2025年3月第1版
印　　张	21.5	**印　　次**	2025年8月第2次印刷
字　　数	458千字	**定　　价**	68.00元

高等学校供应链管理专业核心课程教材编委会

总 序

进入 21 世纪以来，经济全球化作为世界经济运行的趋势，使得资本、技术、劳动力、信息等要素实现了全球优化配置和流通。作为现代服务业的重要组成部分，供应链与物流产业发挥着支撑国民经济运行和发展的重要作用，已成为衡量一个国家现代化发展水平和综合国力的重要标志。党的十八大以来，我国现代物流产业进入发展快车道，供应链与物流产业地位稳步提升。2020 年全球范围内新冠疫情的暴发、2022 年的俄乌冲突对全球产生了广泛的影响，全球产业链和供应链加速重构。因此，加强供应链与物流管理理论、技术和方法的研究与学习，具有重要的现实意义。

随着国家经济、社会的发展，我国高等教育展示出新的发展形势。一是高等教育的作用从基础支撑转向支撑与引领并重；二是高等教育从大众化阶段进入普及化阶段，成为每个人职业生涯的“基础教育”；三是高等教育从相对单一的类型结构转变为更加合理、体系完备的类型结构，多样化将成为我国高等教育发展的最显著的特点；四是随着我国综合国力的增强，我国高等教育将走向世界舞台，在全球范围内发挥作用。

为适应我国经济发展需要，加快培养企业急需的供应链管理人才，推动供应链管理人才队伍建设，中国物流与采购联合会、教育部高等学校物流管理与工程类专业教学指导委员会积极推动供应链管理专业的本科目录申报工作。2017 年，第一所开设供应链管理专业的本科院校开始招生，2018 年备案院校为 8 所，2019 年达到 17 所，2020 年供应链管理专业正式进入教育部本科专业目录。截至 2021 年，全国有 20 个省（自治区、直辖市）的 55 所高校设立了供应链管理专业，基本覆盖了我国大部分地区。供应链管理专业作为新文科建设中的一个新设立的专业，在专业建设中需要面向国际、面向未来，站在战略高地，抓住机遇、突出亮点，做到供应链、价值链、产业链紧密结合；同时要尊重各高校的自主办学权，主动打破学科边界，课程与实践都要展现新文科专业的创新本质。

针对我国经济发展特点、高等教育的新形势，以及全国高校供应链管理专业的设立情况，本套教材编委会提出了七个方面的总体要求。一是坚持正确的政治导向，培养新时代的物流与供应链人才；二是立足中国社会主义的伟大实践，服务国家战略的客观需要；三是适应新时代社会经济发展的现实需要，同时做到战略引领；四是服务全球经济的转型发展，应对新科技革命的必然需要；五是创新教材内容与教学方式，适应新文科发展趋势；六是强化实践与创新能力的培养，拓展教材的适用领域和参考价值；七是完善质量评价与控制体系，保持教材的可持续发展。

作为我国第一套自主编写的供应链管理专业系列教材，期望能紧密贴合《物流管理与工程类专业教学质量国家标准》，综合集成培养方案、课程体系、师资队伍、教学条件、质量保障体系五个方面，为推进我国供应链管理专业知识体系的构建，助力我国供应链管理人才的培养贡献力量。

黄有方

2022 年 10 月 20 日

前言

在全球经济一体化发展趋势下，全球产业体系和供应链呈现多元化布局、区域化合作、绿色化转型、数字化加速的态势。同时，在信息技术不断发展和推动下，企业供应链已从“链”逐渐扩大成“网”，成为一个复杂的大系统。供应链中各成员企业作为独立的市场主体有着各自不同的利益取向，相互之间信息不对称，缺乏有效的监督机制。各成员企业往往为了争夺更多的系统资源或更好的经济条件，追求自身利益最大化而产生多方面利益冲突，从而导致供应链潜在的风险，而有些风险对于供应链及链上企业来说是致命的。2022 年 9 月习近平总书记向产业链供应链韧性与稳定国际论坛致贺信中指出：维护全球产业链供应链韧性和稳定是推动世界经济发展的重要保障，符合世界各国人民共同利益。因此，做好供应链风险管理、提升供应链韧性和稳定性，是巩固全球供应链、产业链、价值链紧密关系，把供应链体系建设得更具韧性、更有效率、更富活力的重要抓手和工具。

在供应链网络中，任何企业都是其中一环，任一环节出现问题，都会对其他企业产生影响。供应链越长，供应链流程越多，供应链涉及的合作企业越多，潜在的供应链风险就越大。风险对供应链的破坏程度远比对单个企业要严重许多，一个微小的风险都可能带给供应链巨大的打击，甚至可能完全破坏一条供应链，使之不复存在。如何应对供应链风险，构筑安全稳定的供应链，进一步打造畅通高效、开放包容、互利共赢的供应链成为当前供应链管理的重要难题。

为了让企业管理者及相关专业学者更清晰地了解供应链风险管理过程，掌握规避风险的相关措施，本书从供应链风险及供应链风险管理类别与特征出发，通过梳理各个环节潜在风险，对每个流程中的潜在风险进行识别和评估；重新梳理供应链风险管理的流程，系统研究供应链风险识别、评估、控制及预防等核心流程的内容与方法，提出相应的应对措施。风险是相对的，只要企业积极采取科学的供应链风险管理，就可以减小风险产生的不良影响和降低风险发生的可能性。

本书内容涉及供应链风险的理论、方法、措施和实践。全书共分为 11 章：在第 1 章、第 2 章中，主要介绍了供应链风险管理的基本概念、理论方法和目前国内外供应链风险管理的常用方法。在第 3 章中，讲述了供应链风险识别内容，重点介绍了风险识别流程及常见的识别方法，如故障树分析法、供应链运作参考模型等。在第 4 章中，主要阐述如何评估供应链风险，详细罗列了风险评估流程及原则，同时给出了一套标准的风险评估指标体系用来测度供应链的整体风险。在第 5 章中，描述了风险的控制过程，包括确定标准、衡量绩效、分析和衡量结果、采取管理行动，针对风险事件发生前、中、后期提出了多种有效措施管控供应链风险，如建立与完善企业内部风险控制机制、加强供应链的柔性建设等。在第 6 章中，主要介绍了供应链风险的监控与预防，其中强调了风险预防的重点——中断风险，针对易于发生中断的薄弱环节，提出供应链预防的相应对策。在第 7 章至第 11 章中，针对供应链各个环节中常见的风险点进行探讨，分别为：供应商风险、财务风险、合同风险、运营风险和质量风险，对每个风险点进行详细阐述，如社会责任是供应链中最容易忽视的风险点，而供应链系统中任何节点企业出现社会责任问题，都可能导致整个供应链系统的履责状况受到利益相关者的质疑、抨击，甚至给供应链系统的其他企业带来毁灭性的打击。

本书力求做到系统性、实用性和学术性的充分结合，使内容丰富而严谨。此外，本书穿插了参考性较强的导入案例及拓展阅读，便于读者深入理解。从整体结构上看，本书按照由浅入深、由宏观到微观、由传统到当下再到未来的思路进行编写，内容全面、难度适中。本书重难点突出、思路清晰、方法丰富、结构合理、分析深入，通过系统的数据分析，让读者掌握供应链风险的管理方法。本书可作为供应链管理、物流管理、企业管理等专业本科生和研究生，以及 MBA、MEM 等非全日制研究生的教材，也可作为企业人员自学和提高管理工作效率的参考书。本书在编写过程中参考了诸多著作和论文，在此对其作者一并致谢。由于编者水平和经验有限，书中难免有欠妥之处，恳请读者批评指正。

编　者

2024 年 11 月

目　录

1 供应链风险管理概述

本章目标

1. 了解供应链风险的概念与特征。
2. 了解供应链风险管理的作用与必要性。
3. 熟悉供应链风险管理的流程与原则。
4. 掌握供应链风险的分类。

导入案例

盒马鲜生供应链风险管理与规划

1. 案例背景

盒马鲜生（以下简称盒马）是阿里巴巴旗下以数据和技术驱动的新零售平台，自2016年1月在上海开设首家门店以来，迅速在全国多个城市开设了约60家线下实体店。其销售商品以生鲜为主，主打“日日鲜”，旨在让消费者随时购买到新鲜的蔬果。此外，盒马还销售快消类商品等，并设有餐吧、水吧等设施。顾客可以通过线下门店购买，也可以通过盒马App（应用程序）下单，享受3公里内半小时快速配送上门的服务。

2. 供应链现有问题

然而，盒马目前的供应链管理模式存在着下述问题急需解决。

（1）需求量与库存不协调

盒马主打“日日鲜”品牌，既要避免缺货现象，又要防止库存积压。每逢节假日，需求量大幅增加，容易出现供不应求的情况，导致顾客无法购买到所需产品。反之，如果库存过多，剩余部分无法保证新鲜，影响品牌形象。

（2）生鲜冷链物流发展较为落后

盒马采用“二段式”半程冷链运输，即城市与城市之间采用冷藏或冷冻车运输，末端运输仅用保温箱配送。这导致水果损坏、鱼肚泛白、肉变质等现象时有发生，影响消费者满意度。冷链物流基础设施不够先进，冷藏温度难以控制，冷藏车数量少，制冷技术落后。

(3) 专业生鲜农产品物流人才稀缺

随着绿色经济的发展，消费者对生鲜产品的生产日期、保质期限等信息更加关注。目前，物流行业人才培训体系尚不完善，缺乏理论引导和实践经验，导致物流人才质量参差不齐。

3. 供应链管理优化策略

针对上述痛点及商业模式特点对其供应链管理提出了“买得到、买得好、买得方便快捷、买得放心、买得开心”的要求。相应地，盒马通过建设供应链三点三段的数字化，并基于数字化的高效协同和决策优化进行全链路供应链管理，来建设盒马在生鲜日百等品类上高品质、高确定性、高效率的商业综合竞争力。

(1) 三点三段的供应链结构

产地直采中心：盒马深入全国各个特色产区，建立了185个盒马村，运用数字技术打通农业上下游，推动农产品供应标准化、精细化、品牌化。例如，陕西渭南大荔县华山牧场的有机奶盒马村、糖盒工厂可实现从小麦到面包的全链条自动化生产。

供应链中心（仓配中心、加工中心）：盒马建设了供应链中心，包括仓配中心和加工中心，负责生鲜产品的检验、分拣、包装等工序，确保产品的新鲜度和质量。

零售门店：盒马的门店既是销售和餐饮的场所，也是线上订单的仓储和配送中心。这种店仓一体化模式，能让库存实现正逆向的流动，灵活性强。

通过产地直采中心—供应链中心（仓配中心、加工中心）直接采购，减少中间环节，确保产品的新鲜度和质量。通过供应链中心（仓配中心、加工中心）—零售门店的高效物流系统，将加工好的产品快速配送到门店。通过零售门店—消费者线上线下融合的模式，提供快速配送服务，满足消费者的需求。

(2) 品类及服务规划

侯毅曾提出：“盒马在普通民生品牌上是打不过本地零售商的，因为他们在当地的供应链更强，盒马唯一的出路就是供应来自全国甚至全球供应链的商品。所以差异化、更加丰富的中高端产品规划帮助盒马在品类上建立优势。”因此，盒马制定了自己的品类及服务规划。首先，精选全球品质商品，追求极致新鲜，生鲜品类的销售占比达60%~70%；同时，开创自有品牌，研发特色自有商品品类，如盒马工坊、盒马花园等。此外，店内提供生鲜加工、熟食点餐等餐饮服务，让顾客实现生鲜产品到餐桌的“0距离”。

(3) 供应链信息系统规划

盒马出身于互联网平台，因此供应链信息系统的规划处于一个非常高的战略地位。盒马定位于数据和技术驱动的新零售平台，并从选品、定价、采购、计划、仓储、物流、配送等各个环节都进行了数字化系统的全面布局。

在线化、数据化应用：从消费者线上下单到实物履约到家的全流程，都基于在线数据进行协同，确保库存、仓储、物流等环节的高效运作。

创新型规划应用：基于供应链模式规划，盒马采用了悬挂式传送带传输并打包配送、全流程小时级配送到家的服务等创新场景。

数智化决策应用：利用数据和算法，支持业务决策，实现业务的智能化、自动化。例如，盒马的预测补货系统考虑了天气、损耗、促销等因素，提高了补货的准确性。

盒马的供应链管理体系以客户满意度与运营成本效率为核心导向，通过科学构建并持续优化缺货率、库存周转、物流履约服务时效、货损金额等关键绩效指标，保障最终的客户价值稳定输出。盒马通过精准的需求预测、动态库存管理、升级冷链设施、优化配送路线、建立信息共享平台以及加强人才培养等措施，有效应对了供应链管理中的诸多问题，提升了供应链的效率和风险管理能力。这些举措不仅提高了消费者的满意度，还增强了品牌的市场竞争力，实现了供应链的高效运作和顾客体验的极致化。

1.1 供应链风险管理的基本概念

1.1.1 供应链的基本含义

“供应链”这个术语出现在管理词典中的时间并不长，首次出现是在20世纪80年代早期。当时，有人提出“供应链”用于描述一个新兴的管理学科。这一新兴学科是对企业战略（要求内部职能领域的私利应摆在一边，以实现更大的利益提高组织的效率，为客户和股东创造和提供更多的价值）主流趋势的变化所做出的反应。

人们对供应链的理解随着业务管理范畴的不断扩大与延伸而不断发展变化。最初供应链的概念是与采购和供应管理相关联的，20世纪90年代后期以来，“供应链”及“供应链管理”成为非常热门的词汇。2005年，原美国物流管理协会（Council of Logistics Management，CLM）更名为美国供应链管理专业协会（Council of Supply Chain Management Professionals，CSCMP），这标志着已经进入供应链或供应链管理时代。当年，该协会的物流突出贡献奖得主马丁·克里斯托弗（Martin Christopher）有一句名言：“在21世纪，市场竞争将是供应链和供应链的竞争，而不是企业和企业的竞争。”畅销书《世界是平的》将“供应链”列为碾平世界的第七大动力，并以沃尔玛为例详细阐述了供应链的巨大威力。

关于“供应链”一词，美国CSCMP在2006年10月更新的《供应链与物流术语》的定义是：供应链始于未加工的原材料，终于使用成品的最终用户，供应链将许多企业联结在一起。从原材料的采购到成品送到用户手中的物流过程中实体和信息的交换，所有卖主、服务提供商及客户在供应链中相互关联。

我国国家标准《物流术语》（GB/T18354—2021）对供应链的定义是：生产及流通过程中，围绕核心企业的核心产品或服务由所涉及的原材料供应商、制造商、分销商、零售商直到最终用户等形成的网链结构。

相比之下，我国对供应链的定义比较简单，反映的信息量比较有限，CSCMP 的定义明确了供应链的起点与终点以及链上的活动和参与者之间的相互关系。

理解供应链需要注意以下几点。

①供应链实际上是供需链。在供应链中，每个企业是一个节点，节点企业之间是一种供应与需求的关系。

②供应链不是一条直线链，而是一个复杂的网络。对于核心企业来讲，供应链是连接其供应商、供应商的供应商以及用户、用户的用户的网链。许多人还认为供应链是“线性”结构，即产品从一个组织流向另一个组织，最终流向终端用户。现实是，供需网更像一棵树，有许多个分枝和一个复杂的根系，树干代表核心企业的流程。

③供应链是增值网络。供应链涉及两个以上关联在一起的法律上独立的组织，实际上它是以核心企业为主链、整合全部增值过程的网络。

④供应链上的成员彼此互为供应商与客户。

1.1.2　供应链风险及其特征

1. 供应链风险

供应链风险是由于物资经供应链流经众多的生产流通企业到用户，产生商流、物流、信息流，涉及运输、储存、装卸、搬运、包装、流通加工、配送和信息处理等诸多过程，其中任一环节出现问题都会造成供应链的风险，影响其正常运作。供应链风险管理是指对供应链中出现意外事件或变化所带来的风险的一个系统管理的过程。

供应链风险是风险在供应链领域应用的一个特例，目前对于供应链风险的概念没有统一的说法，一些专家、学者从不同的角度对供应链风险进行了界定。根据 Deloitte（德勤）咨询公司 2004 年发布的一项供应链研究报告，供应链风险是指对一个或多个供应链成员产生不利影响或破坏供应链运行，使其达不到预期目标甚至导致供应链失败的不确定性因素或意外事件。

2. 供应链风险的特征

（1）传递性

传递性是供应链风险最显著的特征，也是由供应链自身组织结构所决定的。由于从产品开发、原材料采购、生产加工到仓储配送整个过程，由多个供应链节点企业共同参与完成，根据流程的顺序，各节点企业的工作形成了一个交错的混合网络结构，其中某项工作既可能由一个企业完成也可能由多个企业共同完成；某个企业既可能参与一个环节也可能参与多个环节。因此各节点环环相扣，彼此依赖和相互影响，任何一个节点出现问题，都可能波及其他节点，进而影响整个供应链的正常运作。这种风险在供应链节点企业之间进行传递，给上下游企业及整个供应链带来危害和损失。一般来说供应链越长，中间的非价值因素越多，“牛鞭效应”越严重，供应链效率越低下。

（2）复杂性与多样性

由于供应链组织特有的组织结构，导致其不仅要面对单个成员企业面临的风险，如市场风险、资金风险等，还要面对由组织结构决定的特有风险，如企业之间的合作风险、信用风险、文化冲突风险、利润分配风险等。因此供应链风险相比单个企业的风险，种类多、范围广、复杂性更高。

（3）实际运作性

供应链的外部风险是客观存在的，很多也是不可控制和预测的。但由系统内部因素引起的一些风险，如合作风险、信用风险、企业文化风险、利润分配风险等，从本质上来说是实际运作风险。只有企业之间以供应链方式存在实际运作时，才会发生这些风险。

（4）此消彼长性

供应链中的很多风险是此消彼长的，一种风险的减少会引起另一种风险的增加，下面从两个方面来说明这个特性。

①供应链系统内各节点企业之间风险的此消彼长性，即一个企业风险的减少可能会导致相关企业风险的增加。如制造厂商为了减少自身的库存风险，要求上游供应商采用 JIT（准时制生产）方式送货，在保证整条供应链流畅运行的条件下必然导致上游供应商送货成本和库存的增加，即制造商库存风险减少某种程度上是以供应商库存风险的增加为代价的。

②从整体来讲，把供应链看作一个虚拟企业群，企业内一种风险的减少会导致另一种风险的增加，如库存营运风险和中断风险，库存营运风险减少，但中断风险随之而增加。所以在制定风险防范措施时一定要考虑风险之间的联系。

1.1.3 供应链风险分类

1. 按照风险存在的周期划分

按照风险存在的周期，供应链风险可以划分为长期风险和短期风险。

长期风险也叫战略风险，是指短时间内对企业供应链可能没有什么不良影响，甚至是有利的，但长期来看可能会给企业造成损失的风险。战略风险与招标、外包、战略伙伴关系这些供应链管理的常用手段相关，要充分认识其能够带来的好处，也不能忽视其带来的长期风险。招标采购是具有优势地位的企业压低原材料价格的惯用方法，目前国内一些著名的企业集团也热衷于此。招标带来的成本优势是明显的，与此同时，供应商为争得一纸合同，拼命压价，几乎没有利润而言，只能同时压低自身的生产成本，质量可能受到影响，还会造成供应关系紧张、合作关系不稳定、采购企业的交易费用上升等，长期来看对企业是不利的。外包的好处是让企业集中力量于核心能力、简化企业结构、节省投资、缩短市场反应时间、充分利用合作企业的优势资源与能力等，但是外包会增加对合作伙伴的依赖，供应商的机会主义行为带来危害的可能性增加，外包不当会造成核心能力丧失。例如，IBM（国际商业机器公司）在PC（个人计算机）生产上的外包，使新兴的竞争对手乘势而起。另外，与战略伙伴建立在信息高度共享基础上的合作，有关键信息流失的可能。

短期风险也叫战术风险，是在一个相对较短的时间内，甚至是一个合同的执行期内，供应链存在偏离预定目标的风险。战术风险是日常供应链管理控制的重点。

2. 按照供应链管理目标划分

供应链管理的主要目标可以归纳为三个方面：①成本目标，在保证服务水平的前提下，全局的成本最低是供应链管理追求的基本目标，为了降低成本，供应链管理人员绞尽脑汁，运筹优化；②时间目标，供应链管理要求在正确的时间把正确数量的正确商品送到正确的地点，交给正确的下游客户；③质量目标，质量目标要求供应链中流动的是符合质量要求的产品，一方面，采购的原材料、制造的最终产品必须是合格的，另一方面，在产品的搬运、储存过程中还必须保证产品不发生质量变化或损坏。同时，供应链管理必须达到合乎要求的客户服务标准。

根据供应链管理的三大目标，供应链风险可以分为成本风险、时间风险和质量风险。由于运行效率不高造成的浪费或行为失误导致的损失属于成本风险，常见的交货延误和供应短缺是时间风险，物流过程中的产品损坏变质是质量风险。

3. 按照供应链系统构成划分

供应链是一个多参与主体、多环节的复杂系统，按照系统构成（系统环境、系统结构、行为主体及行为主体之间的关系），供应链风险可以划分为系统环境风险、系统结构风险、行为主体风险及行为主体之间的协作风险。

（1）系统环境风险

系统环境风险指由环境因素导致的风险。系统环境可以分为一般环境和具体环境，系统环境风险也相应地分为一般环境因素风险和具体环境因素风险。

一般环境因素风险包括自然灾害风险、社会风险、经济风险、技术风险、文化风险等。自然灾害风险指严重的自然灾害对供应链造成的风险，如地震、台风、火灾、洪水、雷击、不正常的高温和寒流等造成生产仓储设施毁坏、交通中断、人员伤亡及其他损失。1999年我国台湾地区大地震对全球电子产品供应链的影响即属于自然灾害风险。

社会风险指政局变化、政权更迭、罢工、战争、种族矛盾、恐怖主义等引起的社会动荡及由于法律政策调整需要企业付出额外的代价，由此给供应链带来的风险。从全球的角度看，世界经济一体化的趋势不可阻挡。如美国西海岸码头工人罢工致使港口关闭两周，中国远洋运输（集团）总公司的集装箱船无法按计划卸货返航，直接损失2400多万美元，其客户也因此损失惨重，罢工事件对供应链的影响就属于典型的社会风险。

经济风险指经济环境，如通货膨胀、利率调整、汇率波动、经济周期等对企业供应链的影响可能造成的供应链风险。如东南亚金融风暴造成的汇率急剧变化对跨国供应链的冲击属于经济风险。

技术风险指伴随着科学技术的发展与普及而来的风险。应用不成熟的技术可能会出现意想不到的问题，不积极采用先进的技术手段会落后于时代，协作单位之间采用的技术标准不统一或水平悬殊会影响伙伴之间的协调，有些新技术的应用还会带来副作用等。

文化风险指社会风尚、文化观念等可能对供应链造成的风险。对于跨国界、跨地区的供应链，需要注意社会习惯、风俗、文化的差异及其变化。

具体环境因素风险包括供应链所在地区的物流环境、原材料供应形势、产品销售行情等变化形成的供应链风险。具体环境是企业赖以生存和发展的、与企业的经营管理有直接关系的系统环境。具体环境因素风险是企业供应链的主要风险，是供应链风险管理与控制的关键。

（2）系统结构风险

供应链的系统结构风险指供应链的结构设计不合理可能造成的供应链风险。以最终产品配送为例，如果配送网络设计不合理，有限的货物在某地区的渠道中积压，而在另外的地区出现短缺，不能满足订单需求，或是配送费用偏高，效率低下。供应链风险沿着供应链的结构向下游传递，好的供应链结构能够吸收风险的影响，而不好的结构会扩大风险的影响和后果。如爱立信采用的单供应商策略，供应商飞利浦电子公司晶片厂因火灾不能正常供应元器件对爱立信手机生产的影响，就是供应链结构不合理酿成的系统结构风险。

（3）行为主体风险

参与供应链活动的行为主体包括提供原辅材料和服务的供应商、生产商、批发商、零售商以及物流服务商等。行为主体风险就是由供应链活动参与行为主体的责任造成的风险。各参与主体的利益和目标各不相同，对任务的理解和采取的行动方式不相同，各个企业的管理水平、人员素质、企业信誉也不同。按照行为主体，供应链风险可以划分为供应商风险、生产商风险、批发商风险、零售商风险、物流服务商风险等。

（4）行为主体之间的协作风险

供应链是一个多参与主体的复杂系统，不同参与主体之间不能很好地沟通协作形成的供应链风险称为行为主体之间的协作风险。行为主体之间的协作风险有很多表现形式，例如，合作伙伴间不同的企业文化和管理模式发生冲突、合作伙伴的流动性改变、伙伴的投入与承担的风险与获得的收益不匹配、伙伴间沟通联络的渠道不通畅、合作协议有漏洞致使合作各方权责不明、核心技术外泄或关键信息外泄、合作伙伴采取的技术思想和技术平台不同导致技术衔接问题、伙伴间的数据统计口径和时限不一致造成信息传递不顺或失真、信息系统安全问题、违约信用风险等。

4. 按照供应链的过程划分

供应链全过程可以分为采购、生产、配送、退货几个阶段，供应链风险可以划分为采购风险、生产风险、配送风险、退货风险。退货是与逆向物流相关的供应链管理过程，包括原材料退货和产品退货，逐渐受到人们的重视。退货过程在一定程度上可以认为是正向物流过程的风险处理手段（退回供应链中多余的、有质量问题的、需要保修或大修的产品等），本身也存在运行管理风险。

5. 按照风险来源划分

考察形成风险的各种因素，有人为的原因、管理的原因、设备的原因、产品自身的原因、环境的原因，相应地可以把供应链风险分为人为原因的风险、管理不当的风险、设备造成的风险、产品自身原因的风险、外部环境造成的风险。

人为原因的风险指由于参与供应链相关活动的人员素质不高、经验不足、能力不够、行为不当或协调不好造成的供应链风险。这里的人员可以是企业内部的，也可以是供应商或批发商、零售商。人为原因是供应链风险管理中最关键、最活跃、最主动的因素。

管理不当的风险指由于供应链管理方法不当、措施不力以及决策失误规划计划错误造成的供应链风险。管理是供应链风险控制的精髓，是实现供应链高效率和高效益的根本手段。

设备造成的风险指由于设备的低效率或故障造成的供应链风险。供应链相关的设备包括供应链支持系统的设备如供应链管理信息系统，也包括运输、仓储、搬运等物流设备，设备的性能和运行表现直接影响到供应链管理目标的实现。

产品自身原因的风险指由于产品的特殊性造成的可能的供应链风险。供应链中不同类型的产品对供应链性能的要求是不同的，如保鲜品要求必须在限定的时间内送达，对运输、保管、搬运过程有特殊要求的，对保鲜品造成质量风险的可能性就大。冷冻制品必须使用冷藏车运输并使用冷库保存，除质量风险较大外，供应链成本也比较高。

外部环境造成的风险指由外部环境不正常变化造成的风险。对于外部环境风险前面已经讨论过，这里要说明的是企业物流环境，包括交通运输基础设施、通信系统、物流信息平台、物流中心等综合物流设施，物流政策法规和社会环境等方面。

6. 其他划分方式

（1）按照风险因素的后果划分

按照风险因素的后果，可以将供应链风险划分为纯粹风险和投机风险。纯粹风险是无获得利益可能的供应链风险，如地震造成的设备毁坏、台风造成的运输货物灭失等。投机风险是可能获得利益又可能造成损失的供应链风险，如趁原材料价格较低时大量采购，如果原材料价格回涨，企业就节约了成本，但如果价格继续下降，企业就蒙受损失，还会增加库存费用。

（2）按照风险是否可管理划分

按照风险是否可管理，可以将供应链风险划分为可管理风险和不可管理风险。可管理风险是指可以预测并采取相应措施加以控制的风险。不可管理风险在一定条件下可以转化为可管理风险。风险是否可管理，取决于风险的不确定性是否可以消除以及供应链管理团队的管理水平。通过信息系统和其他渠道掌握供应链相关的数据信息，可在一定程度上减少不确定性。

（3）按照风险的影响范围划分

按照风险的影响范围，可以将供应链风险划分为局部风险和总体风险（全局风险）。局部风险只影响供应链的某个环节，而总体风险影响整个供应链，甚至可能形成多米诺骨牌效应。局部风险和总体风险也是相对的，对可能造成总体风险的风险事件，如果采取得当的紧急应对措施，也可以转化为局部风险。

（4）按照风险的可预测性划分

按照风险的可预测性，可以将供应链风险划分为已知风险、可预测风险、不可预测风险。风险是否可预测，与供应链管理人员的经验、管理水平、信息资源等密切相关，对于一些人是不可预测的供应链风险，对有经验的人可能就是可预测风险。

1.1.4 供应链风险管理

1. 供应链风险管理的定义

在当前全球化经济时代，企业比以往任何时候都更努力地管理复杂的风险，包括价格风险、质量风险、中断风险、实施风险等，因此风险管理要求超越单个企业的边界，协调财务、运作、工程和销售等职能机构的努力。

对于供应链风险管理（Supply Chain Risk Management，SCRM），同样存在多种不同的定义。Norman 和 Lindroth 的定义是：供应链伙伴开展合作并应用风险管理流程工具，管理和化解物流相关的活动或资源导致的或者对这些活动或资源产生影响的风险和不确定性。Juttner 等的定义是：通过协调供应链中的成员，识别和管理供应链风险，从而降低整个供应链的脆弱性。Tang 的定义是：供应链风险管理是指运用风险管理工具，股东间进行合作和协调来管理和化解风险的过程，以提高供应链的效率、效益及财务绩效。Robert 等的定义是：整合与管理供应链中的组织，最大限度地降低风险，并通过合作性的组织关系、有效的业务流程和高水平的信息共享，降低中断发生的可能性。由国际供应链理事会（Supply Chain Council，SCC）建立的供应链运作参考模型（Supply-Chain Operations Reference-Model，SCOR）的定义则有些狭隘：供应链风险管理是系统地识别、评估和化解物流网络中可能存在的中断，目标是降低对物流网络绩效的负面影响。

综合以上定义，本书中我们给供应链风险管理的定义是：供应链风险管理是指运用风险管理方法和工具，采取有效的识别、评估、监控、防范、化解等风险管理措施，协调供应链上各成员，在平衡成本、效率、提前期等基础上，力图降低供应链风险事件或不确定性发生的概率和不利影响，或在风险发生后最大限度地减少损失并尽快使供应链恢复到原始状态。

2. 供应链风险管理利益相关者

供应链风险管理利益相关者各不相同，有时不容易明确。在全球供应链风险管理中，风险管理的倡导者是一个主要的利益相关者，通常是核心企业的首席采购师或供应链副总裁、采购副总裁，有时是首席运营官等相当职位的高管人员。其他主要的利益相关者包括供应管理（或采办）小组中的经理和各个购买者或供应经理。他们通常负责将风险评估的结果转化为降低风险的行动。供应商也是主要的利益相关者，因为风险评估时需要对其公司的特点、绩效和关系进行考察。

次要的利益相关者包括供应管理小组的内部和外部的客户。内部客户是依赖于可靠供应的制造和分销组织。最终客户也是利益相关者，因为他们希望订单能可靠地履行并获得可靠的产品性能。

其他利益相关者可能不易为人们所注意，如政府和国防等。在供应链风险管理中，政府能够起到供应链上的企业或行业组织起不到的作用，如推动保护供应链安全的法律法规的制定。尤其是一些战略物资和敏感物资，其供应链风险管理不仅关系政府的利益，影响政府执政形象，而且影响战备程度和国防安全。

1.2 供应链风险管理的作用与必要性

1.2.1 供应链风险管理的作用

供应链风险管理可以提高财务绩效和竞争优势。有效的供应链风险管理不仅能给企业带来直接的好处，还能带来许多间接的好处。可能带来的直接好处体现在以下几个方面。

①提高企业快速应对外部趋势和发展变化的能力。

②降低总采购成本（Total Purchasing Cost，TPC）。总采购成本考虑了影响供应链的所有因素，即除了零部件价格，还包括“隐含”成本，如因缺货导致的收益损失、因价格波动导致的利润损失、加急费用、库存划减和注销成本。

③关注不确定性而不是确定性。

④提高对供应链伙伴的影响力。

⑤促进所有供应链伙伴间对利益和问题的相互理解。

⑥更好地平衡机会与威胁。

⑦提高供应可得性和服务水平。

⑧改进供应链管理水平，使管理者不仅关注成本因素。

⑨接受可控制的风险，获得竞争优势。

1.2.2 供应链风险管理的必要性

供应链风险管理遵循的是一种“以防万一”的思想。供应链实际上是一种供需网络，供应关系是一种基本关系，达到供应与需求的平衡是供应链管理的理想目标。但是，正如《国防后勤学》的作者亨利·E. 艾克尔斯在论及后勤保障与需求的关系时所说的那样：我们毕竟不能荒唐地指望用最后一颗子弹来消灭最后一个敌人。2021 年，全球范围内爆发了一场半导体短缺危机，影响了多个行业，特别是汽车制造、电子设备制造和其他高科技行业。当时，全球范围内新冠病毒大流行导致了一些半导体制造工厂的生产中断，由于居家办公、线上教学等需求变化导致电子和汽车等领域对半导体的需求迅速增长。分析原因，由于全球半导体产业高度集中，仅有几家大型制造商在供应链中起着关键作用，这种高度集中的结构对供应链造成了极大的压力，一旦出现问题，就可能引发全球性的供应链危机。因此，有效的供应链风险管理已经成为当代之必需。

作为应对供应链中不确定性的一种措施，供应链风险管理已经日益成为全球供应链战略的关键部分。一般来说，设计供应链是为了执行一系列既定的经营目标。只要市场环境是稳定和可预测的，目标就是可以实现的。然而，事实是，即使最好的供应链管理计划也会受不确定性影响，这使企业易遭受库存、产能、中断、自然灾害等供应风险的冲击。20 世纪 90 年代末以来，经营全球化、精益化、横向一体化、集中化趋势带来了供应链的复杂化，从而导致供应链不确定性的增加。自然灾害证明了这样的事实：供应链风险的来源和特征有了新的变化，而且风险的损失是巨大的、代价是高昂的。在一个全球化供应网络中，企业高度依赖于供应链伙伴，供应链中任何一个环节出现问题都会影响企业目标的实现。为了使企业的目标得以实现，让企业在一个复杂多变、充满不确定性的环境中得以生存并保持基业长青，必须全面了解可能出现在供应链中的风险，实行主动、有效的风险管理。

1.3 供应链风险管理的流程与原则

1.3.1 供应链风险管理的流程

现有的关于供应链风险管理的研究，多数是根据几种类型的风险提出管理对策，或通过调查总结并提出管理措施。但是，企业不同，企业管理水平不同、装备与技术水平不同、人员素质不同、产品类型不同、所处发展阶段不同、所在地区不同等，其可能面对的供应链风险各不相同，很难找出几条放之四海而皆准的风险管理对策。况且，在对整个供应链风险缺乏全面认识的情况下，不可能提出全面的解决方案。

通过对供应链风险的初步分析和分类，可以看出供应链风险的种类繁多、风险成因复杂，加上供应链本身的复杂性，不难看出供应链风险管理的艰巨性。我们必须建立系统化的供应链风险管理方法，识别风险的来源，区分风险的类型，估计风险的大小与后果，寻找风险防范的对策，形成风险控制的运行机制，设计风险监视预警系统。

供应链风险管理，从理论上看是一般风险管理理论与供应链管理理论的交叉。紧密结合供应链系统的特点和供应链风险的特点，参照工程风险管理的方法体系，供应链风险管理过程如图 1-1 所示。

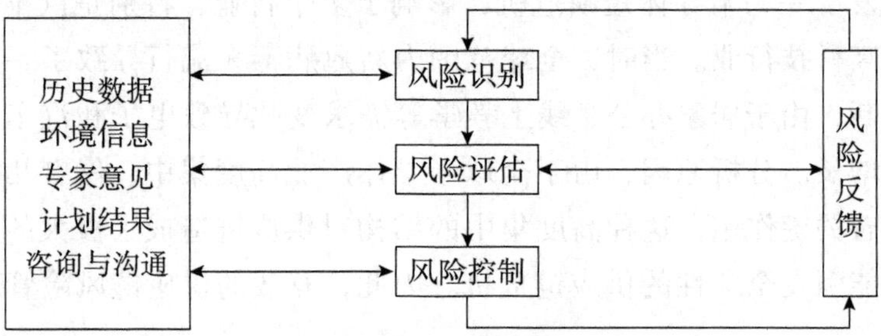

图 1-1　供应链风险管理过程

图 1-1 所示供应链风险管理的全过程，供应链风险管理是风险管理在供应链领域中的具体实践，它主要包括四个关键步骤：风险识别、风险评估、风险控制以及风险反馈。

（1）风险识别

风险识别是风险管理的首要任务。风险识别就是要分析供应链的各个环节、每个参与主体及其所处的环境，找出可能影响供应链的风险因素，掌握每个风险事件的特征，确定风险源及相互关联特征。供应链风险识别要考虑供应链管理的计划目标，需要足够的信息和经验。为确保风险评估的准确性，风险识别必须全面而细致，以便能够精确预测风险可能带来的各种影响和损失，并据此制定有针对性的防控策略。

在供应链的实际运作中，要求企业深入了解供应链的各个环节，包括供应商、生产、物流、分销等，以及它们之间的相互作用。通过收集和分析供应链数据，企业可以识别出潜在的风险源，如供应商的不稳定性、自然灾害的威胁、政治风险等。同时，企业还需关注市场变化、技术进步等外部因素，以及内部运营、管理等方面的风险。只有准确识别出这些风险，企业才能有针对性地制定风险管理策略，确保供应链的稳健运行。

（2）风险评估

风险评估是对已识别出的供应链风险进行量化分析和评估的过程，以确定风险事件发生的概率及其后果的大小。风险评估有客观和主观两种，客观风险评估以历史数据和资料为依据，一般利用概率论与数理统计学方法计算；主观风险评估靠的是人的经验和判断，在没有历史数据资料可参照的情况下可以使用。一般情况下，两种评估各有其优势，两种评估都要做。客观评估基于历史资料，定量而精确，对于循环的供应链管理过程尤其适用，不足之处是对于现实生产活动中可能出现的新的风险事件的影响反应不够。但是，并不是对所有的供应链管理过程都有历史数据可供利用，如投入市场的新产品和引进的新原材料，而此时采用有经验的供应链管理人员的主观估计是可行的办法。

在进行供应链风险评估时，企业首先需要确定评估的指标和标准。这些指标可能包括风险发生的概率、潜在损失、影响的范围以及持续时间等。企业可以根据自身的实际情况和供应链特点，选择适合的指标进行评估。企业需要对已识别出的风险进行逐一评估，可以通过收集历史数据、进行专家咨询、使用风险评估工具等多种方式来实现。评估过程中，企业需要考虑风险之间的相互关系和影响，以及外部环境和内部运营的变化对风险的影响。在评估完成后，企业需要对风险进行优先级排序。这可以根据风险的严重程度和可能性来进行，以便企业能够集中资源优先应对那些影响最大的风险。

企业需要根据评估结果制定相应的风险管理策略。这些策略可能包括风险规避、风险转移、风险缓释和风险接受等，旨在降低风险的潜在影响，确保供应链的稳健运行。供应链风险评估是一个全面、系统的过程，它要求企业综合考虑各种因素，对风险进行准确评估，为风险管理提供有力支持。

（3）风险控制

风险控制是确保供应链稳定性和安全性的关键环节。在识别和评价供应链风险之后，企业需要采取相应的措施来控制这些风险，以减少其对企业运营的影响。风险控制的关键是采取果断措施，恢复供应链的正常状态。风险控制阶段有时还会修改风险管理计划甚至供应链管理计划，因为即使最全面、最充分的风险分析与风险规划，也不可能完全正确地识别出所有的风险和可能的后果，仍需要在风险事件发生时相机处置。企业应制定针对性的风险控制策略。这些策略可能包括选择信誉良好的供应商，建立多元化的采购渠道，以降低供应商不稳定的风险。同时，制订灵活的物流计划，确保在发生自然灾害或其他突发事件时能够迅速调整物流路径，降低物流延误的风险。同时应加强供应链内部的沟通与协作。通过建立有效的信息共享机制，确保供应链各环节的信息畅通，及时发现潜在的风险问题。此外，加强内部团队的培训和指导，提高员工对供应链风险的识别和应对能力，也是控制风险的重要手段。还需要关注外部环境和政策的变化。及时跟踪市场动态、政策调整等外部因素的变化，以便及时调整供应链策略，降低外部因素对企业供应链的影响。

企业应建立风险预警和应急响应机制，定期评估供应链风险，及时发现潜在的风险问题，并制定相应的预警措施。同时，建立应急响应团队，制定应急预案，确保在发生突发事件时能够迅速响应，降低风险对企业的影响。供应链风险控制需要企业从多个方面入手，制定有效的控制策略，加强内部沟通与协作，关注外部环境变化，并建立风险预警和应急响应机制。这些措施的实施将有助于提高供应链的稳定性和安全性，确保企业的正常运营。

（4）风险反馈

风险反馈是供应链风险管理中至关重要的环节，它包括对风险控制措施实施后的效果进行监测、评估与反馈。通过风险反馈，企业能够及时了解风险控制措施是否有效，是否需要进一步调整或优化。有效的风险反馈机制不仅能帮助企业及时发现潜在风险，还能促进企业内部各部门的沟通与协作，形成持续改进的良性循环。同时，风险反馈还能为企业提供宝贵的数据支持，助力企业更精准地识别供应链中的风险点，制定更为有效的风险防控策略。因此，建立并不断完善供应链风险反馈机制，对于提高企业供应链风险管理水平具有重要意义。

需要指出的是，风险管理过程不是一成不变的既成顺序，其各组成部分也不是各自独立的。事实上在任何时刻供应链上的各个环节可能在同时运行，不同类型的供应链活动同时进行，供应链风险管理过程的各个阶段也同时进行。风险管理是一个循环反复的过程，其最明显的特征是要时刻准备处理预料之外的事件发生。

风险管理各环节的内容，将在以后各章中详细讨论。

根据供应链风险管理的过程，供应链风险管理就是管理人员通过风险识别和风险评估，合理地使用多种管理方法、技术和手段，对可能影响供应链的各种风险因素实行有效控制，妥善处理风险事件造成的不利后果，保证供应链管理目标的实现。

1.3.2 供应链风险管理的原则

1. 着眼整体

供应链风险管理必须突破传统的企业风险管理的局限性，将管理的范围延伸到整个供应链，而不仅是直接的供应商和客户。有时，供应链风险的源头可能在第三级甚至第四级供应商，如果在风险管理时只考虑最近的第一级、第二级供应商，可能找不到风险的真正来源。

实践中，由于信息不对称等原因，多数企业仍然只是管理企业自身的风险，而没有考虑整个供应链的目标。为了确保供应链的安全和绩效，核心企业不仅要管理自身风险，还要对整个供应链上各环节的风险进行管理。

2. 预防为主

供应链上任何风险的发生，都会带来一定的损失。要将供应链恢复到正常状态，需要投入资源和时间。所以，人们不希望看到风险出现。为了防止风险发生或为了减少风险发生后的损失，在供应链风险管理中，应贯彻“预防”原则，这是一种主动管理思想。

就工业界如何防范供应链风险而言，Y2K（千禧危机）无疑是一个成功的典范。研究表明，由于许多组织都有预防措施，所以70%的组织没有受到Y2K问题的影响，22%的组织受到了一定影响，只有8%的组织受到了较大程度的影响。因为96%的受访者企业采取了某种预防措施。

3. **快速反应**

快速反应是指风险发生后，迅速采取措施，遏制风险蔓延，将风险造成的损失降到最小，并尽快将供应链恢复到风险发生前的状态。这一原则与预防为主相得益彰、珠联璧合。如果预先没有采取预防措施，在风险来临之际，要想做到快速反应是不容易的，正所谓“有备无患”。

在飞利浦电子火灾事件中，诺基亚与爱立信的反应速度差别很大。前者从2000年3月17日火灾事件实际发生到其感知事件发生并采取行动只有3天时间，而后者直到4月初，都没有采取进一步措施。结果，火灾给后者造成了巨大损失，后被迫退出手机市场。

4. **上下联动**

供应链风险管理不是哪一个企业的事，而是供应链上所有参与企业的共同责任。因此，以核心企业为主，上下游企业应密切协作和协同，合理分担风险管理的责任，共享风险管理信息。当风险发生后，首先获得信息的企业有义务告知上下游企业，尤其是要在公共信息平台上发布预警或警告信息，提醒相关企业注意。然后联合采取措施，共同应对风险。

有许多供应链风险，如金融危机、大规模自然灾害、战争等导致的风险，不仅需要供应链上下游企业联动，还需要与政府联动。在面临大的风险时，企业的力量往往是很有限的，因为企业在任何时候都需要考虑本身的成本、利润和股东价值，所以不可避免地会导致个体利益最大化行为，从而不愿意真正关注整个供应链的风险。这就需要政府站在公共利益的角度和企业一道采取行动，预防或化解供应链风险。

5. **综合平衡**

供应链风险管理是供应链管理的一个部分，需要在风险管理目标与供应链管理其他目标（如成本、提前期、效率、收益）之间取得平衡。运作风险一般与成本相关，需求风险一般与收益相关。为了平衡这两者，企业必须选择在何处接受风险的同时使利润最大化。

1.4 供应链风险管理趋势

近年来，供应链风险管理已经成为一个快速发展的领域，业界对它提出了更多的需求。有了实践需求的拉动，这个领域将继续成为供应链管理未来研究的前沿问题。

1. 行业趋势

在国外，电子、航空航天工业及汽车工业对供应链风险管理比较重视，而其他行业对这个新兴领域重视还不够。未来，供应链风险管理的理论与方法将更多地应用到各行业的典型风险上。在我国，石油安全、粮食安全、食品药品安全等，均已成为关系国家经济安全的重要问题，已经得到国家的高度重视。这些关系国计民生的安全问题，有许多可以纳入也应该纳入供应链风险管理的范畴。这些行业，理应成为供应链风险管理理论与实践的主战场。

必须先厘清特定行业或供应链中存在的主要风险类型。一般来说，供应链或行业不同，风险类型和相应的风险化解措施也不同。如电子行业，由于竞争者多、技术发展快、产品的生命周期短，从而导致被迫降价和库存过时等供应链风险；而军工行业，武器装备系统的产品开发时间长、风险大、产品使用寿命长、性能先进和武器禁运等对供应链风险管理是较大问题。

2. 技术趋势

物联网、智能传感器、无线射频识别技术（RFID）等信息技术成为供应链风险管理的重要技术应用趋势。一般来说，信息技术的应用可以提高供应链的可视性或透明度，帮助供应链管理者从一端看到另一端的情况。如果能够更清晰地看到供应链上下游各层次、各环节中发生的事件，供应链上的每个成员就能预测物料的延迟、需求的波动、竞争者的行为甚至是中断风险。因此，在现有基础上，应对如何将这些技术用于管理供应链风险方面做进一步的研究。技术对供应链风险管理的贡献、技术的应用带来哪些新的风险、如何应用技术来监控供应链风险，都是需要研究的问题。

3. 同理趋势

从不同视角理解风险管理是未来研究的一个重要领域。从营销和运作角度对供应链风险的不同理解可能会导致企业内部风险化解决策的冲突。同样，在供应链关系方面，如果销售代表对风险的理解与采购专员相似，那么，在这个环节上，风险管理策略就较易实施。要使供应链风险得到更有效的管理，企业内部必须对供应链风险及其管理有一致的理解，并协调相关部门的风险管理策略和目标，避免策略和目标的冲突。

4. 合作趋势

供应链风险管理的重要性近年来才被一些企业认识到。对于这些企业，他们更多的还是将供应链风险管理和应急规划看成单个企业的活动。这种思想在实践中的表现是将已识别风险的管理职责推卸给供应链的上游供应商。似乎很少有企业深入考虑企业该如何化解这些风险。没有合作就没有供应链管理，也就没有真正意义的供应链风险管理。供应链上下游企业加强风险管理的合作是一种必然趋势。

5. 大数据和人工智能趋势

大数据时代的变革使供应链管理理念能够实现深层次精准化的发展，包括供应链消费终端需求信息的收集及用户体验反馈到生产端，对产品进行再次设计制造和生产，满足终端消费者的深层次更精准的需求。在供应渠道方面，信息通过网络的精准传递有利于渠道的多样化，通过精准的营销广告的投放实现渠道的快速销售能力。在库存方面主要以消费需求拉动的库存管理为主，安全库存大大降低，零库存已经能够完全实现周转库存等。

本章小结

本章是本书的第一章，重点介绍了供应链风险及供应链风险管理的相关概念，并对供应链风险进行了分类，同时也阐明了供应链风险管理的必要性和重要性，最后，介绍了当下供应链风险管理的发展现状与趋势。本章的内容为本书后续内容做了铺垫。

拓展阅读

从乐视欠货款看供应链风险管理

从 2016 年到 2018 年上半年，乐视欠供应商货款事件持续发酵，波及众多 EMS（电子制造服务）代工厂、元器件分销代理商，仁宝、大联大、文晔、韦尔半导体相关损失几千万元至数亿元不等，另外有众多未公开的 IC（集成电路）分销商遭遇乐视欠款。一旦遇到这类客户，轻则受伤，重则一蹶不振。互联网带来的行业爆发式增长本身就意味着高风险，代理商对这类客户又不可能视而不见。再加上，突出的元器件缺货涨价带来的影响，分销商的供应链管理要面对更多的风险。

1. 珍视供应商的客户才是好客户

乐视欠供应商货款事件引发了全行业的风险意识。乐视欠款反映出运营资金不足导致的财务危机。易库易首席执行官就此分析，通常有以下三种原因：①企业规模扩张过快，以超过其财务资源允许的业务量进行经营，导致过度交易，从而形成营运资金不足；②由于存货增加、收款延迟、付款提前等原因造成现金周转速度减缓，此时，若企业没有足够的现金储备或借款额度，就缺乏增量资金补充投入，而原有的存量资金却因周转缓慢无法满足企业日常生产经营活动的需要；③营运资金被长期占用，企业因不能将营运资金在短期内形成收益而使现金流入存在长期滞后效应。

在业内人士看来，乐视手机销售现金流无法完全弥补其成本，对上游供应链出现欠款也就难以避免。乐视手机业务陷入资金窘境，不只是波及数十家供应商及代理商，也会在一定程度上影响整个手机产业链。手机产业链已相当成熟，乐视对供应商的货款逾期，造成不少供应商的现有业务现金流紧张，进而自身业务发生资金周转困窘。华为向其供应商询问乐视欠款影响，亦是为了防范风险延伸。有部分代工企业已开始减少供货，也有代工厂在额度内无条件供货，超过额度则需现金提货。

把拖欠供应商的货款作为变相的资金来源，这类制造商并没有很好地珍视来自渠道和供应商提供服务的价值。在当今的产业链生态环境中，客户和供应商往往是一个共同体，想要获得更多供应商的支持，应该有长远合作的眼光和价值的认同，只有在合理的利润分配基础上，合作才会共赢。从本质上来说，拥有更多供应商的支持，也是企业核心竞争力之一。

2. 客户提货量减少，代理商的库存积压

库存风险是供应链风险管理中一个非常重要的因素，如何做到平衡？首先要有强大的管理系统，用科学方法为管理库存提供依据。如交期进度和库存数量的监控。其次，数据系统只是工具，真正利用这个工具还得依靠管理者的智慧。这个过程不是简单地设置限制，它涉及与原厂、客户的博弈。如果风险意识不强、博弈能力偏差则可能造成库存风险。

如今市场变化快，电子产品更新换代周期短，终端客户对供应链的把控难度增大，也迫使分销商管理库存的难度提高，一旦终端客户出现困难，分销商的库存风险加剧。分销商备货时对客户越了解，备货就越准确。首先，分销商备货的数量应结合客户其他元器件的采购量，将库存量维持在10%以下较合理。其次，尽量引导客户使用通用料号，这是减少库存的一个非常有效的办法。再次，与原厂协商退货机制。最后，引导客户形成良好的拿货习惯。这些方法都能够平衡库存风险。

3. 负债经营现象普遍，加剧应收账款风险

应收账款是代理商目前面临的另一种较大风险。中国的整个交易环境未成熟，负债经营现象普遍，有钱不付加剧负债的恶性循环。另外，互联网时代很多产业爆发式增长。爆发式本身意味着高风险，快速发展，风险相伴。这时，公司的信贷必须做好，明确的管理思路、信贷政策要与公司经营状况相匹配，确立大方向后再灵活执行。

4. 自然灾害与缺货涨价对供应链的风险考验

自然灾害、火灾等不可抗力或意外事件的发生，对供应链也将产生风险。在这种情况下，可控的是将仓库建立在相对安全的地方，同时建立一套供应链数据机制。一方面提前做一些预防，另一方面寻找替代材料。让信息快速流通，将风险损失减小。对于一些影响较小的事件，则会等原厂通知，并即时反馈物料的供应情况。

这里其实也提到了缺货涨价的风险，分销行业基本上3~5年会出现一波低谷到高潮的行情，根据涨价行情，我们进行预判，涨价猛烈的，第一时间建议客户尽快备货。

5. 常见的风险管理方法

（1）进行风险转移

通过部分非核心业务外包的方式将风险转移至其他企业，也可以通过和专业风险管理公司合作，及时充分地了解供应链的信息。在供应链中各节点企业之间的信息相对封闭，造成链上企业对需求信息的曲解沿着下游向上游逐级放大。实践中，供应链生产源头和终点需求之间总会存在时间上的延迟，这种延迟导致反馈误解。由于供应链上的企业大多数依据相邻企业的需求进行决策，而并不探求其他成员的信息，造成这种曲解从一点微小差异最终传递到源头时出现不可思议的放大。因此，如何得到准确、及时的信息是供应链风险管理的重要因素。

（2）优化合作伙伴选择

供应链合作伙伴选择是供应链风险管理的重要一环，一方面要充分利用各自的互补性以发挥合作竞争优势，另一方面也要考虑伙伴的合作成本与敏捷性，通过加强伙伴间的沟通和理解使链上的伙伴坚持并最终执行对整条供应链的战略决策，供应链才能真正发挥成本优势，占领更多的市场份额。

（3）建立企业成员间的信任和监督机制，增加供应链透明度

企业成员间的信任是供应链赖以生存的基础，但是没有监督的信任却是形成供应链风险的最佳土壤。因此，通过专业风险管理公司的参与，可以建立并完善企业成员间的信任和监督机制，以降低供应链结构成本，减少内部交易成本，促使伙伴成员以诚实、灵活的方式相互协调彼此的合作态度和行为，并使供应链管理层通过不同渠道验证信息的客观性，得到清晰且没有失真的信息，降低成员企业在信息不完全情况下做出错误判断或决策的可能性。

课后习题

1. 简要阐述供应链风险管理的含义。
2. 供应链风险有哪些特征？
3. 简要说明供应链风险管理的流程。
4. 供应链风险管理的原则有哪些？

2 供应链风险管理理论与方法

本章目标

1. 了解基于系统分析方法的供应链风险管理。
2. 熟练掌握 2~3 种经典的供应链风险评估方法。
3. 熟悉如何基于风险评估结果进行优化调整。
4. 掌握 FMECA 方法、WSR 方法和 CBR 方法的基本原理与操作步骤。

导入案例

打造弹性供应链：比亚迪的“芯”布局

2021 年 4 月 5 日，美国汽车工业组织发出警告，受疫情影响，全球半导体短缺可能导致本年生产的车辆减少 128 万辆，并使各大车企的生产工作中断 6 个月，芯片短缺正在严重冲击全球汽车制造业。同日，日本汽车制造商斯巴鲁表示，由于芯片短缺，将于 4 月 10 日至 27 日暂时关停在日本群马县的矢岛工厂，以调整生产计划。多家跨国车企皆因芯片短缺问题，被迫停产或减产部分车型。

1. 风险初识：草图勾勒

芯片，是中国先进制造业的隐痛。IGBT（绝缘栅双极晶体管）被誉为电动车的“CPU”，它通过电动汽车的扭矩和最大输出功率来控制电动汽车的时速，是高端车载芯片技术的重要载体。十几年前，IGBT 芯片不但价格高昂，而且面临着有钱也买不到的困境，特别是对 1200 伏以上的高端 IGBT，国外有严格的销售限制，国际供应商要求中国企业只能将采购的 IGBT 用于变频器领域，禁止将其使用到新能源汽车领域。此外，除了“禁售”，在研发新能源汽车的过程中，找不到和自己技术路线匹配的产品，也是获得车载 IGBT 的另一障碍。

作为国内最早一批有意识期望掌握核“芯”科技的车企，比亚迪在 2003 年成立了第六事业部，专门研究车载芯片。2004 年，比亚迪微电子有限公司在深圳正式成立。在汽车电动化方面，以高效为核心，重点提升功率半导体效率，实现 IGBT 和 SiC（碳化硅）同步发展；在汽车智能化方面，以智能、集成为核心，重点提高 MCU（微控制单元）智能程度，满足车规级高控制能力需求，开发多核 MCU 产品。就这样，21 世纪初，比亚迪在王传福的带领下认识到车载芯片的供应风险，为应对芯片供应中断风险，通过布局芯片供应链各环节，勾勒弹性供应链草图。

2. 弹性预嵌：框架搭建

2008 年的全球经济，荆棘密布，对于比亚迪而言，2008 年也是转折的一年，蕴含着比亚迪的一段“芯”事。2008 年 9 月 27 日，美国著名投资者、“股神”巴菲特的投资公司伯克希尔·哈撒韦公司旗下的附属公司——中美能源控股公司入股比亚迪。刚被“股神”巴菲特相中一周，王传福的一个举动把自己推入了舆论的旋涡。次月，半导体制造企业宁波中纬积体电路有限公司（宁波比亚迪半导体有限公司前身）以 1.7 亿多元的价格被比亚迪收购。比亚迪收购该企业引起了一片哗然。此后数月，本该旭日东升的比亚迪股价一落千丈。

3. 微观着手：添加网格

随着 2008 年对宁波中纬积体电路有限公司的收购，比亚迪的芯片研发和制造也迈入了新征程。比亚迪微电子股份有限公司总裁陈刚在全球 ACE（全球素质教育行业峰会）上这样说道：“要发展新能源汽车，我们要发展自己的核‘芯’科技，也要带动中国半导体的发展。”在“芯”科技的时代背景和产业发展要求下，比亚迪成立了自己的半导体研发团队，尝试从微观着手，改变当前的芯片供应链结构和格局。

4. 整体把控：网链分块

比亚迪在积极寻求节点突破的同时，也注重对包括芯片设计、制造、封装及下游应用在内的供应链的整体把控。

供应链上游，比亚迪持续投入高端芯片研发。比亚迪在研发上投入的金额呈现逐年增长的状态，2020 年投入金额达到 85.56 亿元。比亚迪对于芯片的研发设计远超国内大部分半导体厂商，其自主研发的比亚迪 IGBT4.0 直接打破了德国英飞凌、日本丰田等国外厂商在高端 IGBT 方面的国际垄断，是比亚迪半导体的明星产品。除此之外，比亚迪在车规级 8 位、32 位 MCU 芯片及电池管理 MCU 芯片和传感器芯片等系列产品的设计上皆有了长足的进展。

在供应链中游，比亚迪积极匹配生产能力。为了追求芯片的高质量生产，防止失效，在宁波的核心技术生产基地中，比亚迪进行晶圆生产的车间的无尘等级按最高等级要求。晶圆生产所需的光刻机需要放在特制的防震台上，避免受到路过车辆和人产生的震动影响。晶圆的生产流程执行严格的标准，宁波比亚迪生产的晶圆厚度最薄可以做到 120um（约两根头发丝的直径），在 1200V 车规级 IGBT 芯片厚度上处于全球领先水平。与此同时，为了进一步提高芯片产能，助力比亚迪扩充市场份额，2020 年 4 月，比亚迪投资 10 亿元在长沙开发新的 IGBT 项目动工，项目规划 8 英寸晶圆年产 25

万片，以满足年装50万辆新能源汽车的芯片产能要求。

供应链下游，比亚迪打破材料制约因素。芯片供应链下游的封装部分是国内大部分半导体企业进入芯片行业的切入口，比亚迪最初也是由此嵌入芯片供应链，是比亚迪芯片发展中较为成熟的环节。车规级IGBT的散热效率要求比工业级要高得多，同时还要考虑强振动条件，因此封装要求远高于工业级别。

5. 以布局求变局：结构重构

比亚迪的IGBT等产品作为自产自销模式的代表，除了少数销售到其他公司，余下大部分应用于自主研发的产品上。为了解决合作厂商对比亚迪“优先供应”模式的担忧，实现市场地位的巩固与提高，比亚迪采用了具有更高资本灵活度的分拆方法，即将半导体业务从整体业务中分离出来，既能加强公司的内部管理能力，又能获得更多用于研发投入的资金，同时有利于抓住芯片短缺背景下国际巨头厂商遗漏的份额，积极推动高端车载芯片的国产化替代。分拆上市是比亚迪打破当前自产自销模式，拉开芯片外供序幕的积极进展。

6. 尾声

新能源汽车是汽车行业未来发展的必然趋势，电动化、智能化变革的背后，“芯片战争”已经在汽车赛道点燃烽火。汽车行业的变革使芯片供应链正在成为争夺焦点，全球范围内车载芯片短缺的同时，汽车产业能源变革领跑者特斯拉的“降维打击”，英伟达频频推出天花板芯片，苹果重归汽车赛道。面对市场的波云诡谲，比亚迪接下来如何更好地完善自己的“芯”布局，进一步增强供应链弹性，实现供应链变革，是比亚迪面临的下一关口。富士康的创始人郭台铭曾说过一句话：阿里山上的神木之所以大，四千年前当种子掉到泥土里时就决定了。而比亚迪的内在基因，在于它敏锐的供应链风险识别和积极的弹性供应链打造。回到最初的期望，比亚迪能否引领中国“芯”的发展，或许我们只需要给它一点时间来创造奇迹。

2.1 基于系统分析方法的供应链风险管理

供应链的发展给企业带来了巨大的竞争优势，但是在优势背后也潜藏着种种危机。一方面，全球经济一体化使供应链暴露于更多的风险中；另一方面，经济环境日益复杂也使供应链面临更多的突发风险。在这种背景下，供应链风险管理显得尤为重要。供应链风险管理是一项系统工程，是一个全过程的管理，它包括事前的潜在风险识别、评估和预警，从而预防和规避风险；事中的应急应对，即风险决策，控制风险并动态反馈；以及事后的经验总结、恢复重建，在这些过程中还包括人的协调，是一个典型的复杂综合管理活动。

如今，在衡量一个企业竞争力时，已经将原来的价格因素、成本因素、响应速度因素、市场因素等众多的单一性因素转变为衡量该企业供应链的运作情况。传统企业间的竞争也转变为供应链之间的竞争，企业供应链的优越性、稳定性直接决定了相关企业的发展甚至生存。为了保证供应链的稳定性，站在系统分析的角度，通过使用多种系统分析方法，对供应链风险进行分类及应对策略分析，以达到保持供应链稳定性的目的。

2.1.1 系统分析方法的原理

系统分析方法，是一种根据客观事物所具有的系统特征，从事物的整体出发，着眼于整体与部分、整体与结构及层次、结构与功能、系统与环境等的相互联系和相互作用，求得优化的整体目标的现代科学方法及政策分析方法。系统分析是一种程序，它对系统的目的、功能、费用、效益等问题，运用科学的分析工具和方法，进行充分调查研究，在收集、分析获得的信息的基础上，提出各种备选方案，通过模型进行仿真试验和优化分析，并对各种方案进行综合研究，从而为系统设计、系统决策、系统实施提出可靠的依据。

由于供应链自身的特殊性及各部分的相关性较强，系统分析方法的运用，不仅保证了对供应链整体的系统分析，还能对各结构及其相关主体进行深入分析，从而有效地增加了供应链的稳定性与竞争力。系统分析方法多种多样，考虑到供应链系统的特点并从风险管理的角度来提高供应链稳定性，系统分析方法包括多层角度分析法、因果分析法、流程图法、定性等级评价法等。

2.1.2 系统分析方法的步骤

为保证供应链风险管理的高效进行，应对供应链可能面临的风险进行分类。关于供应链风险的分类，可将供应链风险划分为供应链外部风险、供应链内部风险和网络风险。其中，供应链外部风险包括政治风险、自然风险、社会风险及行业市场风险；供应链内部风险包括从劳动力、生产到IT系统的各种企业内部的不确定性；网络风险是指供应链成员组织之间的相互作用所产生的风险。在对风险进行分类的基础上，系统分析方法的具体步骤如下。

①限定问题，所谓问题是现实情况与计划目标或理想状态之间的差距，系统分析的核心内容有两个：一是进行“诊断”，即提出问题及问题产生的原因；二是“开处方”，即提出解决问题最可行的方案。

②确定目标，系统分析目标应该根据客户的要求和对需要解决的问题的理解加以确定，如有可能，应尽量通过指标表示，以便进行定量分析。对不能定量描述的目标，也应该尽量用文字说明清楚，以便进行定性分析和评价系统分析的成效。

③调查研究，收集数据。调查研究和收集数据应该围绕问题起因进行，一方面要

验证限定问题阶段形成的假设，另一方面要探讨产生问题的根本原因，为下一步提出解决问题的备选方案做准备。

④提出备选方案和评价标准。通过深入调查研究，使真正有待解决的问题得以最终确定，使产生问题的主要原因得到明确，在此基础上，就可以有针对性地提出解决问题的备选方案，并且应提出两种以上的竞选方案，以便提供进一步评估和筛选。

⑤备选方案评估。根据上述约束条件或评价标准，对解决问题备选方案进行评估。评估应该是综合性的，不仅要考虑技术因素，也要考虑社会、经济等因素。评估小组应该有一定代表性，除了咨询项目组成员外，也要吸收客户组织的代表参加，根据评估结果确定最可行方案。

⑥提交最可行方案。最可行方案不一定是最佳方案，它是在约束条件之内，根据评价标准筛选出的最现实可行的方案。如果客户满意，则系统分析达到目标，如果客户不满意，则要与客户协商调整约束条件或评价标准，甚至重新限定的问题，开始新一轮系统分析，直到客户满意为止。

进一步使用多角度分析法，对供应链系统面临的风险依次进行整体分析、结构层次分析、相关性分析和环境分析。首先，进行整体风险分析，将供应链及其各组成部分视为一个整体，以此为分析主体，对其运营、市场、竞争、协作和资金等方面遇到或可能遇到的风险进行分类，包括运营风险、竞争风险、协作风险、资金风险；其次，进行结构层次风险分析，根据供应链组成结构及其所处层次，由上至下，依次可以分为供应商风险、分销商风险、制造商风险、零售商风险，以及其他组织风险；再次，进行各结构之间的相关性风险分析，主要是各个结构与各个层次之间存在的物流风险、资金流风险、信息流风险；最后，进行环境风险分析，包括政治环境风险、社会环境风险、经济环境风险和自然环境风险等。

2.1.3 系统分析方法在供应链风险管理中的应用

用系统分析法对供应链面临的风险进行分类，认识风险、了解风险之后，采用因果分析法、流程图法、定性等级评价法等多种方法提出供应链风险应对策略分析，从而保持供应链稳定性。

1. 审核企业行为，防止供应链风险发生

通过观察，当前很多企业为了利益等因素，会选择一些看似“恰当”的行为，但是从供应链稳定性的角度分析这些行为增加了中断供应链的可能。所以，这里使用因果分析法，通过分析企业行为的原因与结果对企业行为进行审核，从而避免供应链风险的出现。

行为 1：过分关注效率。很多企业为了追求供应链的最大效率，集中精力降低库存来削减成本，于是，诸如 JIT 的模式被广为采用，这就增加了对供应商的依赖程度，虽然这种模式在稳健的市场环境中存在种种优势，而且得到了工业界认可，但是如果遇到了需求波动增大的情况，则成为供应链中断的主要因素。

行为2：供应链全球化。当前，很多企业在经济全球化的契机下，通过实施供应链全球化，有效地降低了采购成本和生产成本。但是这种意外会带来较高的风险，尤其是在生命周期较短的产品市场。

行为3：集中生产。为了通过规模经济达到成本降低的目的，但是由于资源的密集集中，不可避免地增加了供应链的风险，而且增加了运输等其他成本。

行为4：外包业务。当今各个产业的分工，有效地提高了生产效率，降低了相应企业的生产成本，但是外包的选择，意味着掌控权的丧失，也增加了供应链的复杂化，从而增加了相关企业的供应链风险。

行为5：减少供应商。减少供应商，有效地减少了供应成本，也增加了调度的统一性，但是有很多实例已经表明，减少供应商就是增加供应风险。整个供应链的风险可能就会由供应风险而决定，一旦“很少”或“唯一”的供应商出现了问题，则会导致整个供应链的中断。

通过上述因果分析，本来一些优化供应链、降低供应链成本、提升供应链信息流通的行为，很大程度上影响了供应链的稳定性，这也就要求企业或供应链的决策者在行为决策的同时，不但要注意该行为的实施原因，还要考虑其可能带来的结果，尤其是一些不明显的危害。

2. 建立供应链风险应对机制

建立供应链风险应对机制，通过识别预测风险、评估风险、处理监控风险等行为，来有效地控制供应链，降低供应链风险发生概率以及危害程度。如图 2-1 所示。

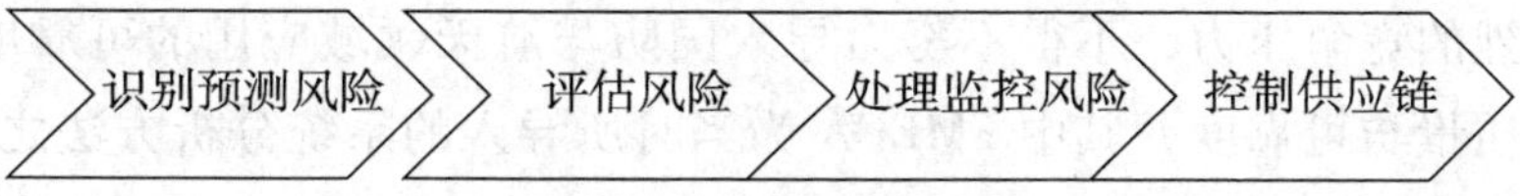

图 2-1　供应链风险应对机制

①识别预测风险。依照风险分类，各个企业情况不同，面临的风险也有很大差别。企业通过自身业务特点、流程来发现可能遇到的供应链风险，并针对这些风险进行合理的决策。按照本文的风险分类，企业可以由上至下，从总体供应链至各个职能部门，进行包括总体和细分的多种风险认识。可以选定流程图法来分析整个供应链的工作流程，对每个环节进行深入分析，可以更完整地识别出风险，还可以依照历史数据和经验，选择不同的定量与定性方法对风险进行预测。

②评估风险。当企业通过上述方法预测出供应链所面临的风险后，就需要结合风险发生预期、影响程度、发生概率等属性采用模糊评价法确定风险等级，从而有助于采取适当的措施。

③处理监控风险。识别预测风险之后，就需要决策者制定出相应的应对措施。主要处理方法包括躲避风险、降低风险、分担风险、利用风险。而企业则应根据自身情况和当时所处环境选择适合自己的处理方法，从而在无法避免风险的情况下，尽最大可能降低自身损失。而对于一些特殊、常出现、易发现、影响大的风险则采用适量的资源进行日常监控，从而在风险出现的最早期进行处理。

2.2 基于 FMECA 方法的供应链风险管理

2.2.1 FMECA 方法的定义

FMECA 是失效模式效应与严重度分析（Failure Mode Effects and Criticality Analysis）的简称。失效模式效应分析（FMEA）与危害性分析（CA）主要是用来探讨系统内各个组件可能发生的失效因素，并分析其造成失效的概率和严重度，以及失效后的危害性等状况，进而提出适当的防止或改善措施以杜绝失效发生的一种分析技术。FMECA 由失效模式效应分析与严重度分析两部分组成，是分析产品所有可能的故障模式及其可能产生的影响，并按每个故障模式产生影响的严重程度及其发生的概率予以分类的一种归纳方法，是一种自下而上的归纳分析方法。FMECA 从不同角度发现产品的各种缺陷和薄弱环节，并采取有效的改进措施和补偿措施以提高可靠性水平，为维修性、测试性、安全性和保障性工作的开展提供定性依据。

这个方法最早在 20 世纪 50 年代就已经出现在航空器操控系统的失效分析上，20 世纪 60 年代美国航天局（NASA）则成功地将 FMEA 应用在航天计划上，到 20 世纪 70 年代 FMEA 则广为汽车产业中的零件设计所应用。20 世纪 70 年代美国汽车工业受到日本强烈的竞争压力，不得不努力导入国防与航天领域应用的可靠度工程技术，以提高产品质量与可靠度，其中 FMECA 为当时所导入的系统分析方法之一。经过一段时间的推广，80 年代许多汽车公司已逐渐认同这项技术的成效，并开始发展、建立内部适用的 FMECA 技术手册，其后更将 FMECA 导入流程潜在失效模式的分析与改进作业中。

2.2.2 FMECA 方法的步骤

FMECA 是借各项零件的名称，以及形成失效效应的风险衡量因子（包括可能发生失效的形式、失效发生后的危害性、失效本身的严重性，以及失效发生的概率和频率等），而判断出零件的失效状态和改善措施，以达到零件正常运作的标准。如果零件数量很多，必须列出优先处理顺序。

FMECA 实施流程图，如图 2-2 所示。

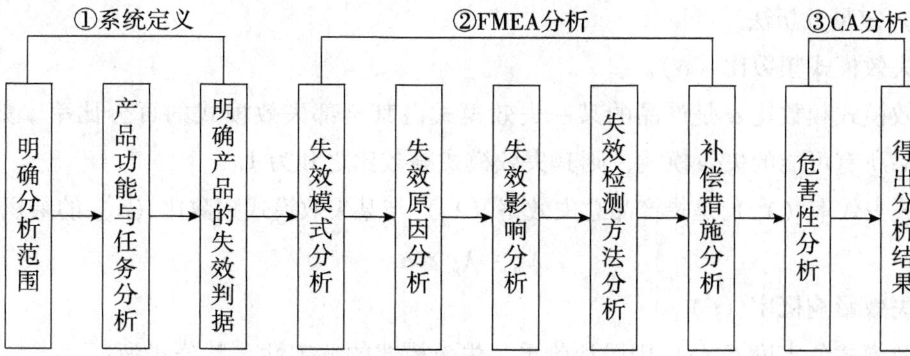

图 2-2 FMECA 实施流程

1. **步骤一：系统定义**

①确定系统中进行 FMECA 的产品范围，包括：产品层次示例、约定层次（规定的 FMECA 的产品层次）、初始约定层次（系统最顶层）、最低约定层次（系统最底层）。

②描述系统的功能任务及系统在完成各种功能任务时所处的环境条件，包括：任务剖面、任务阶段与工作方式；功能描述。

③制定系统及产品的失效判据、选择 FMECA 方法等。

2. **步骤二：失效模式效应分析（FMEA）**

FMEA 分析如表 2-1 所示。

3. **步骤三：危害性分析（CA）**

危害性分析的目的是按每种失效模式的严重程度及该失效模式发生的概率所产生的综合影响对系统中的产品进行分类，以便全面评价系统中各种可能出现的产品失效的影响。CA 是 FMEA 的补充或扩展，只有在进行 FMEA 的基础上才能进行 CA。

危害性分析包括定性分析和定量分析两种方法。

（1）定性分析法

失效概率等级是一种定性分析方法，一般可分为五级。

①A 级（经常发生），产品在工作期间发生失效的概率很高，即一种失效模式发生的概率大于总失效概率的 20%。

②B 级（有时发生），产品在工作期间发生失效的概率为中等，即一种失效模式发生的概率为总失效概率的 10%~20%。

③C 级（偶然发生），产品在工作期间发生失效是偶然的，即一种失效模式发生的概率为总失效概率的 1%~10%。

④D 级（很少发生），产品在工作期间发生失效的概率很小，即一种失效模式发生的概率为总失效概率的 0.1%~1%。

⑤E 级（极少发生），产品在工作期间发生失效的概率接近于零，即一种失效模式发生的概率小于总失效概率的 0.1%。

（2）定量分析法

①失效模式频数比（α）。

失效模式频数比 α 是产品的某一失效模式占其全部失效模式的百分比率。如果考虑某产品所有可能的失效模式，则其失效模式频数比之和为 1。

模式失效率（λ_m）是指产品总失效率（λ_p）与某失效模式频数比（α）的乘积，即

$$\lambda_m = \lambda_p \times \alpha$$

②失效影响概率（β）。

失效模式危害度 $C_m(j)$ 用以评价单一失效模式的危害性，其公式为：

$$C_m(j) = \alpha \times \beta \times \lambda_p \times t$$

$$j = \text{Ⅰ},\ \text{Ⅱ},\ \text{Ⅲ},\ \text{Ⅳ}$$

$C_m(j)$ 代表产品在工作时间 t 内以某种失效模式发生第 j 类严重度类别的失效次数。严重度分类如表 2-2 所示。

产品危害度 $C_r(j)$ 用以评价产品的危害性，其公式为：

$$C_r(j) = \sum C_{mi}(j)$$

式中：$i=1$，2，…，n，n 为该产品的失效模式总数；j= Ⅰ，Ⅱ，Ⅲ，Ⅳ。

$C_r(j)$ 代表某一产品在工作时间 t 内产生的第 j 类严重度类别的失效次数。$\sum C_{mi}(j)$ 代表产品在第 j 类严重程度类别下所有的失效模式危害度之和。

CA 分析如表 2-3 所示。

2.2.3　FMECA 方法在供应链风险管理中的应用

FMECA 衡量结果由多项指标相乘构成，分别是发生度、严重度以及侦测度，即风险优先系数（RPN）= 发生度评分×严重度评分×侦测度评分。发生度是指某项失效原因发生的概率，其评分范围为 1~10 分。严重度是指当失效发生时，对整个系统或使用者影响的严重程度，其评分范围为 1~10 分。侦测度是指当一项零件或组件已经完成，在离开制造场所或装配场所之前，其被检测出可能发生失效模式的能力，评分范围为 1~10 分。

除了采取 FMECA 中的发生度、严重度以及侦测度三项来衡量风险事件，企业对于风险事件发生后的掌握能力及复原能力也相当重要。客观的风险事件强度，可能因不同的风险掌控度，使结果大相径庭。因此，可以采用四个因子衡量风险事件，分别为“发生度”“严重度”“侦测度”以及“控制程度”，则风险优先系数可以定义为：RPN=（发生度×严重度×侦测度）/控制程度。

（1）风险识别

供应链经营过程中会遭遇的风险源可以分为五类：环境风险源、需求风险源、供应风险源、程序风险源和控制风险源。环境风险源分为四类：政治环境、法律环境、

表 2-1　FMEA 分析

代码	产品或功能标志	功能	失效模式	失效原因	任务阶段与工作方式	☆失效影响			严重度类别	失效检测方法	补偿措施	备注
						局部影响	高一层次影响	最终影响				
1	2	3	☆4	☆5	☆6	7	8	9	☆10	☆11	☆12	13
对每种产品的每种失效模式采用一种编码体系进行标识	记录被分析产品或功能的名称与标志	简要描述产品所具有的主要功能	根据失效模式分析的结果，简要描述每种产品所有的失效模式	根据失效原因分析结果，简要描述每种失效模式所有的失效原因	简要说明发生失效的任务阶段与产品的工作方式	根据失效影响分析的结果，简要描述每种失效模式的局部、高一层次和最终影响并分别填入第 7~9 栏			根据最终影响分析的结果按每种失效模式分配严重度类别	简要描述失效检测方法	简要描述补偿措施	本栏主要记录对其他栏的注释和补充说明

表 2-2　严重度分类

严重度分类	严重程度定义
Ⅰ类（灾难性失效）	它是一种会造成人员死亡或系统（如飞机）毁坏的失效
Ⅱ类（致命性失效）	这是一种导致人员严重受伤、器材或系统严重损坏，从而使任务失败的失效
Ⅲ类（严重失效）	这类失效将使人员轻度受伤、器材及系统轻度损坏，从而导致任务推迟执行、任务降级、系统不能起作用（如飞机误飞）等
Ⅳ（轻度失效）	这类失效的严重程度不足以造成人员受伤、器材或系统损坏，但需要非计划维修或修理

表 2-3　CA 分析

代码	产品或功能标志	功能	失效模式	失效原因	任务阶段与工作方式	严重度类别	失效概率等级或失效数据源	产品总失效率（λ_p）	失效模式频数比（α）	失效影响概率（β）	工作时间（t）	失效模式危害度	产品危害度	备注
1	2	3	4	5	6	7	☆8	9	☆10	☆11	12	☆13	14	15

自然环境及经济环境，四者合称为“总体环境”。需求风险源和供应风险源分别以需求市场和供应市场为代表，二者合称为“市场环境”。程序风险源和控制风险源则是以“组织”“程序”及“控制”三个方面为代表，三者合称“公司本身因素”。

（2）风险衡量

与传统的风险衡量采用发生概率与潜在损失两个指标不同，FMECA 方法采用“发生度”“严重度”“侦测度”以及“控制程度”四个因子来衡量风险。风险衡量因子评分等级如表 2-4 所示。

表 2-4　风险衡量因子评分等级

风险衡量因子	风险衡量标准		
发生度	发生可能性低	1 2 3 4 5 →	发生可能性高
严重度	轻微	1 2 3 4 5 →	严重
侦测度	容易侦测	1 2 3 4 5 →	不易侦测
控制程度	容易控制	1 2 3 4 5 →	不易控制

（3）风险评估

根据四个风险衡量因子，可以计算出各个风险时间的风险优先系数，对这些系数进行排列，可以确定企业的主要风险关注对象。当然，风险评估是一个动态的过程，因为环境的变化会导致各个风险衡量因子发生变化，从而影响各个风险时间的风险优先系数。例如，环境变化可能导致某些风险事件发生度提高或严重度提高，从而提高该风险事件的优先级；再如，技术进步可能提高某些风险事件的控制程度，从而降低该风险事件的优先级。

（4）风险控制

传统风险控制方法强调降低风险发生的可能性、减轻风险负面影响，FMECA 将侦测度和控制程度两个因子引入风险衡量中，扩展了风险控制的手段，即采用更为先进及时的风险侦测手段并改善风险控制手段。

2.3　基于 WSR 方法的供应链风险管理

系统科学和系统工程是研究复杂系统的新理论和新方法，基于综合诊治的基础可以生成工业工程系统推进模式。系统论中的物理—事理—人理（WSR）利用了系统分解、综合与集成的思想，是一种能够很好解决此类复杂问题的系统方法论。这类综合集成方法的实质是把专家体系、信息与知识体系及计算机体系有机结合起来，构成一个高度智能化的人机结合体系，该体系具有综合优势、整体优势和智能优势。

在 WSR 系统工程理论的基础上提出分别从“物理”“事理”和“人理”三个层面

构建供应链风险管理模型，以分析供应链风险管理问题从而形成一套综合集成的供应链风险管理的物理—事理—人理方法。

2.3.1 WSR 方法的原理

1. 方法论

WSR 系统方法论是我国著名系统科学专家顾基发教授等基于钱学森等学者的研究成果提出的，是一种用于解决大型系统或复杂系统问题的工具。该方法的主要思想是对于大型系统或复杂的系统问题，需要采取与之适应的系统思维来解决，以免以偏概全。并在此基础之上，将系统细分为物理、事理和人理这三个维度，从而指导实践。目前，WSR 方法论在复杂系统及问题上得到了广泛应用。理解 WSR 方法论，需要在理解其思想的基础上，对其各个维度的划分、研究对象与焦点等内容有清楚的认识，WSR 方法论的主要内容如表 2-5 所示。

表 2-5　　WSR 方法论的主要内容

项目	物理	事理	人理
对象	客观物质世界	组织、模式、流程	人、群体、人际关系、智慧
焦点	是什么？功能分析	怎样做？逻辑分析	如何协同？行为分析
目标	对客观物质有准确认识	形成高效的逻辑模型	实现组织由内而外的协同多赢
要求	真实、准确、客观	效率、效果、有序	和谐
所需知识	自然科学、调查研究	管理科学、系统科学	人文科学、行为科学

2. WSR 方法的框架

供应链风险管理是一项包括众多供应链内外部因素的复杂过程，需要综合考虑各方面情况对供应链风险管理问题进行系统分析。WSR 方法针对供应链风险管理这一复杂问题从三个方面开展工作：第一，要进行大量的调研，认清供应链风险因素、客观事实和内外部环境；第二，要依据供应链风险调研情况，结合相应的科学、理论和方法，制定供应链风险管理和应对策略；第三，要在前面两步的基础上，确定需要协同的对象，制定协同策略，构建协同文化。这三个步骤分别代表 WSR 方法中的“物理”“事理”和“人理”，其中物理是基础，事理是实现最终目标的核心，人理是事理策略顺利实施的保障，具体如图 2-3 所示。

2.3.2 WSR 方法的步骤

WSR 是一种方法论，对于不同的研究对象，在同一个方法论的指导之下可以选择不同的方法和理论作为支撑。对于供应链风险管理，重点考虑两个方面特性：供应链和风险管理。第一，考虑供应链的特性，在模型构建中需加入“整体与部分相结合”

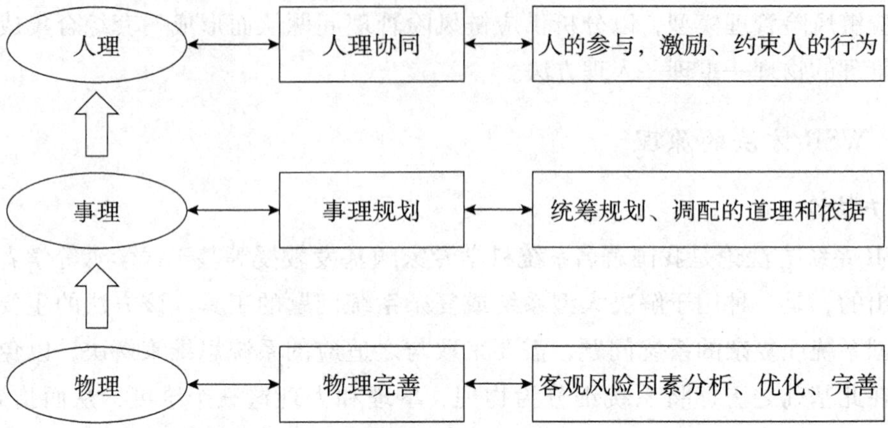

图 2-3　供应链风险管理的 WSR 方法框架

的思想，即从节点组织到整个供应链系统再回到单个组织的动态、循环分析。第二，考虑风险管理的特性，在模型构建中加入“平战结合”的思想，即将日常风险管理与突发风险管理相结合。

1. 物理层模型构建

供应链风险属于风险集合的一个子集，按照从一般到特殊的逻辑，可以从风险的科学内涵出发，找出供应链风险的特殊性，从而明确其内涵。由于供应链风险处于供应链网络及其环境中，供应链网络的范围和构成就是它的外延。因此，本节将供应链的范围和构成、风险类型、风险源位置及风险成因等作为供应链风险管理的物理层因素，构建物理层模型。先确立目标对象，在目标供应链的范围及其构成确立的基础上，寻找风险的来源，再对风险依次进行分类、识别与分析，最终形成数据以供后续工作提取。

①明确对象与范围。一方面，由于供应链的全球化扩展，许多组织并不清楚自己所处的供应链的情况，而且供应链动态变化，每天都可能有新的节点组织加入或退出。另一方面，明确供应链对象与范围是后续工作的基础。这部分工作主要包括三个步骤：明确供应链范围，确定供应链构成和确定存在的问题。其中，明确供应链范围最为重要，是后续工作的基础。以目标企业为核心，向四周辐射一定深度，最终形成常态风险管理的目标范围。理论上来看，选取的深度越大，所能获取的信息就越丰富，分析也就越全面，所得结果会更准确，但相应成本会增加，信息处理难度加大，时效性一般也难以保障，故深度的选择要结合历史数据及企业自身能力。例如，对于风险发生概率高、危害巨大的分支就要适当加大深度。另外，对范围内节点的监测力度也不是一成不变，相对而言，靠近核心的分支力度较大，威胁较大的分支也需要加大力度。

②风险源定位。当范围确定后，梳理供应链的构成。注重风险的监测，若发现问题，则需迅速定位风险。供应链风险事件的表现形式多样，对其进行管理时需要看到它的本源，包括其起源地及更深层的根源，这样才能对风险进行科学的分类和识别。

如某风险事件发生后，可以按其来源地将其分为：供应中断风险、运营中断风险和需求突变风险。

③风险识别与分析。对风险进行识别与分析，得到相应信息，从而进行预测、评价等工作，为后面的风险控制提供支持。不同的分析结果需要不同的应对方法。例如，某配件供应商地处日本西南沿岸 3・11 日本地震重灾区，因为厂房被毁、生产线报废、物流交通全面崩溃，该供应商供应中断，2~3 个月都无法保证恢复正常供货。而另外一家配件供应商，地处日本东北沿岸的轻度受灾区，其供应中断是因为能源供应不稳定，余震导致无法组织生产，但运输通畅，一旦能源供应正常，就可恢复正常供应。

④形成数据。风险识别与分析的结果，要形成定量数据，以便录入数据库，更新数据库，并进行共享。难以定量分析的结果，可进行细化定性的分级，如高、中、低的三级标准，可以细化为高、较高、中、较低、低的五级标准。信息形成数据，对内便于事理分析、人理分析的调用，对外有利于合作企业的协同。

2. 事理层模型构建

事理分析的目标，就是在供应链系统运行过程中，采用各种方法和手段，依据物理分析风险的数据和资料，对风险进行预测、评估并预警，从而制定风险管理策略，主要包括五项工作：风险评估、发布警报、风险控制、动态反馈及恢复重建，同样，这些工作也分为预防和应对两个方面。在预防状态风险未知，风险评估是指对预测风险的评估，侧重于预警；而风险控制则侧重日常调控，主要工作是预防、规避风险。

3. 人理层模型构建

传统的风险应对模式，一般都是单个组织自行解决，如供应链管理中常用的安全库存、备用设备及能源多源采购等。这些策略有其可行性和有效性。但是由于全球一体化的快速发展，供应链越来越复杂。为了节省成本，工业界流行采用零库存、单一供应源，若要更好适应供应链管理的发展趋势，供应链风险管理必须寻求“协同”的道路。通过分析供应链风险管理的协同，按照由外而内、由表及里的思路，可将协同分为三个层面：资源层面的协同，各个节点都需要有一定资源上的付出；运作层面的协同，供应链以其结构特性和功能特性，使其运作需要各节点的协同；思想层面的协同，思想的协同代表协同的深度，以及协同的可持续性。

2.3.3 WSR 方法在供应链风险管理中的应用

以 3・11 日本地震后的通用汽车公司供应链为例。2011 年 3 月 11 日，日本海域发生里氏 9.0 级地震并引发了巨大海啸，大量房屋倒塌，人员失踪或伤亡。日本东太平洋沿岸的交通几近瘫痪，电力等能源设施受损，导致全面能源供应不足。更为严重的是，此次灾难使福岛第一核电站发生多次爆炸。一连串的灾难在给日本本土带来重创的同时，也对全球经济造成了巨大影响。而由于日本在全球汽车供应链中的领先地位，这种影响不可避免地在全球汽车供应链内弥漫，最早受到影响的就是通用汽车公司。

此次，通用汽车公司供应链的突发风险事件历时约 50 天，最终渡过难关，有其可取之处。运用 WSR 的三层模型进行分析，一方面可以印证其实践能力，另一方面为类似企业的供应链风险管理提供借鉴。按上文建立的三层模型，对其进程进行分析，如表 2-6 所示。

表 2-6　通用汽车公司 SCRM 及 WSR 分析

阶段	步骤	时间	主要状况
第一阶段	1	03-11~03-13	日本地震突发，成立专门工作小组
	2	03-14~03-17	暂停西班牙萨拉戈萨汽车生产，取消德国爱森纳赫汽车工厂的轮班制度
第二阶段	3	03-18~03-20	准备谨慎评估所受影响，与美国政府沟通，称信息匮乏
	4	03-21~03-23	部分工厂暂时停工、裁员，缩减开支保障现金流
第三阶段	5	03-24~03-25	已经获取更多供应商信息，可以据此调整生产计划
	6	03-26~03-28	将有限的零件用于生产高利润车型，减少低利润车型的生产并重启一个卡车工厂
第四阶段	7	03-29~04-07	副董事长前往日本，评估供应链状况，并承诺对供应商提供援助
	8	04-08~04-10	组建跨功能团队，动态监测和评估日本局势及其对供应链的影响，表示将计划采用替代方案
	9	04-11~04-28	替代方案出炉，但局势不断变化，问题也逐一解决
	10	04-29	称日本地震影响已经全部消除，工厂全部恢复生产，开始进行事后恢复工作

阶段	步骤	时间	WSR 分析	
第一阶段	1	03-11~03-13	WR	第一次循环，初步管理
	2	03-14~03-17	S 内部	快速反应，防守
第二阶段	3	03-18~03-20	WR 内部	进一步循环，深入管理，寻求更多信息防守
	4	03-21~03-23	S 外部	
第三阶段	5	03-24~03-25	WR 内部	第三次循环，根据更丰富的供应商信息，主动出击
	6	03-26~03-28	S 外部	
第四阶段	7	03-29~04-07	WR	阶段性的最后一次循环，其中还隐含了一个 W 分析，如果检测到新情况，就会有新的循环
	8	04-08~04-10	W 内部	
	9	04-11~04-28	S 外部	
	10	04-29	S 外部	

注：SCRM——社会关系管理。

回顾通用汽车公司整个风险管理的过程，其供应链风险管理中的许多安排与WSR理念不谋而合。依据WSR模型来分析，能够发现整个过程可以分为四个阶段，这四个阶段由浅入深，并动态循环。

第一阶段，包括第一、第二两个步骤。第一步主要是物理分析，通用汽车公司此时迅速监测到了风险，第一时间组建了专门的工作小组，目的是在第一时间获取首要信息，以便及时做出前期的安排。第二步则是在第一步物理分析的基础上，运用其数据、信息，进行风险的评估，并据此采取风险调控手段：部分可能受日本供应商影响的工厂停止加班、减产或停工，减少库存消耗，为后面的风险管理保存实力，这一步体现了事理分析模型的基本思想。

第二阶段，是更进一步的循环，包括第三、第四两个步骤。第三步，首先收集了第一阶段的调控结果及更新的信息，包括日本供应商的最新情况、震后的物流恢复等情况，只反馈给风险管理人员，这是物理分析；其次是与政府协商，并称目前信息匮乏，寻求外界的支持，这是采取了人理协同的措施，主要目的还是获取更多、更新、更全面的信息。经过第一阶段的试探，以及第二阶段更进一步的物理分析、人理协同，通用汽车公司制定了第四步的调控策略：在保持原有措施继续实施的基础上，加入了节约开支的措施，目的是保障现金流。这个更新的策略表明在第二轮的循环调控中，通用汽车公司获取了更深的信息，探测到了除供应中断风险之外新的风险。

第三阶段，包括第五、第六两个步骤，与前两个阶段有所不同，前两个阶段由于信息不全，采取的均为保守性措施，保持自身较高的库存水平及现金流，以应对不断变化的风险。而在该阶段，通用汽车公司已经获得了供应商更多有价值的信息，并依据这些信息在第六步制订了相对主动的生产计划，包括重启一个已停产的卡车工厂，以及将有限的零件用于生产更高利润的车型等（前两个阶段的保守策略为本阶段提供了有利条件，有可用的库存及现金）。这一阶段能够看到通用汽车公司与其供应商进行沟通的影子，这是前两个阶段没有看到的。

第四阶段，是供应链风险管理的最后一个阶段，这一阶段可以分为四个步骤，经过了三个阶段的循环调控，通用汽车公司开始面对面地与供应商进行交流，称将对供应商提供援助，并组建跨功能团队对日本供应商的情况进行动态监测和评估，开始考虑采用替代方案。2011年4月11日，替代方案出炉，经过了不断地修正、调整，终于在2011年4月29日消除了日本地震产生的供应链影响，工厂全部恢复生产，风险暂时解除，开始进入常态的供应链风险管理阶段，并重点关注日本供应商的新动向。

从该案例的每个阶段来看，无不体现了WSR风险管理思想。第一，以物理分析提供信息、数据；第二，在识别与分析的基础上，依据所得的信息、数据，对风险进行评估，制定调控策略，并将调控结果返回到下一个阶段中；第三，体现了协同的思想，每个阶段都有其内部协同与外部协同，主要体现在与政府及后期与日本供应商的协同。

2.4 基于案例推理的风险评估方法

供应链风险管理的重要性逐渐被人们认识。偶发风险事件导致的风险后果是供应链风险评估的难点。把人工智能中的案例推理技术引入供应链风险评估中，可以较好地解决案例的描述与存储组织、匹配案例的检索以及检索结果的调整等关键问题。

但是，现有的研究多数集中在相关概念界定和提出风险控制对策，深入的定量分析比较少。不确定型风险的估计是供应链风险评估的难点，而严重的偶发风险事件如严重自然灾害、重大设备故障和事故、市场环境急剧变化、关键合作伙伴违约等，导致的风险是典型的不确定型风险，常常严重影响供应链的正常运行。估计偶发风险事件导致的供应链风险，概率统计方法不再适用，我们探索使用案例推理方法，从过去发生过的类似事件中吸取经验教训，比较案例之间的相同之处，分析两者的差异，估计可能的风险后果，并寻找合适的对策。

2.4.1 CBR 方法

基于案例的推理（Case-Based Reasoning，CBR）方法最早由耶鲁大学的 Schank 教授在 1982 年出版的专著 *Dynamic Memory: A Theory of Reminding and Learning in Computers and People* 中提出，是人工智能领域一项重要的推理方法。国外自 20 世纪 80 年代后期对 CBR 的理论和方法进行了系统研究，在通用问题求解、法律案例分析、设备故障诊断、辅助工程设计、辅助计划制订等领域取得了实用性成果。国内在 20 世纪 90 年代后期开始出现关于 CBR 方法在经济管理中应用的研究报道，如金融危机预警系统、智能化预测支持系统、电力系统短期负荷预测等。

CBR 方法基于人类的认知过程，是认知相似性推理的一种模拟，其基本假设是相似的情况（原因）引发相似的结果，同时也有相似的解决办法。CBR 方法通过访问案例库中同类的案例而获得当前问题的解决方案。其核心思想是：当求解问题时，在以前类似的成功范例的基础上进行推理，充分利用案例中隐含的知识和信息。CBR 方法和人们正常的思维方式一致，律师参考过去相似的案例来处理当前的案件，医生参照过去的病例来诊断病人病情及制定处置方案等。

CBR 方法解决问题的一般步骤，包括以下 5 项。

①对新问题进行规范化描述；

②以新问题的若干特征为检索查询条件，从案例库中查找以前类似的案例；

③将所选出的最接近案例作为样本，形成新问题的解；

④分析新旧案例的差异，识别新问题的新情况，修正得到的解；

⑤对新案例进行整理，添加到案例库。

2.4.2 案例的描述与存储

案例的描述与存储是CBR的基础。导致供应链风险的偶然因素很多，风险形成机制复杂，在供应链不同阶段的表现各异。设计一定的数据结构来描述案例的特征是CBR方法评估风险的难点所在。经过分析，用关系型数据库存储案例，用数据库字段描述案例，既是案例在数据库中存储的形式，也是新问题的描述方式。

2.4.3 案例检索

CBR推理过程的主要工作就是检索匹配的案例，根据以往风险发生的情况，估计新形势下可能的风险水平。在CBR系统中应用的检索方式主要有三种：①最邻近法（Nearest Neighbor Algorithm），适用于案例特征属性为数值型的情况，定义和计算案例之间的相似度（匹配度），相似度最大的案例为匹配案例。②归纳法（Induction），提取案例之间特征的差异，并根据这些特征将案例组成一个类似判别网络的层次结构，检索时采用决策树搜索策略，适用于案例特征相互独立或推理结果只是案例中某一特征的情况。③知识引导法（Knowledge-Guided Indexing），采用一套规则进行索引控制，根据已知的知识确定案例中哪些特征在进行案例检索时是最重要的，并根据这些特征组织检索。

考虑到风险评估系统的特殊性，案例特征属性多数是描述性的字符型字段，我们把归纳法和最邻近法相结合，按照SQL（结构化查询语言）检索出最匹配的案例。先找出“事件类型”和“受影响阶段”两个字段完全匹配的案例，从中再查找“事件性质”匹配的案例，如果没有完全匹配的，则把条件放宽继续搜索。再按照“发生时间”最近原则，从中挑出最匹配的案例，其中的“实际后果”字段可以看作对风险的初步估计，也可以给出多个案例供参考。为了加快检索速度，对“事件类型”“受影响阶段”“事件性质”“发生时间”几个字段建立索引。

2.4.4 风险评估结果优化

通过案例检索得到的初步风险评估结果，严格意义上说是以往类似事件导致的风险。风险事件发生的时间、地点、程度都发生了变化，必须根据新事件与案例之间的差异对风险评估的初步结果进行调整。对于偶发事件导致的供应链风险评估，影响结果的因素不可能全部收集存储到案例库中，可采用计算机辅助下的专家人工调整方式，由管理人员分析案例与当前风险事件的差别，确定调整方法与调整参数，并综合考虑其他环境因素的影响。

2.5 供应链风险数字化管理及评估方法

随着工业生产的精细化和经济全球化，制造业的供应链网络变得日益复杂，供应链系统具有更加显著的脆弱性和不确定性。相应地，供应链风险的成因也更加复杂且难以预测。与此同时，随着现有工业产品需求逐渐饱和，世界各国制造业的竞争日益激烈。为了在未来的竞争中占得先机，各国纷纷开始通过现代信息技术等寻求风险管理的新方法。供应链风险管理的目的是让供应链应对多变环境下的不确定性，因此供应链的可靠性和柔性成了供应链风险管理的两个重要目标。数字技术为供应链风险实现数字化管理提供了基础，并提出了一种在现代工业发展背景下可能的供应链数字化管理模式。

2.5.1 供应链风险数字化管理方法

1. 建立风险数据库

对于供应链风险管理来讲，要实现风险管理的数字化，首要任务是建立完备而可靠的供应链风险数据库。供应链风险数据库可以为风险决策提供必要的数据支持。为此，企业应组织商业与技术方面的专家，如风险管理专家、数据挖掘专家、IT 专家等为风险数据库的建立提供支持。

供应链风险数据库应从供应链的外部和内部分别收集和存储供应链的历史风险数据与实时风险数据，形成企业的“风险大脑”，为进一步的风险分析、监控与报告提供基础，从而为后续的数据驱动型决策过程提供支持。

2. 供应链风险模拟

在供应链风险数据库的基础上，企业可以通过数据挖掘技术对特定环节的风险进行分析与模拟。通过模拟企业可以发现系统中潜在的问题，实现对供应链风险及其原因的预判，提早识别出相关的风险因素并加以控制，从而在早期阶段遏制风险的发生或减少其可能带来的损失。供应链风险模拟的对象应包括风险发生的概率和可能产生的损失等，为后续决策提供数据支持。

3. 动态风险监控

通过 RFID、物联网及可视化技术等，企业可以对产品在生产、物流等环节的状态进行集中动态监控，实现供应链的透明化管理，减小因时间和空间距离而产生的信息误差和滞后性，从而更加快速、准确地定位供应链风险因素并加以追踪。随着通信技术的进步，尤其是近年来 5G 技术的发展，企业可以进一步实现对供应链各个环节中风险状态的实时监控，随时随地掌握第一手数据，进一步减少由于信息滞后导致的损失。

4. 实时动态决策

在数据挖掘、风险模拟和实时监控的基础上，数字化的供应链风险管理可以做到对风险自动进行动态响应，并在第一时间做出相应的风险应对决策。区别于传统供应链风险管理模式，数字化供应链风险管理模式下的决策模式是由数据驱动的，具有更强的时效性与客观性。实时动态决策可以更加迅速地对供应链风险进行应对和处理，及时减少风险发生的可能性或风险可能带来的损失。而从客观数据出发的数据驱动型决策，减少了人工判断可能存在的误判风险，从而减少牛鞭效应等风险的产生。

2.5.2 供应链风险数字化评估方法

随着经济全球化的发展，竞争越发激烈，越来越多的企业意识到供应链的重要性。供应链上的企业是战略合作伙伴关系，他们之间相互依赖、相互影响，如若链条上的任何一家企业出现问题，都有可能波及其他企业，从而影响整个供应链的正常运作，严重的有可能导致供应链断裂。因此，识别供应链风险及做好供应链风险预防措施，显得尤为重要。

经典的风险评估方法有很多，按其本质可划分为定性评估和定量评估。定性评估方法如德尔菲法等，定量评估方法有网络层次分析法、故障树分析法、模糊综合评价法、人工神经网络法等。随着研究的深入及供应链环境的变化，许多学者将两种或两种以上的方法结合使用，使供应链风险评估更加具有现实效用和实践价值。

1. 历史数据分析法

通过对历史数据的分析，可以在评估未来风险方面得到一些启示，以便及时发现可能产生重大负面效应的事件。历史数据分析法的一个缺陷是，它只能对曾经发生过的风险因素进行评估，而这可能使未来发生的新型重大风险被忽略；另一个缺陷在于重要的风险事件并不经常发生，这可能局限我们对风险事件类型的认识。为此，我们需要将在同类型企业中发生过的风险事件尽可能地涵盖到历史数据中。

2. 德尔菲法

德尔菲（Delphi）法采用背对背的通信方式征询专家小组成员的预测意见，经过反复征询、归纳、修改，最后汇总成专家基本一致的看法。在预测过程中，专家彼此互不相识、互不往来，这就克服了专家会议法中权威人物的意见左右其他人意见的弊病，使各位专家能真正充分地发表自己的意见。德尔菲法发挥了专家会议法的优点，集思广益，把各位专家意见的分歧点表达出来，取各家之长，避各家之短。但德尔菲法实施过程比较复杂，花费时间较长。

3. 网络层次分析法

网络层次分析法（Analytic Network Process，ANP）是在层次分析法的基础上提出来的，理论和实践证明 ANP 对网络结构系统的评价是相当有效的。网络层次分析法可以描述供应链风险评估指标体系中各个指标之间的相互关系，适用于供应链风险因素之间存在关联性的情况，因此可用来确定供应链风险评估指标的相对权重。

ANP 的网络层次结构包含两部分内容，分别为控制因素层和网络层。控制因素层包括问题目标及有关决策准则，并且决策准则之间是相互独立的，只受目标元素控制，其权重可由层次分析法获得。并不是所有的控制因素层中都要有决策准则，但是至少有一个目标。网络层由所有受控制层支配的元素组组成，元素组由受其控制的元素组成，元素之间与元素组之间存在相互影响。ANP 考虑到不同层次元素之间的相互依赖及相互影响，也考虑到同层元素之间的相互依存关系，因此采用 ANP 确定评价指标权重，使结果更加符合实际情况，适用性更强。

ANP 模型具有相对复杂的网络层次结构，模型中的超矩阵、极限超矩阵的计算比较复杂，人工计算过程漫长且烦琐，在实际应用中会产生许多困难。因此，Rozann W. Satty 和 William J. Adams 在 2003 年研发出了超级决策软件 Super Decision（SD），实现了 ANP 计算过程的程序化，大大提高了实际运算的效率。在实际应用中可借助它进行快速计算，从而得到超矩阵、加权超矩阵、极限超矩阵，并进行一致性检验。

4. 故障树分析法

故障树分析法，最早由 H. A. Watson 在 1961 年提出，现在被大量应用于航空航天、核动力、电子、机械制造、化工生产、采矿等多个领域。它既能定性地分析出导致系统发生故障的直接因素或关键因素，即所谓的最小割集，又能进行定量分析，通过确定底事件的发生概率进而可以求得顶事件（系统故障）的发生概率，从而判断系统的风险级别，找出产生风险的关键因素，方便工作人员采取相关措施以降低系统风险。因此，故障树分析法是进行系统可靠性分析的一种十分有效的方法。

应用故障树分析法进行供应链风险评估具有一定的可行性。故障树模型不仅能对单个供应链风险的风险程度进行判定，还能确定它们之间的相互联系，进而确定整个供应链的风险水平，分析供应链风险的主要来源，为供应链风险管理提供依据。故障树分析法是一种由上而下的分析方法，先用系统最不希望发生的事件作为顶层目标，然后从顶事件逐一向下分析各自发生的直接原因事件（基本事件），再依据相互之间的逻辑关系，用逻辑符号连接上下两个事件。它是利用图解的方法将大的事故进行拆分，逐步分解成若干较小的事故，同时分析引起事故的原因。图形分解后呈树枝状，所以称为故障树分析法。

在运用故障树分析法识别供应链风险时，可将供应链整体的风险进行结构划分，再依次分析相关失效原因。这样一来就极大地减少了供应链管理者的工作量，而且逻辑性强、便于梳理。它既能定性地分析出导致系统发生故障的直接因素或关键因素，又能进行定量分析，通过确定底事件的发生概率进而求得顶事件（系统故障）的发生概率，从而判断系统的风险级别，找出产生风险的关键因素，方便工作人员采取相关措施以降低系统风险。

5. 模糊综合评价法

模糊综合评价法（Fuzzy Comprehensive Evaluation，FCE）是以模糊数学为基础，应用模糊关系合成的原理，将一些边界不清、不易定量的因素通过构造隶属度将其定量化，进行综合评价的一种方法。模糊综合评价法不但可以将供应链风险评估中的很多定性指标定量化，而且能很好地解决判断中的模糊性和不确定性问题。模糊综合评价法的评价结果以向量的形式得出，具备良好的可拓展性。虽然模糊综合评价具有上述优点，但它不能解决评价指标间信息重复的问题，该方法通过历史经验和专家判断将定性指标量化，使各风险值的确定缺乏理论依据。

6. 人工神经网络法

人工神经网络是生理学上的真实人脑神经网络的结构和功能，以及若干基本特性的某种理论抽象、简化和模拟而构成的一种信息处理系统。从系统论的观点看，人工神经网络是大量神经元通过极其丰富和完善的连接而构成的自适应非线性动态系统。它的一个重要特点是通过学习达到输出与期望输出相符的结果，具有很强的学习、自适应能力，其基本模型如图 2-4 所示。

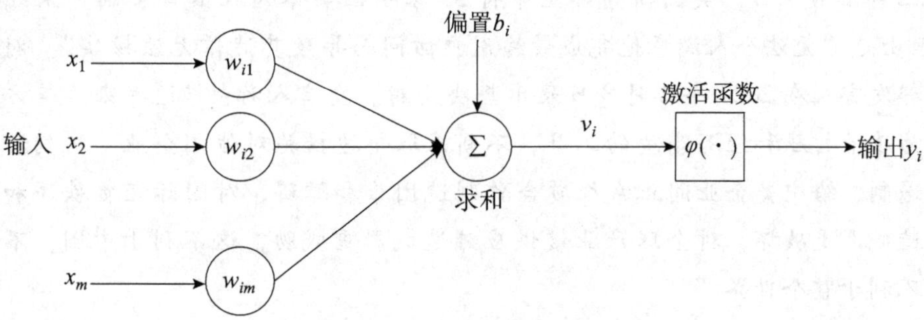

图 2-4 人工神经网络模型

在人工神经网络模型中，简单的单层感知机无法处理非线性问题，这是感知机使用的最大局限性。为了克服这类问题，一种新的方法——多层感知机被提出。1974 年，研究人员提出了一种适合多层感知机的学习算法——BP（Back Propagation）学习算法。多层感知机与 BP 学习算法的结合，构成了目前使用最为广泛的一种神经网络结构——BP 神经网络。BP 神经网络中 BP 是一种训练方法，指的是误差的反向传播，而 BP 神经网络本身是前馈式、有导师的神经网络。BP 神经网络的计算过程由正向计算过程和反向计算过程组成，正向传播过程中输入模式从输入层经隐单元层逐层处理，并转向输出层，每层神经元的状态只影响下一层神经元的状态。如果在输出层不能得到期望的输出，则转入反向传播，将误差信号沿原来的连接通路返回，通过修改各神经元的权值，使误差信号最小。

本章小结

本章基于不同的系统模型对供应链管理方法进行了讨论分析，介绍了系统分析方法、FMECA 方法和 WSR 方法，以及各类模型在供应链风险管理中的应用。对经典的供应链风险评估方法进行了介绍，其中还对基于案例推理的风险评估方法进行了探究与分析。供应链的产生给企业带来了巨大的竞争优势，但是强大优势的背后也潜藏着种种危机。一方面，全球经济一体化使供应链暴露于更多的风险中；另一方面，全球经济环境日益复杂使供应链面临更多的突发风险。在这种背景下，供应链风险管理方法显得尤为重要。

拓展阅读

中国完善出口管制机制，增强风险防范能力

2022 年 2 月 7 日，美国商务部宣布将 33 家中国实体列入出口管制“未经验证清单”，理由是“无法令人满意地完成最终用户访问而导致其诚信无法核实”。对此，中国商务部发言人在 2022 年 2 月 8 日表示坚决反对。发言人称：“近年来，美方将出口管制作为政治打压和经济霸凌的工具，不断采取单边措施对他国企业、机构和个人进行打压遏制，给中美企业间正常经贸合作制造困难和障碍，对国际经贸秩序和自由贸易规则造成严重破坏，对全球产业链供应链造成严重威胁，这不利于中国，不利于美国，也不利于整个世界。”

近年来，出口管制以及部分西方国家采取的一些制裁措施，对企业在国际科技交流、经贸合作及全球供应链体系构建等方面都产生深远影响。在复杂多变的形势下，中国也更加重视出口管制领域的法律制度建设和执法深度，并于 2021 年底发布《中国的出口管制》白皮书。这是中国首次发布出口管制的白皮书，旨在全面介绍中国完善出口管制治理的立场、制度和实践，阐述中国维护世界和平与发展，维护国家安全和国际安全的主张和行动。

1. 出口管制是国际通行做法

作为管理贸易行为的重要法律法规依据，出口管制是国际通行做法，在许多贸易大国都有先例可循。德国主管出口管制的部门曾表示，出口管制是预防或应对外交和安全政策风险不可或缺的工具。德国出口管制比较严格的领域主要是关键基础设施，包括电信、水和能源、信息技术和医疗保健、运输和交通、金融和保险及营养行业；还有各种高科技领域，军事领域等。美国出口管理制度主要包括关于民用、军民两用等物品管制的法律法规体系，还有关于国防物品和国防服务管制的法律法规体系，以及约 30 个对外经济制裁项目。自 20 世纪 90 年代起，中国先后颁布《中华人民共和国监控化学品管理条例》《中华人民共和国核出口管制条例》《中华人民共和国军品出口管理条例》《中华人民共和国核两用品及相关技术出口管制条例》《中华人民共和国导弹及相关物项和技术出口管制条例》《中华人民共和国生物两用品及相关设备和技术出口管制条例》6 部行政法规。

2020年，我国颁布《中华人民共和国出口管制法》（以下简称《出口管制法》），对出口管制体制、管制措施及国际合作等作出明确规定，统一确立出口管制政策、管制清单、临时管制、管控名单及监督管理等方面的基本制度框架和规则。自《出口管制法》出台以来，为确保各项制度有效实施，各部门积极开展相关配套法规、部门规章的“立改废”工作，确保出口管制法律制度各领域之间高效衔接。除《出口管制法》外，《中华人民共和国对外贸易法》《中华人民共和国国家安全法》《中华人民共和国数据安全法》《中华人民共和国核安全法》《中华人民共和国海关法》《中华人民共和国行政许可法》《中华人民共和国行政处罚法》《中华人民共和国刑法》等法律也为出口管制措施执行等工作提供了有力的法律依据。近年，我国商务部、工信部、海关总署、国家国防科技工业局、国家原子能机构、中央军委装备发展部等相关部门配套出台数十项部门规章及规范性文件，细化出口管制事项规定。生物类两用物项出口、有关化学品类两用物项出口、导弹类两用物项出口、商用密码出口、监控化学品出口、军品出口、核出口等方面均由具体部门进行审查和管理，并对违法行为采取严厉的处罚措施。“中国不断完善出口管制执法机制，拓展执法方式，提升执法能力，逐步健全权责统一、权威高效的出口管制执法制度，有效打击出口管制违法活动，保障出口管制法律法规得到完整、准确、严格实施。”白皮书称。

2. 推动企业提升出口管制合规能力

《中国的出口管制》白皮书指出，中国将积极构建“政府引导、企业为主、多方联动”的出口管制合规体系，切实增强全社会出口管制合规意识，推动企业提升出口管制合规能力和水平，保障和服务高水平对外开放。中国现代国际关系研究院研究员指出，出口管制旨在规范和促进贸易，而非限制贸易。出口管制减少安全风险，有利于塑造和平、可持续的国际贸易环境，有利于维护和提升企业声誉，减少对外贸易障碍。我国地域广阔，申请出口许可的企业来自全国各地。为此，推行两级管理模式，委托省级人民政府有关部门向出口经营者提供出口管制公共服务，协助其转报出口申请。为提高贸易便利化水平，自2021年7月起，商务部对两用物项出口许可实行无纸化管理，实现业务申请、业务审核、许可证签发、货物通关全流程电子化，缩短办证时间5~7天。在通用许可方面，丰富许可证管理种类，对建立出口管制内部合规制度且运行情况良好的出口经营者，可授予通用许可，允许其在有效期内多次向多个国家和地区或多个最终用户出口使用。在最终用途方面，推进多层次管理。一般情况下，要求出口经营者提供由最终用户出具的最终用途证明文件。对具有潜在风险的出口申请，要求提供经最终用户所在国家和地区政府机构和中国驻有关国家使领馆认证的最终用户和最终用途证明文件。

对于中国企业在出口管制领域有何注意事项，北京市律师协会国际投资与贸易法律专业委员会主任表示，在主管部门对出口管制领域各项措施不断细化，执法机关不断加大执法力度的趋势下，《出口管制法》不仅适用于传统的“出口”概念，企业日常经营中的货物跨境转移、境内转移给外国员工及技术传递等也可能在规制范围内。

出口企业需要重视最终用户和最终用途管理，建立客户筛查系统，并通过尽职调查识别交易中直接或间接涉及的高风险客户。另外，除了关注出口管制本身，还要关注与之相关的国外制裁及中国反制裁的相关要求，提前做好应急预案。

3. 开展国际交流与合作

“中国一贯重视并积极开展出口管制国际交流与合作，推动增信释疑、互学互鉴，促进出口管制的国际协调，为提升国际出口管制的公正性、开放性作出中国贡献。”白皮书称。

商务部国际贸易经济合作研究院副院长表示，中国坚决反对滥用出口管制措施和在防扩散问题上推行双重标准，坚决反对违背科技发展规律、以意识形态划线、政治化滥用出口管制的行径。中国坚定支持所有国家和平利用出口管制物项、和平利用科技进步成果促进共同发展，维护全球产业链供应链安全顺畅运转，筑牢开放型世界经济发展的基石。

商务部有关负责人介绍，中国已与10余个国家建立副部级、司局级战略安全、军控与防扩散磋商机制，相互分享防扩散领域经验做法，对增进相互理解与合作发挥了重要作用。例如，中国与俄罗斯等国签署双边协议，相互出具《最终用户和最终用途说明》。在核领域，中国与美国、俄罗斯、英国、法国、德国以及欧盟机构等保持磋商与交流，通过信息交流和执法合作，联合打击违法活动。在监控化学品领域，中国在《禁止化学武器公约》框架下与其他缔约国开展双边交流与合作，并赴德国、西班牙、韩国、日本等国开展最终用户和最终用途核查工作。

早在2004年，中国已加入核供应国集团，同时重视与“导弹及其技术控制制度”“瓦森纳安排”“澳大利亚集团”等对话与交流。2021年、2022年，第76届、第77届联合国大会通过“在国际安全领域促进和平利用国际合作”决议，有助于现有出口管制、防扩散相关机制的成员国加强同其他国家的对话交流，更好地服务于普遍安全与共同发展。

“未来，中国将继续担当大国责任，与各国保持出口管制交流和合作，维护联合国为核心的国际体系，推动国际出口管制治理健康发展。”该负责人称。

课后习题

1. 本章提到的经典风险评估方法有哪些？你进行风险评估时，会选取哪些方法展开评估？

2. 在供应链风险数字化管理方法中，风险数据库可以为风险决策提供必要的数据支持，企业可以组织哪些商业与技术方面的专家为风险数据库的建立提供支撑？

3. 阅读导入案例，汽车行业的“缺芯”之痛，比亚迪是如何进行供应链重构的？比亚迪进行供应链重构的意义是什么？

3 供应链风险识别

本章目标

1. 了解供应链风险识别的内容、原则及所需的信息。
2. 掌握供应链风险识别的流程。
3. 熟悉供应链风险识别的方法及其应用。
4. 掌握供应链运作参考模型。

导入案例

叮咚买菜：基于订单农业模式的生鲜电商供应链风险识别与防控

1. 背景简介

订单农业又称契约农业、合同农业，是一种新型农业生产经营模式，是农户根据与购买者之间签订的订单安排农产品生产的一种农业产销模式，该模式具有C2F（Customer to Factory，消费者对工厂）的特征，按照订单数量和标准安排生产，解决了农产品销售的难题。近年来，国家也相继出台了一系列政策，明确提出要加强订单农业的发展，对订单农业企业也设立了资金支持、税收优惠政策，通过政策引导农民参与订单农业，通过市场监管和保障，保证订单农业产品的质量和安全，国家对订单农业的支持为其发展提供了有力的政策保障和市场保障。

订单农业生产者需要与消费者建立联系，根据市场需求进行农产品的生产，而生鲜电商平台凭借互联网优势，成为农产品生产者和消费者联系的桥梁。基于订单农业的生鲜电商平台供应链运作流程一般分为三个步骤：①消费者在生鲜电商平台上选择自己需要的农产品品种和数量；②平台将信息传递给生产者，生产者按照订单要求进行生产；③平台将农产品送达到消费者手中。基于订单农业模式的生鲜电商供应链的核心是定制化生产，实现了精准供应，避免了传统农业生产中的浪费和过剩，然而，基于订单农业模式生鲜电商的供应链也存在一系列的问题和挑战，如何保障订单农业产品的稳定？如何保障订单农业产品的质量？如何协调订单农业中农民和平台的利益？

以叮咚买菜生鲜电商平台为例，研究基于订单农业模式的生鲜电商供应链风险评估与防控，旨在识别供应链中存在的风险，并尝试寻找降低风险的途径，以期更好地推进订单农业模式在生鲜电商领域的应用。

2. 订单农业模式下生鲜电商供应链风险识别

我国生鲜电商企业市场运营模式大致包括前置仓模式、平台模式、门店到家模式、自提柜模式、社区拼团模式五种，不同模式的供应链呈现不同的特征，本案例中探讨的叮咚买菜的运营模式是前置仓模式，在该种模式下，叮咚买菜在客户群体周边营建了不同规模的前置仓，由前置仓完成商品的仓储及向客户配送的功能，而前置仓的库存则是通过大数据预测销量，由各城市的分拣中心向其配送，通过距离消费者较近的前置仓，叮咚买菜实现了最快29分钟送达的即时配送服务。

（1）基于订单农业模式生鲜电商供应链结构分析

基于订单农业模式生鲜电商供应链涉及的主体主要包括：农户或新型农业经营主体等供应商、生鲜电商平台、生鲜产品分拣中心、生鲜产品前置仓和消费者。生鲜电商平台在供应链中成为“链主”，上游向农户或新型农业经营主体等供应商直接采购商品，下游根据消费者的订单，向前置仓发送配送指令，由前置仓将商品配送给客户。

（2）基于订单农业模式生鲜电商供应链风险识别

基于订单农业模式生鲜电商供应链包括了供应商、生鲜电商平台、仓配服务组织、消费者四个节点，供应链各环节内部及环节之间可能存在的风险包括以下几项。

①下达需求指令。生鲜电商平台基于大数据分析，在生鲜产品种植养殖之前向农户、种植养殖基地等供应商下达消费者需求指令是基于订单农业模式生鲜电商供应链的特点，此环节的风险，主要来自数据分析技术和外部环境。生鲜产品一般具有生产周期较长的特点，生鲜电商平台基于历史消费数据，提前向供应商下达需求指令，供应商根据平台订单的数量及要求标准进行生产，而生鲜电商平台下达的需求指令与未来的真实需求由于数据预测技术、宏观环境、消费偏好及突发事件等不可预知风险因素的影响可能会存在较大的差异。

②供应商供应。供应商完成生鲜产品的生产，将产品按订单的要求输送至生鲜电商平台的分拣中心，在此环节，风险主要来自生产和运输两个过程。生鲜产品生产过程中自然环境、政策环境、技术条件等因素都会影响产品的质量与数量。生鲜产品又具有保存时效短的特点，运输过程中的物流设施设备条件、运输时间、运输作业规范程度等因素也会影响产品的质量。

③配送至前置仓。采用前置仓模式的生鲜电商平台，分拣中心根据各前置仓的销售数据，提前将产品备货至前置仓，以满足辐射区域内消费者快速配送的需求。此阶段的风险，主要来自分拣中心预测数据的准确性及分拣中心产品加工和拣选配送过程。辐射区域周边环境的变化，如新进入的竞争者的促销活动等突发因素会对分拣中心的

预测数据产生较大的影响。分拣中心的加工作业规范程度、加工时效、包装材料的选择、包装方法的规范程度等也可能会影响生鲜产品的品质。

④下达订单。客户在生鲜电商平台下达订单过程中的风险主要来自客户取消订单和缺货的风险。客户由于临时购买需求的变化或产品安全的突发事件等因素，大规模地取消订单，对产品供应链的运营会存在一定的影响。由于库存短缺，无法满足客户的订单需求，丧失销售机会，对生鲜电商平台来说，也是不得不面临的风险。前置仓满足订单过程中拣选作业效率、拣选作业规范程度、拣选作业准确率等因素也会影响产品的质量。

⑤配送至客户。生鲜电商平台最后的配送环节由全、兼职配送员完成，配送员的职业素质对配送环节的满意度存在较大的影响，配送过程中天气环境、交通环境等外部因素也会对配送的时效产生影响。

3. 订单农业模式下生鲜电商供应链风险防控策略

①借力数字技术，提高生鲜电商供应链需求预测的精准性。订单农业模式下的生鲜电商供应链从用户需求出发，组织供应链生产、供应、采购、运输、配送等环节，用户需求数据精准性的提高对降低供应链风险起着至关重要的作用。借力数字技术，提高生鲜电商供应链需求预测的精准性。

②营造积极的外部发展环境，保障生鲜电商供应链的稳定性。若供应链风险评估模型中，供应阶段的风险值达到了最高水平，则供应阶段的稳定性对此供应链的风险影响最大，应从供应阶段的各风险影响因素着手，努力营造积极的外部发展环境，以保障生鲜电商供应链的稳定性。

③建立高效的信息反馈渠道，提升生鲜电商供应链柔性。生鲜电商平台消费市场的变化也会增加供应链风险，在供应链各环节建立高效的信息反馈渠道，提升供应链柔性。

④构建多主体协调共防机制，实现生鲜电商供应链稳定性。基于订单农业模式的生鲜电商供应链通过生鲜电商平台，连接了消费者和农户、种植养殖基地，虽大大缩短了供应链的长度，但通过订单化生产、预售模式、个性化定制等特点，加大了供应链整体风险，需构建对主体的协调共防机制，实现生鲜电商供应链的稳定性和安全性。

3.1 供应链风险识别概述

3.1.1 供应链风险识别的内容

1. 供应链风险识别的含义

供应链风险识别是用感知、判断或归类的方式对现实和潜在的风险性质进行鉴别的过程，是有效进行供应链风险管理的首要阶段。供应链风险是多种多样的，既有当前的也有潜在的，既有内部的也有外部的，既有静态的也有动态的，既有可控制的又有不可控制的，既有可承受的也有不可承受的等。风险识别的任务就是要从错综复杂的风险中找出供应链所面临的需要进行管理的主要风险。不同的企业存在不同的风险，不存在适合一切企业的风险组合。因此，企业必须在特定的时空条件下具体问题具体分析，识别当前或潜在的供应链风险，并且随着时空条件的变化，不断识别新的风险。

2. 供应链风险识别的关键要素

脆弱性或弱点的识别是供应链风险识别的一个关键要素。供应链是由节点与链路（运输线、通信线和关系线）构成的网络系统，一条供应链的强度等于最弱的那个环节的强度。因此，系统最薄弱点应是在结合部，如枢纽部署、生产结构和综合运输等。因此，在识别供应链的脆弱性或弱点时，要注意以下几点。

①从构成网络的企业、交通枢纽、场站设施、仓库或转运中心入手。要超越第一级供应商和第一级客户的局限，将视野扩展到供应链的两端，因为有的风险可能来自第三级、第四级供应商甚至是原材料供应商，或者来自最终消费者。节点中的内部作业流程也是脆弱性识别的重点所在，如产品质量控制流程、供应商的作业程序或风险管理流程等。

②识别链路的脆弱性。以运输为例，如果只有一种运输方式甚至只有一种运输方式的一条线路连接节点，那么当风险来临时，供应链的脆弱性就很高，容易导致中断。弱点一般具有以下特征：一是许多其他因素都依赖于它，即“瓶颈”；二是集中度高，如供应商、工厂、原材料和信息流集中于某一个或少数几个地方，或者80%的产品必须通过某一边界进入市场；三是选择受限，如某一关键部件只有一个供应商或一个国家的供应商可以选择；四是与高风险的地理区域、行业、产品相关（包括战争和重灾区、经济上陷入困境的行业，如金融风暴中陷入危机的航空公司）；五是重要基础设施存在不安全的进入通道，易受不法分子破坏。

3.1.2 供应链风险识别的原则

1. 全面性原则

在进行供应链风险识别时，要做到全面性即识别全局风险，粗中有细。由粗及细是指对风险因素进行全面分析，并通过多种途径对供应链风险进行分解，逐渐细化，以获得对供应链风险的广泛认识，从而得到项目初始的风险清单。由细及粗是指以供应链初始风险清单为基础，从众多风险中，选取那些对建设供应链目标实现有较大影响的风险因素，以其作为主要风险，详细识别其风险来源、风险特征和风险影响等。不要轻易否定或排除某些风险，要通过认真的分析进行确认或排除。

2. 方法集成原则

大多数供应链可能同时遇到不同性质的风险，因此采用单一的识别方法是不可取的，必须集成运用多种方法，取长补短，多方面识别供应链的风险。当然，对于特定活动或事件，需要根据实际情况采用有效的识别方法。

3. 全员参与原则

由于风险识别的广泛性，要求供应链的风险管理人员应尽量向与供应链有关的人员广泛征求意见并归纳整理，以求对供应链风险的全面了解。

4. 动态识别原则

风险识别的全生命周期性表明随着供应链生命期的发展，供应链不同阶段会有不同的风险。为了识别随时可能出现的新风险，必须预先制订一个连续的风险识别计划，满足风险动态识别的需要。

5. 性价比原则

性价比原则是指依据供应链风险影响的大小确定投入风险识别的资源和精力的多少，要达到不浪费人力、物力资源的目的。对供应链整体目标有重大影响的风险，需要花费较大的精力、用多种方法进行识别，以期最大限度地掌握风险情况。但对于影响供应链整体目标较小的风险因素，则没有必要花费大量时间和精力进行识别。如果风险识别的费用超过风险带来的损失就失去了风险管理的意义。

6. 资料积累原则

资料的不断积累是开展风险管理的重要基础，风险识别过程中产生的记录是主要的也是重要的风险资料之一，对于今后的风险管理以及类似的供应链风险识别可以提供巨大帮助。风险识别工作开展前应准备好将要用到的记录表，当风险识别工作完成后，将所获取的相关资料整理保存。

3.1.3 供应链风险识别所需的信息

1. 政治法律信息

例如，国家的政治事件、政治方针、法律法规等。企业的供应链管理也必须顺应国家法律法规的要求，否则就会面临被处罚的风险。社会动荡和军事冲突会给企业供应链带来干扰；与仓储运输业相关的管理条例直接影响企业物流的运行；关于消费者权益保护、环境保护的法律需要企业在产品和包装物回收方面做出相应的调整；金融政策、税收政策可能影响供应链的成本等。

2. 社会经济信息

经济的发展形势是影响供应链风险的一个重要因素，在同一地区，经济衰退和经济增长会产生不同的供应链风险。不同的社会习俗和文化习惯，会影响供应链管理所使用的方式和方法。利率变化及不同货币的通胀率会影响供应链的成本等。

3. **科学技术信息**

在科学技术高速发展的时代，科学技术领先意味着具有更强的竞争力。科学技术信息可以分为与产品有关的技术信息、与生产过程有关的技术信息、与管理销售等工作方式有关的技术信息。企业不能跟上技术进步的步伐，不仅可能导致供应链的战术风险，更重要的是可能导致战略风险。如果企业采用了尚不成熟的技术或错误的技术方案，也可能成为供应链风险因素。企业自身与合作伙伴的产品设计、生产工艺、经营管理等相关的技术是否先进、是否成熟、是否配套、是否有副作用，是风险识别与风险监视的重要信息。

4. **自然灾害、环境保护等其他信息**

除了企业自身所在地的自然灾害等信息（通常是选址时已知或已有应对方法），企业供应商所在地发生的地震、台风、洪水等恶劣自然灾害也会影响企业的供应采购，而产品销售地区的自然灾害会影响顾客群体的购买力。对于跨国企业来说，来自全球不同地区的供应商的风险值得引起注意。同时环境保护也是需要收集的信息，不同地区的环境保护政策及公众对环境保护的关注度不同，在部分环境保护较为严苛的地区，针对供应商发起的环境保护运动也可能成为风险来源。

5. **供销形势信息**

企业寻求以尽可能低的成本来保证所需投入的持续稳定供应，所需投入的时间延误、质量偏差、价格上涨、数量短缺均构成供应风险。企业需要充分掌握供应信息，如需要采购商品的品种、数量、产地、厂商、价格、性能、质量及运输方式、付款方式、合同条件等，关注采购市场的供应形势变化、不确定性及可能的替代供应方式。对于供应链的后端而言，与销售配合满足顾客需求是供应链主要目的，需求的变化及预测的偏差会造成供应的短缺或过剩。密切关注目标市场现有顾客和潜在顾客需求的变化，尤其是具有特殊重要地位的大客户的需求变化，识别可能影响供应链正常运作的因素。关注产品销售市场，同时密切关注竞争对手的行为，注意潜在的竞争者、新进入者和替代品。

6. **合作伙伴信息**

供应链的高效运作需要所有合作伙伴（参与主体）的密切配合，合作伙伴不能尽责和行为过失是造成供应链风险的主要原因。对于合作伙伴，一方面关注其企业实力，与真正有实力的企业建立长期战略合作伙伴关系，从资产、管理、人才、知识、经营等方面来考察企业实力。另一方面，关注合作伙伴的实际表现，从合作态度、服务水平、供应成本等方面来观察。合作伙伴的关键信息要通过与相关企业人员的接触得到。出于风险识别的目的，不仅要收集有书面材料的资料，也应当注意没有明确文字描述的管理现状。如企业文化特点、员工士气、合作伙伴的态度等，这些直接与人为因素的风险相关，也影响对风险的应急处理态度和风险控制方面的供应链协作。

7. **物流环境信息**

企业的供应链从供应商到最终客户，地理分布可能覆盖全球的物流网络。不同国家、不同地区的物流环境大不相同。物流环境信息包括公路、铁路、航运、空运方面的运输基础设施、仓储设施、物流管理信息系统、物流各环节的服务水平和价格、物流运作处理时间等。供应链处于良好的物流环境下，可能以较低的成本花费获得较高的物流服务水平，供应链物流风险就比较低；相反，如果物流环境较差，会直接导致成本上升、产品损坏、质量下降、交货延误，以至于纠纷不断等。

3.2 供应链风险识别的流程

供应链风险识别流程指的是对导致供应链可能出现问题的所有可能因素进行识别并且估计其发生概率的一个过程。风险识别是风险管理中努力发现潜在问题或不确定性领域的一个重要的过程。供应链风险识别流程主要分为四步：前期的资料准备、风险的收集和罗列、风险的筛查和选择，以及风险的分类和识别。

3.2.1 前期的资料准备

供应链风险识别的前期资料准备阶段很重要，在这一阶段要广泛收集相关资料，并对资料进行整理和分析，形成真正有用的信息。这里所说的准备，除了资料文件的收集外，还需要对各种情况制订一系列方法和计划，如确定项目识别将使用的方法、工具及数据来源等。做好了这些准备，在风险识别进行过程中就能依据此类信息随时监控、识别风险。

准备的资料包括供应链管理历史统计资料、供应链管理计划与企业战略等文件资料。具体而言，供应链管理的统计资料，尤其是关于风险事件及其后续影响、处理结果的资料，是风险识别与管理的数量化基础。供应链计划一般都是在一定的假设、前提和预测的基础上做出的，这些假设、前提、预测中蕴含着目标实现的风险。除此之外，企业战略文件的收集对评估和识别企业供应链风险很重要。

因此要全面详细收集各方面的信息，更好地为风险识别做准备。资料准备越充分，就越可能客观地识别出现实和潜在的供应链风险，从而引起关注。

3.2.2 风险的收集和罗列

在风险收集和罗列阶段，要广泛地、持续不断地收集风险和相关的内外部信息，包括历史数据和未来预测。应把收集初始信息的职责分工落实，采用适当的方法，尽可能将所有风险收集和罗列出来。尤其要注意的是，不要将那些虽然发生概率很小但是损害很大的风险排除在外。不管风险事件发生的概率大小、后续影响和损失大小，都要一一列出。当然，要做到这一点不容易，这就需要发挥专家团队的力量和智慧，集思广益，不能使思维局限在小圈子中。将各阶段可能发生的风险罗列在一个表上，供识别人员检查核对，以判断当前阶段是否存在表中所列的或者类似的风险。同时，对每种风险来源都要有详细的文字说明，包括风险来源的界定与描述、风险症状、可能的后果、风险事件可能发生与产生影响的时间、风险事件预期的发生次数及周期等。

发挥集体智慧识别风险的常用方法是“头脑风暴法”（Brain Storming）。这种方法是集中采购、生产、运输、仓储、主要供应商和客户代表等有关专家召开专题会议，主持者以明确的方式向所有参与者阐明问题，说明会议的规则，尽力创造融洽轻松的会议气氛。主持人一般不发表意见，以免影响会议的自由气氛。由专家们“自由”提出尽可能多的方案，是无限制地自由联想和想象的代名词，其目的在于产生新观念或激发创新设想。

如某军工企业为了识别某型战术导弹的供应链风险，召集了该型导弹的研究设计院、军方装备订购部和作战部队、主要零部件和组件供应商、企业内部相关部门的领导和专家，以及外部其他利益相关者约 30 人，召开了一次头脑风暴会，提出了各种可能存在的风险，如表 3-1 所示。

表 3-1　“头脑风暴法”提出的可能存在的供应链风险

序号	可能存在的供应链风险	序号	可能存在的供应链风险
1	供应不及时	13	依赖于序列工程
2	长期合同风险	14	取消订单
3	短期合同风险	15	个别关键技术掌握在国外合作公司手中
4	持有过多库存	16	缺乏合作
5	依赖于个别供应商	17	财务不稳定
6	质量问题	18	紧急扩产能力不足
7	原材料获得困难	19	供应品提前期波动大
8	技术不确定性	20	单一供应源风险
9	出口市场不确定性	21	缺乏实施流程和规划
10	信息透明度不够	22	缺乏经验或必要的技能
11	合作者可能成为竞争者	23	内外信息传达不一致
12	需求不清、过细和不稳定	24	供应商和市场方面信息缺失

3.2.3 风险的筛查和选择

风险的筛查和选择是供应链风险识别流程的关键一步，由于罗列的风险可能很多，要对所有的风险进行管理，无论在人力、物力和财力上可能都是难以承受的，需要使用特定的方法对罗列的风险进行筛选，以筛选掉可能性或危害性很小的风险。

“反向头脑风暴法”（亦称“质疑头脑风暴法”）常用于筛选风险，是常用于对初步形成的设想、意见、方案进行可行性研究的一种会议形式。其主要程序和做法与头脑风暴法有许多一致之处，但核心规则却截然相反：禁止会议的参加者对已提出的设想、意见、方案进行确认论证，只允许提出各种质疑或批评意见。质疑和批评的内容主要是提出原设想、意见、方案不能成立或无法实现的理由，或说明要实现原设想、意见、方案可能存在的制约因素以及排除这些制约因素的方法和必要条件等。与会者既可互相研讨、互相补充，又可互相诘难、互相争论，一直到没有可质疑或批评的问题为止。最终，要归纳各种质疑和批评意见，并对其进行全面的分析、比较和评估，形成一个具有可行性的统一结论。将那些发生可能性和危害性都极小或很小的风险剔除出去，以使工作简化，集中力量于主要风险。

3.2.4　风险的分类和识别

将筛选出的风险按一定的标准进行分类，并确定大类风险的名称，如供应风险、需求风险、运输风险、仓储风险和财务风险等。按照风险来源处于供应链的前后阶段，可将其分成采购供应阶段风险源、制造阶段风险源、配送阶段风险源；按照供应链参与主体，可将其分成供应商风险源、制造商风险源、批发配送商风险源、零售商风险源；按照对供应链管理目标的影响，可将其分成影响质量的风险源、影响成本的风险源、影响时间的风险源等。对供应链风险分类并制成表格，便于识别处理。表格主要包括以下要素：风险大类、风险小类甚至风险细类（风险因素或动因），风险承受性、风险控制性、风险描述（包括性质）、风险影响等。

如表 3-1 中，经初步筛选及对含义相同或相似的风险进行合并后，选出了主要的风险，然后进行分类和识别，在每类下面再按是否可承受、是否可控制等分类，如表 3-2 所示。

表 3-2　　　　供应链风险分类识别

风险分类		风险承受性		风险控制性	
大类	小类	可承受	不可承受	可控制	不可控制
供应风险	供应品提前期波动大		✓		✓
	单一供应源风险		✓	✓	
	质量问题	✓		✓	
	原材料获得困难	✓			✓

续 表

风险分类		风险承受性		风险控制性	
大类	小类	可承受	不可承受	可控制	不可控制
需求风险	取消订单		✓		✓
	需求不清、过细和不稳定	✓		✓	
运作风险	持有过多库存		✓	✓	
	缺乏实施流程和规划	✓		✓	
	依赖于序列工程		✓	✓	
	紧急扩产能力不足		✓	✓	
信息风险	供应商和市场方面信息缺失		✓	✓	
	内外信息传达不一致	✓		✓	
技术风险	技术不确定性	✓			✓
	个别关键技术掌握在国外合作公司手中		✓		✓
合作风险	合作者可能成为竞争者		✓		✓
	缺乏合作		✓	✓	

3.3 供应链风险识别的方法

3.3.1 故障树分析法

故障树分析法（Fault Tree Analysis，FTA）已广泛应用于宇航、核能、电子、机械、化工、采矿等领域，也可以用于供应链风险分析中。故障树分析法是可靠性工程中惯用的分析工具。故障树由事件、逻辑门、转移等标准符号图与连线组成。画出故障树的过程是从结果出发，通过演绎推理查找原因的过程。故障树不仅描述了引起风险的各种因素，而且反映了风险的形成过程，还可以求出风险发生的概率；既可做定性分析，也可做定量分析。

故障树分析法是一种因果关系的图形表示方法，如果是系统的故障或风险事件，根据故障反向搜寻可能的原因。故障树是一种以逻辑图的形式展示局部故障如何导致整体故障的分析工具。在这种分析中，整体故障是已知的，作为故障树的顶事件，而构成系统故障原因的局部故障或基本流程故障是基本事件。故障树分析法的步骤通常包括以下五步：

①定义顶事件和分析条件；

②构造故障树；

③识别故障原因的最小割集；

④对故障树的定性分析；

⑤对故障树的定量分析。

故障树由顶事件和表示故障原因的中间事件、基本事件组成，一系列的事件靠逻辑门连接起来。故障树的基本符号如图 3-1 所示。

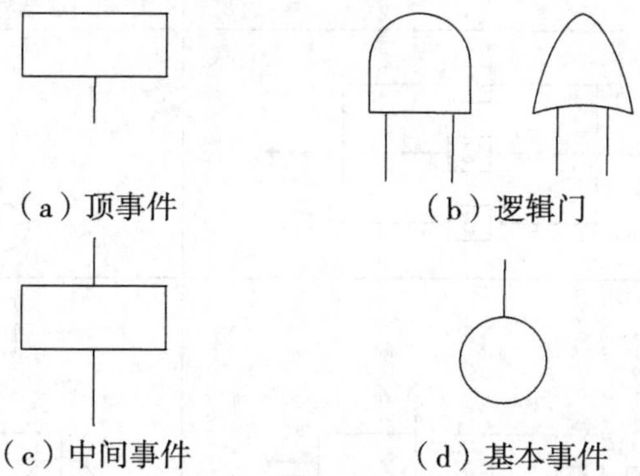

图 3-1　故障树的基本符号

例如，用故障树分析生产车间的停工原因。生产车间因为原材料供应中断而停产，原材料不能正常供应的原因是库存储备的原材料用完，而供应商运输原材料的汽车没有按时到达。送货车辆到达延误的原因，可能是由于交通拥挤，或者车辆中途出现严重故障。由此得出一个简单的造成生产停工原因分析的故障树，如图 3-2 所示。

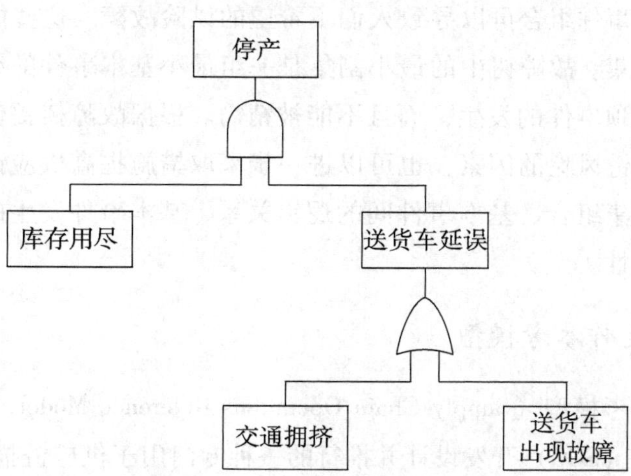

图 3-2　用故障树分析停产原因

也可以用故障树法分析和识别供应链风险。供应链的典型结构是由多个环节串并联而成的。表 3-3 反映了故障树和串并联系统可靠性间的关系，借助其可以用故障树分析描述造成供应链风险的原因和它们之间的关系。

表 3-3　　故障树和串并联系统可靠性间的关系

<table>
<tr><th>结构</th><th>可靠性方框图</th><th>故障树</th></tr>
<tr><td>串联</td><td>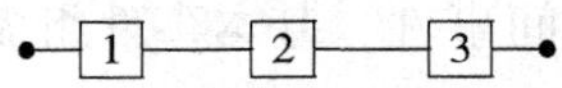
</td><td>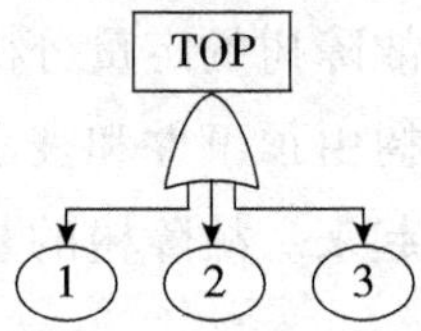
</td></tr>
<tr><td>并联</td><td>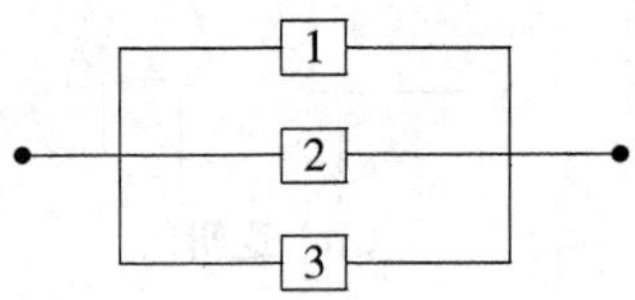
</td><td>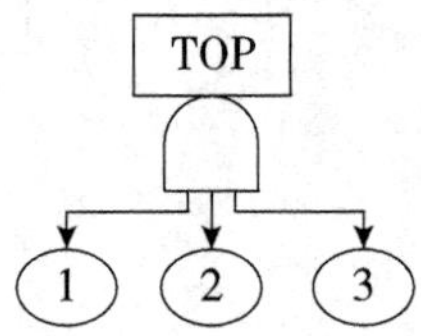
</td></tr>
<tr><td>串并联</td><td>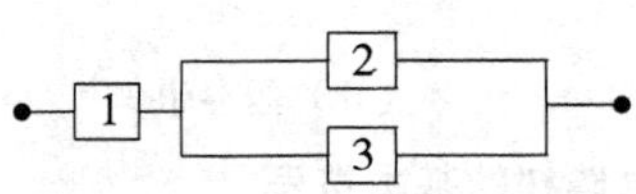
</td><td>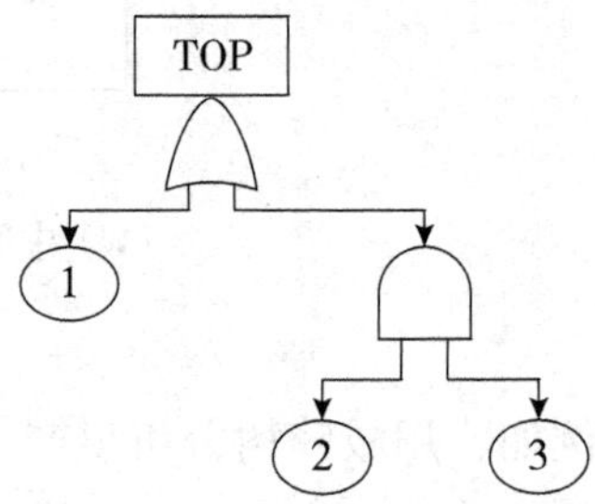
</td></tr>
</table>

现实生产实践中，供应链风险的多个风险源同时存在（或者说风险源与触发条件同时存在）才能形成供应链风险。故障树通过一系列的基本事件及其相互之间的逻辑关系能够反映哪些事件组合可以导致人们不希望的风险故障。这些能导致供应链风险的事件组合称为割集。故障树中的最小割集是一组最小基本事件的组合，组内基本事件同时出现会导致顶事件的发生，而且不能被精简。根据故障树提供的信息，可以定性地分析导致供应链风险的因素，也可以进一步采取措施提高供应链的可靠性。根据基本事件的最小割集组合、基本事件间的逻辑关系、基本事件发生的概率，可以定量计算出风险的可能性。

3.3.2　供应链运作参考模型

供应链运作参考模型（Supply Chain Operations Reference Model，简称 SCOR 模型）是国际供应链协会（SCC）开发设计并推行的一种专门用于供应链描述与设计的工具，也可以作为供应链风险识别的工具。供应链运作参考模型是国际供应链协会开发并推广的跨行业供应链管理模型，在使用过程中取得了很好的效果。越来越多的SCOR模型正在加速实行，越来越多的组织正在采用SCOR模型作为改善其供应链管理的工具。

SCOR模型的基本思路是将业务流程重组、标杆管理及最佳业务分析集成为多功能一体化的标准模型结构，包括供应链管理流程的一般定义、对应流程的性能评价指标、供应链最佳实践的描述以及相关的供应链管理表现特征。SCOR模型是一种实用的供应链描述与分析工具，也是一种系统化的供应链性能表现评价工具。它使企业间和企业内的各部门用通用的语言准确地交流供应链问题，成为众多供应链管理软件流程开发的基准。

1. **SCOR模型的覆盖范围**

SCOR模型的覆盖范围包括所有与客户相互往来的关系，从订单输入到货款支付；所有产品（物料实体和服务）的传送，从供应商到客户，包括设备、原材料、配件、大批产品、软件等；所有与市场相关的，从对总需求的预测到每项订单的实际完成情况。

SCOR模型不包括销售管理流程、技术开发流程、产品和工艺设计与开发流程、货物运送后技术支持流程。因为SCOR模型认为公司已经有很好的员工培训、质量控制等活动基础，不应由SCOR模型来定义。

2. **SCOR模型的流程定义**

供应链运作参考模型用模块化、层次化的标准流程来定义供应链。标准化的流程有四个层次，如表3-4所示。

表3-4　　SCOR模型的层次

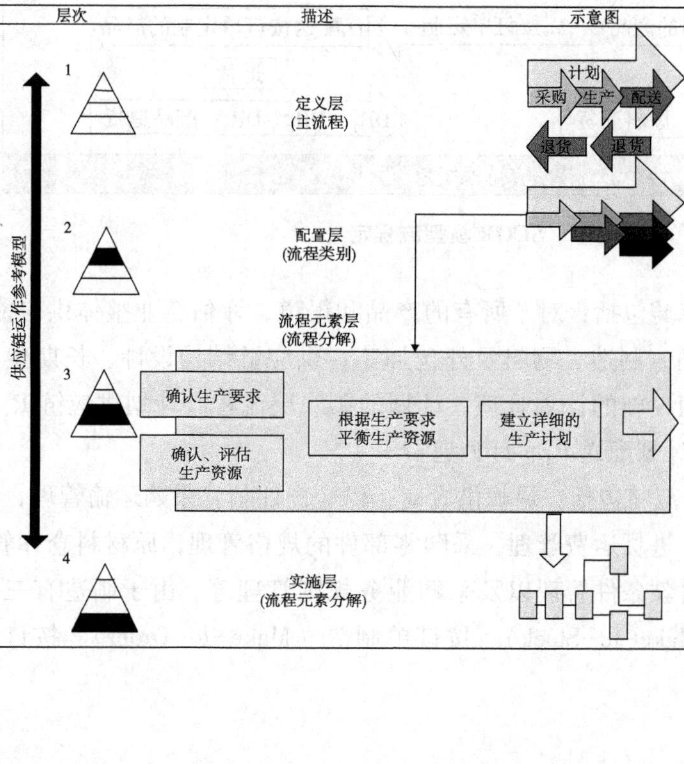

层次	描述	示意图	注释
1	定义层（主流程）		定义供应链运作参考模型的范围和内容。确定企业竞争性能目标的基础。示例:生产企业的供应链最高层流程
2	配置层（流程类别）		定义企业供应链的配置层流程，如按订单生产配置流程。公司通过其特有的供应链配置实施运营战略。示例：按订单生产的供应链流程配置
3	流程元素层（流程分解）		定义一个公司在其市场上竞争成功的能力，包括：·流程元素定义；·流程元素信息的输入和输出；·流程性能指标；·最佳运作方式；·要求系统能够支持最佳运作行为。公司在第三级供应链上对其运营战略进行微调。示例:生产计划评估流程
4	实施层（流程元素分解）		公司在这个层次上实施具体的供应链管理运作。定义具体的运作方式以获得竞争优势和适应不断变化的商业环境。示例:生产计划执行

(1) 第一层：定义层

第一层把整个供应链分为5个主要的管理流程：计划（P）、采购（S）、制造（M）、配送（D）、退货（R），每个流程及其按层次分解后的子流程都有一个标准化的规范代号，便于描述与交流、分析。SCOR模型把供应链管理的基础工作定义为支持（Enable）系统，包括计划支持（Enable Plan）、采购支持（Enable Source）、制造支持（Enable Make）、配送支持（Enable Deliver）、退货支持（Enable Return）几种类型，具体内容有规则的建立和管理、业绩表现评估、信息系统与数据管理、库存管理、资产管理、运输管理、供应链配置管理、遵守法规管理等。支持系统的标准模块的代号由“E”加上相应的流程代号组成，如ES，表示采购支持模块。SCOR模型流程定义如图3-3所示。

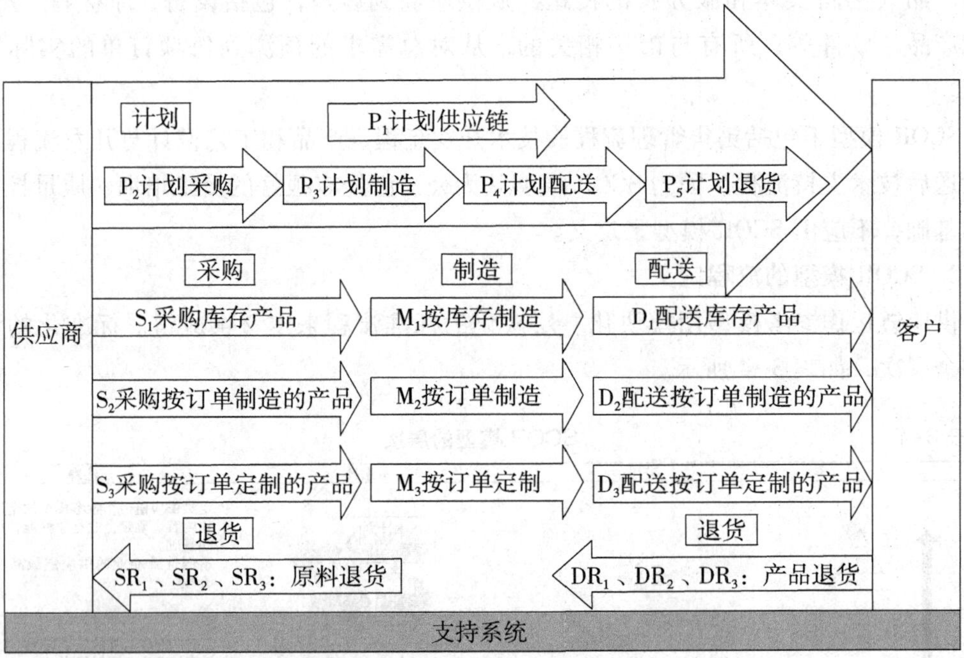

图3-3 SCOR模型流程定义

计划（Plan）管理的范畴包括：对于所有的产品和渠道，评估企业整体供应能力、总体需求，计划库存、分销、制造、物料及外包加工；供应链结构设计、长期生产能力与资源规划、供应链基础设施的计划管理。计划的第二层流程有计划供应链P_1、计划采购P_2、计划制造P_3、计划配送P_4、计划退货P_5。

采购（Source）管理的范畴包括：寻找供应商，供应商评估，采购运输管理，采购质量管理，采购合约管理，进货运费管理，采购零部件的规格管理，原材料仓库管理，物料接收、检验、拒收、付款条件管理以及采购业务规则管理等。由于制造有三种基本形式，即按库存制造（Make-to-Stock）、按订单制造（Make-to-Order）、按订单定制（Engineer-to-Order），采购的第二层流程也包括采购库存产品 S_1、采购按订单制造的产品 S_2、采购按订单定制的产品 S_3。

制造（Make）管理的范畴包括：制定现场制造进度、申请及领取物料、产品制造、测试和质量管理、现场设备管理、包装、出货；在制品运输、在制品库存管理；制造业务规则管理等。制造的第二层流程分为按库存制造 M_1、按订单制造 M_2、按订单定制 M_3。

配送（Deliver）管理的范畴包括：订单管理方面，具体有订单输入、报价、客户资料维护、订单分配、产品价格资料维护、应收账款管理、授信、收款与开发票等；产品库存管理方面，具体有存货、拣货、制作客户特殊要求的包装与标签、整理与确认订单、发货；产品运输管理方面，具体有运输方式安排、运费管理；配送管理的支持系统方面，具体有配送渠道的决策制定、配送存货管理、配送品质的掌握和产品的进出口业务管理。配送的第二层流程包括配送库存产品 D_1、配送按订单制造的产品 D_2、配送按订单定制的产品 D_3，SCOR 模型 6.0 版本增加了配送零售商品 D_4。

退货（Return）管理的范畴包括：原料退货（采购退货，SR）和产品退货（配送退货，DR）。原料退货指退还原料给供应商，产品退货指接受并处理从客户处返回的产品，处理过程包括与商业伙伴的沟通、文件资料处理以及物料实体的返还运送等。原料退货的第二层流程分为有缺陷产品退货 R_1、需维修产品退回 R_2、多余产品退货 R_3。

（2）第二层：配置层

在第二层配置层中，由 26 种核心流程类型组成，企业可选用该层中定义的标准流程单元构建他们的供应链，每种产品或产品型号都可以有自己的供应链。SCOR 模型第二层标准流程模块汇总如表 3-5 所示。

表 3-5　SCOR 模型第二层标准流程模块汇总

代号	名称	代号	名称
计划（P）		配送（D）	
P_1	计划供应链	D_1	配送库存产品
P_2	计划采购	D_2	配送按订单制造的产品
P_3	计划制造	D_3	配送按订单定制的产品
P_4	计划配送	D_4	配送零售产品
P_5	计划退货	ED	配送支持
EP	计划支持	退货（R）	
采购（S）		原料退货（SR）	
S_1	采购库存产品	SR_1	有缺陷原料退货
S_2	采购按订单制造的产品	SR_2	需维修原料退回

续 表

代号	名称	代号	名称
S_3	采购按订单定制的产品	SR_3	多余原料退货
ES	采购支持		
制造（M）		产品退货 DR	
M_1	按库存制造	DR_1	有缺陷产品退货
M_2	按订单制造	DR_2	需维修产品退回
M_3	按订单定制	DR_3	多余产品退货
EM	制造支持	ER	退货支持

（3）第三层：流程元素层

SCOR 模型的第三层继续用定义的标准流程对第二层基本模块进行细化。详细的细化方法见供应链协会发布的“供应链运作参考模型说明书”。图 3-4 为 SCOR 模型第三层流程示例。

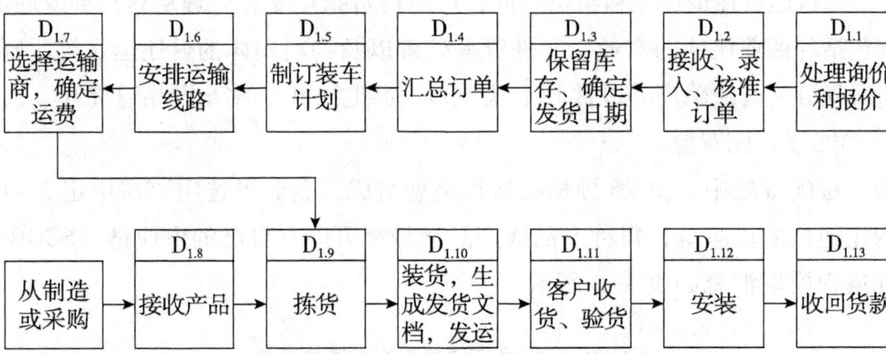

图 3-4　SCOR 模型第三层流程示例（配送库存产品 D_1）

（4）第四层：实施层

第四层是对第三层基本模块的进一步细化，不属于 SCOR 模型的标准化流程，由使用人员使用熟悉的工具把具体的业务流程根据需要画出。

3. 基于 SCOR 模型的供应链描述与建模

SCOR 模型用标准术语和符号，提供了一种方便易用的描述工具和思想方法，用于支持理解供应链的运作过程，以整个组织所有职能部门都能沟通的方式确立流程，明确整个供应链中各参与主体的相互关系。对供应链的清晰描述是分析供应链现状的基础，也是有效管理供应链的前提，有利于供应链相关的各部门及合作伙伴之间的协作。

SCOR 模型将具体作业与性能衡量指标相结合，定量分析整个供应链的运作性能，提供了供应链评价及快速确定改进机会的工具和一系列可供参照的目标。SCOR 模型提供了供应链快速建模的方法，是供应链设计和再造的工具，支持把企业战略目标与供应链性能指标相结合。供应链系统评价获取足够的信息用以支持改进决策，为供应链的再造方案提供依据。图 3-5 是用 SCOR 模型画出的某公司供应链处理流程。

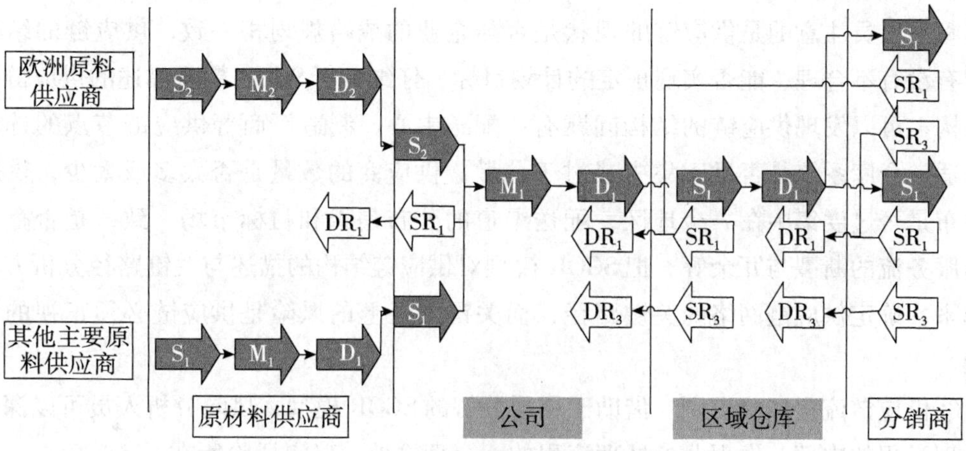

图 3-5 某公司供应链处理流程

此外，SCOR 模型还是企业学习供应链管理的工具。世界各地都有企业成功实施了该模型，典型案例中除了英特尔、戴尔这些世界知名大公司外，还有美国宇航局与国防部的后勤部门。越来越多的组织正在将 SCOR 模型作为改善其供应链的工具。完善供应链管理给企业带来了巨大效益。

4. 基于 SCOR 模型的供应链风险识别

利用 SCOR 模型把整个供应链的结构、组成、地理分布、处理流程清晰地描述出来，风险管理人员可以仔细分析识别供应链可能带来的环境风险、结构风险、行为主体风险，可以深入每层细分流程中识别供应链过程的成本风险、时间风险、质量风险等。

利用 SCOR 模型对供应链的描述来识别风险，具体方法主要有以下几种。

①供应链环境风险识别。把供应链第二层标准配置的所有活动画在以地图为背景的图上，这样可以清楚地看出全部供应链的地理分布，便于分析供应链所在各地区的地理气候环境、政治法律形势、经济社会状况、技术应用水平、自然灾害因素及物流环境、市场供应与销售形势等，有利于确定环境风险。尤其是对于跨国供应链，当出现汇率波动、国家之间关系紧张、局部地区社会动荡、恐怖主义袭击事件或战争时，地图可以帮助管理人员直观地发现突发事件对供应链上采购、运输、生产、配送与销售的影响。一个供应链往往包括许多参与主体，用 SCOR 模型流程图清晰地把它们的数量、位置、相互关系描述出来，以便根据特定情况分别处理，甚至能深入分析各参与主体内部的风险因素。不同供应链参与主体之间不能很好地协调配合或者配合上出现

失误是很重要的风险来源。通过SCOR模型画出的一系列图形，可以明确供应链中存在的相互协作关系，分析认识其中的风险，结合SCOR模型的业绩表现评价指标体系，发现供应链上的薄弱环节。

②供应链结构风险识别。SCOR模型用一系列规范化的图形把供应链描述出来，先引起管理人员注意的是供应链的现状是否与企业的战略规划相一致，供应链的结构与配套有没有不合理，能否实现预定的计划目标。仔细分析SCOR模型描述的供应链分布与结构，可以发现供应链的结构问题有：配送中心、制造厂商等供应链节点的选址是否合适，仓库系统是否过于集中或过于分散，供应商的数量是否太多或太少，供应商的分布是否过度集中在一个地区，配送渠道的分布是否和目标市场一致，是否存在物流与服务流的断裂与冗余等。把SCOR模型对供应链结构的描述与关键路径分析方法结合起来，确定供应链网络的关键路径，而关键路径上的风险是供应链必须正视的主要风险。

③供应链流程风险识别。借助于层层分解的SCOR模型，风险分析人员可以深入标准处理过程的内部，发现业务处理流程的不合理之处，确定风险所在。

④供应链的绩效评价。SCOR模型对供应链的绩效评价，也可以作为风险识别的手段。对供应链进行全面、科学的绩效评价是SCOR模型的主要目的之一。SCOR模型设计了用于每一层次过程的评级指标体系，如表3-6所示。基于供应链运行的统计资料和对供应链的预期，达不到预定指标的可能性即风险，影响实现预期指标的因素即风险因素，指标比较差的环节即风险管理的薄弱环节。把供应链相似环节的绩效评价进行对比，可以发现风险管理的薄弱环节和过程。

表3-6　　SCOR模型定义的绩效评价指标及其计算公式

衡量指标	衡量指标的定义	计算公式
配送完成率	在客户要求的日期、原计划预定日期或承诺日期以前或准时履行订单的百分比	按时或提前完成订单数/订单总数
订单满足率	收到订单24小时内发货的百分比	收到的订单中24小时内从仓库发货的订单数/订单总数
订单完好履行率	完成的订单中具有全部而准确的文档资料且没有运送损坏的百分比	（及时足额配送的订单数-文档资料有错误的订单数-有运送损坏的订单数）/订单点数
履约提前期	从客户授权到收货，一贯能做到的平均实际提前期	所有订单执行的实际提前时间总和/运送订单总数

续 表

衡量指标	衡量指标的定义	计算公式
供应链响应时间	供应链整体上对反常（重大）需求变化的反应时间	履约提前期+原材料周转时间（采购时间）
生产柔性	向上的柔性和向下的柔性	向上的柔性——在无事先计划的情况下增产20%所需要的天数；向下的柔性——在交货日期前30天内，在没有存货和费用损失的情况下能够承受的订单减少的百分比
供应链管理总成本率	全部与供应链相关的总成本占销售收入的比率	供应链管理成本总计（供应链管理信息系统运行费+财务和计划管理费+库存运转费+材料采购管理费+订单管理费）/销售收入
销售商品成本率	与购买原材料及生产最终产品相关的费用(包括直接成本和间接费用）占总收入的比率	（期初库存+产品的生产成本-期末库存）/总收入
增值生产率	平均每个员工创造的增加值	（总收入-总材料采购费）/员工总数
保修与退货成本	保修和退货相关的成本	包括材料费、人工费和保修检测设备相关的所有费用
库存的供应天数	平均存货供应天数	库存总值/（商品销售成本/365）
现金周转时间	库存占用资金的周转时间，加上年平均应收账款的收款时间，减去年平均应付账款的付款时间	库存的供应天数+产品销售而未收到货款的天数-应付款天数
资产周转率	占用资金的总周转次数，以总资产计算或以流动资产计算	产品销售总额/总资产净值 或产品销售总额/总流动资金

3.3.3 其他风险识别方法

1. 风险问卷法

风险问卷又称风险因素分析调查表。风险问卷法是以系统论的观点和方法来设计问卷，并发放给供应链各节点企业内部员工填写，由他们回答本企业面临的风险和风险因素。一般说来，供应链各企业基层员工亲身参与供应链运作的各个环节。他们熟悉业务运作的细节情况，对供应链的影响因素和薄弱环节最为了解，可以为风险管理者提供诸多有价值的信息，帮助风险管理者系统地识别风险，准确地分析风险。

风险因素分析调查表的优势在于，企业的管理人员不需要从头开始，而是可以根据之前的经验，迅速地找到答案。风险列表中列出大量的潜在风险项目，但是其中很多风险微不足道，并不能引起足够的重视，所以需要仔细调查。

2. 历史事件分析法

历史事件分析法通过分析历史风险事件来总结经验，进而识别将来可能发生的潜在风险。一般情况下，先收集一些产生不良后果的历史事件案例，然后分析总结导致这些事件发生的风险因素。这个分析过程也包括对那些在实际中没导致损失但具有潜在危机事件的分析。例如，零部件出现短缺、客户需求突然发生变化、生产和产品质量发现问题等。它的缺点是重大风险事件是很少发生的，本供应链中并不存在足够的风险事例用来分析。而且历史事件分析法只能识别那些已经发生过的风险事件因素，容易忽视一些新的还没有出现过的重要风险因素，特别是那些与技术更新、行业实践和产业动态相关，且从没出现过的风险因素。

3. 财务报表法

财务报表法就是根据企业的财务资料识别和分析企业每项财产和经营活动可能遭遇的风险。财务报表法是企业使用最普遍，也是最有效的风险识别与分析方法，因为企业的各种业务流程、经营的状况最终体现在企业资金流上，风险发生的损失及企业实行风险管理的各种费用都会作为负面结果在财务报表上体现出来，因此企业的资产负债表、损益表、财务状况变动表和各种详细附表就可以成为识别和分析各种风险的工具。供应链是由各企业组成的价值增值链，供应链风险的影响最终还是会落实到各成员企业的经营中，并通过相应的财务报表反映出来，因此可借助财务报表法识别和分析各企业中存在的风险，并通过归纳总结得到供应链的整体风险。

4. 因果图法

因果图（cause-and-effect diagram）是管理中常用的图示工具，是质量控制的基本方法之一。因果图也称为鱼骨图、鱼刺图，是用图示的方法将造成某个结果的可能原因列出并分类的工具。许多潜在的原因可归纳成原因类别与子原因，画出来形成类似于鱼刺的样子。画图的基本方法是，把“结果”写在右边（或左边），然后把主要的各类原因放在它的左（右）边主枝旁，寻找所有下一层次的原因并画在相应的主枝上，并继续发展下去。一个完整的因果图至少应有两层，许多因果图有三层或更多层。图 3-6 为识别供应商风险的因果。

5. 流程分析法

供应链风险因素也可以通过分析供应链流程识别，这种方法先要绘制出展现不同功能的供应链流程图，而且这个流程图必须足够详尽，包括从起点到终点的整个可供分析的供应链流程。这个流程图里的每一步都代表一个独立的事业流程，要厘清关于这个流程的细节，包括它的目的、如何进行、由谁进行及所有可能导致的失误。供应

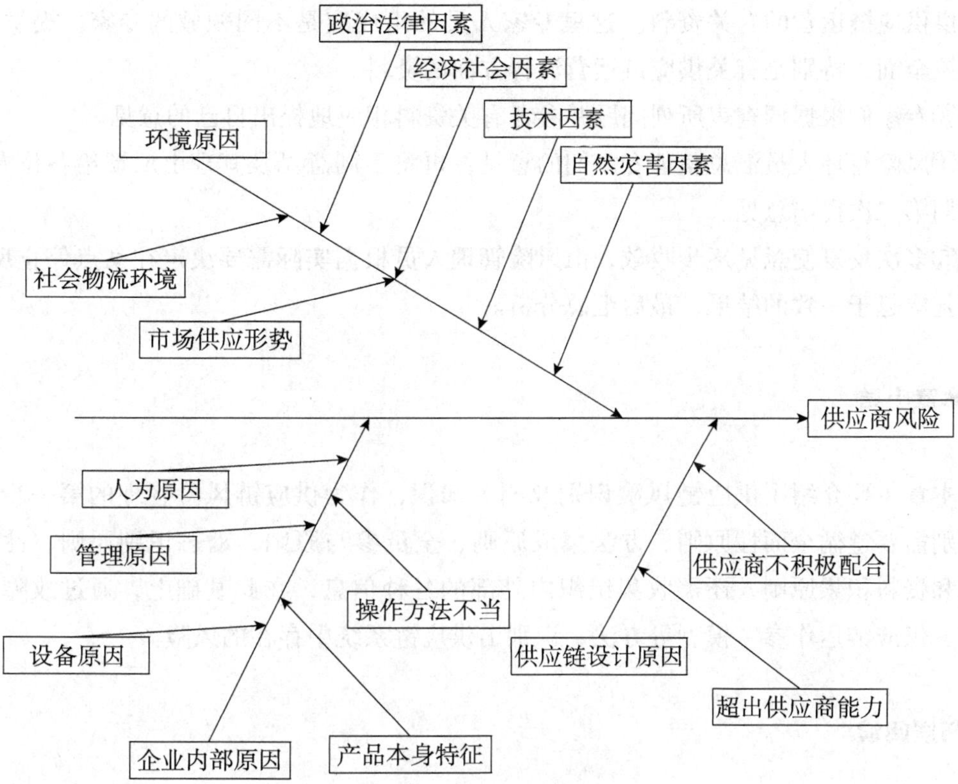

图 3-6 识别供应商风险的因果

链流程图完成后，就可以用来分析并发现控制缺陷、潜在失效环节及其他的薄弱环节，要特别留意不同的部门或组织的交界处可能产生的潜在风险。该分析可以识别出那些没有展示在现有流程中的被遗漏的控制程序，还可以识别出那些被错置的任务和职责，而它们可能导致流程错误或失控。流程分析法对于识别那些与不良执行相关的风险因素特别有效。与历史事件分析法不同，流程分析法可以在损失实际发生前就识别出潜在的风险，它也可以帮助管理者掌握这些潜在风险对整个供应链运行产生的影响。

6. 德尔菲法

德尔菲法，又称专家意见法，是一种比较简单、容易操作又很实用的方法。它是美国著名咨询机构兰德公司于 19 世纪 40 年代提出的，此后德尔菲法被广泛应用于各种预测和决策过程中。在进行风险识别时，特别是原因比较复杂、影响比较重大而又无法用分析的方法加以识别的风险，德尔菲法是一种十分有效的风险识别方法。运用德尔菲法进行供应链风险识别一般可采取以下流程。

①供应链风险管理主体（机构）制定风险调查方案，确定风险调查内容。

②聘请若干名专家，由供应链风险管理人员以发送调查表的方式向他们提出问题，

并提供供应链运营的有关资料。这里专家人员的组成应是不同领域的专家，提供的资料应该全面，特别是有关供应链运营流程方面的资料。

③专家们根据调查表所列问题并参考有关资料相应地提出自己的意见。

④风险管理人员汇总整理专家们的意见，再将不同意见及其理由反馈给各位专家，让他们第二次提出意见。

⑤多次反复使意见逐步收敛，由风险管理人员根据实际需要决定在某点停止反复，得到基本趋于一致的结果，最后汇总分析。

本章小结

本章主要介绍了供应链风险识别及相关知识，作为供应链风险管理的第一步，风险识别需要遵循全面性原则、方法集成原则、全员参与原则、动态识别原则、性价比原则和资料积累原则，还需收集组织内外部的各种信息，在此基础上，通过故障树分析法、供应链运作参考模型等方法，识别出供应链系统中存在的风险。

拓展阅读

百果园水果连锁超市供应链风险管理研究

1. 案例背景

水果因其自身易腐性、季节性、不易储存等复杂的特性，以及水果市场本身价格波动和供需不平衡等特征，造成了水果供应链运作的脆弱性和风险性。百果园是水果全产业链企业，也是水果专营连锁业态的开创者，因此，探讨百果园水果连锁超市供应链的主要风险，对其供应链风险进行优化控制具有重要的现实意义。

2. 百果园水果连锁超市供应链结构分析

百果园是一家主营水果的连锁零售企业，作为一家老牌的生鲜连锁企业，从2002年创立之初，便着手连锁店面与供应链的布局，现有店铺5000余家，合作种植基地200余个，城市仓储配送中心数十家，形成了种植、采购、仓储、运输和配送自成一体的半封闭全供应链。百果园的供应链包括了生产（采购）环节、流通环节、销售环节、消费环节这四个环节，为确保水果产品源源不断地从供应商流向最终客户，百果园建立了连锁供应链管理信息系统。该系统能够在开放的供应链中掌握信息和资金的循环流动，从而快速、准确地了解市场需求的特点和变化。总而言之，百果园是一家纵向一体化、半封闭、全产业链的“从头到脚”彰显供应链结构的企业。

3. 百果园水果连锁超市供应链风险识别

（1）环境风险

①自然风险：自然风险主要是由地震、冻灾、旱灾、虫灾及其他不可抗拒的原因所造成的损失，这类风险通常很难控制，也很难预测，一旦出现这种风险可能导致该供应链整体出现断裂，给企业带来较大的损失。水果的种植非常依赖自然环境，受其深刻影响。自然环境对产品质量、产品数量等都有影响，不同的气候还会形成形态各异、品质参差不齐的产品。

②政策风险：政府对市场相关政策的重大改变或重要措施，而给企业带来的风险。有关水果行业的政策变化和重大决定对供应链的影响非常深远。水果产品供应链受政府宏观调控影响较大，按水果生产情况进行调节，时而受政府宏观调控，水果供给就会增加。

③经济风险：经济风险是指因汇率波动、经济体制改革、市场价格变动及其他经济因素，可能给企业造成损失。一旦经济环境发生了改变，会使供应链上一些企业因不能适应新经济环境被淘汰出局，从而牵连其他企业。百果园水果连锁超市在市场经济环境变化下，若不能及时做出预判，将会导致水果大量积压。

（2）物流风险

①运输延迟风险：水果运输途中发生意外事故，使之无法按预定的时间抵达规定地点而可能导致亏损的风险。若水果的运输延迟，超市会由于不能及时进货而可能造成某一类水果断货，致使亏损。

②运输损耗风险：水果运输对温度、湿度的管理十分严格，大多使用冷藏运输的方式，确保水果不会被损坏。此外，装卸疏忽也会造成水果破损，如水果腐烂或长时间操作不当极易造成大量水果损失。水果生性娇嫩，不抗压，因此在冷藏箱中的堆码技术也十分关键，堆码过高或过密，均可能导致部分或全部水果早熟损耗风险。

（3）供应风险

①产品质量风险：水果质量直接影响经营利润，水果自身品质又受种子及农药化肥质量的影响。如果水果供应商不能供应优质的水果产品，不仅影响销售量，还会影响水果的定价，水果质量等级越低，定价越低，对门店的收入影响越大。

②供应商延迟交货风险：供应商晚于商定的交货时间，就会使超市断货，反过来又会影响该产品的销售量，减少销售收入，甚至造成客户流失。

③供应商合作风险：因战略目标不一致性、互信出现问题及利益冲突等因素导致与供应商的合作中断都将造成巨大供应风险。如果突然与供应商暂停合作，其所供应的产品就会短缺，商家也许要马上找到新的替代供应商，这就提高了企业的时间成本和经营成本，如果短时间内找不到合适的供应商会造成经营损失。

(4) 库存风险

①安全库存风险：通常零售企业会制定产品安全库存量，以免出现缺货问题，但是水果库存要特别详细，若库存量过低，就有可能造成超市断货，致使亏损；若库存量过高，库存成本增加，水果保质期较短，容易腐烂。

②保存不当风险：水果对保存条件要求较高，不同水果有不同的保存方式，保存环境不当，会造成水果变质，无法正常销售。

(5) 关联风险

①消费者偏好风险：百果园水果连锁超市是终端销售，消费者的偏好是决定销售量的重要因素。现如今，经济快速发展，消费者的生活和消费水平随之提高，其需求偏好也发生变化。消费者偏好直接决定其购买决策，由此间接地影响产品制造商制定产品价格。

②供应商竞争风险：供应商竞争是伴随着市场经济竞争而不断加剧的，在供应链中，个别节点企业存在着众多同类型企业与其竞争。而具有更高运行效率的产品供应链，则成为许多大型连锁超市竞相追逐的目标。尽管有很多产品供应链，但是高质量的供应链资源非常有限。连锁超市认识到这一状况，采取更加有利于供应商的行动，并且优质供应链上的企业为获取更多收益，常常在其有利地位稳定后，出现转嫁风险的现象，套取较高收益。

4. 供应链风险防范的对策与建议

(1) 环境风险防范

对自然风险而言，有必要调查供应链运行期间所涉地区环境的状况并进行全面的实时监控，通过预先制定气候变化应急预案等，在气候环境变化时，使用对环境影响较小的其他运输方式。对于政策风险，要正确认识国家有关政策，减少因政策认识失误带来的政策风险，增强企业在市场中的竞争力，降低行业标准造成的负面影响。对于经济风险，时刻观察经济环境，挖掘自身企业优势，在市场激烈竞争中占据有利位置，提高自身应变能力，以达到平稳快速发展的目的。

(2) 物流风险防范

对于运输延迟风险，百果园水果连锁超市要通过信息系统的健全，强化员工信息技术培训，以提升企业信息系统利用率，通过高效运用现代信息技术，以防范物流风险。水果运输损耗风险大，一直以来都是制约物流发展的一个瓶颈问题，冷链物流是解决这一问题的唯一途径。适时引进先进技术，确保硬件技术先进，对设备进行定期维修与检查，增加对设备的监测。在人力资源方面，要提高冷链物流从业人员的专业技能与学识。

(3) 供应风险防范

在层次分析法中，供应风险所占比重最大，说明其出现的风险对整条供应链的影响最大。对于产品质量风险，地方政府部门应加大对水果市场的监管力度，打击出售劣质种子的行为。对于供应商延迟交货风险，为保证供货及时和货源的多样化，企业不能忽视供应商的开发，供应商数量足够多，企业才会拥有较大的主动权与选择权，对某些数量较多的订货，可分发给多个供应商同时供应，以节约时间，保证供货的及时性。对于供应商合作风险，可以从信任机制与利益分配两个途径入手。关于信任机制，应改善与各个供应商的信任关系，加强交流与合作；从利益分配上看，主要是让每个供应商都能感受到公平，最大限度地满足其利益最大化，并制定科学合理的利益分配制度。

（4）库存风险防范

库存风险对供应链的影响很大。对于安全库存风险，可以通过完善存货管理办法预防该风险的发生，观察水果的销售量与新鲜程度及季节选择性进货，还要非常细致地掌握水果的销售量和损耗时间。对于保存不当风险，不同水果的损耗时间和摆放方式也各不相同，有通风避光保鲜法、冰箱冷藏保鲜法、低温少氧保鲜法、隔离保鲜法等保存方法，依据不同水果的特性采取不同的保存方法，尽量减少因保存不当造成的损失。

（5）关联风险防范

在关联风险方面，对于消费者偏好风险，要准确把握消费者的多样化需求，注重消费者喜好。现如今，消费者对产品的需求喜好多变，百果园水果连锁超市的决策人员要对市场进行决策调查，更详细地把握消费者偏好的改变。对于供应商竞争风险，要对合作伙伴进行科学合理的选择，建立战略合作关系并在合作过程中维持良好的沟通交流与互相关系，形成共享利润、共担风险的双赢局面。

课后习题

1. 供应链风险识别的原则有哪些？
2. 供应链风险识别的流程是怎样的？
3. 列出几种常用的供应链风险识别方法。
4. 供应链运作参考模型的基本思路是什么？

4 供应链风险评估

本章目标

1. 了解风险评估在整个供应链风险管理过程的重要作用。

2. 掌握风险评估的维度、内容、分类等。

3. 熟悉供应链风险评估的流程。

4. 了解供应链内部风险和供应链外部风险的区别与联系，并掌握供应链评估系统的功能。

5. 熟悉供应链风险评估模型的研究现状和构建，掌握评估指标体系的框架和层次结构。

导入案例

爱立信的主动供应链风险管理

2000 年 3 月 17 日晚，位于美国的飞利浦工厂发生火灾，致使已准备生产的数百万个手机芯片被粉尘破坏。由于该芯片工厂是爱立信唯一的芯片供应商，因此导致爱立信新型手机无法按时上市，手机业务急速萎缩，2000 年爱立信手机部出现高达 17 亿美元的巨额亏损。最后，爱立信不得不退出手机业务，在随后的 2001—2003 年开始艰难的战略转型。直至 2003 年第三季度，爱立信才终于实现公司的再次盈利。自爱立信事件后，供应链风险管理引起学术界和实业界的广泛关注。在火灾事故之后，爱立信充分意识到不仅要管理好企业内部的风险，而且要管理好供应链上各成员企业的风险。因此，爱立信成立了专门的风险管理委员会，设计并实施了供应链风险管理流程和工具，其目的就是要实现供应链风险的最小化。爱立信的风险管理组织采取矩阵结构形式，企业各个部门的人员（包括供应部门、采购部门、生产部门、产品部门等）共同参与风险管理，共同承担风险管理的责任。各部门的主要功能是：风险管理委员会对爱立信企业的风险管理负有全部责任，管理并协调各部门的工作；采购部门负责与供应商之间的业务往来，参与供应商评价；供应部门负责企业内部的生产供应管理以及与供应商之间的界面管理；产品部门从业务角度对产品进行管理。一般的风险管理流程包括风险识别、风险评估和风险处理，爱立信在这三个流程的基础上增加了风险监控流程和持续性计划管理。

1. 风险识别

爱立信主要通过界定与供应商之间的业务流，定义流程中的关键部分和风险来源识别风险。目前，爱立信已对一、二级供应商的一万多个风险因素进行了分析。在分析时，风险因素按产品的来源数量被分成4个不同的级别，分别是：①产品有一个以上的采购源；②产品只有一个采购源，其他采购源能获得但没被采用；③产品只有一个采购源，其他采购源能获得但存在一定的困难；④产品只有唯一采购源，没有其他的采购途径。

产品的采购源越少，发生业务中断造成的损失将越大。因此，爱立信按照事故发生后影响企业生产经营的时间（即业务恢复期），将风险影响因素也分成4个不同的等级：①3个月以下，能从其他采购源得到货物；②3~8个月，能从其他采购源得到货物；③9~12个月，寻找新的可替代采购源；④12个月，对产品进行重新设计，建立新的产品单元。

2. 风险评估

爱立信开发了一个名为ERMET（Ericsson Risk Management Evaluation Tool）的风险管理评估工具，用以详细评估企业的各个方面，包括业务控制、环境风险、现场风险和业务中断处理。ERMET主要集中于生产事故以及企业流程中断处理。ERMET中的每个子领域都需要从不同的方面进行全方位的评估，如环境风险包括自然风险和人为风险，自然风险和人为风险又包含多个子风险因素。当风险或不确定性来源被识别后，再根据具体情况制定相应的预防措施。而且，被识别的风险和采取的措施都要求写进专门的档案，以备将来借鉴及进行风险监控。

具体的评价流程是：①用刻度法估算每种风险发生的概率，将风险概率分成四个等级：1代表非常不可能发生，2代表不可能发生，3代表可能发生，4代表非常可能发生。②估算风险发生可能产生的影响。根据延迟交货的时间，也分成四个等级：1表示延迟交货时间很短（可忽略），不会给企业带来明显损失；2表示延迟交货一周；3表示延迟交货一个月；4表示延迟交货一个月以上。③通过加权平均每个子风险的风险值（风险值=后果×概率）得到人为风险的风险值，对照刻度表，人为风险的交货延迟期在一周至一个月之间。计算出每种风险的风险值后，再根据风险值的大小确定需要重点控制的领域，为下一步制定具体的风险处理方案奠定基础。

爱立信尝试采用的评价指标——业务中断值BIV（Business Interruption Value），来计算实际与期望之间的损失值，BIV=业务恢复期的总利润×业务恢复所需要的时间+额外成本（如空闲劳动力和设备、库存等）。为了便于评价，爱立信将业务中断值分成4

个等级：①严重：BIV>1 亿美元；②重要：BIV 在 5000 万美元到 1 亿美元；③次要：BIV 在 1000 万美元到 5000 万美元；④可忽略：BIV<1000 万美元。相对于一般的风险测量方法（“风险值=后果×概率”）而言，业务中断值更容易计算，而且应用性更强。

3. 风险处理

爱立信的风险处理包括规划设计风险缓冲策略及风险决策。风险处理流程采取线型责任制。在事故发生后，供应商必须及时向爱立信的风险管理部门传达事故报告，风险管理委员会再集中生产部门、采购部门和供应部门共同决策事故处理对策，并通知各个产品部门和市场领域。

4. 风险监控

爱立信对于经常性发生的事件或高风险事件，在缓解后仍不能达到可接受的风险水平则需要进行持续监控。在实施风险监控的过程中，特别重视供应商和下级供应商风险管理流程的实施状况。

5. 持续性计划

为了规划持续性计划方案，爱立信在企业内部局域网中设计了专门的持续性计划管理建议箱，企业的每位员工都可以在建议箱里留言，提出自己的改进方法。爱立信以前的持续性计划重点在现场恢复，现在已转移到整个供应链，强调与供应商共同进行风险管理。爱立信正在与供应商协商，将以下要求写进合同条款以实现与供应商共同实施供应链风险管理：供应商应建立一个安全采购计划，包括定期制订企业持续性发展计划；供应商应为每个相应的部门确定后备资源；负责安全采购计划活动的人员应在各个相应的部门内指定；供应商应及时报告事故；允许爱立信对计划进行补充；供应商应和其供应商及合作方积极开展风险管理工作。

4.1 供应链风险评估的方法与特点

风险评估，也称为风险量化或风险估计，其主要内容包括计算发生风险的可能性即计算概率及发生后造成不利影响和损失的程度，确定所有潜在供应链风险的后果及每个风险因素发生的可能性。在供应链中，采用某种方法估算与评价供应链风险水平的操作即供应链风险评估，该评估操作是进行风险控制的重要前提。

因为供应链风险的定义是多种多样的，这对风险的量化也是一个挑战。在供应链风险评估方面，Hallikas 等从风险事件的概率和结果的角度半定量化地研究供应链风险评估。Dong 和 Cooper 提出供应链风险评估作为供应链风险管理的关键，并基于数量级层次分析法（OM-AHP）提出了一套决策模型，确定风险的优先级为管理层提供资源分配的决策依据。樊星、邵举平和孙延安结合多属性决策理论与三角模糊数，利用专家打分、合理设置权重、模糊集结、综合评估等手段实现了对多条农产品供应链风险的评估和比较。Lu 等收集历史数据并使用 FMEA 评估供应链风险及其各种影响。杨晓叶针对绿色供应链金融风险建立评价体系，利用敏感性检验对指标进行检验，通过 Logit 模型（评定模型）和 BP 神经网络两个不同的评价模型进行比较，证明当样本数量较少的情况下选择 Logit 模型的效果更理想。陈剑、肖勇波和朱斌以服装采购企业为例，仅从采购风险的角度建立"5+X"风险评估框架，即"5"为环境风险、竞争风险、道德风险、财务风险和履约风险，"X"为采购方的内部控制风险，基于大数据视角构建潜在的数据源指标、计算指标权重、计算属性得分和计算供应商得分，最后对供应商风险指标做灵敏度分析来决定对策。赵闯和郎坤运用模糊集理论消除专家评分的主观性，结合贝叶斯网络推理算法，构建了生鲜农产品供应链突发事件贝叶斯网络风险评估模型。

虽然供应链风险识别是第一步，但供应链风险评估阶段将决定应实施哪些缓解策略及这些策略的效果如何。目前，用于评估供应链风险的模型、方法、指标和尺度已经被提出并使用各种方法实现。这些方法繁多，主要分为四种：定性方法、半定量方法、定量方法和混合方法。定性方法可采用问卷调查、集体讨论、专家咨询、情景分析、行业标杆比较、管理层访谈等。定量方法可采用多元统计分析、蒙特卡罗分析法、故障模式与影响分析、事件树分析和设定基准等。有的定量方法是基于概率技术的，有的则不然，如敏感性分析、情景分析、设定基准等。评估时，应统一制定各风险的度量单位和度量模型，并通过测试等方法，确保评估的假设前提、参数、数据来源和评估程序的合理性和准确性。而且，根据风险的性质不同，所用的评估方法也可能不同。

4.1.1 风险评估的常见方法

1. 风险损失期望评估法

风险损失期望评估法是基于供应链各节点企业风险大小算出供应链网络综合风险的一种方法，具体分为以下三个步骤。

（1）计算节点企业单因素风险大小

根据供应链风险评估指标体系，对节点企业的风险因素按期望损失进行排序，得出该企业风险给供应链带来的损失序列。单因素风险触发的期望损失如表 4-1 所示。

表 4-1 单因素风险触发的期望损失

风险因素	发生概率	风险引发的损失	风险溢出触发其他风险数量	风险期望损失	风险溢出影响的企业数量	供应链期望损失
r_i	$p(r_i)$	$LOSS(r_i)$	$N(r_i)$	$p(r_i) \times N(r_i) \times LOSS(r_i)$	$n(r_i)$	$RISK(r_i)$

(2) 计算节点企业风险期望损失

假定某节点企业可能面临 M 个风险，这 M 个风险溢出将触发 T 个供应链网络其他风险，则 M 个风险因素给节点企业本身带来的风险期望损失和节点企业给供应链带来的风险期望损失，如表 4-2 所示。

表 4-2 节点企业风险期望损失

节点企业	企业期望损失	供应链网络期望损失
$E(r_i)$	$\sum_{i=1}^{M} P(r_i) \times LOSS(r_i)$	$\sum_{i=1}^{T} RISK(r_i)$

(3) 计算供应链网络风险期望损失

供应链风险在节点企业之间传递，故供应链网络风险总体能量由网络中节点企业面临的风险因素决定，假设供应链网络中一共有 k 个节点企业，则各节点企业风险期望损失的总和就是供应链网络风险的期望损失：

$$RISK_{sc} = \sum_{j=1}^{K} \sum_{i=1}^{T} RISK(r_{ij})$$

其中，$RISK_{sc}$ 为供应链网络风险期望损失；r_{ij} 为第 i 个风险因素对供应链网络第 j 个节点企业的风险期望损失。

2. 层次分析法

层析分析法（AHP）的目标是对供应链风险指标进行总排序，从而构造有层次结构的指标体系。指标一般分为三层：①最高层（目标层），一般只有一个因素，是要实现的目标或达到的结果，即供应链风险；②中间层（准则层），目标或结果所涉及的中间环节，即供应链风险的分指标；③最底层（方案层），实现目标或达到结果的途径、手段或关键影响因素，即供应链风险具体指标。

3. 风险评估度量

(1) 顺序度量

在风险评估中，通常使用定性化的描述，如“高”“中”或“低”，这是基于风险的难预测性及难以定量化的特征。也可以用“最小”“较多”“巨大”等术语来定义，这被称为“三点评估”。每个风险出现的概率，加上每个结果相应的“三点评估”，可作为一项“基本评估”。也可在供应链风险评估中将风险影响和概率划分为五级，相应地按概率与影响的乘积将最终评估结果划分为无风险、低风险、中等风险、高风险和极高风险五级。

(2) 绝对度量

绝对度量就是用绝对值来度量风险的潜在影响。对于评估单一风险这是可行的，但是，如果要进一步评估综合风险和供应链总风险就会存在问题。以提前期延长导致产品交付延迟为例，产品不能按合同规定的时间交付，导致的直接结果可能是违约赔偿、客户取消订单，最终可以用损失金额的绝对数值来反映。提前期延长一定时期的可能性（%）与损失金额相乘，就是风险值。

（3）比率度量

比率度量是用相对指标表示概率或影响的大小。比率度量存在两种情况：一是能够取得指标的绝对数，为了转化为统计的相对数，就必须设立一个比较的基准；二是能够直接表达为相对值，如风险发生的后果是导致库存水平上升10%等。通过比率度量，可以得出这样的结论：如果两个同一性质的事件，其中一个事件的潜在影响值为0.8，另一个事件的潜在影响值为0.4，那么，前者的影响是后者的2倍。比率度量是一种定量度量尺度，不仅因为它是一种定量方法，它还可以将数量级差距很大的绝对数值通过与基准值的比较，化为一个0~1的数值，有利于指标的综合比较。

4.1.2 风险登记册

风险状况（Risk Profile）是关于组织所面临的风险的总体评估文件，它涉及风险的排序。风险登记册（Risk Register）是一份简洁的、结构化的文档，列出企业、项目或合同中包含的所有风险，以及风险分析结果（影响和可能性）、最初的减轻计划和每个风险当前的状态。为了保证风险状况的时效性，应定期更新风险登记册（至少每月更新一次）。

使用风险登记册的目的和好处主要有以下几点。

①将已识别风险的所有分析和决策集中到一个可调节的、集中的（但可访问的）数据存储器中。

②提供一个模板文档，使风险信息得以系统性地记录下来，并且使用标准的格式，以便于分析与使用。风险登记册可以轻松地实现计算机化（如利用电子表格或定制的软件包）以支持访问、合并、分析、更改、风险警报的触发、采取减轻措施等。

③在组织上下建立风险可视度，包括当前风险状态和暴露的直接可视性，用于决策制定和问题的解决。

④明确风险监督和管理的职责。

⑤提供一个风险监督、管理和检查活动的框架。对于单个项目或单元来说，模板方便了操作层级的使用，也可以合并数据以用于战略风险管理。

⑥为分配风险监督、管理和检查所需的资源提供基础，并且为风险管理的商业论证奠定基础。

⑦促进关键内部、外部利益相关者对于风险问题的沟通，促进有关风险的学习、利益相关者参与和输入等。

⑧向项目发起人、合同经理和其他风险责任人提供一个文档化的框架，根据这一

框架，生成风险状态报告。

风险登记册一般包括以下数据信息。

①识别每个风险的唯一参考号或代码。

②风险类型和性质的说明。

③风险被第一次识别出来的日期。

④风险责任人，即对风险监督和管理负有领导责任的个人（或角色/岗位）。

⑤风险事件发生的概率，用适当的等级、分数、百分比或类别来表示。组织可能对低（L）、中（M）、高（H）有标准的定义。中间的等级可定义为 M-或者 H+等。当概率是一个范围，如从 L～M，这种情况适用于风险没有完全或准确评估的情形。

⑥风险事件如果发生所造成的影响、成本或后果（用适当的成本价值、分类等级或简单地描述来表达）。

⑦为了减小概率或影响，或者兼而有之，明确可能的应对措施或减轻措施。当风险具有较大的影响时（不管概率是多少），应包含应急计划（或链接到应急计划，或者交叉索引指向有关应急计划）。它也应包括恢复计划（一旦风险事件发生，为了恢复正常的操作所采取的有计划的措施）。

⑧选择的风险减轻措施及其效果（若有）。

⑨定期更新每个风险的状态信息（到位的应对措施及它们是否有效），并注明最近一次更新的日期。

4.1.3 风险矩阵

在风险评估中，可以利用风险矩阵或风险图进行一次简单的风险或影响评估。根据威胁和危险发生的可能性及其一旦发生所造成影响的严重性，在图上绘制出相应地点，如图 4-1 所示。

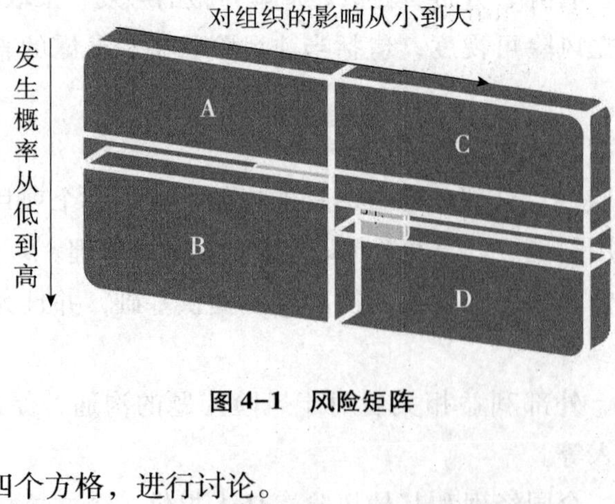

图 4-1 风险矩阵

针对图 4-1 的四个方格，进行讨论。

A 格包含的事件是不太可能发生并且一旦发生后造成的影响比较轻微的事件。例如，在供应商配备了应急后备发电机的情况下发生的一起供应商工厂停电事故。假定影响的程度比较低，组织就可以把这些因素视为低优先级的因素而忽略。

B 格包含的事件是相对可能发生并且一旦发生后造成的影响比较轻微的事件。例如，汇率波动，且组织参与国际采购的程度比较低。合理的应对措施是对这些因素进行监测，以防形势发生变化并且影响超过预期。

C 格包含的事件是不太可能发生但是一旦发生后造成的影响比较严重的事件。例如，满足关键需求的供应商倒闭或者自然灾害。合理的应对措施是制订应急计划使影响最小化，以防事件发生（如建立供应的后备供应源，购买保险），减轻风险且不会产生较大成本。

D 格包含的事件是既可能发生而且造成的影响又比较严重的事件。例如，出现一项新的改变供应市场的技术。合理的应对措施是应对已察觉的威胁或机会，并将其列入战略分析和规划之中。

风险矩阵的构造包含以下两个方面的内容。

1. 风险发生概率

评估风险首要的问题是找出风险发生的概率，规定其值为 0~1。Hallikas（2004）从风险事件的概率和结果的角度半定量化地研究供应链风险评估。所谓概率是指风险事件出现的概率，结果指风险事件发生后对企业造成的损失。Hallikas 将概率划分为 5 个等级（见表 4-3），这种半定量化评估的主要目的是帮助企业获取对内外环境更深刻的理解。

表 4-3　　风险概率等级

概率估计	描述
非常不可能	非常稀有的事件
不可能	有间接影响的事件
中等	有直接影响的事件
可能	直接影响强烈的事件
非常可能	事件重现频繁

概率的计算通常有以下两种方式。

（1）通过掌握情况来计算理论值

$$某个事件发生的概率=\frac{会造成这个事件发生的状况数}{所有可能的状况数}$$

（2）观察

可以通过历史数据观察某个事件过去发生的频繁，来获得一个实验上的概率。

$$某个事件发生的概率=\frac{事件发生的次数}{观察的次数}$$

值得注意的是，一般不采用主观推断方法，因为它依赖于他人的判断和意见，具有很强的主观臆断性。

2. 风险影响

在评估供应链风险时不仅要考虑风险对某个供应链企业的影响，还要考虑其对供应链整体造成的后果，不仅要考虑供应链风险带来的经济损失，还要考虑其带来的非经济损失。例如，信任危机、企业声誉的下降、知识退化等非经济损失，这些非经济损失有时很难估价。很多时候，可以以成本的方式衡量风险发生的后果，如送货延迟可能导致的后果是罚款，但有时风险造成的后果无法用货币来衡量。例如，衡量一个工程，质量是必要条件，还要看其是否按时完成；消防工作也是看花了多长时间才把火扑灭，这里时间成了衡量后果的指标。Hallikas 将风险造成的结果划分为 5 个等级，如表 4-4 所示。

表 4-4　风险影响等级

影响估计	描述
无影响	对企业无影响
小影响	给企业带来较小的损失
影响	会引起企业短期的困难
严重影响	会引起企业长期的困难
灾难性影响	经营中断

4.1.4　供应链不同阶段的风险评估特点

供应链在不同阶段的风险特征不同，可能造成的后果也不同，以采购、生产及配送阶段为例。

1. 采购阶段

采购阶段供应链管理的目标是根据计划要求，以尽量低的成本，在正确的时间把正确的质量和数量的采购商品运送到正确的地点，保证供应链下一环节（生产或销售）的正常运营。采购成本是企业的主要成本，占企业总成本的比例较高，如汽车行业约为 64%，石化企业约为 80%。原材料的质量决定着最终产品的质量。采购的原材料如果出现时间延误、数量短缺、因质量不合格而退回等，都有可能使下一环节的生产活动不能按计划正常进行，引起整个供应链的连锁反应。

估计风险事件对采购阶段的影响，主要考虑风险因素涉及的材料供应环节。考察材料的可获得性，是否有替代的材料和备用供应方案；材料成本是否占主要成本，是否对最终产品的质量有重要影响，材料质量缺陷是否造成严重后果；材料是否是生产阶段关键环节使用的，即如果供应延误是否必定导致停产等。

采购供应阶段，同样的风险因素在不同的经营环境下引起的后果往往不同，风险的严重程度也不同。企业的供应链有更高的柔性，意味着供应链有较强的应对风险的能力。供应链管理人员对风险有充分的估计，储备了充足的应急资源和风险处置预案，就能在一定程度上化解风险造成的损失。拥有良好的供应商合作关系，当风险因素出现时双方就会齐心协力从容应对，避免造成严重后果。新产品供应或引入新的供应商，可能因为缺乏经验而不能有效控制风险。关键材料和非关键材料的供应问题造成的后果并不相同等。

2. 生产阶段

生产阶段的运营管理有成熟的理论体系和丰富的内容，生产阶段的风险评估主要考虑：材料能否保证按时足量供应，质量能否达到计划要求；生产能力能否满足供应链的需求；外界环境的不利因素（政府管制、社会动乱、自然灾害等）及内部偶然事件（设备故障、伤亡事故、劳资纠纷等）影响正常生产的程度；生产产品的质量问题是否会导致客户的索赔、退货、返修甚至产品滞销等。

3. 配送阶段

配送阶段供应链的任务是和市场营销配合，以最低的成本及时把产品送达销售渠道指定地点，适应整体市场需求并满足单个客户需求的变化。配送是实现从商品到货币的关键阶段，提高客户服务水平和客户满意度是供应链追求的目标。

配送阶段风险的性质和配送产品本身的特征密切相关。对于性质容易发生变化的产品，如冷饮制品、易燃易爆危险品、医用疫苗、玻璃，配送过程发生质量风险并造成损失的可能性较大，对运输、装卸、储藏过程有严格的要求；季节性产品，短时间内销售量大，有大量的盈利机会，但是一旦投放过量造成产品积压，则可能迅速因过时而折价或报废；而其他一些有持续社会需求的产品，产品积压的风险要小得多。另外，因为设计和制造等原因造成的产品质量缺陷，问题可能在配送阶段表现出来，导致产品滞销、退货、返修，甚至报废，形成重大供应链风险。

来自产品销售市场的不可预知的变化是配送阶段的主要的风险来源。销售市场环境变化导致的风险表现在两个方面：一方面是产品畅销而不能及时配送造成缺货，从而失去销售机会甚至失去客户；另一方面是销售渠道投放了过量的产品出现滞销，造成库存保管、产品报废等费用增加。对产品市场需求的准确预测是降低风险的有效手段，认识销售市场的不确定性是认识供应链配送风险的基础。产品的销售量受其自身功能、价格及消费者购买能力等客观因素的影响，也受产品品牌知名度、广告效果、消费者消费习惯等其他因素的影响。以往对供应链的研究涉及市场的随机性时，往往假定其随机分布是确定和已知的，其实市场需求是可以通过折扣、广告等促销活动来改变的，本来预计要滞销的产品经过促销可能变得畅销。所以估计配送阶段的风险形势，要综合分析市场容量和销售手段等可能影响产品销售量的各种因素。

例如，早年当惠普开始推出家用型个人电脑时，由于竞争对手的蓄意降价致使销售量没有达到预期水平。根据销售量的变化，供应链管理部门决定控制这种产品的库存量，而销售部门针对竞争对手也采取了相应的降价措施，在接着到来的销售旺季，惠普的这一款家用电脑因缺货造成了巨大损失。配送阶段的风险评估除考虑产品本身的特性、产品销售市场的变化及营销部门的促销措施，还应注意配送网络结构、管理水平、人员素质、信息系统、物流环境等客观因素。

4.2 供应链风险评估的基本内容

在整个供应链风险管理体系中，风险评估是风险管理的核心之一。风险评估，即对供应链面临的运营风险、环境风险、恐怖威胁、外包风险、信息风险与利益相关者风险等一系列潜在问题的危险性进行客观、定性的估计或定量计算。第三章通过风险识别找出了引起风险的各类因素等，在此基础上风险评估将分析各类风险的性质，计算风险发生的概率、时间及影响，从而确定风险水平。风险评估中的定性分析提供了风险性质的相关信息，是整个风险管理过程非常重要的部分。供应链成员将根据风险评估的结果，采取有效的防范措施规避风险或将风险造成的损失降低至最小。

一般而言，大多数风险评估都是将众多信息浓缩到最后的一个数值中，其反映的具体风险信息存在不足。但对于事前的决策判断能起到一定作用，也能进一步为后续的风险管理行动提供支持。所以，基于为风险管理行动提供具体信息的需要，在构建供应链管理风险指标体系的基础上，先对供应链管理风险的各个方面进行评估，再对风险的整体进行评估。因此，供应链管理风险评估具有以下特点。

①与供应链上单个企业风险评估相比，供应链管理的风险评估加入了供应链系统化管理的思想，对企业内外部风险及企业所在供应链的风险评估更加全面、客观。

②供应链管理的风险评估更加注重供应链未来的发展，不再满足于结果性的评价，而是加强风险管理的前瞻性。

③供应链管理风险评估是在考虑每个供应链成员企业风险水平的基础上进行的综合评估。

4.2.1 供应链风险评估的基本问题

1. 评估的两个维度

风险评估的具体对象是潜在的已识别的风险事件，对其发生概率和影响程度进行评估。对风险进行量化，其公式为：

风险=风险发生概率×风险影响

风险发生概率（Risk Likelihood）是指在假定风险性质和当前风险管理做法的情况下发生的概率。它可以用0（没有机会）到1（确定）之间的一个数字来表示，或者用百分比（100%表示确定）、分值（1~10）或等级（低、中、高）等来表示。风险事件发生的可能性越高，风险的总水平越高，风险管理的优先级就越高。

风险影响（Risk Impact）是指给组织造成的可能损失或成本，或者对组织完成其目标的能力可能的影响水平。对影响的严重性可以进行量化（用估算的成本或损失进行量化）、计分（1~10）或评级（低、中、高）。

对于高概率事件而言，将其发生概率降低至较小的方法很少，常见的措施起到的作用也微乎其微。我们应调动资源使它们造成的影响最小化。如图4-2所示，卢有杰等人将风险事件的发生概率与风险影响的乘积定义为风险事件状态，利用风险事件状态来衡量风险的大小。对于低概率事件而言，从管理成本的角度来看，不值得投入资源。但是，如果它们的影响很大，那么我们还需要制订应急和恢复计划，这样管理者就可以在事件发生时有效地进行响应。应该引起我们重视的是那些发生可能性很低却会造成灾难性后果的事件。

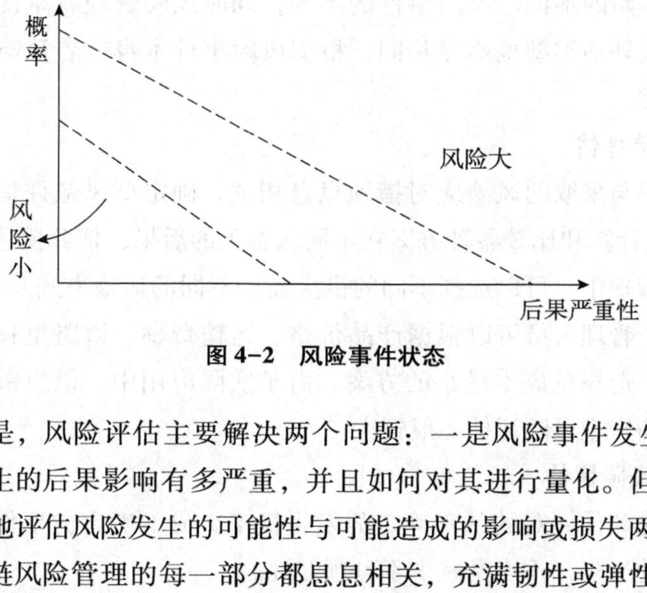

图4-2　风险事件状态

值得注意的是，风险评估主要解决两个问题：一是风险事件发生的概率是多少；二是风险事件发生的后果影响有多严重，并且如何对其进行量化。但是，供应链风险评估仅限于简单地评估风险发生的可能性与可能造成的影响或损失两个维度是不够全面的。整个供应链风险管理的每一部分都息息相关，充满韧性或弹性，单从这两个维度评估整个供应链的风险，不能全面反映供应链风险的关联性和传递性等本质特征。为此，还应从关键设施、节点企业、运输等多维度进行风险评估。

2. 两个内容

风险评估不仅是简单的风险发生导致的有形可量化损失或风险发生的可能性。供应链的声誉、信用、权威和地位等方面都会因风险的发生而受到损害，整个组织的社会财富也可能受损。正确的风险评估思路，不仅应考虑发生的概率和产生后果的直接影响，同时还要考虑间接影响，即无形损失，然后按照风险发生的可能性乘以风险综合后果得出的风险水平值排列风险等级。

本书将风险评估的内容大致分为两种，即固有风险和剩余风险。风险评估作为供应链风险管理的重要部分，不仅要评估固有风险，还要评估剩余风险。固有风险是指没有采取任何风险应对措施来降低风险事件发生概率的风险。剩余风险是指采取应对措施以后仍然存在风险或者风险发生概率的风险。

在当下复杂多变的激烈竞争环境中，具有现代意义的大型企业必然拥有良好、齐备的风险管理措施，没有任何风险防范及应对措施的企业，是无法长期生存下去的，注定走向毁灭。因此，在很大程度上，风险评估主要评估的内容是剩余风险，并且不是以一次评估为终点，而是多次评估直至风险管理结束。固有风险是急需采取应对措施进行管理或者化解的风险，剩余风险也是评估过程中不容忽视的，对这一类风险进行跟踪评估，可以反映风险动态变化过程，有利于后续风险控制及监控措施的落实。

4.2.2　供应链风险评估的分类

由于供应链风险的不同，风险事件的不同，同时风险管理者掌握的信息与条件各有差异，为此风险评估类型也不尽相同，根据风险事件本身或者风险评估方法可以对风险评估进行分类。

1. 确定型风险评估

风险评估结果与采取的风险应对措施息息相关，确定型风险评估假定各种状态出现的概率为1，只计算和比较各种方案在不同状态下的后果，依此挑选出不利后果最小的方案。供应链管理中，可以选择不同的供应商、不同的运输方式、不同的配送路线、不同的库存水平，管理人员可以根据产品价格、运输费率、道路里程、保管费用等计算供应链的成本，选择总成本最小的方案。由于实际应用中，供应链存在的风险充满不确定性，为此确定型风险评估一般较少。

2. 不确定型风险评估

不确定型风险评估针对的是不确定的发生概率，或不确定的事件后果、不确定的强度和形成机理的风险，重点是减少不可预知性。

确定型风险评估，风险的概率分布及发生的概率是可以得到或已知的。对于不确定型风险，由于受人们认识水平的制约或所掌握信息的不充分，管理人员不知道其发生概率，或不知道事件后果、不知道其强度和形成机理。不确定型风险在供应链管理过程中普遍存在，是风险分析与管理的难点。对待不确定型风险，由于其产生的后果也是未知，因此需要企业积极想办法应对。

针对不确定型风险评估的特殊性，可以从以下几个方面入手。

（1）信息分析

不确定型风险，是因为管理人员对风险的认识有限或掌握的相关信息不足，信息的作用在于减少认识的不确定性。评估不确定型风险，应加强对风险因素、风险事件的了解、研究，收集尽可能多的相关信息，努力变不确定为确定，在努力收集尽可能全面的信息的基础上，对信息进行深入分析，把握风险的特征，进行风险评估，以有效减少风险造成的损失。必要时向专家请教，向专门机构采购关键信息。例如，天气变化对冷饮销售有直接影响，对冷饮生产企业而言，天气因素是不确定的。冷饮生产企业可以向气象服务部门购买未来一段时间天气形势的信息，考虑天气因素与冷饮销售的关联影响，估计产品的供应数量。一些企业购买了专业的预测信息系统，重视对供应市场和销售市场的预测，以更好地把握市场变化，减少风险。

（2）逻辑推理

逻辑推理是常用的风险评估方法。对于那些希望了解的未知事件，没有历史数据资料可供参考，可以把未知事件与已知的相关事件联系起来，通过研究分析已知事件，并充分考虑两者之间的差异，来掌握风险事件的特征。例如，要了解未来集装箱价格的变动趋势，手头没有可供参考的历史资料，但是有关于集装箱钢板价格走势的数据，集装箱钢板的价格变动与集装箱的价格变动具有很大关系，因此可以利用掌握的钢板信息来估计集装箱的价格走势。其方法类似于根据年降水量等水文资料，结合排水条件，估计一个地区发生水灾的风险。

还有一种推理分析方法，通过类似的事件来推测未来可能的风险。例如，根据某地地震对电子产品供应链造成的影响，类比估计其他地区地震可能对其出口产品的影响等。利用类似的案例进行推断，既要比较事件之间的相同之处，也要注意事件本身与所处环境的区别。我国实行的"试点"方法，就是利用试点积累经验，估计未来风险的有效措施。

（3）主观估计

主观估计是有经验的供应链管理人员（或专家）利用自身的知识、经验和智慧，用少量信息经分析判断而对风险事件发生的可能性与后果进行估计。著名的德尔菲（Delphi）法就是为了估计不确定型风险而发明的。头脑风暴法也可以用到风险评估上，主观估计受执行者的经历、风险偏好、知识水平、分析方法的影响，随意性较大。借助某些定量化方法把主观估计量化，可以提高主观估计结果的准确性。

3. 部分估计

部分估计是退而求其次的处理方式。对风险发生的概率和后果实在不能做出全面客观的估计，就先做出部分估计，密切监视风险的变化，或者估计最悲观的情况和最乐观的情况，把握风险的影响范围，从最悲观的角度准备，向最乐观方向努力。此外，在不能做出定量的精确估计时，可以先做出描述性的定性估计。例如，对台风可能造成的进口货物到达延迟，难以精确估计台风发生的时间、强度及对海运的影响，可以先做一个粗略的估计，注意气象信息和到货时间，一旦发生意外立即采取补救措施。

4. 随机型风险评估

采取随机型风险评估时，供应链管理人员不仅要知道有哪些状况出现，还要根据历史资料知道它们出现的概率。随机型风险评估的主要内容包括：选定风险的计量标度、确定风险事件发生的概率、计算风险事件各种后果的数值、确定估计数值的变化范围和限定条件。

找出风险的概率和概率分布是随机型风险评估的基础。用历史统计资料来确定概率分布，一种方法是画出样本分布的直方图，得到样本的经验分布，从图中可以看出发生不同偏差的概率；另一种方法是假定风险事件发生的概率或后果服从正态随机分布，求出正态分布的数学期望、标准差的估计值，就可以确定正态分布的概率密度函数。

5. 单一风险评估

单一风险评估是指对某一个风险因素或动因、事件的评估。单一风险评估是最低层次的评估，是风险评估的基础、其基本理论依据是还原论。在科学研究中，人们总是习惯将事物整体分解为部分或低层次事物来研究，认为部分或低层次事物清楚了，整体或高层次问题也就清楚了。如果局部或低层次问题还不清楚，可再进行分解，直到把整体问题厘清为止。这种科学研究的方法论是还原论，它从近代科学到现代科学的发展中起了很大作用。

6. 综合风险评估

综合风险评估是指在单一风险评估的基础上，对某一大类风险进行评估，以反映该类风险的综合情况。综合风险评估需要考虑多个风险因素、动因或事件，每个因素反映的是可能导致该类风险发生的一种情况。如供应链中断风险，就可能由地震、飓风、洪水、雪灾、罢工和海盗等事件引起。

4.2.3 供应链风险评估的作用

在阐述供应链风险评估的基本问题时，大致提及了供应链风险评估的部分作用，现将风险评估的作用分为以下三个方面。

第一，更准确地认识风险。通过定量方法进行供应链风险评价，可以确定各种风险因素和风险事件发生的概率或概率分布，及其发生后对生产影响的严重程度或损失严重程度。其中，损失严重程度又可以从两个不同的方面来反映：一方面是不同风险的相对严重程度，据此可以分为主要风险和次要风险；另一方面是各种风险的绝对严重程度，据此可以了解各种风险造成的损失后果。

第二，确保风险计划的合理性和可行性。供应链风险评估可以预测各种风险综合作用的后果，由于风险的个性化，只有在对风险进行定量和定性评估的基础上，才能正确反映各种风险对企业生产运营的不同影响，由此制订更合理的风险应对计划。

第三，为风险对策选择提供参考。如前所述，不同风险对策的适用对象不同，风险对策的适用性需要从效果和代价两个方面考虑。风险对策的效果表现在降低风险发生概率和（或）降低损失严重程度的幅度，有些风险对策（如损失控制）在这一点上较难准确地量度。风险对策一般都要付出一定的代价，应将不同风险对策的适用性与不同风险的后果结合起来考虑，对不同的风险选择最适宜的风险对策，从而形成最佳的风险对策组合。

4.3　供应链风险评估流程

供应链风险评估的工作是对收集的信息进行分类、识别和更新，根据供应链风险信息对获得的资料进行评价，对危机产生的原因、演变过程及未来趋势进行评估，并评估可能导致的损失。在风险分析中，信息的真实性和可靠性是极其重要的，任何虚假或者干扰信息将导致因预测不准而引发的系统失稳。因此，在进行风险信息分析时必须排除干扰信息和失真信息的影响。对信息进行分析和识别，筛选出有效的风险信息，并总结出风险信息的事件类型、发生概率，不可探测程度和后果，向相关决策者发送直观指令。

在风险识别过程中找出了风险源及产生风险的原因，而度量整个供应网络的风险是极其棘手的。对供应链风险进行评估时需按照一定的步骤进行，作者将风险评估分成七大步骤进行讨论，如图 4-3 所示。

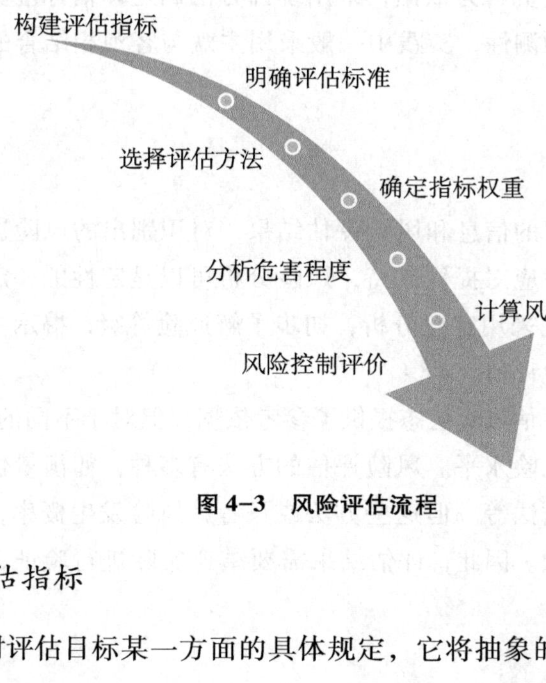

图 4-3　风险评估流程

4.3.1　构建评估指标

评估指标是对评估目标某一方面的具体规定，它将抽象的评估目标具体化。建立科学的评估指标体系是开展评估活动的必要前提。设计时应注意以下六点。

①充分反映目标。评估指标将目标具体化、行为化和操作化，因此，应与目标相一致。

②评估指标应用可操作化的语言加以定义，可通过实际观察直接测量，从而获得明确的结论。

③评估指标体系内的指标应相互独立，同一层次上的各指标不能存在任何包含与被包含的关系。

④评估指标体系应具有整体完备性。

⑤评估指标应反映被评估对象的共同属性，反映对象属性中的共同点，具有可比性。

⑥评估指标应从实际出发，各评估指标要是可行的，具有可接受性。

构建合适的评估指标体系，遵循科学合理性、可验证性、代表性、全面性等原则，列出各类供应链风险的影响因素，每个因素作为供应链风险的一个潜在评估指标，所有因素则为供应链风险评估潜在指标体系。

4.3.2　明确评估标准

针对供应链风险评估指标体系，对每个评估指标确定评估标准。评估标准的确定可采用主观和客观两种方法。主观评估一般为供应链管理专家对风险进行判断，为消除专家个人风险偏好、知识水平及分析方法等的影响，可以借鉴德尔菲法等确定评估标准。客观评估是以历史资料为依据，采用统计方法确定评估标准。鉴于历史数据的静态性和对未来的无法预测性，实践中一般采用主观与客观相结合的方式确定风险评估标准。

4.3.3　选择评估方法

风险分析是根据获得的信息和风险评估结果，对识别出的风险进行定性和定量的分析，为风险评价和风险应对提供支持，风险分析可以是定性的、定量的或以上方法的组合。一般情况下，先采用定性分析，初步了解风险等级，揭示主要风险，再进行更具体化和定量化的风险评估。

评估标准的确定为评估风险状态提供了参考依据，但对于不同的供应链网络系统，需结合一定方法测度其风险水平。风险评估的方法有多种，如衡量供应链可靠性的模糊评价矩阵、模糊熵评估法等。但这些方法或只考虑风险发生概率，或只考虑风险产生的危害程度，失之偏颇。因此，评估结果需要结合实际进行验证，必要时需对模型进行修正。

4.3.4 确定指标权重

随着统计学的发展，已经具有丰富多样的权重设计方法，但核心思想基本一致——越重要，提供的信息量越多。与其他特征差异越大的指标，就应该给予更大的权重。因此在实践中，采取哪种方法因人因事而异，但指导思想是不变的。在实际工作中，最常用的有三类方法：第一类是熵值法，以每个特征贡献的信息量的大小决定，借用了信息熵的概念；第二类是主成分分析法，此类方法利用了数据的信息浓缩原理，利用方差解释率进行权重计算；第三类是层次分析法，此类方法用数字的相对大小信息进行权重计算，通过矩阵求解的方式求出特征矩阵，作为指标的权重。供应链风险因素对供应链系统风险水平的影响各异，有些因素影响大，有些因素影响小，这直接影响节点企业的决策。可通过资料积累和观察分析权重的大小，从而发现造成损失的规律性。

4.3.5 分析危害程度

随着工业生产技术、设备等的不断更新，生产环境及生产管理的不断改善，生产中的安全程度得到很大的提高。但是风险事故还是不断发生，不安全因素仍然大量存在。进行安全评价之前，要先进行风险危害因素分析，然后确定系统内存在的危险。风险危害因素分析是防止发生生产事故的第一步，风险危害因素是指能造成人身伤亡或造成物品突发性损坏的因素（强调社会性和突发作用）。危害程度指如果供应链风险爆发，将造成多大损失。损失不仅包括有形损失（直观的经济损失和产品损失），还包括无形损失（由有形损失给客户造成心理影响，从而导致企业声誉下降）。风险产生的危害程度应采用定量和定性分析相结合的方法，结合历史数据进行评估得出。

4.3.6 计算风险水平

供应链系统的风险水平可从风险发生的概率和危害程度两个维度进行核准。如果某风险发生的概率高，但风险产生的危害程度低，则给供应链系统带来的风险水平可能并不高；如果两个维度均高，则需引起高度重视。供应链系统整体风险水平可由各单一风险水平加权计算得出。风险安全指标计算，则是在大量经验积累及统计运算的基础上，考虑到当时的科学技术水平、社会经济情况、法律因素及人们的心理因素等确定的普遍能够接受的最低风险率。

4.3.7 风险控制评价

风险控制评价是以风险为导向，第一，要评估实现相关目标存在的风险；第二，识别和确定组织充分应对这些风险的内部控制是否存在，即评价内部控制应对相关目标实现风险的有效性；第三，识别和确定内部控制运行有效性的证据，评价现有的控制是否得到了有效运行；第四，对控制缺陷进行评估，判定是否构成实质性漏洞，确定内部控制是否有效，充分体现了“自上而下，风险基础”的理念。

风险一旦转变成危害，就给供应链系统带来了有形损失和无法估量的无形损失。如果风险仅在供应链系统内部发生，则实时控制措施相对容易；反之，若风险已经暴露于供应链系统之外，则控制措施的执行已经不再受控于供应链系统，此时控制难度无疑大大增加。

4.4 供应链风险评估指标与模型

4.4.1 供应链风险评估指标选择原则

供应链是一个由原材料提供企业到最终用户集成的结构复杂的网络系统，具有涉及企业多、风险变量多且复杂的特点。供应链风险状态如何描述、风险变量如何聚类、未来潜在风险如何度量等问题在评估指标体系中如何体现，需要深思熟虑。现有风险评估指标体系中主要从静态角度考虑，但是供应链风险时刻处于动态变化中。

一个完善的评价指标体系的建立，能较好地解决数理统计方法与评价对象之间的接口问题。任何评价指标体系的设计，都应遵循一定的基本原则。对供应链风险评估指标选择原则进行整理。

①科学合理性。指标的选取要建立在充分认识、深入理解对象体征（本征）等属性和特征的基础上，且有一定的科学内涵，能够合理度量和反映风险产生的影响效果。

②可验证性。在评价体系构建过程中，通常先选择一些需要经过理论和实践检验的后备指标，如果验证结果证实后备指标能够反映风险的某些特征，可以将后备指标转化为评价指标。后备指标的选择也应该具有充分的依据，能说明风险后果的某方面信息，而且这些指标应该是可验证的。

③代表性。指标能反映对象体征（本征）等属性和特征，指标之间不相互影响而且具有代表性。一方面，指标与对象属性和特征之间具有一对一关系，即一个评价指标只反映一个评价要素；另一方面，由于指标之间的相关性，减少和简化指标体系是困难的，会影响代表性。在指标选择上力求简洁，选择具有代表性的综合指标，避免一个指标反映多个评价要素。

④全面性。评价体系作为一个有机整体，能够全面覆盖风险发生的影响范围，使所有供应链风险的属性和特征都能得到体现，能全面反映和测度风险后果的主要影响状况。

⑤系统性。供应链是一个系统，分析供应链风险必须以供应链整体系统优化为目标，分析供应链系统结构及其各结构主体间的相互关系，识别并充分反映供应链运行中所有环节涉及的风险信息，采取科学合理的方法提取关键指标，使其既具有代表性，

又满足全面性。

⑥灵活弹性。供应链是一个联盟组织，由核心企业、紧密层企业和松散层企业三部分组成，这种流程结构的不稳定性使供应链风险本身随着联盟组织的蠕动性和时间的变化而变化，评估工作也是一个动态过程，客观上要求建立动态性的指标体系。灵活弹性原则指遴选的评估指标应既能反映出供应链风险的现状，又能对供应链未来面临的风险做出判断，使其具有足够的灵活性，以适应供应链未来发展实际情况变化的需要。

4.4.2 风险评估基准与相关绩效衡量指标

供应链风险的评估基准即风险控制的预期目标，是根据供应链的计划目标及供应链绩效衡量指标确定的。质量目标、时间目标、成本目标是供应链管理的基本目标，供应链的业绩评价指标体系，仍然是实业界和研究学者关注的问题。在供应链管理目标不清、绩效考核指标不完善的环境下，要确定供应链风险评估基准无疑是困难的。为此，科学地选择系统化的、方便实用的供应链风险评估基准是风险评估的首要问题。

确定供应链风险的评估基准应当遵循以下基本原则：

①结合企业的运营目标、供应链计划目标；

②基准水平与希望达到的目标客户服务水平一致；

③与目前企业的管理水平及设备水平一致；

④适合供应链流程活动且有利于高效地改进供应链管理；

⑤便于计算，可重复使用。

不论企业的规模、技术与装备水平、产品特征和目标市场存在多大的差异，质量风险、时间风险、成本风险都是供应链风险的基本属性。供应链风险的控制目标包括质量风险目标、时间风险目标、成本风险目标三个方面。按照相关原则，可以分别确定供应链的质量风险、时间风险、成本风险等方面的评价基准。

整个供应链的质量风险评估基准，可以用产品到达供应链末端时要求的完好率来表示。产品完好包括产品性能符合设计标准的要求。包装完好是指与产品相伴随的备件、说明书、保修单等完整无缺。形成质量风险的原因，有采购原材料、零部件的质量问题，有制造过程中出现的质量控制偏差，有运输、装卸、仓储等物流过程中的损坏和变质。质量风险评估基准设定得高，并不意味着产品的高质量和高档次，出厂的产品只要达到指定的标准就算是合格的产品。合格的产品不一定是高质量的产品，产品的定位可以是高档的也可以是低档的。质量风险控制目标定得高，意味着供应链系统在保证产品质量方面的高可靠性，但也只能保证产品质量不发生变化。产品的完好率也可以作为采购阶段、制造阶段、配送阶段的质量风险评价指标。

供应链的时间风险评估基准，可以是要求的准时到货的概率，也可以是必须到货的最后时限，还有缺货比率的最大值等。风险评估基准与供应链绩效衡量指标并不完全相同，把到货的时限（提前期）设置得长一些，供应链的时间目标容易实现，也就是说供应链的时间风险控制目标容易达到，但是供应链本身的反应时间指标却下降了。

相比之下，供应链的成本风险评估基准的设定比较复杂，供应链的全过程涉及的成本项目繁多，与企业的其他活动互相耦合。可以用要求达到的供应链总成本与企业销售收入的比值作为供应链成本风险评估基准。供应链总成本包括原材料采购成本、运输与存储等物流成本、供应链占用固定资产的折旧费、管理信息系统运行的费用、管理费用、人员工资、保修与退货成本等。不同的企业根据财务科目设置和统计口径的不同，供应链的总成本包含的内容可以不同，但是，只要成本风险评价的计算口径与评价基准设置的计算口径一致，企业内不同部门、不同时间段的计算口径一致，计算的结果就有可比性。

质量风险、时间风险、成本风险的评估基准是供应链风险管理的三个高度耦合的目标。提高质量风险和时间风险的管理目标，一般会造成成本风险的增加，加大成本控制的难度。企业选择风险评估基准，应当根据企业的经营目标和拥有的资源，把与企业经营目标密切相关的基准定得高一些，而把其他基准定得低一些。

供应链风险评估基准与绩效衡量指标相关，但不完全相同，如表 4-5 所示。风险评估基准关心的是把运行结果与管理目标的偏差控制在一定的范围之内，而绩效衡量指标关心的是以最佳表现实现管理目标。供应链风险管理关心的是计划给定的目标能否实现，其次才是计划的科学合理性。

表 4-5　　供应链风险评估基准与绩效衡量指标

风险评估基准	绩效衡量指标
质量风险评估基准	确保订单执行效率
时间风险评估基准	订单履行率、准时发货率、响应时间等
成本风险评估基准	供应链管理总成本、供应链资产利用率

根据对我国企业供应链管理现状的调研分析，多数企业没有完整的供应链管理统计数据，财务科目设置时也没有相应的成本明细，更没有供应链业绩评价的指标体系，确定科学合理的、定量化的供应链风险评估基准有较大难度。目前可以使用相对的评价标准，在实际应用中不断改进和细化。

4.4.3　供应链风险评估指标体系建立

风险评估常常需要以指标为基础，包括定量指标与定性指标。根据前文对供应链风险评估的划分，总风险评估最终需要落实到单一风险评估上，而单一风险评估往往需要用具体的指标来反映某方面的风险程度。例如，物流风险由物流通道的不确定、运输时间的不确定和提前期问题等风险因素导致，其中提前期问题由提前期延长和变动等指标来反映。能否选择恰当的指标，是评估结果是否可信的关键。一个指标是否恰当，就是用它去度量某风险因素时有没有不一致或不符合实际的情况。对于综合评估，还需要在此基础上建立评估指标体系，因为单一指标或几个指标反映的信息量是非常有限的。

以指标选择原则为指导，为能综合反映和测度供应链系统的整体风险，在厘清供应链系统内外部风险结构和风险源关系的基础上，建立了一套层次分明的指标集合体系，如表 4-6 所示。

表 4-6 供应链风险评估指标体系

<table>
<tr><th>总目标</th><th>亚指标</th><th>分指标</th><th>具体指标</th><th>因素指标</th></tr>
<tr><td rowspan="26">供应链风险总体水平（A）</td><td rowspan="26">当前风险（B_1）</td><td rowspan="11">外部风险（C_1）</td><td>自然风险（D_1）</td><td>自然灾害影响程度（E_1）</td></tr>
<tr><td>意外风险（D_2）</td><td>突发事件影响概率（E_2）</td></tr>
<tr><td rowspan="2">法律风险（D_3）</td><td>法律规范差异性（E_3）</td></tr>
<tr><td>法律调整（E_4）</td></tr>
<tr><td rowspan="2">文化风险（D_4）</td><td>国际文化差异（E_5）</td></tr>
<tr><td>企业文化差异（E_6）</td></tr>
<tr><td rowspan="3">经济风险（D_5）</td><td>经济危机（E_7）</td></tr>
<tr><td>经济周期（E_8）</td></tr>
<tr><td>汇率变动（E_9）</td></tr>
<tr><td rowspan="2">技术风险（D_6）</td><td>落后技术引致成本上升程度（E_{10}）</td></tr>
<tr><td>先进技术可靠性程度（E_{11}）</td></tr>
<tr><td rowspan="15">内部风险（C_2）</td><td rowspan="3">需求风险（D_7）</td><td>需求自然波动性（E_{12}）</td></tr>
<tr><td>客户流失率（E_{13}）</td></tr>
<tr><td>产品价格水平（E_{14}）</td></tr>
<tr><td rowspan="3">供应风险（D_8）</td><td>供应商供给能力（E_{15}）</td></tr>
<tr><td>供应商交货不稳定性（E_{16}）</td></tr>
<tr><td>供应商柔性不足（E_{17}）</td></tr>
<tr><td rowspan="2">物流风险（D_9）</td><td>产品损坏率（E_{18}）</td></tr>
<tr><td>延期交货率（E_{19}）</td></tr>
<tr><td rowspan="2">财务风险（D_{10}）</td><td>资金流畅度（E_{20}）</td></tr>
<tr><td>产品成本增加率（E_{21}）</td></tr>
<tr><td rowspan="2">信息风险（D_{11}）</td><td>牛鞭效应强度（E_{22}）</td></tr>
<tr><td>信息共享度（E_{23}）</td></tr>
<tr><td rowspan="3">管理风险（D_{12}）</td><td>供应链协调度（E_{24}）</td></tr>
<tr><td>利益分配公正度（E_{25}）</td></tr>
<tr><td>合作伙伴信任度（E_{26}）</td></tr>
</table>

续 表

总目标	亚指标	分指标	具体指标	因素指标
供应链风险总体水平（A）	动态风险（B_2）	环境风险（C_3）	外部风险发展指数（D_{13}）	外部环境变动趋势（E_{27}）
		供应风险（C_4）	供应风险发展指数（D_{14}）	供应变动趋势（E_{28}）
		物流风险（C_5）	物流风险发展指数（D_{15}）	物流变动趋势（E_{29}）
		财务风险（C_6）	财务风险发展指数（D_{16}）	财务变动趋势（E_{30}）
		信息风险（C_7）	信息风险发展指数（D_{17}）	信息流动趋势（E_{31}）
		管理风险（C_8）	管理风险发展指数（D_{18}）	管理综合趋势（E_{32}）
		需求风险（C_9）	需求风险发展指数（D_{19}）	需求变动趋势（E_{33}）

表4-6中的指标体系既有定性指标，又有定量指标，具体分析如下。

①自然灾害影响程度（E_1）：洪水、台风、海啸等不可抗力的偶发性自然灾害发生的可能性对供应链可能引起的非常规性的综合破坏程度。台风、海啸等可能使供应链物流中断，也可能使供应链中某个节点企业受损严重，导致供应中断等。该指标值越大，供应链风险就越高。

②突发事件影响概率（E_2）：供应链外部偶发因素在短时间内爆发，直接或间接地影响供应链运行并带来灾难性后果的意外事件的概率。如火灾、恐怖事件、行业危机事件等突发性事件给供应链带来风险的概率。

③法律规范差异性（E_3）：供应链是一个联盟组织，法律规范的差异性引发供应链风险主要体现在两个方面：一方面，节点企业经济上相互独立，这可能导致节点企业为了利用法律差异性和漏洞谋取自身利益；另一方面，供应链企业用工权利和义务、工作场所和安全、环境保护、消费者权利等是否符合法律规范带来的风险。

④法律调整（E_4）：国家在法律完善过程中调整和修订部分法规等不确定因素给供应链带来的风险。供应链金融受法律法规调整的影响比较大，供应链中的中小企业经常面临企业融资困难的问题。

⑤国际文化差异（E_5）：国际文化差异导致的理解上的偏差容易产生商业纠纷。以东西方文化差异为例，供应链中的核心企业为中国企业时，由于难以了解西方国家的消费者偏好和文化，会给供应链带来巨大挑战。

⑥企业文化差异（E_6）：供应链由多家成员企业构成，企业不同的经营理念、文化制度、员工职业素养和核心价值观导致对相同问题有不同看法，不一致的工作方法导致不同的输出，引发供应链风险。企业文化差异引起的供应链风险主要体现在物质层、制度层和精神层三个方面。其中，物质层主要包括器物层，如产品外观和质量等差异引发的风险；制度层是各节点企业的领导体制、规章制度和纪律等的差异引发的风险；精神层是各节点企业不同的行为规范、价值观念、企业群体意识、职工素质和传统而引发的风险。

⑦经济危机（E_7）：经济高速增长容易发生供应短缺，会影响企业正常生产，经济萧条则使产品库存成本增加。经济波动越大，对供应链的影响就越大。

⑧经济周期（E_8）：市场运行繁荣和衰退轨迹具有明显的交替周期性，这使供应链的经营风险加大。经济繁荣时期市场需求不断升温，供应链会增加固定资产投资扩大再生产，相应增加现金流出量；经济衰退时期销售额下降，现金流入量减少，供应链未完成的固定资产投资仍需继续投入大量资金，资金流动性差将增大供应链经营风险。

⑨汇率变动（E_9）：汇率上升增加企业固定成本，为维持平衡，企业需要多获得订单量，订单量的增加会影响采购和库存，使原有生产组织模式发生变化，增加供应链协调难度。

⑩落后技术引致成本上升程度（E_{10}）：技术领先的企业能大大提高劳动生产率，产品平均成本下降，增强产品在市场中的竞争力。供应链企业技术落后会面临产品成本增加的风险，此风险可用技术创新能力度量。

$$技术创新能力=\frac{主要节点企业销售收入}{主要节点企业研发投入}$$

⑪先进技术可靠性程度（E_{11}）：可靠性是指在规定时间、规定条件下实现规定的功能，先进技术可靠性程度可用故障率、有效度来衡量。

⑫需求自然波动性（E_{12}）：需求自然波动性可用需求波动幅度表示：

$$需求波动幅度=\frac{本期销售量-前期销售量}{前期销售量}$$

需求波动越大，供应链正常运营难度越大，面临的风险就会越大。

⑬客户流失率（E_{13}）：客户流失使供应链产品逐渐失去市场地位，风险增加。

$$客户流失率=\frac{流失客户数}{总客户数}\times 100\%$$

⑭产品价格水平（E_{14}）：反映供应链在行业中的地位，影响该产品在市场中的竞争力。

$$产品价格水平=\frac{本供应链产品最终售价}{该行业产品市场平均价}$$

⑮供应商供给能力（E_{15}）：供应商供给能力直接影响供应质量，保证正常运行。

$$供应商供给能力=\frac{预期订货需求量}{供应商产品实际提供量}$$

⑯供应商交货不稳定性（E_{16}）：延期交货会导致供应链缺货，严重时会使供应链丧失市场机会。

$$供应商交货不稳定性=\frac{未按时交货次数}{交货总次数}$$

⑰供应商柔性不足（E_{17}）：供应商柔性是指接受订单调整的灵活性程度，如果柔性不足则对供应链运营要求比较高，相应地会增加风险。

$$供应商柔性=\frac{完全满足订单需求变动次数}{客户订单需求变动次数}$$

⑱产品损坏率（E_{18}）：损坏率高，产品成本增加。

$$产品损坏率=\frac{交货产品损坏数量}{交货产品数量}$$

⑲延期交货率（E_{19}）：延期交货会导致供应中断，客户流失。

$$延期交货率=\frac{未按期交货次数}{总交货次数}$$

⑳资金流畅度（E_{20}）：资金流顺畅能增加资金流转速度，提高资金使用效率。资金周转不畅容易出现阶段性资金缺口，风险增加。

$$资金流畅度=\frac{实际回收账款}{应收账款}$$

㉑产品成本增加率（E_{21}）：产品成本增加，如果想维持市场份额则面临利润率下降的风险；如果维持利润率不变则需提升售价，面临市场占有率降低的风险。

$$产品成本增加率=\frac{单位产品实际成本-单位产品计划成本}{单位产品计划成本}$$

㉒牛鞭效应强度（E_{22}）：牛鞭效应强度是指供应链中需求信息在传递过程中会出现沿着下游逐级放大的趋势。

$$牛鞭效应强度=\frac{订单需求量-实际需求量}{实际需求量}$$

供应链越长，中间非价值生产过程越多，牛鞭效应就越严重，供应链效率就越低下，风险也就越大。

㉓信息共享度（E_{23}）：信息共享度是反映信息共享水平与知识产权保护有效性二者协调程度的定性指标。

$$信息共享度=\frac{信息实际提供量\times信息价值}{供应链信息需求量\times信息价值}$$

㉔供应链协调度（E_{24}）：供应链契约是用于保证节点企业买卖双方协调的有关条款。节点企业各自遵守契约，供应链协调程度高，面临风险就小。

$$供应链协调度=\frac{供应链企业违约次数}{供应链交易次数}$$

㉕利益分配公正度（E_{25}）：公平分配利益有利于提高合作伙伴的满意度，利益分配越公平，合作伙伴之间的关系越和谐，管理成本和管理风险就越低。

㉖合作伙伴信任度（E_{26}）：信息共享水平、相互提供的信用程度、风险共担水平等可以衡量和评估合作伙伴之间的相互信任程度。合作伙伴越相互信任，信息共享越充分，决策就会越有效率和效力，风险就越小。

㉗外部环境变动趋势（E_{27}）：虽然外部环境处于动态变化中，但在一定时期内其发展趋势如果相对稳定，不会给供应链系统带来风险；如果外部环境动荡，发展指数增加，则会增加供应链系统风险。

㉘供应变动趋势（E_{28}）：供应变动趋势可用供应变动指数来表示。

㉙物流变动趋势（E_{29}）：物流风险主要指货物在运输、仓储和配送过程中可能遇到的延迟配送、交货失败、货物灭失及包装损坏等风险，可用物流风险发展指数衡量。

$$物流风险发展指数=\frac{本期物流风险综合水平}{前期物流风险综合水平}$$

㉚财务变动趋势（E_{30}）：财务变动趋势主要指供应链企业可能丧失偿债能力的风险及股东收益之间的相对离差，主要表现为现金到期债务比、现金流动负债比、现金债务总额比等。财务变动趋势可通过财务风险发展指数来衡量。

$$财务风险发展指数=\frac{本期财务风险综合水平}{前期财务风险综合水平}$$

㉛信息流动趋势（E_{31}）：供应链信息主要包括订单信息、产品信息、资金信息等，供应链信息流动趋势可用信息风险发展指数来表示。

$$信息风险发展指数=\frac{本期牛鞭效应强度}{前期牛鞭效应强度}$$

㉜管理综合趋势（E_{32}）：供应链是一个多家供应商的集成系统，供应链管理综合趋势可通过观测一段时间内供应链系统结构是否稳定来获得，稳定性强，抗风险能力就强。

㉝需求变动趋势（E_{33}）：需求变动趋势可用需求风险发展指数度量。

$$需求风险发展指数=\frac{本期市场占有率}{前期市场占有率}$$

4.4.4 常见的风险评估模型

1. 基于网络模型的时间风险评估

供应链的时间风险管理是供应链风险管理的重点。多数关于供应链的研究都暗含这样的假设：计划的采购能够按时到货，计划的生产能够按时生产出合格的产品，计划配送的产品能够按时送达，即不考虑供应链的时间风险，在此基础上进行各种优化。在供应链管理的实践中这样的假设并不总是成立的，因此可以参照工程风险管理的方法，设计基于网络模型的时间风险评价方法。网络模型有关键线路法（Critical Path Method，CPM）、计划评审技术（Program Evaluation and Review Technique，PERT）和图形评审技术（Graphical Evaluation and Review Technique，GERT）等。

2. 蒙特卡罗模拟法

采用蒙特卡罗模拟法评估供应链风险的一般步骤为：①确定影响供应链风险的因素；②建立该因素与节点企业损益之间的函数关系；③模拟该因素发生的概率分布；④计算节点企业损益的期望、标准差等风险评估指标。

3. Scenario（情景）模拟法

采用 Scenario 模拟法评估供应链风险的步骤与蒙特卡罗模拟法类似，不同的是 Scenario 模拟法需要界定一个时间段（通常是一个生产周期）并对该时间段进行均匀划分，计算该时间点上的风险值。

4. 基于 PERT 模型的风险评估

可以把供应链从供应商到客户的过程用网络图画出来。比较一般工程项目的网络计划图和供应链的网络图的结构，发现供应链的网络图有非常明显的特征，如果不深入采购与配送业务的具体工作流程中，供应阶段的供应商到制造商的关系基本是并行的，配送阶段从制造商经批发配送商到零售商、到最终客户基本是树形，这些特征使供应链的结构有明显的规律。采购阶段每种原材料从发出订单到产品送达的时间风险的评价方法基本相同，配送阶段每种产品从制造商到最终用户的时间风险评价方法也基本相同，都可以把它们当成由多个环节组成的串行路径来处理。

用 PERT 分析工程项目完工时间风险的方法，假定采购或配送环节的某一关键路径上的各个环节需要的时间和路径的总时间都是随机变量，并且服从正态分布。如果没有足够的信息和资料计算出随机正态分布的数学期望和方差，通常用乐观时间、最可能时间、悲观时间这三种时间估计法做出估计。

①乐观时间：各种资源都具备顺利的情况下，环节 i 需要的最少时间用 a_i 来表示；

②最可能时间：正常情况下，i 环节需要的时间（一贯能做到的平均时间）用 m_i 表示；

③悲观时间：在不顺利情况下，i 环节需要的时间用 b_i 表示。

环节 i 完成时间数学期望的估计值：

$$T_i=\frac{a_i+4m_i+b_i}{6}$$

其方差为：

$$\sigma_i^2=\left(\frac{b_i-a_i}{6}\right)^2$$

整个路径需要的时间是各个环节时间之和。假定组成路径的 n 个环节是独立的，整个路径需要时间的数学期望 T_p 为：

$$T_p = \sum_{i=1}^{n} T_i$$

方差为：

$$\sigma_p^2 = \sum_{i=1}^{n} \sigma_i^2$$

根据 T_p 和 σ_p^2 可以计算出整条路径不同完成时间的概率。采购或配送环节的路径上，可能只有一个环节（或者按照一个环节来管理），也可能有多个环节。实际上，以上的分析计算仅考虑了不确定性造成的完工时间的随机性，而忽略了乐观时间、最可能时间、悲观时间三个估计时间模糊性。另外，根据对实际完工时间的追踪，得到的期望工期几乎总是小于实际统计平均值。

4.5　利益相关者风险评估

随着利益相关者理论的发展和成熟，人们认识到利益相关者理论在解决组织发展面临复杂多变环境背景中的管理困境上具有独到的分析优势，在实践中运用利益相关者视角能促使管理者跳出单一的、狭隘的管理思维转向多维的、宏观的战略管理思维。因此，当前利益相关者理论已被国内外学者广泛运用于风险管理和应急管理领域。在国外，将利益相关者理论运用于风险评估的代表人物是 George E. Apostolakis，他认为可以以利益相关者为分析工具，将其运用于风险评估，有助于完善制定政策的过程，并克服政策研究中的不足。

在运用利益相关者理论分析风险评估问题时，同样面临着一系列的困难，诸如具体的利益相关者的分类，利益相关者界定的模糊性，如何很好地兼顾和平衡每个利益相关者的具体利益等，这些难题都值得我们进一步思考和探索。利益相关者理论给风险管理和应急管理的研究带来了新的视角和新的方法。

4.5.1　利益相关者确认

界定谁是供应链系统的利益相关者，他们的需求是什么，和各个企业的关系如何，在此基础上绘制供应链系统利益相关者总图谱并排出优先次序，这是利益相关者最核心的任务，具体可归纳为以下 5 点。

①确定目标和任务；

②界定利益相关者及其需求；

③评估利益相关者的需求及其对项目的影响；

④排出并调整重大项目利益相关者优先次序；

⑤绘制并调整重大项目利益相关者及其权重总图谱。

在此，将供应链系统利益相关者按照其受供应链影响程度和其对总体收益的影响力划分为五类：①首要利益相关者，它的影响程度和影响力最大；②关键次要利益相关者，其影响程度和影响力较大，但低于前者；③特殊次要利益相关者，它的影响程度和影响力中等；④一般次要利益相关者，它的影响程度和影响力较小；⑤非利益相关者，它的影响程度和影响力微乎其微，可以忽略不计。值得注意的是，这种划分只是为了解释的需要，它不是静态的，而是动态的，也就是说，随着供应链运营和外界环境、条件因素等的变化，这五种类型的利益相关者会互相转换，如在正常情况下，新闻媒体的影响程度和影响力较小，所以可以认定为一般次要利益相关者。但是，一旦发生与该供应链有关的突发性事件，新闻媒体的广泛报道致使其影响程度和影响力大幅提升，这时的新闻媒体就变成了关键次要利益相关者，在某些极端情况下甚至还会成为首要利益相关者。同理，非利益相关者在条件具备的前提下也可以转变为其他四种利益相关者，反之，其他四种利益相关者也可变为非利益相关者。

还需说明的是，为了动态地反映各种利益相关者的影响权重，可以增加时间的维度，即将影响置于四种时间状态下考虑：将受影响、正受影响、已受影响、正受影响与已受影响同时并存。这就使风险评估者或决策者能将所有的利益相关者（包括未来的准利益相关者）考虑进去，并且方便他们在图谱中及时地补充、更换和调整利益相关者及其优先次序。

4.5.2　利益相关者分析

在利益相关者确认过程中，对利益相关者的界定和权重优先排序离不开对利益相关者的分析，但是利益相关者更偏重于分析利益相关者引致的稳定风险的分析。因此，利益相关者分析的内容主要包括对利益相关者利益诉求的合法合理性的分析，对不同利益相关者之间的关联网络、社会网络、社会资本的分析，以及利益相关者之间、利益相关者与项目之间在利益、价值观和心理感受等方面存在的矛盾冲突等内容的分析和评估。

1. 利益诉求分析

风险评估者通过焦点小组、半结构访谈、滚雪球法以及查阅二手资料等方法收集信息，以界定重大项目利益相关者及其利益诉求，评估利益相关者及其影响权重，同时绘制各利益相关者不同的利益诉求、期望、心理及其行为反映的分析图表。然后采用小组座谈会方式邀请专家学者、律师、政府官员、各利益相关者团体的代表一起讨论分析图表中利益诉求的合法性和合理性，最后与会者对每个利益诉求给出一个评价结论和评价理由。

2. 关联网络分析

由于社会是一个复杂的网络系统，社会中的利益相关者群体之间、利益相关者团体内部都存在着一个个无形的关联网络。各种正式的和非正式的制度规则规范着不同的网络。所以，风险评估者需要对不同利益相关者之间的关联网络进行分析。分析利益相关者关联网络的常用方法有三种：①角色联动矩阵（Actor-Linkage Matrices），它是将利益相关者名单置于一个二维的网格中，并使用关键词表示网格的节点，以此展现各利益相关者之间的内在关系；②社会网络分析（Social Network Analysis），该方法类似于角色联动矩阵，但它是使用数字表示网格的节点而不是使用关键词；③知识图谱（Knowledge Mapping），它是由用于组织规划和控制的图表发展而来的一种系统分析工具。

3. 矛盾冲突分析

对利益相关者之间、利益相关者与供应链之间在利益、价值观和心理感受等方面存在的矛盾冲突的分析，是风险评估者的重要职责，也是风险评估的重要内容之一。通过利益诉求分析和关联网络分析，可以初步判断出利益相关者在利益、价值观和心理感受的差异、矛盾所在。风险评估者需要将各种矛盾详细地勾画出来，同时结合利益相关者的行为表现和反映，判断矛盾的大小和出现冲突的可能性，并以此为基础进行风险等级划分。矛盾越大，冲突的可能性越高，风险的等级越高。最后，风险评估者和风险决策者根据风险等级拟定相应的应对方案和措施。

本章小结

在供应链风险管理体系中，供应链风险评估功能能够在风险发生之前，准确捕捉各类风险事件的属性和特征，及时做好风险预测工作，尽量消除各种风险隐患，减少风险的发生。但是，由于供应链具有的多主体、多环节、多渠道、跨地域的复杂特性，使竞争优势和蕴含的风险往往同步增加。一些风险事件的发生经常难以避免，所以供应链成员要对风险事件的发生做好充分的准备，不仅需要协调所有供应链成员、企业部门的力量和资源，而且要提早评估和预测各种风险发生的可能性和损失程度，制定应变措施和应对风险事件的预案，以便在风险难以避免和难以转移的情况下，有能力将损失有效地控制在自身可接受的范围内。

从整个供应链的视角出发，综合介绍了供应链风险评估管理知识。对风险评估常见的基本问题进行了阐述，接着按风险事件的属性及风险层次分别对评估类别进行了讨论。同时阐述了供应链风险评估的七大流程，本章还涵盖了常见的风险评估方法与模型。

拓展阅读

金融期货之父梅拉梅德玩具公司的供应链风险管理

约翰逊对国际玩具公司的供应链风险管理进行了研究，主要总结了外界环境因素导致的供应链风险，整理了风险控制的对策。在供应链内部的管理相对规范的前提下，外部环境导致的风险因素就成了供应链风险管理的重点和难点。相对于内部因素而言，外部环境因素是不可控的有价值。玩具企业经过几十年的摸索与积累，有一套成熟的管理供应链风险的做法，提供了有价值的经验。

全球玩具产品的市场规模约500亿美元，其中美国有220亿美元，约占一半。玩具行业的特征是产品季节性强，时尚方向变化快，产品更新速度快，生命周期短，供应链跨越亚洲、北美等地区，供应链跨度大，运输时间长，供应链风险管理难度很大。同样面对风险，一些玩具公司取得了巨大成功，赚取了丰厚的利润；另外一些不够幸运的公司则眼睁睁看着大批的产品积压在仓库里，股票价格直线下跌，走向破产。对于生命周期较短的产品市场，平衡供给与需求永远是供应链管理人员面对的严峻挑战。可以从供应风险和需求风险两个方面认识玩具制造企业的供应链风险。

与产品市场需求相关的主要风险因素有季节性、快速变化的时尚方向、短暂的产品生命周期和新产品的导入。

玩具产品的需求有明显的季节性特征。从全行业来看，11月、12月两个月的销售额占全年销售额的45%，有些公司甚至达到70%，其中圣诞节前两周的销售额占11月和12月销售额的近一半。运输的状况和销售一致，每年第四季度的运输量大增，所有配送资源都超负荷运转，对配送准时性的要求很高。明显的季节性特征只是玩具制造商面对的挑战之一，时尚方向的快速变化也是不容忽视的，每年推出的上千种玩具只有少数能够走红，极少数能在市场上存活一到两年，芭比娃娃算是经过时间考验的特例。大公司70%的销售额来自新产品销售，推出的新产品能否跟上时尚方向的变化，甚至能否创造新时尚，新产品能否被消费者接受，都是玩具公司必须面对的市场考验。

控制需求风险的基本思路是通过促销手段增加需求、创造需求，变短时间的季节性销售为持续销售，变滞销为畅销。早期最成功的促销手段是广告，有广告的轰炸开路，再多的积压库存都能出清。从20世纪70年代以来采用许可证方式减少了季节性产品和新产品导入的风险，具体做法是玩具商和影视制作人签订合同联合制作玩具形象节目，玩具新产品的发布与影视节目协调推出，影视节目播出时一般迅速形成销售高潮。供应链管理部门事先必须将产品铺满销售渠道，产品销售高峰期一旦到来，几乎没有时间补货，过期销售不掉的产品将迅速积压，或将产品送到节目正在播出的其他地区，此时，时间因素是成功的关键。星球大战相关玩具的推出是与电影合作成功的典范。与持续播出的节目相配合可以形成持续热销，短期热销产品与持续热销产品选择的配送渠道不同。

可以通过增加销售渠道提高产品销售量，把产品放到消费者伸手可以拿到的地方，如收款台附近、娱乐场所、餐馆、加油站等。

不断推出经过考验的成熟产品的扩展版本或同一种产品滚动推出多种版本，供应链风险水平会较低，也是保持销售持续增长和品牌知名度的有效手段。和设计全新的产品相比，改版产品降低了不被消费者接受的风险，更容易安排上架，供应链运行预测和计划的难度降低，配送渠道和制造技术可以得到充分运用。各种样式的芭比娃娃就是多版本滚动混合策略成功的案例，一个新版产品不到滞销就主动停止生产，推出新款，既避免了滞销，又刺激了消费者的购买欲望。短缺对一般产品意味着损失，对于玩具，适度的短缺会增加需求和销售额，饥饿营销经常有效。

第二次世界大战以后，玩具因为其质量要求低、生产技术简单，成为劳动力成本低廉的发展中国家经济起飞的首选产品。随着生产厂向东亚转移，玩具公司失去了供应链管理上的柔性，产量必须在销售旺季到来前的几个月确定，运输时间的延长、海关的延误、配额的限制、沟通的障碍等，使从亚洲到欧美的供应链管理充满挑战。供应链能力的约束、国际汇率的波动、国际局势的紧张和自然灾害造成的供应中断等是玩具行业面对的主要供应风险。

外包和建立柔性合作伙伴网络是玩具商降低供应能力风险的重要举措。由于销售市场的高风险，直接投资生产厂的风险也比较高。通过外包，不仅可以有效规避投资风险，避免在跨文化的环境下直接经营异地的工厂，大公司根据市场变化更容易快速获得多种产品组合的生产能力，小公司则可以弥补资产实力和经验的不足。对于玩具行业，核心竞争能力是新的产品设计理念，而不是制造能力。外包作为玩具行业普遍采用的战略措施不仅是被动地应对风险，也是降低成本，集中精力用于产品设计。外包的内容从制造到物流服务，外包的内涵也不断增加。玩具商按严格的程序对供应商进行挑选，与少数供应商建立战略伙伴关系，让他们承担外包的大部分任务，其他的供应商则主要作为保留的后备能力。玩具生产厂则与多家玩具公司协作中和市场风险。

用信息技术、航空运输、联合仓库等措施改进供应与需求的匹配。考虑到玩具产品的季节性强、生产提前期长的特征，要在传统的节日销售旺季迅速反应跟上需求的变化是非常困难的。连接零售商店、仓库、制造商的信息系统使玩具商对市场需求的突然变化更快做出反应。基于完善的信息系统和快速物流系统的支持，可以根据库存状况及时调整运输在途的货物，送往缺货的地区，一些公司（如乐高和美泰）还减少了全球仓库的数量，把原有销售大区内的仓库合并以起到风险中和的作用。

用多头采购策略规避汇率和社会风险。国际化企业从全球市场销售和全球采购中受益，20世纪90年代以来人们逐渐认识到全球供应链的风险。供应链的环境可能一夜之间发生巨变。始于1997年夏天的亚洲金融危机至今令人记忆犹新，到了1997年年底许多东南亚国家的货币大幅贬值。虽然金融危机使劳动密集型玩具产品的成本更低，但一些制造商因无力以高比价外币支付原材料和设备款而濒临倒闭，影响了供应链的正常运作。为了从变动的汇率中获利，同时避免由经济环境、自然灾害等造成的潜在运营风险，聪明的玩具商从几个不同的国家采购，如美泰公司的合作伙伴分布在美国、墨西哥、中国、马来西亚、印度尼西亚、泰国和印度，当印度尼西亚国内骚乱影响到玩具生产时，可以把生产量分配到其他国家的合作伙伴。总之，建立柔性而强健的采购网络可以减少供应风险。

课后习题

1. 什么是供应链风险评估？供应链风险评估的作用是什么？
2. 简述供应链风险评估指标的选择原则。
3. 具体阐述供应链风险评估的流程。
4. 如何建立供应链风险评估指标体系和绩效衡量指标体系？阐述供应链风险评估指标体系建立的原则。
5. 供应链可以分为哪三个主要阶段？各个阶段又有哪些特点？
6. 什么是风险登记册？风险登记册的好处有哪些？
7. 供应链风险评估的常见方法有哪些？
8. 供应链风险管理的三大目标是什么？

5 供应链风险控制

本章目标

1. 了解供应链风险控制的内容。
2. 熟悉并理解风险控制的过程。
3. 掌握供应链风险控制的类型。
4. 熟悉供应链风险控制的方法。
5. 学会用科学的管理思维和强有力的手段控制供应链风险。

导入案例

神龙汽车：基于信息协同的紧急零部件管理

近年来，受全球经济增速放缓的不利影响，我国汽车行业销量正在从以往的“井喷式”增长的黄金发展期，逐步进入低速增长的新常态。在汽车行业微增长和大转型的背景下，汽车企业面临越来越激烈的竞争，市场瞬息万变，汽车企业想要生存和发展，必须提高快速响应的能力。

面临着激烈的市场竞争，汽车企业一旦发现市场的商机，就会不惜调整封闭期内的生产计划来适应市场的需求，生产计划的调整，导致原有零部件的供货计划发生改变。神龙汽车有限公司在激烈的市场竞争下，为降低物流成本，不断减少零部件库存。在生产计划的封闭期内，提前根据生产计划的顺序和消耗时间计算了零部件的要货指令，零部件按照一定的提前期到达工厂。但是面对生产计划的调整，如果仍然按照原有的零部件要货指令供货，就会出现零部件供应与生产的整车不匹配，会导致停线，影响生产和整车交付。为此，必须根据调整后的计划修改零部件的要货指令，此时零部件的交付提前期就非常短，容易引起停线，就成了紧急零部件。为避免停线风险，神龙汽车有限公司以移动技术应用为载体实现信息协同对紧急零部件进行管理。

1. 实现主机厂与供应商、承运商的信息交互，上下游快速处理

神龙汽车有限公司的零部件流管理系统——雅典娜（ATHENA）系统分析零部件

的订单后将其拆分成要货令，通过供应商信息共享平台将要货令发送给相应的供应商和承运商，承运商接收到神龙汽车有限公司的要货令后，上传到承运商的运输管理系统（TMS）上，根据神龙汽车有限公司的要货令在其运输管理系统上制作供应商处的取货计划，并将取货计划发送给相应的供应商。供应商根据神龙汽车有限公司的要货令进行生产备货，根据承运商的取货计划备货发货。承运商完成取货后，供应商将发货通知发送到神龙汽车有限公司的供应商信息共享平台上，平台将供应商的发货通知发送到神龙汽车有限公司的零部件流雅典娜系统；同时承运商的物流运输管理系统将取货计划上的要货令在途的各物理点、到达时间、卡车信息及时传递给神龙汽车有限公司的供应商信息共享平台，供应商信息共享平台实时传递给神龙汽车有限公司的零部件流雅典娜系统，并推送到零部件流手机客户端上，让供应商、承运商、主机厂通过手机客户端都能看到相应的信息，使供应链上各物流环节的合作伙伴能够协调合作、快速处理。

2. 实现工作时间的信息协同，减少紧急零部件的产生

每个工厂的每个生产线、仓库、卸货站台编组都会有不同的工作日历版次，每个工作日历版次又会对应不同的工作时间编组。在手机客户端上选择工厂及工作时间的类别（生产线、仓库、卸货站台编组），可以查询出所有的生产线、仓库、卸货站台编组的日历版次和工作时间编组。选中工作日历版次和工作时间编组的产线查看详细的工作时间，灰色部分为非工作日，彩色的为工作日，颜色相同的为工作时间相同，颜色变化则说明工作时间改变了。点击每个工作日可查看详细的工作时间，如开班时间、工休时间、收班时间。无色块代表日期不在查询范围，不可点击。

供应商、承运商通过手机客户端查看主机厂的工作时间改变，及时对工作进行调整以适配主机厂的变化，减少紧急零部件的产生。

3. 实现要货令的协同跟踪，消除延误，减少紧急零部件

神龙汽车有限公司零部件流雅典娜系统在手机客户端上推送取货在途要货令跟踪查询服务、零部件延误要货令信息查询、在途延误要货令查询、发货通知的要货令交付情况查询服务。推送信息以神龙汽车有限公司的要货令为媒介，实现供应商的发货通知、承运商的取货通知、在途跟踪信息相互交流，实时共享。供应商和承运商、厂内物流商通过手机客户端实时了解零部件在途情况、延误情况及交付情况，可以有针对性地协调资源，消除延误。当收到急件报警信息时，可在手机上查找在途延误要货令，找到相对应的车辆，避免为报警的零部件单独派发车辆。供应链上各物流环节的管理人员根据零部件延误情况区分优先级，协调资源，及时消除延误。

4. 实现车辆信息协同，提高快速响应能力

供应链上的所有物流人员可以通过手机客户端查看各工厂的卸货站台的车辆排队等候情况，选择工厂后可以选择按车位查询和按运单查询，按车位查询显示各卸货站台上的车位占用情况，选择某个卸货站台可以查看该卸货站台上对应车位的占用情况。按运单查询显示各卸货站台上运单的卡车状态（申报、排队、准入、放空）及数量统计，选择某个卸货站台可以查看所有状态下的运单对应的卡车号，也可以查看某种状态下的运单对应的卡车号。

5. 实现调拨信息协同，提高外委件快速响应能力

神龙汽车有限公司零部件流雅典娜系统在手机客户端上推送外委供应商的调拨申请，相应的计划员会收到手机客户端的提醒，并在手机客户端上立即进行调拨审批，供应商可以快速办理零部件调拨，提高调拨效率和外委加工零部件的快速响应能力。汽车企业面对越来越激烈的市场竞争和突发的计划波动，零部件物流以移动应用为载体，在信息协同的基础上实施快速响应和资源合理调配。汽车企业入厂物流从电脑端拓展到手机移动端，实现了与供应链的物流信息衔接，是汽车行业入厂物流管理移动应用的开端。

通过供应链上的供应商、物流商、主机厂的信息协同，入厂物流运行中各物流环节的信息实时共享和交流，上下游物流人员协调、合作，敏捷应对，满足紧急零部件的供应，共享企业内外资源，降低经营成本、提高经济效益，与合作伙伴共享发展，具有良好的推广价值。

5.1 供应链风险控制的内容

5.1.1 供应链风险控制的内涵

1. 供应链风险控制的概念

供应链风险控制是指为了确保供应链各项计划按规定完成而对各种风险进行的监督和纠偏的过程。供应链风险控制是在对供应链风险进行识别和评估的基础上，根据风险管理目标，有针对性地采取各种措施或方法，降低供应链风险对企业造成的损失。具体地说，供应链风险控制就是按照风险管理预定的计划指标和标准，调查监督供应链上相关活动的执行情况，若发现风险或偏差，及时找出主要原因，并根据环境条件的变化，采取调整措施，使供应链的生产经营活动能按照预定的计划进行或适当修改计划，确保供应链平稳运行。供应链风险控制不是放弃特定活动，而是在开展这些活动时，有意识地做出一些安排，其目标是在风险发生之前，降低风险发生的概率，在风险发生之后，降低风险发生造成的损失。有效的供应链风险控制在供应链管理过程中极为关键。供应链风险控制是一个长期的过程，它需要合理的流程和机制来支撑。供应链风险控制有两层含义：一是控制供应链风险因素，减少风险的发生；二是控制供应链风险发生的频率，降低供应链风险损害程度。

2. 供应链风险控制的原则

(1) 持续改进

供应链风险控制需要不断进行评估和改进。企业应建立一个持续改进的供应链风险控制机制，定期审查和更新风险控制策略，根据实际情况进行调整和优化。还可以通过总结经验教训，完善制度和流程，提高供应链的韧性和应对能力。供应链风险控制的持续改进原则，能够不断提升整个供应链的效率和竞争力。

(2) 全面管理

全面管理即对整个供应链进行全面的风险控制，供应链风险控制需要全面管理整个供应链的各个环节。针对供应链主体和全过程中面临的各种风险，供应链风险控制工作应全面覆盖并对其中的关键风险实施重点管理和控制。企业应该从供应商选择、采购管理、生产流程、物流运输、库存管理等方面进行综合考虑和控制。只有全面管理和控制，才能更好地识别和控制供应链风险。

(3) 预防为主

供应链风险控制的理念是预防为主。预防为主即采取预防措施以避免供应链风险的发生。对供应链中可能存在的风险因素进行事前预测，做到风险可知，通过分析、评估并制定风险管理策略和措施加以防范和控制，将风险降至各自可承受范围内。供应链风险控制只有做到预防为主，尽早监察，才能将风险损失和危害降到最小，最大限度地保护企业的利益和资源。

(4) 及时处理

及时处理即对供应链中已经发生的风险及时处理和补救。尽管预防是重要的，但偶尔仍会发生供应链风险事件。在面对突发的风险事件时，企业应当能够及时处理，并采取有效措施应对。这可能涉及与相关各方进行紧急协商，寻找替代方案，调整生产计划或供应渠道，以最大限度地减少风险对供应链的影响。

5.1.2 供应链风险控制的意义

当今企业的竞争最终体现在供应链上的竞争，而供应链风险控制的重要性已经远远超出企业自身的风险控制。由于供应链牵涉众多不同的业务运营，它对大大小小的组织都至关重要。供应链需要将自然资源、原材料和在制品资源转化成最终产品或服务，提供给最终客户。如果未能按时交付供应链下一环节所需的产品，会影响各级供应商、制造商、分销商、物流供应商、服务供应商、客户、企业自身等，某一局部出现问题，很容易马上扩散到全局或使整条供应链中断，常常牵一发而动全身。

组织要确保弹性和响应能力，以降低供应链风险，需要在供应链的各个层面（包括供应商、物流和场地等）处理所有类型的风险。如果实施得当，供应链风险控制能给公司带来相当大的竞争优势。此外，在技术发展迅速和全球化经济格局下，企业为了获得所需的特定资源、技术或劳动力而进行全球采购已成为普遍做法，相比于传统的本地或国内采购，企业的供应链在全球采购形式下变得更长更复杂，薄弱环节也相对更多，而且很容易受到政府不定期推出的贸易保护政策的影响。与此同时，企业也经常向市场推出还不太成熟的新技术、新产品，这些新技术和新产品的供应链，在起步阶段往往存在很多风险及隐患。

当今的时代变化，我们可以用“VUCA”（乌卡）来形容。组织处于“不稳定”（Volatile）、“不确定”（Uncertain）、“复杂”（Complex）和“模糊”（Ambiguous）状态之中。乌卡时代的变化经常呈现跳跃性和震荡性，会产生很多破坏性的现象，如信息爆炸、突发事件频繁、资源紧缺等，给组织带来更多的管控风险，很多组织不能及时调整方向，没有及时适应新的环境，因为错误的假设而迷失，因为错误的航标而消失。当今企业在管理好供应链运营的同时，要有防范、减少、应对各种风险的机制与能力。企业对供应链风险进行有效的管理与控制，有助于提高供应链的运作效率，降低供应链的成本，有助于企业的持续发展。所以，企业在供应链运营中一定要有风险控制意识，要有系统的风险控制措施。总的来说，供应链风险控制的意义主要包括以下几点。

1. 降低生产成本

有效的供应链风险控制可以减少因不可预测事件导致的供应链中断，从而降低生产成本。有助于提高企业的生产效率。供应链风险控制会防范生产中断，通过对供应链进行全面的风险评估及控制，企业可以预测和防范潜在的中断因素，如自然灾害、供应商倒闭、原材料短缺等，有助于避免生产线停滞和产能浪费，从而减少因中断而导致的成本损失。同时供应链风险控制能优化库存管理，了解供应链上下游的风险因素，企业可以更精准地规划库存水平。避免因过多的库存而导致的资金占用，降低存储成本，同时确保能够应对潜在的供应短缺。

2. 提高供应链灵活性

通过与多个供应商建立合作关系，企业可以更灵活地应对某一供应商出现问题的情况。这有助于分散风险，减轻对单一供应源的依赖，从而提高整体供应链的韧性。如果引入先进的技术和信息系统，如物联网（IOT）、大数据分析等，可以提高供应链的可见性和实时性，使企业更迅速地检测出潜在风险，快速做出反应，保持灵活性。通过了解市场需求和供应链的实时状态，企业能更灵活地调整生产计划和产能，避免产能浪费，确保满足市场需求。

3. 维护企业业务的连续性

业务连续性是企业关键业务运作不受干扰，保持正常运转的能力。供应链风险控制在维护业务连续性方面的意义体现在：通过全面评估供应链的潜在风险，企业能够采取相应的措施规避或减轻这些风险，主要包括建立备用供应链通路、储备关键物资和建立紧急计划等。与供应链中的合作伙伴建立紧密的合作关系，共同制定风险管理策略。这种合作有助于迅速分享信息、协调行动，确保供应链中的各个环节都能协同作战。保持业务连续性，企业能够在面临外部冲击时更加坚韧，降低潜在的损失，维护客户信任，确保长期可持续的经营。

通过在供应链中引入风险控制策略，企业能够更好地平衡生产成本和灵活性，降低潜在的经济损失，提升在市场上的竞争力。这种综合的风险管理方法有助于确保供应链的可持续性和稳定性，使企业能够适应不断变化的商业环境。综上所述，供应链风险控制是企业成功经营和可持续发展的关键因素之一。它有助于确保企业在复杂和不确定的商业环境中稳健地运营。

5.1.3 供应链风险控制的策略方向

1. 风险规避

风险规避是指对超出风险承受度的风险，放弃或停止与该风险相关的业务活动以避免和减轻损失的策略。风险规避是最理想的风险控制策略。在对供应链风险进行评估后，得知风险的危害比较大，暂时也没有行之有效的措施时，可以采取“及时止损”的措施，避免风险进一步扩大。供应链风险规避的方法是放弃或终止某项供应链合作，或改变供应链合作环境，尽量避开一些外部事件对企业造成的影响。简单的风险回避是一种最消极的供应链风险处理策略，供应链风险规避在某种程度上意味着丧失可能获利的机会。因为供应链上的企业在放弃风险行为的同时，往往也放弃了潜在的目标收益。所以一般在下列三种情况下会采用风险规避。

（1）供应链上的企业对风险极端厌恶

当供应链上的企业对风险极端厌恶时，企业可能会采取风险规避策略。当它们对某些风险的承受能力非常低，甚至不能容忍这些风险对其业务造成的任何损失或影响，在这种情况下，企业会主动寻求规避风险。

（2）存在可实现同样目标的其他方案，使企业供应链风险更低

企业在进行供应链规划时，可能会发现存在一些替代方案或策略，能够实现相同的目标但带来的风险更低。在这种情况下，企业会选择替代方案，以规避风险并保证供应链的正常运作。

（3）供应链上的企业无能力消除或转移风险

有时，供应链上的企业可能面临一些无法完全消除或转移的风险，如自然灾害等。在这种情况下，企业可能采取风险规避策略，减少对风险敏感的业务，以降低整个供应链面临的风险。

总之，供应链在面对风险极端厌恶、存在更低风险的替代方案、无法消除或转移风险的情况下，会采取风险规避的控制策略。这些策略有助于保护企业的利益和供应链的稳定性。

2. 风险转移

风险转移是将供应链中可能发生的风险通过某些方式转移出去的风险防范方式。供应链风险转移涉及一方（转移者）对另一方（被转移者或风险承担者）的支付。被转移者同意承担转移者希望转移的风险，有时风险程度会通过风险转移过程而降低，因为被转移者可能更擅长运用大数定律来预测损失。有些风险是无法完全避免的，企业可以考虑将部分风险转移给其他相关方，建立一定的风险转移措施，降低风险的危害。例如，通过购买保险或签订合同条款中的责任分担条款，将一部分风险转嫁给保险公司或供应链中的其他参与方，这样可以减轻企业自身的风险负担。因此，风险转移可分为保险转移和非保险转移。

（1）保险转移

保险转移是向保险公司投保，将供应链中部分风险损失转移给保险公司承担。保险是使用最为广泛的风险转移方式。例如，物流公司可以购买货运保险来覆盖货物损失或运输延误的风险。

（2）非保险转移

供应链中的合同也可以规定责任和风险的分配，将一部分风险转移给其他参与方。通过签订合同可以将部分或全部风险转移给一个或多个供应链上的其他参与者。例如，企业在遭受一些非人力所为的风险危机时，企业可以通过签订合同，减少自身承担的风险并提高供应链的稳定性和弹性。

3. 风险降低

风险降低是很多企业经常考虑采取的风险控制策略方向，即在识别出供应链风险时，采取一切可行的管理手段和管理工具，将风险降低到可接受的水平，最大限度地减少企业的损失，确保供应链的稳定性和可靠性。供应链选择将风险降低到可接受的水平取决于多个因素，包括企业的风险承受能力、市场需求、竞争环境和供应链的复杂程度等。风险降低策略包括以下三种具体方法。

（1）损失预防（降低可能性）

损失预防指通过采取一系列措施和策略，降低供应链风险事件发生的可能性。这种方法旨在减少供应链风险事件的发生概率，通过事先消除或感应风险发生的条件，降低风险发生的概率。损失预防在供应链管理和控制中具有重要的意义，可以帮助企业降低风险、提高业务连续性和品牌声誉，增强竞争力。企业应根据自身情况和风险特点，制定相应的损失预防策略，并不断改进和完善。

（2）损失抑制（降低损失程度）

损失抑制指通过采取一系列措施来减少风险事件的影响，从而最小化供应链中断和经济损失。这种方法侧重于减少供应链风险事件发生时的损失程度，采取预防措施减轻风险发生时的损失。具体的损失抑制策略应根据企业的实际情况和风险特点进行定制化设计和实施。

（3）损失预防和损失抑制相结合（既降低可能性又降低损失程度）

最有效的风险降低方法是将损失预防和损失抑制相结合。综合运用两种方法，可以在降低供应链风险事件发生概率的同时，减少风险事件发生时的损失程度，提高供应链的稳定性和弹性，减少潜在的经济损失。

总的来说，供应链在面临风险和不确定性时，都可以通过风险降低策略提高供应链的灵活性、适应能力和抗风险能力，确保供应链的稳定运行。

4. 风险承担

风险承担是指供应链上的企业将可能的风险损失留给自己承担或者与供应链上的其他企业一起共担，是一种被动的供应链风险控制策略。对于企业而言，可能已知风险存在，但因为可能获得高回报而甘愿冒险。另一种情况是供应链系统风险无法回避，各供应链企业只能通过系统吸纳和接受风险。一般在以下三种情况下会采用这种策略。

（1）风险影响较小或者可控

当供应链面临的风险对整体业务影响较小或者具备可控性，且不会导致重大损失时，企业可以考虑采取风险承担策略。在这种情况下，企业自行承担一定程度的风险，以节省风险控制和管理成本。风险承担策略可以有效地保障供应链的稳定运行。

（2）大规模灾害或自然灾害

当发生大规模的灾害或自然灾害时，供应链可能会受到严重影响，如地震、洪水、台风等。在这种情况下，供应链中的各个参与方可以共同分担灾害带来的影响和损失，共同承担恢复和重建的责任。通过共同分担风险，可以增强供应链的稳定性和弹性。

（3）市场需求波动

市场需求的突然波动可能导致供应链的不稳定性和供应短缺。在这种情况下，供应链中的各个参与方可以共同应对市场需求的波动，共同制订灵活的生产计划和库存管理策略，确保供应链的平衡和稳定。

需要注意的是，自留风险或共担风险并非总是最佳策略，具体应根据供应链的特点、环境条件和风险评估来综合考虑。供应链管理者应进行全面评估，并基于风险与收益的权衡来确定最适合的风险控制策略。

5.2 供应链风险控制过程

5.2.1 确定标准

1. 标准的内容

供应链风险控制过程的第一步就是确定标准。供应链风险控制的标准是检查和衡量工作及其结果（包括阶段结果与最终结果）的规范，其中包括时间标准、生产标准、消耗标准、质量标准和行为标准。

（1）时间标准

时间标准对于供应链风险控制至关重要。在制定和实施标准、流程及程序时，企业需要设定清晰的时间标准，以确保各项工作按计划推进。例如，在制定新标准时，需要规定分析、制定、培训和实施的具体时间表。这有助于保证整个过程的有序性，及时发现和解决潜在问题。

（2）生产标准

生产标准关注资源的有效利用，确保生产过程的高效运转。生产标准包括设定合理的生产速度、产能要求及生产设备的利用率标准。通过明确生产标准，企业可以更好地规划生产计划，防范生产过程中的潜在风险，提高生产效益。

（3）消耗标准

消耗标准涉及原材料和能源的使用情况，以及相应的成本控制。设立消耗标准有助于合理管理库存，避免过度消耗或浪费，并通过优化资源利用来提高供应链的经济效益。

（4）质量标准

质量是用来衡量供应商的最基本的指标。每个采购方在这方面都有自己的标准，要求供应商遵从。供应商质量指标主要包括来料批次合格率、来料抽检缺陷率、来料在线报废率、供应商来料免检率等，是确保产品或服务达到一定质量水平的关键因素。在供应链风险控制中，质量标准需要详细定义产品或服务的质量要求，包括各个环节的质检流程和标准。通过建立明确的质量标准，企业能够降低产品缺陷的风险，提升客户满意度，同时保障整个供应链的可靠性。

（5）行为标准

行为标准则关注供应链各参与方的行为规范，包括供应商、生产方、物流服务商等。建立明确的行为标准有助于规范各方的合作行为，减少潜在的合作风险，确保供应链各环节的顺畅运作。

2. 标准的要求

（1）标准具体且可考核

①供应链成本。

成本是供应链关键绩效指标之一，显示与供应链管理的相关成本（包括计划、管理、采购、交付等），根据数据分析降低成本，同时也要评估成本降低是否会给供应链带来不良影响。在供应链风险控制中，制定具体且可考核的供应链成本标准是确保企业稳健经营和有效降低风险的关键。供应链成本的标准制定应涵盖多个方面，确保在整个供应链中的各个环节都能被量化、监控和管理。制定具体且可考核的供应链成本标准对于供应链风险控制至关重要。通过明确这些标准，企业可以更好地管理成本、降低潜在风险，并在竞争激烈的市场中取得持续的竞争优势。

②详细的流程和程序。

标准应详细描述实施的过程和程序，包括相关的步骤、职责和流程，以确保标准能够被实际应用到组织或流程中。明确具体而可考核的流程和程序是供应链风险控制的基础。通过这些规范，企业能够更有效地应对潜在的风险，提高供应链的灵活性和韧性，确保业务的可持续性。

③具体的度量指标。

在供应链风险控制中，具体、可考核的标准是确保整个供应链有效运作的基础。这包括确立具体的度量指标，以便对风险控制措施进行评估和监测。标准的具体性是指制定的控制标准应该明确、详细，确保员工在执行过程中能够清晰理解并按照标准履行职责。具体性有助于避免模糊和歧义，提高标准的可执行性。可考核性意味着标准应该具备可测量和可评估的特性。通过可考核的标准，企业能够量化风险控制的实际效果，并在必要时进行调整和改进。可考核性的标准为管理层提供了决策的数据支持，使其能够更准确地评估供应链的健康状况。在建立具体和可考核的标准时，明确的度量指标是至关重要的组成部分。这些指标是对标准执行效果进行量化评估的基础。通过制定这些具体度量指标，企业能够更全面地了解供应链风险控制的实际效果，及时发现潜在问题，并做出有针对性的调整。这不仅有助于提高风险应对的精准性，也为企业的长期发展提供了可持续的支持。

（2）标准要有明确的时间界限和具体的内容要求

①明确的审核标准。

标准应提供明确的审核标准，使审计人员能够根据这些标准评估组织或流程的符合程度。在供应链风险控制中，明确的时间界限和具体的内容要求是关键的，而明确的审核标准更是确保制定的标准、流程和程序得以有效实施和监控的重要一环。明确的审核标准是为了评估供应链标准、流程和程序在实施中是否达到预期目标，以及是否对风险进行了有效控制。确立明确的审核标准，企业可以对供应链风险控制措施进行全面的、系统性的评估。这有助于企业发现潜在的问题，及时调整和优化控制措施，以确保供应链在动态的商业环境中持续稳健地运行。同时，明确的审核标准也有助于为内部和外部利益相关者提供透明度，增强企业的信任和声誉。

②明确的合规要求。

标准应明确规定合规要求，并提供明确的衡量标准，使组织能够准确判断自己的合规性。在供应链风险控制中，建立明确的时间界限和具体的内容要求是确保供应链管理体系有效性的基石。同时，明确的合规要求是确保企业在供应链运作中遵循法规和行业标准，降低潜在法律风险的重要组成部分。建立明确的合规要求，企业能够降低法律风险，保护企业的声誉，确保供应链运作的稳定性，有助于构建一个可靠、透明且合规的供应链管理体系。

③定期的审查和更新机制。

标准应包含定期审查和更新的机制，以确保其始终能够反映当前的最佳实践和最新的要求，有助于标准的持续改进和适应性。在供应链风险控制中，明确的时间界限和具体的内容要求是构建健壮供应链管理体系的关键元素，确保供应链在面对不断变化的市场和风险环境时能够灵活、高效地应对。定期的审查和更新机制，能够确保企业供应链风险控制体系持续有效，有助于保持企业的竞争力，降低潜在风险，提高整个供应链的韧性和适应性。

④建立明确的反馈和改进机制。

在供应链风险控制中，建立明确的时间界限和具体的内容是关键步骤，设立明确的反馈和改进机制是确保整个控制体系持续有效运作的重要环节。建立明确的反馈和改进机制是持续提高供应链风险控制水平的重要手段。这一机制有助于及时发现和解决问题，确保标准、流程和程序不断优化。通过反馈和改进机制，企业能够更好地适应变化、纠正问题，并不断提高供应链风险控制的水平。这不仅有助于确保整个供应链在风险管理方面具有高度的韧性，也提升了企业的持续竞争优势。

供应链风险控制是一项复杂而关键的任务，而标准的明确性是确保其成功实施的基础。然而，标准的不明确往往是供应链风险控制中的一个主要难点。这一问题可能导致一系列负面影响，包括效率低下、工作质量不符合要求及上下级挫败感。在供应链中，各个环节都需要明确的标准来指导操作流程。如果标准不清晰，员工可能会感到困惑，不清楚应该采取什么步骤。这种混乱可能导致重复劳动、沟通不畅、资源浪费等问题，从而降低整体效率。供应链中的每个环节都依赖于其他环节的准确执行，因此一个环节的混乱可能会波及整个供应链。

5.2.2 衡量绩效

在供应链管理中，衡量绩效是确保供应链运作效果和风险控制有效性的关键一环。有效的绩效衡量不仅可以帮助企业评估其供应链活动的成功程度，还能提供数据支持，指导未来决策。供应链风险控制的第二步是衡量绩效。通过预定标准对实际工作成效和进度进行检查、衡量和比较，发现计划执行中出现的偏差，一般可以通过个人的观察、统计报告、口头汇报和书面报告、抽样检验来实现。供应链风险控制中的绩效衡量，主要是衡量有没有达到降本增效的效果，要制定相应的供应链绩效评价，来测试材料的流动情况并检查供应链是否存在成本浪费的现象，进一步实现利润最大化。

1. 关注供应链的关键绩效指标

关键绩效指标通常包括但不限于交付准时率、库存水平、生产效率、供应商绩效等。通过监控这些指标，企业可以直观地了解供应链的运作状况，发现潜在问题并迅速做出反应。例如，如果交付准时率下降，可能意味着供应链中的某个环节存在风险，需要及时采取措施调整。

2. 采用技术手段提高数据采集和分析的效率

现代供应链管理越来越依赖于大数据分析、人工智能等技术，这些技术可以帮助企业更全面、实时地了解供应链的绩效和风险状况。通过实时监控数据，企业可以更迅速地发现异常情况并采取相应的措施，提高绩效衡量的灵敏度。

3. 定期进行绩效审查和评估

定期进行绩效审查和评估是确保绩效衡量体系持续有效的关键。通过定期的绩效审查，企业可以识别绩效衡量体系中的不足之处，并及时进行调整和改进，可以通过内部的绩效审查会议、外部的独立评估机构等多种方式来实现绩效审查。及时的审查有助于保持对供应链绩效的持续关注，确保企业能够随时做出适应市场变化和风险变化的决策。

随着供应链的重要性日益增强，高效的供应链衡量绩效有助于企业发现和解决供应链环节的问题，确保每个环节能有效地实现其长期目标。在供应链风险控制中，衡量绩效是一个持续改进的过程。通过关注关键绩效指标、建立风险绩效指标、采用技术手段提高数据分析效率、建立标准化流程和定期进行绩效审查，企业可以更全面、准确地了解供应链的绩效和风险状况，进而制定更有效的风险管理策略，确保供应链的持续健康运作。衡量绩效中有一术语 range of variation（偏差范围），偏差范围指的是可以接受的实际工作成绩与标准之间的偏差。所有工作活动都有可能出现某种绩效偏差，管理者需要确定可接受的偏差范围。无论实际绩效与标准相比过高还是过低，偏差过大都应引起管理者的关注。

5.2.3 分析和衡量结果

在供应链风险控制中，分析和衡量结果是保障供应链健康运作的关键环节。通过深入分析现状，企业能够及时发现存在的风险问题，采取有针对性的措施，提高供应链的韧性和灵活性。

1. 分析现状，找出存在的风险问题

对供应链关键绩效指标进行分析是发现风险问题的重要步骤。通过对交付准时率、库存水平、供应商绩效等关键指标进行深入分析，企业可以发现一些潜在问题。进行根本原因分析也是分析风险问题的有效手段，当供应链中发生问题时，不仅要应对眼前的表象，更要深入挖掘发生问题的根本原因。通过根本原因分析工具，企业可以找出问题的深层次原因，从而能够更有效地制定对策。例如，某一供应商频繁出现交付延误，可能是该供应商的生产流程存在瓶颈，或者其原材料供应链存在问题，需要深入分析以确定解决方案。

2. 分析产生风险问题的各种原因或影响因素

成立专门的团队负责供应链风险控制，包括跨部门的代表，以确保全面的视角和综合的分析，并且收集供应链各个方面的数据（包括历史数据、市场趋势、供应商绩效等），以用于风险分析。使用各种工具（如风险矩阵、SWOT 分析、树状图等）帮助团队全面、系统地识别潜在的风险。对识别的风险进行评估，确定每个风险的优先级，以便在资源有限的情况下集中精力处理最关键的风险。

3. 找出影响风险的主要因素

影响风险的因素有很多，供应链风险控制需要在众多风险因素中找出影响质量的主要因素，以便后续对主要的因素实施指定的方案。其中影响供应链风险的主要因素包括管理风险和技术控制风险。

（1）管理风险

供应链涉及的区域扩大化和链式结构延伸会增加其管理难度，即使企业管理层采用适应企业发展的管理方式并制定执行标准，同样难以解决鞭长莫及的难题。若管理层制定的相关管理制度无法在各个地区实施，制度就变得形同虚设，使整个供应链系统运营协调不一致，随之出现发展缓慢、机制协调不顺等问题，阻碍企业整体发展。

（2）技术控制风险

尽管互联网技术的高速发展给供应链风险控制提供了方便，但其安全性也在一定程度上威胁着企业的稳定运作。技术的控制会限制供应链作用的发挥，企业管理系统存在的缺陷、服务器稳定程度和运转速度、网络传输速度和各个地区间电子信息基础设施的差异性均会给供应链正常运作带来风险。防火墙的设置、病毒和黑客的入侵也是不可忽视的问题，一旦企业的管理信息系统遭到破坏，就会使企业在一段时间内陷入运营瘫痪，无法在短时间内恢复，造成巨大的损失。

5.2.4 采取管理行动

在供应链管理过程中，分析和衡量结果后，团队接下来的任务是探索可能的解决方案。如果一个问题有几个子问题的话，对每个子问题都要探索可能的解决方案，子问题完全可以看作一个全新的问题。针对不同问题通常会制定很多的方案，然而在制定方案时，很难制定出完美契合的方案，要在众多的方案中找到可能的解决方案，从而缩小工作量。在供应链风险控制中可能采取的管理行动包括以下 5 个方面。

1. 改进工作绩效

（1）立即纠正行动

对于轻微的问题，一般立即纠正行为以使绩效回归正轨。立即纠正行动主要着眼于迅速解决当前的问题和应对紧急情况，防止问题进一步扩大和影响供应链的正常运作。这类行动通常是短期内能够实施的、迅速见效的解决方案。关注即时问题的解决，目的是恢复供应链的正常运转。立即纠正行动能够迅速稳定供应链，减缓或避免潜在的损失。

（2）彻底纠正行动

对于严重的问题，一般采取彻底纠正行为，探查绩效偏差的路径和原因，彻底纠正产生偏差的根源。彻底纠正行动更侧重于长期改进和系统性问题的解决，以提高整个供应链的韧性和效率。这种类型的行动可能需要更多时间和资源，通常涉及流程、系统或文化的根本性变革，以确保问题不会反复出现。彻底纠正行动能够持久地改善供应链的运作，提高对各种风险和挑战的应对能力。

2. 修订标准

当然，如果标准制定得过高或过低也会产生绩效偏差。如果实际绩效总是超过目标，管理者应当研究目标是否过于容易实现，因此要提高标准。管理者对于降低标准要持谨慎态度，因为个体的绩效水平达不到标准时，不能总是归结于标准过高，而管理者应当采取必要的纠正行动使期望变成现实。

①标准过高意味着为供应链流程设定了过于严苛或难以达到的目标和规范，这样会产生相应的问题。例如，成本的增加，高标准可能导致实施成本的增加，因为达到这些标准可能需要更多的资源和投资；生产周期的延长，过高的标准可能导致生产周期的延长，因为更多的时间用于确保供应链符合这些标准；使供应链协同难度增加，严苛的标准可能使供应链各环节之间的协同更为困难，因为各方需要共同努力以满足过高的期望。

②标准过低意味着对供应链流程中的质量和性能设定了较低的期望，这同样会产生问题，例如，会存在品质风险，低标准可能导致产品或服务的质量问题，增加了供应链流程中出现缺陷的风险；客户满意度的下降，低标准可能导致客户满意度下降，从而损害品牌声誉和市场份额；存在效率低下的情况，过低的标准可能意味着供应链流程中的一些环节未能达到最佳效率水平。

在供应链风险控制中，标准的设定应该是合理、可行且具有可持续性的。标准的修订过程应该基于不断的评估和反馈，以确保它们既能满足质量和合规的需求，又不会对供应链的整体效率产生不必要的负面影响。标准的制定和修订应该是一个平衡的过程，以实现质量、效率和可持续性的统一。

3. 寻找可能的解决方法

方案是一个综合的计划，它包括目标政策、流程、规则、任务分配要使用的资源及为完成既定行动方针所需要的其他因素。一项方案能很大，也可能很小。通常情况下一个主要方案（规划）可能需要很多支持计划。在主要方案实施之前，必须把这些支持计划制订出来，并付诸实施，所有计划必须加以协调和安排。

4. **测试并选择**

尽管可能的解决方案很多，但不是所有方案都有机会付诸实践。从众多可能的方案中找出能付诸实践的方案，需要一个测试的过程。制定测试策略能够帮助测试团队更清楚测试目标，从而更好地判断测试结果。对于测试管理来说，制定测试策略能够帮助测试管理人员更好地实现风险管理，清楚测试目标和测试方法，能够让测试管理人员更好地实施测试，测试策略也可以与开发/测试过程进行融合，在子阶段动态地选用测试策略。总的来说，测试策略是可变的，根据不同场景的变化，具有明确的测试目标。测试策略是为了效益最大化，在有限的条件下选择最适合的测试方法。

5. **提出行动计划和相应的资源**

提出行动计划时也要注意其相对应的资源。制订行动计划的步骤包括以下几点。

①分析现状，这是制订计划的依据。制订计划前，要进行工作现状的分析和研究，总结以往发生的问题点、原因及行之有效的解决对策。②确定做什么，即确定工作目标、工作任务和要求，这是计划的核心内容。目标是计划的前进方向，同时要规划出在一定时间内所完成的工作任务和应达到的要求。根据工作的不同，有些工作任务和要求需要制定质量、数量和时限要求，以求具体明确。③确定如何做，即确定工作的方法、步骤和措施。明确目标、任务和要求后，要基于主客观条件，确定工作的开展方法及开展步骤，以及为了完成工作所采取的具体措施等。

5.3　供应商风险控制的类型

5.3.1　事前控制、事中控制和事后控制

根据控制措施的施行相对于风险事件发生的时间先后，把风险控制分为事前控制、事中控制、事后控制。图 5-1 为供应链风险控制策略的全过程。

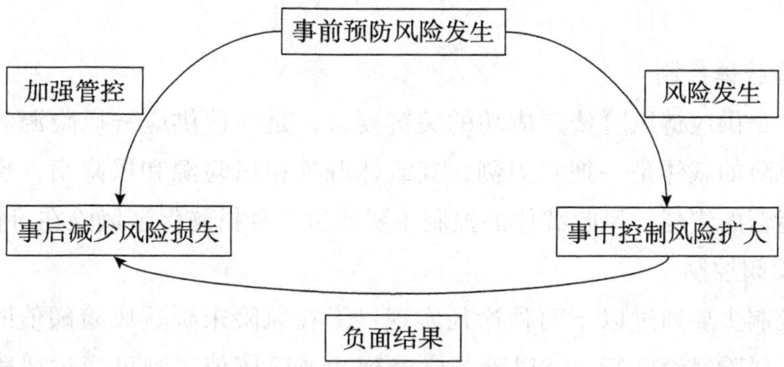

图 5-1　供应链风险控制策略的全过程

1. 供应链风险事前控制

事前控制也叫主动控制、前馈控制，是根据风险分析的结果和风险规划，事先采取措施防止发生风险事件，并准备风险应对手段。事前控制采取的措施称为风险预控措施。风险规避策略中的预防风险策略、减轻风险的事先部分、转移风险的合同、回避风险的决策都属于事前控制的策略。事前控制历来是各种目标控制中提倡的控制方式，防患于未然，收效不仅表现在风险控制一个方面，而且惠及供应链管理本身。优秀的供应链风险管理班子，应该尽量化风险于无形，而不是坐视风险因素酿成重大风险事件再采取措施应对。

供应链运营过程中，风险发生后产生的灾难性后果，促使供应链企业必须建立一套科学、完整、规范的风险预控体系。供应链应切合自身特性，选择适合自身的风险源辨别及风险评估的方法，及时制定可行的预控方案，增强供应链运营的安全性，杜绝灾难性后果产生，减少一般性损失，提升供应链效益和社会效益。

2. 供应链风险事中控制

事中控制也叫被动控制、保护性控制，是指密切监视供应链系统的运行，风险事件发生后，及时通知可能受到影响的各个方面，立即采取措施，努力减轻风险造成的影响。事中控制采取的措施称为应急措施。根据风险的成因、性质、分布、影响等特征，启动备用方案，调用备用资源，综合采用行政措施、经济措施、技术措施、法律措施，与合作伙伴及相关各方密切协作，采取协商、督促、监控等紧急手段，减轻风险造成的影响，尽力恢复供应链的正常运行。如果发生事先未曾预料到的风险，风险管理人员需要紧急识别风险的特征，估计和评价风险的进一步发展和可能的后果，确定风险应对措施并投入实施。如果风险的后果非常严重，可能要修改供应链的计划目标。根据风险的特征，一般从基本要素方面采取控制措施。

（1）风险源控制

风险源是供应链风险的最初发出者，由于供应链风险源的产生主要由技术、管理和人为因素引发，故供应链风险源的控制途径主要有三种，技术控制、管理控制和人的行为控制。

（2）风险载体控制

风险载体是供应链风险传递成功的关键要素，是连接供应链风险源和风险宿的通道。供应链风险的载体是一把双刃剑，其载体既连接风险源和风险宿，也承担着保证供应链正常运营的责任。风险载体的控制主要通过各种措施保证风险在可控水平。

（3）风险阈控制

风险阈控制主要通过以下两种途径实现：①在风险未到达风险阈值时，将传递路径切断，阻止风险继续前行；②风险若已经到达风险阈值，则可通过风险转移、风险消除、风险弱化等手段使风险损失降到最小。

3. 供应链风险事后控制

事后控制指的是风险发生后的善后工作，及时采取补救措施力求减少损失，这种措施称为改进措施。开展完善切实的事后控制，是提升风险管理工作效率效果、形成风险管理闭环的必要环节。基于大数据技术进行风险管理工作事后控制，主要体现为非标准化风险管理报告、事后进行历史风险事故分析和建立风险管理业绩评分模型三个方面。事后控制在汇总形成不同层级的风险管理报告、加强风险管理结果分析的同时，还可以监督考核风险管理工作的执行力度。

在风险事件得到有效控制后，企业就要考虑如何修复或者减少风险带来的损失。企业应该分析风险发生的根本原因，并采取行动彻底消除问题的源头，确保同类的风险事件不会再次发生。企业可以把风险事件发生的整个过程进行经验总结，并在企业内部和外部传递经验，有助于企业预防其他潜在的风险发生，不断完善风险管理体系。

企业需要制作一份风险管理手册，明确如何预防风险，制定相应的应急措施，并且要落实责任到人，最后要定期回顾，确保该体系是行之有效的。

5.3.2 采购、时间、成本和质量风险控制

供应链风险控制的方法是在风险识别与评估的基础上制定的，涉及针对不同风险的应对方式，包括采购风险控制方法、时间风险控制方法、成本风险控制方法和质量风险控制方法。

1. 采购风险控制方法

（1）分析采购风险产生的原因

采购风险是指在采购过程中由于各种意外情况的出现，使采购的实际结果与预期目标相偏离的程度和可能性。采购作为一项经济行为，客观上受到自身条件和外部市场的制约。采购风险造成的原因主要有以下几种。

①质量问题。

质量问题是企业采购过程中常见的风险之一。无论是原材料还是成品，质量问题都可能导致产品不合格，损害企业的声誉和利益。质量问题可能源自供应商的不合理操作、不符合质量标准的产品等。

②供应商问题。

供应商问题是导致采购风险的主要因素之一。如果供应商无法按时提供所需的产品或服务，将会对供应链的正常运作产生重大影响。企业采购过程中，依赖于供应商提供的物资和服务，供应商的稳定性直接影响企业的生产和运营。供应商可能面临破产、停产等问题，这将对企业的供应链产生直接的负面影响。

③信息不对称问题。

信息的不对称性，可能导致市场上的“逆向选择”。即作为委托人的采购部门无法

在事前准确地甄别供应商的真实经营能力，从而使低质量供应商有可能把高质量供应商从市场中排挤出去，以致招标采购小组出现逆向选择，采购质量得不到保证。

④信息资源短缺问题。

信息资源短缺表现在信息的收集、筛选、整理和分析能力，不能适应日益变化的市场环境和复杂的采购需求。一方面，采购方会因未掌握供应商的情况和货物的市场行情，致使在采购交易过程中无力防范供应商的欺诈行为，供应商借对方不了解市场行情，故意抬高商品价格，或者以次充好，从而使采购方利益受损；另一方面，采购方管理手段落后，网络建设缓慢，信息传递不畅，发布渠道单一，大多数的采购信息由工作人员用电话或口头形式向有关供应商公布，供应商不能及时、全面了解详细的采购动态，进而影响采购的实施。

⑤价格波动。

价格波动是企业采购风险的另一个重要因素。市场供求关系变动、原材料价格波动等因素均可能导致采购价格的波动。价格波动对企业的成本控制、利润率和预算产生直接影响。如果采购价格上涨，企业需要支付更高的成本来购买所需的物料或产品，这将直接影响企业的盈利能力和竞争力。价格波动可能会导致企业的销售价格难以调整，从而导致利润率下降。另外，价格波动会增加企业预算的不确定性，如果采购价格不稳定，企业很难准确预测和控制成本。

（2）控制采购风险的措施

①集中采购。

集中采购是指企业将相关的职责或工作集中授予一个部门执行。企业建立统一的采购标准流程，更利于采购活动统一管理。同时，采购人员会专注特定领域的采购，深入了解行业知识的同时，与上下游企业建立更加紧密的联系。集中采购可以提高供应链节点上核心企业的位置，也是降低成本的有力手段。通过集中采购，可以提高企业在市场中对质量、服务和价格谈判的筹码，充分摆脱供应链节点上各自为战、分散且被动的不利局面。推行“统一储备和结算、集中采购和管理”的原则，符合现代化供应链管理的采购理念，成为一种新的供应链管理模式。

②建立供应商的长期伙伴关系。

重视供应商管理，一旦确定能力过硬、服务过硬的供应商，建立长期稳定的合作关系，有利于降低采购成本。同时，双方建立长期伙伴关系后可以进行更深层次的合作，包括对准时交货、成本、响应速度等方面进行考核和优化。加强供应商的培训，要求供应商全面提高和保证产品的质量。参与供应商的产品设计、产品质量等监管过程，制定关于产品的质量标准，可以有效把控源头，推动供应商采用新的方法和技术来提高产品性能和质量，从而降低采购风险，实现“双赢”为目的的供应链战略联盟。

③加快物资采购的信息化建设。

信息化建设能提升采购的效率与精准度，降低采购风险。通过使用电子商务、ERP（企业资源计划）等较为先进的管理系统，使资金、物流与信息三股流早日实现统一。建立信息化管理平台，供应商的选择不局限于某个特定区域，形成全球化选拔的模式，形成更丰富的报价、服务、口碑对比，大大降低采购风险。另外，积极在企业内部构建集查询、键入、监管和操作等功能一体化的物资采购管理平台，在网络基础上使现有基础数据得到最大限度的利用，全面协调和配合采购的所有环节。在采购过程中加强监管的同时，使采购步骤实现高效化管理，使采购更程序化、规范化和透明化。未来，能否运用信息化采购，直接决定供应链的竞争能力。

④推行准时化（JIT）采购管理模式。

准时化采购也称为JIT采购，是一种基于供应链管理思想的先进的采购管理模式，是准时制管理方式在采购中的应用和反映。它是由准时化生产管理思想演变而来的，是一种理想的物资采购方式。它的极限目标是原材料和外购件的库存为零、缺陷为零。它的基本思想是：把合适数量、合适质量的物品在合适的时间供应到合适的地点，最好地满足用户需要。准时化采购不但能够最好地满足用户需要，而且可以极大地消除库存、最大限度地消除浪费，从而极大地降低企业的采购成本和经营成本。推行JIT采购管理模式，合理选择供应商，双方建立信息共享体系，企业进行小批量、高频次采购，实现零库存或少库存，有效降低运营成本。

2. 时间风险控制方法

（1）分析时间风险产生的原因

时间风险是指供应链上的企业在生产和经营过程中，对时间节点的预估不准确，未按照预定时间要求执行而产生的异常情况。时间风险使经济活动目标无法实现或得不到预期满意的效果，给企业带来不良后果。造成时间风险的原因主要有以下4个。

①估算是否准确。

供应链时间风险可能是由于最初的时间估算不准确导致的。对供应链生产的时间估算不准确，造成进度上的延迟，这可能是因为缺少详细规划或历史数据，以致对供应商的交货时间、物流运输时间或其他关键环节的时间估计错误，使整个供应链的时间延误。

②项目中的资源是否充分利用。

供应链中的资源，如生产设备、人力资源等，是否充分利用也会影响进度延迟。如设备处于长时间关闭状态、监控软件没有有效使用等。如果资源规划不合理或者存在资源闲置、浪费等情况，会导致供应链流程的延误。

③人员技能是否达到要求。

供应链中涉及多个环节和岗位，如果某些环节的人员技能达不到要求，可能会导致操作延误。例如，物流人员的操作技能不熟练、生产人员的工艺掌握不到位等，都可能导致供应链时间延误。

④是否存在沟通不当的现象。

供应链中的各个环节和项目成员之间需要进行有效的沟通和协调。如果沟通不畅或者存在信息传递不及时、不准确等问题，就可能导致供应链的时间延误。如项目正式生产前，是否与本企业生产部门、供应商生产部门、销售商销售部门进行全方位的沟通，确认生产规格、生产时间、销售时间等。

（2）降低供应链时间风险的措施

①加强时间估算和风险评估。

在供应链管理中，准确的时间估算和风险评估非常重要。加强时间估算和风险评估，确保供应链时间计划合理可行。企业可以通过分析历史数据、借助先进的预测模型和技术工具，对供应链中的时间风险进行评估和预测。这样可以提前发现潜在的延误因素，并采取相应的措施进行风险控制。

②加强供应链沟通和协调。

供应链中的各个环节和参与者之间的沟通和协调是确保供应链顺畅运作的关键。企业应建立有效的沟通机制，确保信息的及时传递和共享。同时，加强协调和合作，协调各个环节之间的工作进度和任务分配，以减少时间风险和延误。例如，企业邀请供应商、销售商出席项目会议，明确说明项目的生产规划、上市规划，相关数据以表格形式发给供应商与渠道商。

③委派人员进驻现场。

为了更好地控制供应链中的时间风险，企业可以考虑派专门的人员进驻供应链中的关键环节或关键供应商的现场。尤其对供应商，应委派人员进驻生产现场进行监督。如果发现供应商存在明显滞后、能力不足等问题，及时将信息传递至总公司，总公司进行协商或更换供应商等。这样可以及时了解现场情况，发现问题并及时解决，从而减少时间延误的可能性。

④时间风险控制的工具。

为了更好地控制供应链中的时间风险，企业可以借助一些时间管理和风险控制的工具和技术。例如，搭建信息化平台，供应链上的所有企业应当定期汇总工作进度，如果出现与预期明显不一致的延迟，系统会自动发出预警。企业根据预警，要求供应商说明原因并提出解决方案，否则有权更换供应商。另外，使用供应链可视化工具来监控供应链中的各个环节，以及使用风险管理工具识别和评估潜在的时间风险。

3. 成本风险控制方法

（1）分析成本风险形成的原因

成本风险是指成本提高给供应链带来的危险。成本风险是某种可预见的危险情况发生的概率及其后果的严重程度这两个方面的总体反映，是对成本提高所带来的危险和后果的一种综合性的认识。供应链之间的竞争，质量是基础。分析成本风险形成的原因，从风险因素、风险事故和损失入手。

①风险因素。

供应链成本风险的形成可以归因于多种风险因素，风险因素是风险事故发生的潜在原因，提前对各个风险因素进行分析，确认风险的可能性，做出应急预案。供应链成本风险的形成原因包括设备风险因素、工艺难度风险因素、人员管理规范风险因素、市场风险因素、供应商风险因素、物流风险因素等。

②风险事故。

风险事故是指在供应链运作过程中发生的各种意外事件和突发状况，可能导致供应链成本的增加。例如，供应商倒闭、运输事故、设备故障、劳工纠纷等。这些风险事故可能导致生产中断、交货延误、库存积压、返工和售后支出等，从而增加了供应链成本。

③损失。

损失是指非故意的、非预期的和非计划的经济价值的减少，如设备损坏、人员流动、信息丢失等，应将这些内容纳入分析体系。企业造成的损失还会引发整个供应链成本损失和降低。

（2）阻止或最小化成本风险的措施

①提高供应商质量。

高质量供应商可以帮助企业节约质量成本，降低供应链质量成本风险。在传统供应商管理思维里，很多企业都有一个误区，认为高质量必然带来高成本。其实，供应商质量与成本的关系恰恰相反——高质量才有低成本。有的企业会选择价格低的供应商而忽略供应商质量，这时企业就很有可能会增加鉴定成本及返工、返修、停线、客户索赔的损失，最终价格最低的供应商反而会让企业付出更高的质量成本。但如果选择质量高的供应商合作，可以实行免检、减少返工返修、减少客户索赔，总成本却是可控的。

②建立健全管理信息系统。

成本信息的收集、处理和加工是管理信息系统的核心，企业在建立和健全管理信息系统时，应该注意成本信息系统的推进和完善。通过建立有效的管理信息系统，让信息的传递速度更快，增加了信息的透明度，可以让供应商、客户、产品、物流信息、产品设计等信息汇聚在一个平台，让供应商在产品设计时看到客户的需求，根据需求准备生产，也可以让数据得到流通，上下游供应商的沟通成本会降低。

③高度重视企业的成本预算管理。

制定合理的成本预算，并进行有效的预算控制和管理，及时修订成本定额，防止因定额宽松引起成本上升。根据市场和供应链环境的变化，及时修正或提高成本费用的定额标准。成本定额是企业在供应链中进行成本核算和控制的重要依据，准确的成本定额可以帮助企业更好地管理供应链成本风险。供应链上企业的经营活动都是在计划和预算的引导下进行的，正确的成本信息是改进和提高预算管理水平必需的。制订详细的成本预算计划，可以帮助企业合理分配资源、控制成本，并及时发现和纠正成本偏差。

④建立健全成本管理内部控制制度。

建立成本管理的内部控制制度，包括审计、风险评估和内部审查等。建立有效的内部控制体系，能够防止成本风险的发生，及时发现和纠正成本管理中的问题。在控制层面，供应链上的企业根据费用的性质、金额等采用不同的控制方式。例如，对于大批量的外购材料，可以运用期货合约来固定采购成本，对于汇率变动，可以采用适当的衍生金融工具来管理风险。总之，通过精细管理努力降低成本，使供应链在严酷的外部环境下更具有竞争力。

4. 质量风险控制方法

（1）分析质量风险产生的原因

质量风险是指由于缺乏相应的经验、技术、资源、材材料等，造成供应链上的企业无法达到预期的质量目标所带来的不确定性因素。根据质量问题的性质和来源，我们可以将质量风险分为内部质量风险和外部质量风险。

①内部质量风险的成因。

第一，产品特性的原因。产品具有高精尖的特点，存在较高的生产工艺，会产生质量不可控风险。产品特性的原因包括设计缺陷、材料选择不当、工艺问题等。设计缺陷可能导致产品在使用过程中存在安全隐患或功能缺陷，影响产品的质量和性能。材料选择不当可能导致产品的耐久性、稳定性或可靠性不佳，影响产品的寿命和性能。工艺问题可能导致产品加工过程中存在缺陷，如尺寸不符合要求、焊接不牢固等，影响产品的质量和外观。

第二，生产设备的原因。生产设备的原因包括设备老化、设备故障、设备维护不及时等。设备老化可能导致设备性能下降，影响产品的加工质量和效率。设备故障可能导致生产中断、产品缺陷等问题，影响产品的质量和交货时间。设备维护不及时可能导致设备故障概率增加，影响生产的连续性和稳定性。

第三，生产管理不到位的原因。生产管理不到位包括生产计划不合理、生产过程控制不严格、质量管理不完善等。生产计划不合理可能导致生产资源的浪费或不足，影响产品的交货时间和生产效率。生产过程控制不严格可能导致生产中的变异性增加，产品质量不稳定，甚至出现不合格品。质量管理不完善可能导致生产过程中的问题无法及时发现和解决，影响产品质量的稳定性和可靠性。

②外部质量风险的成因。

第一，供应商的原因。供应商的原因包括供应商能力不足和欺诈行为。供应商可能缺乏必要的技术能力、生产能力或质量管理体系，导致产品或服务质量无法满足要求。另外，供应商可能存在欺诈行为，如提供虚假的产品质量信息或使用劣质原材料，从而影响最终产品的质量。

第二，合作伙伴的原因。合作伙伴的原因包括合作伙伴的能力不足和不合理的要求。合作伙伴可能因为自身资源和能力不足，而对供应链产生负面影响。另外，合作伙伴可能提出不合理的要求，如缩短交货时间、降低价格或违反合同约定，导致供应商无法按时交付高质量产品。

第三，外部环境的原因。外部环境的原因包括经济衰退、通货膨胀、汇率波动或市场竞争加剧等因素。这些因素可能导致原材料价格上涨、成本增加或市场需求下降，影响供应链的稳定性和产品质量。

（2）降低或最小化质量风险的措施

①严格的供应链管理和检测。

企业应建立完善的供应商管理体系，确保供应商的产品符合质量要求。可以对供应商进行评估和审核，签署合作协议，建立长期的合作伙伴关系，并进行定期的质量检查和监控。另外，在生产过程中，企业应建立严格的质量检测制度，对产品进行全面的质量检测，包括原材料检测、中间产品检测和最终产品检测等，确保产品符合标准和规范。

②建立全面质量管理（TQM）模式。

在供应链体系中建立全面质量管理模式，全面介入企业生产的各个环节。企业全体人员，包括工程技术人员、管理人员和生产工人等都要参加质量管理，定期开展TQM 培训活动，未通过考核的人员不能进行生产工作。事实上，绝大多数的质量风险，都是由于企业员工对质量认识不足、不注重设备维护造成的，推行全面质量管理，让员工从认知上意识到质量的重要性，能大大降低质量风险。

③引入质量管理体系（QMS）。

质量管理体系是企业内部建立的，为保证产品质量或质量目标所必需的系统的质量活动。质量管理体系包括制定质量方针、目标及质量策划，设计研发、生产、检验、销售、使用全过程的质量控制、质量保证和质量改进等活动，并予以制度化、标准化，成为企业内部质量工作的要求和活动程序。例如，企业可以引入 ISO9001 等质量管理体系，建立质量管理制度和流程，明确责任和权利，确保产品质量的可控性和可追溯性。ISO9001 质量管理体系是基于企业或团体内部流程规范建设的一个指导标准，它是从产品质量认证中演变而来的，后期发展到各个行业与领域，是全球应用最广泛的体系标准。

④建立质量反馈机制。

企业建立健全的质量反馈机制，鼓励客户和用户对产品质量提出反馈和建议，及时处理质量问题，改进产品设计和生产流程。供应链中的质量反馈机制包括问题报告、异常处理、纠正措施等，确保问题能够及时被发现、记录和处理，并采取适当的纠正措施，以降低质量风险。通过建立质量反馈机制，企业可以及时发现和解决供应链中的质量问题，降低质量风险。同时，这也促进了供应链各方之间的合作和协同，提升整个供应链的质量水平。

5.4 供应链风险控制的方法

5.4.1 全面预算控制法

1. 全面预算控制法的内涵

全面预算控制法指的是企业对未来经营周期的原材料采购、产品生产、产品销售和售后服务等活动进行详细安排和规划，以实现成本管理、风险规避和盈利水平提升。预算不仅是一种计划工作，还是一种控制工具。全面预算为管理者提供了一个比较与测量支出的定量标准，据此能够指出标准与实际收入、支出之间的偏差，因此它也是一种控制方法。预算是使用最广泛的控制工具。

全面预算控制法对供应链企业日常经营活动中存在的风险进行识别分析，针对相应问题，提出应对措施，使企业出现的风险能够得到有效控制。全面预算控制的风险评估仅指可控风险。真正的全面预算控制要做到：事前有计划、事中有控制、事后能考评和追溯。风险管理过程按照全面预算管理的阶段来划分，事前的风险评估在预算编制阶段，事中的风险的调整在预算执行阶段，事后的风险评价在预算考核阶段。

全面预算控制法的目的是加强供应链风险控制，全面预算是管理层进行事前、事中、事后监控的有效工具，通过寻找经营活动的实际结果与预算的差距，可以迅速发现问题并及时采取相应的解决措施，降低供应链风险。全面预算体系可以初步预计供应链企业下一年度的经营情况，根据所反映的预算结果，预测其中的风险点，并预先采取某些风险控制的防范措施，从而达到规避与化解风险的目的。

全面预算控制法的特征包括以下三个。

①全面性。全面预算控制贯穿供应链企业运行的各个环节，如日常运营、投资、融资活动等。

②刚性约束。公司必须加强对董事会等组织的建设以保障预算管理的有序推进。

③柔性。在预算编制方面，供应链企业并不会始终如一地采用同一种预算编制方式，而是具有较强的变动性。

2. 全面预算控制法的优点

（1）规划和控制经济活动

供应链企业管理者能够通过预算指标实现对各责任部门预算执行过程的监督，及时发现风险和问题，并制定具有针对性的预案。对于各责任部门在预算执行中存在的偏差，预算者会积极与责任部门进行协商，共同探究影响偏差的因素。总之，预算能通过全流程的控制与监督，实现对预算执行偏差的调整，实现规划与控制经济活动的目标。

（2）促进供应链上下游企业之间的协调

从系统论的角度而言，经济活动中局部效应的最优并不会增强经济活动的整体效果。供应链上下游企业为突破利益的局限，实现共同目标必须相互配合与协调。供应链上下游企业之间的协调能明确各企业之间的职责与权限，进而对自身的行动进行调整。例如，下游企业制定的销售预算目标必须考虑到上游生产企业的生产能力，上游生产企业制定的生产预算必须考虑到下游销售企业的年度销售能力等。在全面预算控制模式下，供应链上下游企业在预算的编制与执行中能够协调解决存在的利益冲突，做到统筹兼顾，步调一致。

（3）为有效的绩效考核提供便利条件

全面预算控制实现了供应链企业战略目标的分解和落实，在对责任部门的绩效考核方面具有天然优势。一方面，企业可以预算指标为依据，对各岗位预算的执行情况进行评价；另一方面，企业可以加强对预算管理的过程性评价，如对预算责任部门预算执行的积极性、对预算偏差的整改性进行评价等。

3. 全面预算控制法的不足

（1）预算组织体系不健全

全面预算控制法要求企业健全相关组织机构、配备相关人员、完善制度。事实上，很多企业无法从预算组织方面着手，配备专业人员，明确岗位职责权限。首先，缺乏全面预算控制的统筹部门。企业的统筹部门负责总体的全面预算控制工作，如果企业预算统筹部门不完善，那么全面预算控制法就无法在统一的规划和指导下运行。其次，企业缺乏日常的预算管理部门。企业的预算管理部门负责日常的预算工作，在统筹部门的指导下完成预算控制工作。

（2）预算编制随意性强

在预算编制方面，企业一般采用的是“分级编制、逐级汇总”的方式。在实践中，部分供应链企业的预算编制方法体现出一定的随意性，科学性与灵活性不足。首先，部分企业未能落实“上下结合”的编制体系，部分企业的预算控制权限较为集中，统筹部门会基于企业战略目标，确定各责任部门的预算指标，并将预算指标传递给责任部门。该方式降低了各责任部门在预算编制中的参与度，对企业实际情况考虑不足。

其次，在预算编制方法的选择上，部分责任部门为了减少编制的工作量，倾向于采取弹性预算编制方法。弹性预算编制方法强调在历史数据的基础上，加强对外在影响因素的考量。在实践中责任部门过于依赖历史数据，甚至仅在历史数据的基础上进行删减。这种方式严重违背了弹性预算编制方法的适用条件，为后期频繁的预算调整埋下了伏笔。

（3）缺乏完善的预算考核机制

一方面，供应链企业在对各责任部门的预算完成情况进行考核时局限在财务指标层面，如倾向于评价预算完成情况与目标值的偏差，却忽略了对员工预算执行态度、员工整改效果的考核。另一方面，在考核方法上，未能搭建有效的考核模型，习惯采取定性考核方式。定性考核方式在上级对下级考核中体现得更加明显，这种考核方式对考核人员的职业评判能力和主观偏好存在较大依赖，精准度不足。除此之外，企业根据预算考核结果所实施的激励制度还存在一定的弊端，如仅对员工实施物质激励，忽略精神激励，对员工的问责不够严厉等。

4. 全面预算控制法的实施步骤

（1）构建完善的全面预算控制环境

①培养员工全面预算控制理念。

供应链企业的风险控制从始至终都离不开预算控制，要想达到高效的全面预算控制，就离不开全体工作人员的积极参与和执行。企业可以请全面预算控制专家对参与全面预算控制的工作人员进行培训，从而增强企业工作人员的全面预算意识，为公司全面预算控制的有效执行奠定良好的基础。

②改进全面预算控制信息体系。

选择适合的预算信息化专业控制软件对企业而言十分重要。全面预算控制软件将企业战略、业务计划与预算高度整合，助力企业推行全过程、全方位的风险预防控制，适用于不同类型、不同行业和不同规模的供应链企业。全面预算控制信息体系能够及时对预算表之间的数据进行汇集，能够为预算各环节提供标准化建议，规范预算各个环节。

（2）加大全面预算执行控制力度

预算编制为预算有力地执行提供了保障，因此企业要想预算执行有效就要科学地编制预算。在完成全面预算编制工作后，需要将预算按月分解下发到企业的各个职能部门，预算分解合理、科学预算完成情况会更好。加强预算执行过程控制，要及时对预算执行情况进行分析，及时发现问题，对预算差异予以纠正，采取适当的改进措施。

（3）完善绩效考核指标

目前，大部分企业的预算考核仍旧以财务指标分析为主，缺少对实际执行情况的分析。如果预算分析仅以数字分析为主，很难为公司经营管理决策提供有效服务。全面预算控制法可以借鉴平衡计分卡的思路，兼顾企业的财务和非财务两个方面，使企业在追求财务指标的同时，关注客户、内部业务流程效率及学习与成长能力。

（4）优化全面预算奖励机制

完善的考核标准是全面预算控制法高效完成的重要保证，全面预算控制法的奖励机制也是提高预算效率的重要内容。企业在预算执行过程中和预算完成后进行适当的考核，不仅可以提高管理水平，也是奖励机制的基础。良好的全面预算奖励机制不仅能够激励员工更好地执行预算，还可以促进企业形成激励创造价值的企业文化，增强员工归属感和认同感。

5.4.2 标杆管理法

1. 标杆管理法的内涵

标杆管理法又称为基准化分析法，标杆管理理论可概括为：不断寻找和研究同行一流公司的最佳实践，并以此为基准与本企业进行比较、分析、判断，从而使本企业得到不断改进，进入或赶超一流公司，创造优秀业绩的良性循环过程。其核心是向业内或业外最优秀的企业学习。

如今标杆管理法已经在战略制定、库存控制、质量管理、市场营销、人力资源管理和新产品开发等方面得到了广泛应用，并不断拓宽新的应用领域。标杆管理法也适用于供应链风险控制和管理方面，这种管理方法通过与行业内最佳绩效企业进行比较，帮助组织识别和改善供应链中的瓶颈。标杆管理法可以帮助企业识别问题、促进协同合作、推动创新改进，并建立目标和激励机制。通过与行业内最佳绩效企业的比较，企业可以不断提升供应链的效率和竞争力。标杆管理法的要素是界定标杆管理定义、分类和程序的基础。标杆管理法主要有以下三个要素。

①标杆管理实施者，即发起和实施标杆管理的组织。

②标杆伙伴，也称标杆对象，即作为“标杆”被学习借鉴的组织，是任何乐于通过与标准管理实施者进行信息和资料交换，开展合作的内外部组织或单位。

③标杆管理项目，也称标杆管理内容，即存在不足，通过标杆管理向他人学习借鉴以谋求提高的领域。

2. 标杆管理法的优点

标杆管理法有许多优越性，它为供应链风险控制提供了优秀的管理方法和管理工具，具有较强的可操作性，能够帮助供应链风险控制追求改进。标杆管理法的优点主要表现在以下几个方面。

（1）标杆管理法有助于供应链企业降低风险

标杆管理法是一种管理方法，它可以帮助企业在供应链管理中降低风险。这种方法的核心是将企业的业务流程与行业内的最佳实践相比较，以便识别和消除潜在的风险。

通过这种方式，企业可以提高其效率和准确性，并减少错误和损失。此外，标杆管理法还可以帮助企业更好地了解其供应链中的关键环节，并为这些环节制定更好的策略。

（2）标杆管理法有助于供应链企业的长远发展

标杆管理法是供应链企业挖掘和提高潜力的工具。通过与标杆进行比较，个人、部门甚至企业的潜力被充分激发出来，这有助于组织克服内部的短视现象。经过一段时间的运作，组织会形成固定的企业文化，将外在动力转化为内在发展动力，实现长期健康发展。

（3）标杆管理法有助于建立学习型组织

学习型组织实质上是一个能娴熟地创造、获取和传递学问的组织，同时也擅长修正自身的行为，以适应新的学问和见解。标杆管理的实施有助于企业发现其在产品、服务、生产流程及管理模式方面存在的不足，通过学习标杆企业的成功之处，结合实际状况将其充分运用到自己的企业中。随着供应链企业经营环境和标杆的变化，这一过程也在持续更新。

3. 标杆管理法的不足

虽然作为一种管理方法或技术，标杆管理法可以有效地提升企业的竞争力，但是企业实施标杆管理的实践证明，仅依赖标杆管理未必就一定能够将竞争力的提高转化为竞争优势，有的企业甚至陷入了“标杆管理陷阱”之中。这就意味着标杆管理还存在一些局限。

（1）标杆管理法导致企业竞争战略趋同

标杆管理法鼓励企业相互学习和模仿，因此，许多供应链企业都希望通过提供更多样的产品或服务以吸引所有细分市场的顾客来改进绩效，在竞争的某个关键方面超过竞争对手。从整体上看模仿使企业运作效率的绝对水平大幅提高，然而企业之间相对效率差距日益缩小。普遍采用标杆管理的结果是各个企业战略趋同，各个企业的产品、质量、服务甚至供应销售渠道大同小异，市场竞争趋向于完全竞争，最终形成企业运作效率上升，利润率却在下降。

（2）标杆管理陷阱

由于科技的迅速发展，产品的科技含量和企业使用技术的复杂性日益提高，模仿壁垒提高，从而对实施标杆管理的企业提出了严峻的挑战。能否通过相对简单的标杆管理活动获得、掌握复杂的技术并跟上技术进步的步伐？如果标杆管理活动不能使企业跨越与领先企业的“技术鸿沟”，单纯为赶超先进而继续推行标杆管理，则会使企业陷入繁杂的“落后—标杆—又落后—再标杆”的“标杆管理陷阱”中。

4. 标杆管理法的实施步骤

标杆管理法的实施步骤通常包括：计划、收集与分析内外部数据、实施与调整、持续改进。

（1）计划

①组建项目小组，成立标杆比较团队，承担发起和管理整个标杆管理流程的责任。

②明确标杆管理的目标。

③通过对组织的衡量评估，确定标杆项目。

④选择标杆伙伴。

⑤制订数据收集计划，如设置调查问卷、安排参观访问、充分了解标杆伙伴并及时沟通。

⑥开发测评方案，为标杆管理项目赋值，以便于衡量比较。

（2）内部数据收集与分析

①收集并分析内部公开发布的信息。

②遴选内部标杆管理合作伙伴。

③通过内部访谈和调查，收集内部一手研究资料。

④通过内部标杆管理，可以为进一步实施外部标杆管理提供资料和基础。

（3）外部数据收集与分析

①收集外部公开发布的信息。

②通过调查和实地访问收集外部一手研究资料。

③分析收集的最佳实践数据，与自身绩效计量相比较，提出最终标杆管理报告。标杆管理报告揭示标杆管理过程的关键收获，以及对最佳实践调整、转换、创新的见解和建议。

（4）实施与调整

根据标杆管理报告，确认正确的纠正行动方案，制订详细的实施计划，在企业内部实施最佳实践，并不断对实施结果进行监控和评估，及时作出调整，以最终达到增强供应链企业竞争优势的目的。

（5）持续改进

供应链风险控制行为是持续的管理过程，不是一次性行为，因此，为便于日后继续实施标杆管理，企业应维护好标杆管理数据库，制订和实施持续的绩效改进计划，以不断学习和提高。

5.4.3 决策树分析法

1. 决策树分析法的内涵

决策树分析法（DTA）是指分析每个决策或事件（自然状态）时，都引出两个或多个事件和不同的结果，并把这种决策或事件的分支画成图形，这种图形很像一棵树的枝干，故称决策树分析法。决策树分析法是一种运用概率与图论中的树对决策中的不同方案进行比较，从而获得最优方案的风险型决策方法。决策树由树根（决策节点）、其他内点（方案节点、状态节点）、树叶（终点）、树枝（方案枝、概率枝）、概率值、损益值组成。决策树分析法是常用的风险分析决策方法。如果一个决策树只在树的根部有一个决策节点，则称为单级决策；若一个决策不仅在树的根部有决策节点，而且在树的中间也有决策节点，则称为多级决策。

决策树分析法的基本原理是用决策点代表决策问题，用方案枝代表可供选择的方案，用概率枝代表方案可能出现的各种结果，对各种方案在不同条件下损益值的计算进行比较，为决策者提供决策依据。

决策树分析法适用于对不确定性投资方案期望收益的定量分析，用于风险管理和控制，有助于在不确定的情况下选择最佳的行动步骤。

2. 决策树分析法的优点

（1）直观表达复杂决策

决策树分析法通过图形化的树形结构直观地表达了决策之间的逻辑关系和不同路径的条件概率。这种直观的图解方法使复杂的管理决策过程一目了然，便于决策者进行综合判断。

（2）考虑不确定因素

决策树分析法通过概率枝可全面考虑所有影响决策结果的内部和外部不确定因素，进行风险建模。这比简单进行最好或最坏情况判断更全面和准确。

（3）定量化风险评估

决策树分析法计算每种决策选择方案的期望值，能够明确量化与之相关的风险，进行风险价值管理。这有助于决策者选择风险水平适合的方案。

3. 决策树分析法的不足

（1）适用范围有限

决策树分析法适用范围有限，无法适用于那些不能用数量表示的决策。

（2）人为主观性

决策树分析法对各种方案出现概率的确定有时主观性较大，可能导致决策失误。

4. 决策树分析法的实施步骤

（1）绘制决策树图

按照从左到右的顺序画决策树的过程也就是对未来可能发生的各种事件进行周密思考、预测的过程，把这些情况用树状图表示出来。先画决策节点，再找方案枝和方案节点，最后画出概率枝。决策树中的方块代表决策节点，从它引出的分枝叫方案分枝。每条分枝代表一个方案，分枝数量就是可能的方案数量。圆圈代表方案节点，从它引出的是概率枝，每条概率枝上标明了状态及其发生的概率。概率枝数量反映了该方案面对的可能状态数量。

（2）计算期望值

根据右端的损益值和概率枝的概率，按从右到左的顺序计算各方案的期望值，确定方案的期望结果，并将结果写在相应方案节点上方。

(3) 确定最佳方案

计算完毕后，开始对决策树进行修枝，对每个决策节点删除最高期望值以外的其他所有分枝，最终推进到第一个决策节点，这时就找到了处理问题的最佳方案。方案的舍弃叫作修枝，被舍弃的方案用“≠”表示。最后决策节点留下一条树枝，为最优方案。

5.4.4 事件树分析法

1. 事件树分析法的内涵

事件树分析法（ETA）是安全系统工程中常用的一种归纳推理分析方法，起源于决策树分析，它是一种按事故发展的时间顺序由初始事件开始推论可能的后果，从而进行危险源辨识的方法。这种方法将系统可能发生的某种事故与导致事故发生的各种原因之间的逻辑关系用一种称为事件树的树形图表示，通过对事件树的定性与定量分析，找出事故发生的主要原因，为确定安全对策提供可靠依据，以达到猜测与预防事故发生的目的。

事件树分析法的原理是按照系统的构成顺序，从初始元件开始，由左向右分析各元件成功与失败两种可能，直到最后一个元件为止。分析的过程用图形表示，就得到近似水平的树形图。事件树分析可以把事件发展的过程直观地展现出来，如果在事件（隐患）发展的不同阶段采取恰当措施阻断其向前发展，就可达到预防风险的目的。

事件树分析法的基本概念较多，为便于理解我们进行简单介绍。

①初因事件：可能引发系统安全性后果的系统内部的故障或外部的事件。

②后续事件：在初因事件发生后，可能相继发生的其他事件，这些事件可能是系统功能设计时决定的某些备用设施或安全保证设施的启用，也可能是系统外部正常或非正常事件的发生。后续事件一般是按一定顺序发生的。

③后果事件：由初因事件和后续事件的发生或不发生所构成的不同的结果。

④确定初因事件：确定和分析可能导致系统安全性后果的初因事件并对其进行分类，将可能导致相同事件树的初因事件划分为一类。

⑤建造事件树：确定和分析初因事件发生后，可能相继发生的后续事件，并进一步确定这些事件发生的先后顺序，按后续事件发生或不发生（二态）分析各种可能的结果，找出后果事件。事件树的建造过程也是对系统的再认识过程。

⑥事件树的定量分析：收集、分析事件树各事件的发生概率及其相互之间的依赖关系，定量计算各后果事件的发生概率，并进一步分析评估其风险。

事件树分析法适用于多环节的故障发生后，对各种可能的后果进行定性和定量分析。事件树分析法的定性分析，有利于群体对初始事件发生后可能出现的情景及依次发生的事项进行研讨，就各种处理方法、障碍或控制手段对结果的影响方式提出各种看法，集思广益。而定量分析更有利于分析控制措施的可接受性，主要用于拥有多项安全措施的失效模式。

2. 事件树分析法的优点

（1）简单易懂

事件树分析法清晰展示了事件的逻辑关系和影响路径，有助于决策者全面理解事件的整体情况。

（2）逻辑严密，判断准确

事件树分析法为决策者提供了一个有序的框架，以便更好地分析和评估事件的风险。

（3）风险分析准确

事件树分析法有助于准确评估风险。通过量化评估事件的发生概率、故障率和后果，可以对不同事件的风险进行准确评估。这有助于决策者识别高风险事件，并有针对性地采取控制措施，以降低风险的发生概率或减轻后果。准确的风险评估可以帮助决策者制定合理的决策和应对策略。

3. 事件树分析法的不足

（1）数据需求量大

事件树分析法需要大量的数据支持，包括事件发生的概率、故障率、影响路径等。如果缺乏准确和可靠的数据，分析结果可能会受影响，导致不准确的风险评估和决策。

（2）简化假设

为了简化分析过程，事件树分析法可能会引入一些假设和近似，以简化事件的模型。这可能会导致分析结果与实际情况存在一定的偏差，需要谨慎解释和使用。

（3）人为主观性

事件树分析法的结果可能受到分析人员的主观影响。不同的分析人员可能对事件的概率和后果有不同的理解和评估，导致结果的差异性。因此，在分析过程中需要注意减少主观偏差的影响。

4. 事件树分析法的实施步骤

（1）确定初始事件

事件树分析是一种系统地研究作为危险源的初始事件如何与后续事件形成时序逻辑关系而最终导致事故的方法。初始事件是事故在未发生时，其发展过程中的危害事件或危险事件，如机器故障、设备损坏、能量外溢或失控、人为错误等。正确选择初始事件十分重要，可以用两种方法确定初始事件：

①根据系统设计、系统危险性评价、系统运行经验或事故经验等确定；

②根据系统重大故障或事件树分析，从其中间事件或初始事件中选择。

（2）判定安全功能

系统中包含许多安全功能，在初始事件发生时消除或减轻其影响以维持系统的安全运行。常见的安全功能有：①对初始事件自动采取控制措施的系统，如自动停车系统；②提醒操作者初始事件发生的报警系统；③根据报警或工作程序要求操作者采取的措施；④缓冲装置，如减振、压力泄放系统或排放系统等；⑤局限或屏蔽措施等。

（3）绘制事件树

从初始事件开始，按事件发展过程自左向右绘制事件树，用树枝代表事件发展途径。先考察初始事件一旦发生最先起作用的安全功能，把可以发挥功能的状态画到上面的分枝，不能发挥功能的状态画到下面的分枝。然后依次考察各种安全功能的两种可能状态，把发挥功能的状态（又称成功状态）画到上面的分枝，把不能发挥功能的状态（又称失败状态）画到下面的分枝，直到到达系统故障或事故为止。

（4）简化事件树

在绘制事件树的过程中，可能会遇到一些与初始事件或与事故无关的安全功能，或者其功能关系相互矛盾、不协调的情况，需要用工程知识和系统设计的知识予以辨别，然后从树枝中去掉，即构成简化的事件树。

（5）事件序列的定量化

①事件树定性分析。

事件树定性分析是根据事件的客观条件和事件的特征，做出符合科学性的逻辑推理，用与事件有关的技术知识确认事件可能状态，对每个发展过程和事件发展的途径做可能性的分析。

第一，找出事故连锁。事件树的各分枝代表初始事件一旦发生其可能的发展途径。其中，最终导致事故的途径为事故连锁。一般地，导致系统事故的途径有很多，即有许多事故连锁。事故连锁中包含的初始事件和安全功能故障的后续事件之间具有“逻辑与”的关系，显然，事故连锁越多，系统越危险，事故连锁中事件树越少，系统越危险。

第二，找出预防事故的途径。事件树中最终达到安全的途径指导我们如何采取措施预防事故。在达到安全的途径中，发挥安全功能的事件构成事件树的成功连锁。如果能保证这些安全功能发挥作用，则可以防止事故。一般地，事件树中包含的成功连锁可能有多个，即可以通过若干途径防止事故发生。显然，成功连锁越多，系统越安全，成功连锁中事件树越少，系统越安全。进行事件序列定性化的目的是找出事故连锁和预防事故的途径。

②事件树的定量分析。

事件树的定量分析是指根据每个事件的发生概率，计算各种途径的事件发生概率，比较各个途径概率值的大小，做出事故发生可能性序列，确定最易发生事故的途径。

一般地，当各事件之间相互统计独立时，其定量分析比较简单。当各事件之间相互统计不独立时（如共同原因故障、顺序运行等），则定量分析变得非常复杂。

第一，各发展途径的概率等于自初始事件开始各事件发生概率的乘积。

第二，事件树定量分析中，事故发生概率等于导致事故的各发展途径的概率和。定量分析要有概率数据作为计算的依据，而且事件过程的状态又是多种多样的，一般都因缺少概率数据而不能实现定量分析。

第三，事件树分析法把事故的发生和发展过程表述得清楚而有条理，对设计事故预防方案，制定事故预防措施提供了有力的依据。从事件树上可以看出，最后的事故是一系列危害和危险作用的结果，如果中断这种发展过程就可以避免事故发生。因此，在事故发展过程的各个阶段，应采取各种可能的措施，控制事件的可能性状态，降低危害状态出现概率，提高安全状态出现概率，把事件发展过程引向安全的发展途径。

5.5 供应链风险控制的措施

5.5.1 建立与完善企业内部风险控制机制

1. 建立与完善企业内控制度

要想做好供应链风险管理，内部控制是重中之重。做好内部控制，风险发生的可能性就会大大降低。要想建立与完善企业的内控制度，应从以下 4 个角度入手。

（1）加强组织领导，完善内控工作体系

建立完善的组织体系是内控得以推行的关键因素。企业应设立专门的内控办公室，其业务直接对接高层领导，不受其他部门的管理，主要工作为协调内部工作、组织内控制度编订、开展内控检查并进行跟踪整改、定期发布内控报告，包括企业高层在内的所有员工都要遵循其提出的建议。

（2）加强内控培训，提升全员内控素质

加强内控培训，提升全员素质，才能让风险管理意识得以落地。这种培训应包含企业高层和中层管理者与一线员工，形成全员化培训。对企业高层管理者重点培训内控架构与长远规划，对中层管理者重点培训内控管理与业务执行，对一线员工重点培训工作细节与操作技巧等。进行全员培训，全方位提升内控素质，才能发挥企业所有人的能动性。企业应充分利用会议、网络、报刊、培训班等形式，加强对内控知识的宣传，形成独特的企业文化。

（3）加强宣传引导，营造良好内控环境

企业应充分利用现场看板、企业文化杂志等，大力对内控工作进行宣传。尤其对现场看板，要详细写明生产的具体内容、原材料的使用情况、改进策略等，形成完善的内控管理氛围，提升全体员工对内控工作的理解，对供应链风险管理建立更加深入的认识。

（4）规范审批权限，严格授权管理

规范审批权限，用制度创建内控流程。根据企业组织的规程，可以将风险较小、审批意义不大的权限适当下放，但对风险较大的项目要收紧权限，严格按照审批流程完成，如合同签署、资金支付、费用审批等，必须采用金字塔结构的管理方式。若缺少相关部门领导的签字，不得执行，实行“归口管理，部门审核报批”的程序，保证企业业务不存在流程混乱的现象。

2. 加强对物资采购招标与签约的监督

采购是供应链管理中的起点与重点，必须加强对物资采购招标与签约的监督，才能保证供应链的第一环安全，为接下来供应链的整体管理奠定基础。做好招标采购的规范，才能找到真正合适的供应商。企业对物资采购招标与签约进行监督时应遵循以下原则。

（1）严格申请招标采购前置条件

对招标设定严格的前置条件，包括对企业注册年份、企业注册金额、企业主体经营类型等做出明确要求，不符合前置条件的企业不能进行招标活动，避免滥竽充数、实力不足的企业进入竞标环节。

（2）业务审核

严格规范前置条件的同时，还要对招标企业进行业务审核。对投标领域生产经验明显不足的企业，应将其排除在外。投标企业应提交往期项目说明书，否则应排除其竞标的权利。但不得设置不合理的注册资本、资质等级、业绩、人员配置、地域限制等条件，排斥、歧视潜在投标人。

（3）网上投标系统的建设

逐步建立供应链网上投标系统，实施网上报名、网上投标、网上评标、远程评标等管理方式。通过信息化手段，公开招投标信息，避免私下人为因素干扰，导致招投标活动存在徇私舞弊的现象。

（4）公示

供应商通过招投标确认后，应在网上投标系统进行短期公示，详细说明该企业资质、能力、报价等，所有企业员工可以在公示期进行信息举报或反馈。公示期内，不存在问题的，可进入下一阶段具体签约。

3. 供应链全流程的监督

（1）健全全流程的监督

供应链全流程的监督包含对计划、审批、询价、招标、签约、验收、核算、付款和领用等所有环节的监督，每个环节都应落实到人，包括监督人、经办人、申请人、批准人，每个人的工作应记录在案，尤其对财务往来、原材料确认、原材料验收、原材料入库等，要详细记录时间、金额、数量等。

（2）内控审计、财务审计、制度考核

内控审计、财务审计、制度考核构成内部控制的全方位审计，三管齐下，才能确保供应链的规范和控制风险的防线发挥作用。内控审计，就是确认、评价企业内部控制有效性的过程，包括确认和评价企业控制设计和控制运行缺陷及缺陷等级，分析缺陷形成的原因、提出内部改进建议。定期开展财务审计，确保会计期间发生的会计事项均被记录在有关账目并在会计报表中列示，没有遗漏、隐瞒经济业务和会计事项，无账外资产。所有内控审计、财务审计都应形成制度考核体系，负责人承担相对应的责任。企业通过制度进行考核，让考核成为日常工作，确保内控工作“权有所属，责有所归”。企业制度能够覆盖生产经营全过程，这样才能让供应链上的所有成员建立责任意识，严格按照企业规定完成工作。

（3）建立全面风控的预警机制

建立预警机制的核心在于平衡上游和下游合作体系中的风险管理能力，降低对外部第三方合作的过度依赖，内生风控预警机制，摆脱过度依赖人进行信息决策的方式，培养利用新技术进行信息决策的能力，不断优化盈利模式，提高自身的竞争能力。

5.5.2 加强供应链的柔性建设

供应链的柔性是指供应链的弹性，即灵活性，也就是供应链适应市场需求变化的能力。当今市场需求多样化、服务个性化、时尚多变化、运作全球化、配送及时化的特征越来越明显，市场需求的不确定性大大增加，而不确定性正是风险形成的基本原因。只有充满柔性的供应链，才能对急剧变化的市场需求做出及时、快速的反应，防止供需不能匹配形成的风险。建立快速反应机制，增强供应链响应市场变化的能力，是使供应链具有柔性的关键。供应链的柔性，体现在供应链系统设计的柔性、生产设备的柔性、人力资源的柔性、信息系统的柔性、运营管理方式的柔性及适合柔性化的企业文化氛围。

围绕着制造业供应链体系，从供应链韧性角度，我们要考虑制造业供应链的安全性，包括产业链的安全、物流链的安全和信息链的安全；从供应链柔性角度，我们要提高供应链的反应能力，这需要以供应链智慧化为主线，以供应链高效协同为目标，来提升供应链柔性，让供应链更敏捷。增强供应链柔性是一种成本低、效率高、与“精益”思想相一致的方式，不仅有助于企业更好地应对日常需求的波动，而且在中断发生后能够促使企业对供应链现有能力进行重新部署从而使意外中断造成的影响最小。企业可以根据自身的实际情况，充分发挥想象力和创造力，在供应链柔性上大做文章。

1. 安全库存的管控

在库存管理中，预测每类物品发生风险时需要恢复的时机，据此备好一定量的安全库存，这也是一种应对风险的灵活措施。此理念和零库存的管理理念并不冲突。零库存的管理原则并不是要求库存一定要控制在“0”的状态，而是要求企业在考虑安全库存的基础上，少囤积一些不必要的库存，以免过多占用现金流。需要注意的是，零库存管理其实就是建立在安全库存的概念之上的。安全库存又称保险库存，是指为了防止不确定性因素而预留的保险储备量，可以为企业提供安全的保障，以应对各种突发风险。当风险来临时，合理的安全库存水平可以帮企业争取到一定的反应和补救的时间。

2. 供应链风险控制的成熟度

供应链运营过程中，除了基础的保障供应功能外，企业对供应商的管理深度、对外部优质资源的获取能力、对关键节点的控制能力、与市场环境的互动等，都体现了其管理的成熟度。供应链风险控制的成熟度会影响企业对风险的反应能力。供应链风险控制的成熟度与企业的供应链运营能力成正相关关系，也是衡量供应链管理水平和能力的重要指标。可以从不同的角度对管理者、管理层次和管理对象进行综合的管理评价。

综上所述，供应链是一种多环节、多通道的复杂系统，很容易发生突发事件。供应链风险控制中，对突发事件的发生要有充分的准备。对于偶发但破坏性大的事件，可预先安排应变措施，制定应对突发事件的工作流程，建立应变事件的小组。在整合供应链流程、提高供应链效率的同时保持供应链的弹性。如今供应链风险控制过程中实施的部分方法，一旦遇到突发事件或需求有较大波动时，就会显得缺乏弹性。因此，在注重效率的同时应保持供应链适度弹性。

5.5.3　加强企业的信息化建设和信息共享机制

企业在供应链管理中，应当充分运用信息技术建立信息共享平台，以实现企业内外部信息的充分交流和共享，减少信息传递不对称或失真带来的管理风险。快速、高效的信息传递通道，可以保证信息交流的客观性，同时给风险的预处理提供大数据分析的空间。

信息化建设可以让高效的沟通变成现实。其中，高效的沟通为广义上的理解，不仅包含企业内部上下游的有效沟通，还包含企业与外部合作伙伴（客户、供应商等）及外界相关方（政府、股东等）的有效沟通。

1. 企业外部信息化建设

企业和供应商信息沟通的过程中，从供应商的准入到实绩管理，都可以通过线上管理软件进行信息共享。同时，对于企业外部的合作伙伴，可适当开放某些接入端口，适量地在线上共享一些信息，以减少流通环节，减少双方电话或邮件沟通中的低效和信息失真，加快信息反馈的速度，提高协作的效率。针对风险管理的部分，有类似于供应商风险管理的线上管理系统，该系统可有针对性地对供应商的异常表现进行实时监控，并适时给出风险预警提示。

2. 企业内部信息化建设

企业内部管理也可尽量通过线上信息化的管理软件操作，如在生产经营过程中，企业可以通过 SAP 和 ERP 等信息管理软件实现生产计划的安排、采购订单的传达和生产状态等信息的衔接与共享，人事、财务、销售等也可以同频接入信息化管理的软件系统，以方便部门内和部门间不同层级间的沟通和反馈，减少信息传递中的延误或失真风险，提高协作效率。

3. 建立多种信息传递渠道

建立多种信息传递渠道，加快信息流通速度，预防信息风险，通过有效的信息共享与传递，供应链上所有成员从供应链一端能够直达另一端。如果不能得到快速有效的信息，就会造成成员企业在信息不对称情况下做出错误的判断或决策。通过与供应商和客户的信息共享，实现供应链的透明化，运用准时生产方式（JIT）、供应商管理库存（VMI）、供货方管理库存（SMI）等供应链管理技术，实现供应链伙伴之间的协同商务，以便用信息替代库存，降低供应链的总成本，提高供应链的竞争力。如某企业通过网站向供应商提供实时数据，使供应商了解零部件库存、需求预测及其他客户信息，更好地根据该企业的需求组织生产并按 JIT 配送，大多数零部件只在该企业仓库存放 15 分钟以内。同时，该企业的客户在网上按指令配置 PC，下订单 5 分钟后就可以得到确认，36 小时内客户订购的 PC 就会下生产线装上配送车。增加供应链信息的透明度，加快信息流通速度有利于提高供应链反应速度。

5. 5. 4　提升供应链管理工作效率

提升供应链管理工作效率，主要可以从以下 3 个方面着手。

1. 扁平化管理

当下企业中比较流行扁平化管理，其核心就是提高工作环节中的效率，营造高效的反馈机制，避免一言堂，避免过度集权化。集权的优点是有利于指挥，但其缺点是难以适应复杂变化的环境。供应链管理中，如采购工作经常会面临各种突发事件，需要及时处理不断变化的事务性工作，如果这些都依赖集中管理就很难做到灵活应变。因此，企业应当将权力适当地释放给合适的人选，这也更有利于供应链在风险面前快速反应。例如，在汽车生产制造的装配线上，普通员工发现紧急故障时，有权力按下红色的紧急按钮，以释放出事故发生的信号。权力的释放除了可以提高供应链的反应速度外，还可以提高员工参与管理的积极性和荣誉感。

2. 加强并行管理

并行流程的字面意思为多任务同时操作。在企业的供应链管理布局中，无论是生产、采购、物流配送，还是分销等过程，都可采用并行的管理模式。各部门既有上下连接的节点，相互之间的工作又可以独立进行。此种模式的意义在于，不同的职能合理分布在集中化的供应链中，企业可以同时观测到不同职能部门的同步运作。如果其中某一环节出错，相关信息会第一时间反馈至管理层和下一个关联部门，管理层可以快速决断，企业可以快速反应，从而降低供应链风险。

3. 灵活的人员配置制度

风险的对抗过程要考验团队的凝聚力，也要考验其是否有先进的阵法，即人员的灵活配置与组织。灵活的人员配置制度包含人员技能的多向培养，也包含可随时调整的组织架构。企业在培训员工时，除了强化员工的本职技能外，也要培养其他领域的发散技能，组织机构则可在员工多元化技能的基础上，根据需要临时组合或调整。企业常见的多功能工作小组就是一种很好的表现形式。多功能小组的工作方式为：从各部门抽调出合适的人员组建一个工作小组，负责管理专项工作。此工作模式可以保证在不影响本职工作的同时，多向化发展员工技能，也能集中资源去应对某些突发事件。

5.5.5 建立应急处理机制

在当今全球化的商业环境中，供应链风险管理变得至关重要。一旦供应链中的某个环节出现问题，可能对整个生产过程和企业运营产生严重影响。为了应对潜在的威胁，保障业务的连续性，建立应急处理机制成为供应链风险控制中不可或缺的一环。

1. 全面的风险评估

建立应急处理机制需要对供应链的关键节点进行全面的风险评估。通过对供应链的深入分析，可以识别潜在的威胁和薄弱环节，为建立应急处理机制提供有力的依据。全面的风险评估包括但不限于原材料供应商的地理位置、物流渠道的可靠性、政治经济状况等多个方面。只有通过全面的风险评估，企业才能更好地了解潜在的危机，并有针对性地制定应对措施。

2. 明确责任分工和流程

建立应急处理机制需要明确责任分工和流程。在供应链风险事件发生时，迅速而有序地应对措施是至关重要的。因此，企业应事先明确各个部门和岗位在应急处理中的责任，并建立相应的流程和沟通机制。明确责任分工和流程包括定期的培训和演练，确保相关人员能够迅速而准确地执行应急计划。通过建立明确的责任分工和流程，企业可以在紧急情况下更加高效地应对风险事件。

3. 寻求合作伙伴的支持

建立应急处理机制需要积极寻求合作伙伴的支持。在供应链中，不同环节的合作伙伴都可能受到同一风险事件的影响。因此，建立紧密的合作关系，分享信息和资源，形成联防联控的合作机制是非常重要的。这可以通过建立供应链伙伴关系管理系统、签署协议以及定期的联合演练来实现。通过与合作伙伴的紧密合作，企业可以更好地应对风险，提高整个供应链的抗风险能力。

4. 利用先进的技术手段

建立应急处理机制需要利用先进的技术手段。随着科技的不断发展，各种先进的技术手段如人工智能、大数据分析等已经在供应链管理中得到广泛应用。利用这些技术手段，企业可以更加精准地监测供应链的运行状态，提前预警潜在的风险。同时，技术手段还可以帮助企业更加迅速地采取应对措施，提高应急处理的效率。

企业应该建立一个全面的供应链风险管理体系并对供应链中的各个环节进行分析。这样才能帮助企业更好地了解潜在风险的位置和类型，让企业及时识别和应对潜在的风险并采取相应的应急措施。企业也应该根据风险分析的结果制订风险管理计划，其中包括风险应对措施和监控措施，让企业有效应对潜在风险并减少损失。当面临不可控制的供应链风险时，应急措施就显得尤为重要，因此建立风险应急机制是至关重要的。在预警系统做出警告后，应急系统及时对突发事件进行应急处理，以避免给供应链带来严重后果。处理合作过程中可能发生的各种意外情况是一项复杂的系统工程，必须从多方面、多层次考虑。通过应急系统，可以化解供应链合作中出现的各种风险，减少由此带来的实际损失。

5.5.6 培养供应链风险管理文化

为有效地管理潜在的威胁，企业需要采取一系列措施来培养供应链风险管理文化。这种文化不仅关注单一事件的应对，更强调持续的风险识别、评估和管理。在供应链风险控制中培养供应链风险管理文化的关键措施有以下几种。

1. 培养风险管理意识

以现有的企业文化为背景，一是在理念层面，充分利用各种宣传形式，提升全员风险意识和责任意识，树立风险无处不在、无时不在、岗位风险管理责任重大等理念。二是在制度层面，将风险管理的意识和手段融入日常的管理流程，使风险管理的实施得到全体员工的认同和支持，促进企业建立系统、规范、高效的风险管理机制。

2. 建立岗前风险管理培训制度

企业可以采取多种途径，对从事风险管理岗位的员工，建立岗前风险管理培训制度，加强对风险管理理念、知识、流程、管控核心内容的培训，培养风险管理专业人才。企业建立全员风险意识是培养供应链风险管理文化的基础。供应链中的每个环节和每个员工都可能面临不同的风险，因此需要整个团队都具备对潜在风险的敏感性和警觉性。通过定期的培训和沟通，向员工传达风险管理的重要性，使其了解自己在供应链中的角色，以及如何识别和报告潜在的风险。

3. 培养开放的沟通氛围

鼓励员工分享经验，有助于形成全员风险管理文化。供应链往往涉及多个合作伙伴，包括供应商、物流公司和其他关键参与方。建立稳固的合作关系，并推动共享信息和资源的文化，有助于形成更加全面的风险认知。共同应对风险事件、制订联合的风险管理计划、提高整个供应链的抗风险能力需要建立供应链伙伴关系管理制度，确保合作伙伴也积极参与和支持风险管理的实践。

本章小结

供应链风险控制，是在对供应链风险进行识别和评价的基础上，根据风险管理目标，有针对性地采取各种措施或方法，降低供应链风险给企业造成的损失。通过本章的学习，我们首先对供应链风险控制的内容有了更深的理解。

其次，了解了供应链风险控制的过程：确定标准、衡量绩效、分析和衡量结果、采取管理行动。接下来，介绍了不同的供应链风险的类型以及四种供应链风险控制方法：全面预算控制法、标杆管理法、决策树分析法、事件树分析法。

最后，通过采取相应措施来控制供应链风险，包括建立与完善企业内部风险控制机制，加强供应链的柔性建设，加强企业的信息化建设和信息共享机制，提升供应链管理工作效率，建立应急处理机制，培养供应链风险管理文化。

拓展阅读

舍弗勒——紧急求助函

“万般无奈之下，我司恳请有关政府部门在不违反相关环保法律法规的前提下，允许界龙继续为我司提供3个月的冷拔钢丝服务。”

这段话来自一封向上海市经济和信息化委员会、浦东新区政府、嘉定区政府发出的紧急求助函，落款日期为2017年9月14日，落款人为舍弗勒集团大中华区CEO张艺林，并加盖舍弗勒投资（中国）有限公司公章。

求助函中提到的“界龙”，指上海界龙金属拉丝有限公司（下称“上海界龙”），由于存在环保问题，浦东新区川沙新镇政府曾多次通知其停止生产。2017年9月11日，上海界龙自行组织停产和断水断电，并拆除相关生产设备。随后，舍弗勒便发出了上述紧急求助函。一家外企为何会为其他企业“求情”？

1. 舍弗勒供应链

舍弗勒是一家来自德国的家族企业，它是全球范围内生产滚动轴承和直线运动产品的领导企业，也是汽车制造业中极负盛誉的供应商之一，旗下拥有3个知名品牌：INA、FAG和LuK。舍弗勒设汽车、工业、航空航天三个事业部，业务遍及全球几十个国家并设有分支机构，是一个集生产基地、研发中心和销售公司于一体的全球性网络集团。2008—2017年舍弗勒销售额持续增长，这使舍弗勒成为欧洲最大的家族企业集团之一。舍弗勒象征着对客户的高度关注、非凡的创新能力及最高的质量水准。

2. 舍弗勒供应链危机的原因及分析

舍弗勒唯一的上游滚针供应商——上海界龙金属拉丝有限公司在大规模的环保整顿风暴中被断电停产、拆除相关生产设备，导致企业断供，舍弗勒因此发布紧急求助函："请求政府有关部门给予供应商3个月的过渡期，以便舍弗勒转换供应商。""我司对相关客户进行了排查，发现滚针的断货将导致49家汽车整车厂的200多个车型从2017年9月19日开始陆续全面停产。"按照舍弗勒的说法，由于短时间内很难找到替代供应商，且新的供应商需要经过技术认可和质量体系认证，可能需要3个月的时间才能更换完供应商。如果滚针断货，将导致多家汽车整车厂的诸多车型从2017年9月19日开始陆续停产，理论上将造成数百万辆车不能出厂。这是一个典型的"蝴蝶效应"导致供应链风险的案例。

（1）谋取高额利润，采用单一供应链模式

从舍弗勒只选取界龙拉丝一家供应商的角度来看，其目的是降低生产成本，获取巨额利润。界龙拉丝生产的滚针产品属于高耗能的单品，由于无视法规采取"边污染，边生产"的生产模式，其部件的成本远低于国外或者其他按照法律法规生产出来的零部件的成本。受利益的驱使，舍弗勒发现其中的巨额利润，于是做出冒险举动，采用单一供应链模式，只选择界龙拉丝一家公司作为其供应商来生产滚针。显然，这是一种高风险的做法，一旦界龙拉丝出现问题，后果将难以估计，舍弗勒将面临巨大危机。

（2）无视规章制度，对供应商的管理监督不到位

界龙拉丝的废水排放问题长期存在，多次被环保部门列入监管名单并被罚款。自己的供应商被罚，舍弗勒就应该意识到其给自身带来的供应链风险，应该有义务也有责任前往界龙拉丝的生产现场检查，从而确保原材料的质量、安全、成本及生产的合法与合规性。但舍弗勒并没有足够重视，可以看出舍弗勒缺乏环保意识，对供应商的管理监督机制也不完善，落实不到位。

（3）采购策略存在问题

作为一家有着百年历史的国际零部件企业，对于这类数量庞大涉及客户众多的零部件，供应商却只有一个，这种做法显然不合理，一旦供应商出现问题，很可能会牵一发而动全身。

一般来说，企业在关键部件的采购上，一般都有两个甚至多个供应商并线供货，既能防止采购价格过高，也能防止由于供应商问题而断货。由此可见，舍弗勒在供应

链采购策略的制定上存在很大问题和缺陷，需要及时改正。

课后习题

1. 简述供应链风险控制的概念和原则。
2. 简述供应链风险控制过程。
3. 供应链风险控制的类型有哪些？
4. 简述标杆管理法的优缺点。
5. 供应链风险控制的措施有哪些？
6. 如何建立与完善企业内部风险控制机制？

6 供应链风险监控与预防

本章目标

1. 理解供应链风险监控的内容。
2. 熟悉供应链风险监控的流程。
3. 掌握供应链中断风险的预防措施。
4. 掌握供应链风险监控与预防的措施。

导入案例

华为的供应链风险监控与预防管理

华为注册成立于1987年，前期专注于数字交换机的研发及生产。1998年8月，华为与国际商业机器公司（IBM）合作，开始对供应链进行全面的建设与改进。“IT（互联网技术）策略与规划”项目，为华为规划了开展业务变革及IT项目的实施流程。在对华为供应链存在的问题进行系统性分析及合作建设后，华为成功地将IBM供应链管理方案应用于企业中。到2003年左右，华为基本建成了以客户为中心、低成本、高效率的集成供应链。2008年开始，华为逐渐形成并向世界传递以企业社会责任为核心的价值观念，以采购业务为切入点，对供应商和合作伙伴施行广泛影响。以可持续发展为核心，供应链结构紧密性进一步提升，一体化协同现象更加明显。

长期深耕于供应链管理的华为，实现了企业的跨越式增长和价值链上的攀升。成绩斐然的同时，也使以美国为代表的一些原全球供应链领先的国家及其企业感到危机，尝试通过各种途径抑制华为的迅速增长。2019年5月16日，中国华为公司及其70家附属公司被美国商务部正式列入“实体名单”，要求未经允许企业不得向华为出售元器件和相关技术，意味着华为在供应链源头受到了更多的限制。然而，在中美贸易摩擦背景下，华为基于其供应链上下游的三角结构的支撑，积极尝试对原有供应链进行调整重塑。同时，华为也交出了一份令人振奋的答卷，据华为2019年年报显示，2019年华为销售收入达8588亿元，同比增长19.1%；净利润627亿元，同比增长5.6%。华为为何能在中美贸易摩擦背景下保持企业利润的持续增长，自然离不开其对供应链风险的监控和预防。

华为供应链搭建可以分为两个阶段：第一阶段为1999—2004年，在此期间，华为基本完成了国内的集成供应链建设，供应商管理水平得到了很大的提升；第二阶段为2005—2015年，华为在十余年时间中拓展了企业的国际布局，构建全球供应链并逐步解决了分布世界各地的供应商的管理问题。最终形成了供应商选择、评价与认证的供应商管理“铁三角”模式。

据《日经亚洲评论》2020年6月17日报道，由于受到美国零部件供应限制影响，华为在采用了美国相关技术及零部件设备的情况下，供应限制导致其供应链需要在短时间内进行调整，原定在下半年推出的Mate40将会延期批量发售。这一消息似乎暗含华为陷于困境的意味，但从2015年开始，华为就开始逐步实施“去A化战略”，加快供应链本土化进程。到2020年年初华为本土化供应链已初具雏形：半导体涉及领域包括卓胜微、韦尔股份、盛邦科技及汇顶科技等；存储技术相关的国内供应商包括北京君正、兆易创新、澜起科技等；印制电路板（PCB）主要供应商为生益科技、沪电股份、依顿电子等；连接器供应商则主要为立讯精密、中航光电等。其中，对标美国安费诺的立讯精密已经在对苹果手机的供应中证明了其优越的生产供应能力，与华为的设计研发能力可以形成较好的匹配。这使华为具有了较好的风险应对机制，美国供应商的替代虽具有一定难度，但并非不可能实现。

展望未来，中美贸易摩擦背景下外部环境的不确定性给华为供应链带来危机的同时，也将供应链结构重塑问题提前带到华为的面前。任正非先生在20年前《华为的冬天》的演讲里提到：“华为的冬天可能来得更冷，更冷一些。”2019年的冬天对于华为来说似乎格外寒冷。“沉舟侧畔千帆过，病树前头万木春”，以“平常心”积极应对危机的华为，在供应商选择、供应商评价和供应商认证“铁三角”的支撑下正在调整供应商结构，尝试对供应链的重塑。

6.1 供应链风险监控活动

6.1.1 供应链风险监控的内容

对于那些影响程度严重的风险因素需要进行严密的日常监控，一旦发现存在缺陷，应及时进行反馈。供应链风险监控就是在出现问题前，通过各种手段及时察觉和反馈供应链风险，以便后续分析和处理。供应链风险监控可以尽早发现隐患进行风险控制，也可以在意外事故发生时保证第一时间采取应急措施，最终减少风险发生的概率和减少风险造成的损失。需要进行重点监控的供应链风险有以下几类。

1. 供应及交付风险

在供应和交付过程中会出现各种各样的问题，进而产生风险。常见的有：计划波动大而导致供应商难以应对的问题；供应商生产稳定性问题；产品按时、按质交付问题；物流运输途径时的合理性、安全性问题；库存状况问题等。

2. 供应链网络风险

供应链网络可以理解为供应商及其上游供应商、客户及其下游客户组成的网络，即连接整个供应链网络的合作伙伴间构建的有序的生产服务链条。也可以将供应链网络理解为连接供应商与企业，连接企业与客户之间的沟通网络。对供应链网络造成风险的因素有：上游供应商是否健康；供应商的选择是否合理；供应商之间是否存在恶意竞争；分销商选择是否合适；上下游企业的合作是否畅通无阻；信息系统是否搭建完善；企业与客户之间的合作是否良好有序等。

3. 质量安全风险

质量安全风险是比较明显和突出的供应链风险。在我国工业发展中，很多企业都因为质量安全问题而出现了重大的危机，如汽车行业零部件召回事件、乳制品行业的三聚氰胺事件等。质量安全风险主要表现为：人员技能及专业度是否足够；产品质量是否达标；质量保障措施是否完善；是否有完善的质量问题溯源体系；产品的售后服务水平是否良好；企业与供应商之间的质量管理理念是否同步等。质量安全风险处理得不妥善，轻则影响企业的声誉，重则使企业走向灭亡。

4. 运营风险

运营就是指经营企业的各项活动，典型的运营活动为供、产、销。运营风险指企业在生产经营的过程中，受到供、产、销等各个环节不确定性因素的影响，企业资金或生产出现异常，甚至企业价值出现变动。运营风险也可以理解为企业由于战略选择、产品价格、销售手段等经营决策失误而引起未来收益的不确定性。比较容易发生风险的一个环节是制造业内部的生产管理。可能导致运营风险的因素有：企业是否能够进行稳定生产；生产达标率问题；生产设备质量是否合格；现场人员是否具备合格的资质；是否存在生产瓶颈，瓶颈工序是否会成为高效生产的隐患；生产现场和环境是否安全合规等。

5. 财务风险

我国国民经济持续稳定增长，巨大的经济总量带来了巨大的货物交换量和货物价值量。虽然经济总体发展很快，但不可否认的是，企业数据作假的现象也时有发生。企业财务管理水准参差不齐，或多或少都会存在无序竞争或者恶意竞争的状况。例如，一些企业为了粉饰经营业绩，将应计入以后会计期间的应税营业收入提前至当期入账，以实现夸大营业收入、调增经营利润的目的。财务部门的管控流程是否透明、是否完善，投资和支出的核算是否准确，财务操作过程中是否存在弄虚作假的现象等，都会给企业的供应链管理乃至企业生存带来巨大的冲击。

6. 技术风险

技术是企业的核心竞争力，企业需要保证自身的技术实力能在市场上占有一席之地。技术风险主要可以从两方面理解：一是技术能力不足，企业在新项目的研发过程中，由于受外部环境、项目本身的复杂性、科研开发者自身能力的限制等，新技术研发无法正常进行；二是技术落后，企业因技术落后无法跟上市场的需求而被淘汰，企业因此关门歇业。无论是哪种情况，可能在短期内看不出技术风险对企业的显著影响，但从长期来看，技术风险会使企业逐渐丧失其核心竞争力，最终导致企业的灭亡。

7. 市场变化风险

市场千变万化，供应链的运作是以市场需求为导向的，供应链中的供给、生产、运输、销售等，都必须建立在对外部需求准确预测的基础之上。例如，触屏手机问世之前，生产按键手机的企业经营得风生水起，企业也在不断专注于提升按键手机的质量等。但是以苹果手机为代表的触屏手机一上市，就受到了消费者的热捧，很快就取代了按键手机在市场的地位。这就是市场变化带来的巨大风险。市场需求更新换代，市场竞争不断激化，消费者需求偏好也存在一定的不确定性。企业对市场不准确地把握，会导致整个供应链的经营风险。在动态变化的市场环境中，如何准确定位存在一定的难度。所以，企业是否能准确判断自身产品的竞争力，能否感知市场对新材料或新技术的需求，能否感知市场变化背后潜藏的危机，并准确预测未来的趋势，将成为供应链风险管理的核心竞争力之一。

8. 政策风险

当国家经济政策发生变化时，往往会对供应链的资金筹集、投资及其他经营管理活动产生极大影响，供应链经营风险也由此增加。例如，当产业结构调整时，国家往往会出台一系列的产业结构调整政策和措施，对于一些产业采取鼓励政策，对于另外一些产业，很有可能就是限制。企业能否及时正确地解读国家不同时期的经济政策尤为重要。对政策进行合理解读，将决定企业的投资发展方向，同时也决定着企业供应链未来的布局。

9. 法律风险

不同国家或地区的法律法规存在一定的差异，同时法律法规体系也处于不断完善的过程中，这种动态变化的过程也会带来一些不确定性。法律环境的变化，会诱发供应链的经营风险。例如，在国际贸易中，交易对象所在地的法律法规往往各有特色，不能套用国内法律法规一概而论，需要单独解读。企业必须掌握不同地区法律法规的差异，采取不同的应对措施和手段。不同的法律法规下产品的生产运营环境有所不同，一旦触碰到法律的底线，企业或个人都将受到当地法律的制裁。

10. 环境污染风险

当下，环境保护问题越来越受到人们的重视，近年来国家陆续出台了各种环境保护政策。因此，供应链企业需要重视环境问题。在工业发展的进程中，废气、废物、废水的排放，不可避免地会威胁到周边的生态环境。因此，企业应该重视环境污染风险，切实解决生产过程造成的污染问题，迈向环保、节能、低碳的绿色发展之路。

11. 行业周期风险

市场经济的运行轨迹具有明显的周期性，繁荣和衰退交替出现，经济发展周期如图 6-1 所示。企业能否在合适的时间节点准确地把握行业变化的周期，也是影响风险管理的一个关键点。经济繁荣时期，在市场需求不断提升的刺激下，企业会增加固定资产投资，进行扩大再生产，增加存货、补充人力，相应地增加了现金流出量。经济衰退时期，企业会及时止损，减少不必要的开支，精简供应链，提升产品自身的吸引力。随着经济繁荣或者衰退的变化，企业需要及时把握时机，监控和识别行业周期风险。

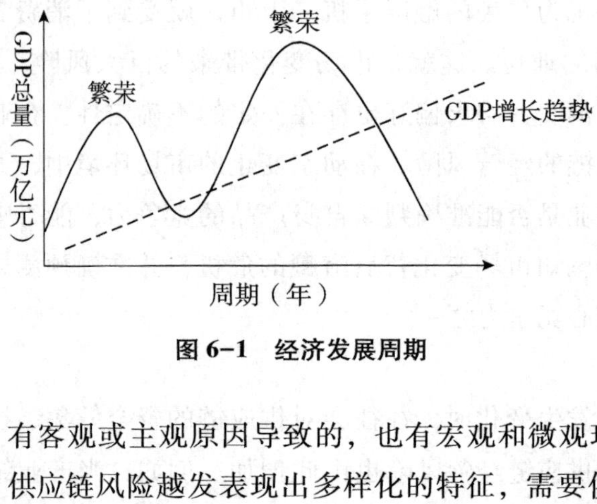

图 6-1　经济发展周期

以上各种风险，有客观或主观原因导致的，也有宏观和微观环境导致的，特点不尽相同。由此看来，供应链风险越发表现出多样化的特征，需要供应链相关企业用心甄别和监控。

6.1.2　供应链风险监控的流程

供应链风险监控的流程包括监视供应链风险的状况，如风险是已经发生、仍然存在还是已经消失，检查风险应对策略是否有效，监控机制是否在正常运行，并不断识别新的风险，及时发出风险预警信号并制定必要的对策措施。

供应链风险监控的重点是应根据监控得到的供应链风险征兆，做出合理的判断，采取有效的行动。供应链风险监控的流程包括以下几项。

①整合信息。这是一个持续的过程，需要在整个项目周期不断收集和分析与已识别风险相关的各种信息，以便及时发现潜在的新风险。厘清组织风险状况或暴露是否正在发生变化，并且识别最近出现的或升级的合同风险等。

②警示风险。通过预警体系警示风险的变化和演变趋势。供应链风险预警体系是实现供应链监控的重要工具。首先，企业需要在风险评估的基础上建立预警体系，通过监测供应链的各个环节和关键节点，及时获取与风险相关的信息。预警体系需要配备现代技术手段，如物联网、大数据分析等，来收集和分析供应链中的各种数据，以便更加准确地预测和识别潜在的风险。预警体系也需要定期进行评估和优化，以确保其有效性和适用性。

③跟踪风险。跟踪已识别的风险并监督残余风险是风险监控的重要环节。当已识别的风险触发时，需要立即采取相应的应对行动。这些行动包括更改项目计划、调整资源配置等。同时，需要有一套有效的风险监控机制，以便实时跟踪已识别的风险的状态，监测残余风险和识别新出现的风险。在整个项目期间，必须定期评估风险监测的有效性，包括对商定的风险应对计划的实施情况和残余风险的监控、新风险的识别及对风险管理过程本身的评估。如果发现某些风险应对措施未能有效降低风险，或者出现了新的风险事件，应及时调整风险管理策略和行动计划。

④处理残余风险直至解决。残余风险是指在实施了新的或增强的控制措施后仍然存在的风险。因此，为了降低残余风险，企业可能需要制定专门的残余风险处置方案。这个方案应该基于对已有措施的评估，确定残余风险，然后分类，并针对不同类型的残余风险制定具体的应对策略。

⑤解决后，记录在案，供日后参考。

6.2 供应链风险监控的措施

6.2.1 供应链风险预警系统

供应链的复杂性决定了供应链风险的不可避免性，风险发生后的损失难以弥补性和风险应对工作的被动性决定了风险管理的重要性。传统的风险管理是一种“回溯性”管理，往往于事无补。供应链风险监控的意义就在于实现供应链风险的有效管理，消除或控制供应链风险的发生以避免造成不利后果。因此，建立有效的风险预警系统，对于风险的有效监控具有重要作用和意义。风险预警管理是指对于供应链管理过程中有可能出现的风险，采取超前或预先防范的管理方式，一旦在监控过程中发现有发生风险的征兆，及时发出预警信号并采取校正行动，以最大限度控制不利后果的发生。因此，供应链风险管理的良好开端和有效实施是建立一个有效的监控或预警系统，及时觉察计划的偏离，高效地实施供应链风险管理过程。

供应链风险预警系统的建立是为了监测、掌握供应链的运营状况，以便及时发现问题，并寻求解决方案和防范措施，保持供应链持续健康地发展。虽然对不同的供应链而言，风险预警系统的构建方式、方法并非完全相同，但有效的风险预警系统仍然存在一些共性，它们是企业构建供应链风险预警系统时应遵循的基本原则。

①实用性原则。预警系统的最终目的是用于实践，需要靠实践进行检验。另外，供应链风险形成的机理复杂，不易获得供应链运营状况完整、准确的统计数据，尚没有普遍认可的指标及判别依据。在这种条件下，构建供应链风险预警系统必须坚持实用性原则，这一原则贯穿界定供应链风险、确定指标体系和判别标准的全过程。

②系统性原则。供应链是一个通过物流、信息流和资金流将供应商、制造商、分销商、零售商直到最终用户联系起来的网络组织。因此要求所构建的风险预警系统能够从整个供应链角度出发对供应链上的节点企业特别是核心企业进行监测，及时发现可能面临的风险，对主要风险的关键影响因素给予充分考虑，使检测指标体系能够全面真实地反映供应链的风险程度。

③动态性原则。坚持动态性原则的原因主要有两个方面。其一，从空间上看，供应链与企业不同，它的组成要素具有一定的独立性，供应链各节点企业之间的联系不是通过行政手段强制联结的，而是通过共同的经济利益有机地联系在一起，它们之间的联系具有一定的动态性。因此，供应链风险预警系统对供应链运营风险的监测要有一定的柔性。其二，从时间上看，供应链风险预警系统对供应链运营风险的监测不仅具有预测未来的价值，而且要有分析运营趋势的作用。这就要求预警监测必须把过去与未来联系在一起，把供应链运营活动视为一个动态的过程，在分析过去的基础上，把握未来的发展趋势。动态性还体现在风险预警机制必须根据市场经济的发展和供应链风险的变化而不断修正、补充监测的内容，确保风险预警系统的先进性。

④灵敏性原则。由于供应链结构的特殊性，一个微小的风险都可能带给供应链剧烈的连锁反应甚至可能完全破坏一条供应链，使之不复存在。因此，供应链风险预警系统作为一种信息系统，所采用的预警指标的灵敏度要高，即指标微小的变化能直接客观、及时准确地映射出供应链运营状况的变化。

⑤及时性原则。从预警的性质来说，预警是一种警报，即在供应链的运营状况出现恶化或发生险情之前，能够及时地亮出“黄牌”，给予警示。为此，预警系统必须具备及时性，能够及时发现并警告供应链运营过程中潜在的问题。否则，风险已经转变为损失后才拉响警报，预警就变得毫无意义。因此，从某种意义上说及时性是预警系统的魂。

⑥经济性原则。经济性原则是指因构建供应链风险预警系统而发生的成本不应超过因缺少预警系统而导致的损失。强调经济性原则的主要目的在于企业构建预警系统只在重要环节和领域选择关键因素加以控制，而不对各个环节和领域进行同样周密的预警。

综上所述，风险监控的关键在于培养敏锐的风险意识，建立科学的风险预警系统，从“救火式”风险监控向“消防式”风险监控发展，从注重风险防范向风险事前控制发展。

6.2.2 供应链风险应急计划

风险监控的价值体现在保持供应链管理在预定的轨道上行驶，不致发生大的偏差，造成难以弥补的重大损失，但风险的特殊性也使监控活动面临着严峻的挑战，环境的多变性、风险的复杂性，这些都对风险监控的有效性提出了更高的要求。为了保持供应链平稳运行，必须对供应链中各种风险（已识别的或潜在的）进行系统管理，并对供应链可能发生的各种意外情况进行有效管理。因此，制订应对各种风险的应急计划是供应链风险监控的一项重要工作，也是实施供应链风险监控的一个重要途径。

应急计划是为供应链中的突发事件做准备，如港口爆炸、工厂停电、政府管制等。应急计划包括风险的描述、完成计划的假设、风险发生的可能性、风险影响及适当的反应等。

触发器在供应链风险监控中非常有效，触发器可以提供 3 种基本的控制功能：第一是激活，触发器提供再次访问风险行动计划（或对照计划取得的进展）的警示；第二是解除，触发器可用于发送信号，终止风险应对活动；第三是挂起，触发器可用于暂停执行风险行动计划。以下 3 种触发器用于提供不可接受风险级别的通知。

①定期事件触发器。提供关键事件通知是定期事件触发器的基础。

②相对变化触发器。提供可接受值范围外的通知，相对变化是预先确定的定量目标与实际值之间的差距。

③阈值触发器。提供超过预先设定阈值（阈值是被设为高于或低于定量目标的一个值）的通知，状态指标和阈值的对比是阈值触发器的基础。状态指标超过了阈值时，就设定触发器，如果项目风险指标超过阈值，将发出报警信号，及时提醒供应链管理人员，并报告定量成本预算内的结果。

因此，供应链风险应急计划的制订和实施是供应链风险监控的重要一步，不容忽视。供应链相关企业应该科学合理地制订应急计划，以应对突发风险和事故。

6.2.3 供应链控制塔

供应链控制塔的定义为连接的个性化仪表板，包含整个供应链中的数据、关键业务指标和事件。供应链控制塔使组织能够更充分地了解、确定优先级并解决关键问题。更智慧的控制塔应该提供整个供应链的端到端可视性，特别是对于无法预料的外部事件，应该利用机器学习等先进技术，打破数据孤岛，减少或消除手动流程，并获取实时可行的监控。

1. 供应链控制塔的主要功能与优势

（1）实时、端到端的可视性

通过单一控制塔，将孤立系统中的数据与外部事件信息关联起来，建立整个供应链的端到端可视性，从而提供对潜在中断的可行洞察，管理异常情况。

（2）预测性和规范性决策支持

借助智能警报和实时可行洞察，更好地预测中断，提高业务连续性，帮助了解事件对客户上游和下游的影响，并确定响应优先级。

（3）协作式信息共享

利用基于人工智能的解决方案和数字行动手册，结合供应链应用，更好地开展协作，管理整个供应链中的异常情况，帮助快速响应计划外事件，并优化执行以提高绩效。

2. 供应链控制塔的类型

（1）物流/运输控制塔

物流/运输控制塔提供发货通知、交付数据和跟踪信息，以及进出物流的可视性。

（2）履行控制塔

履行控制塔专门协助货物运输，旨在加快订单流转，同时降低整体服务成本。

（3）库存控制塔

库存控制塔提供库存管理实时洞察，特别用于防止库存短缺。

（4）供应保证控制塔

供应保证控制塔确保供应量充足，以应对更多的计划供应交付，以及其他供应相关事项。

（5）端到端（End to End，E2E）供应链控制塔

端到端供应链控制塔旨在提供内部和外部系统和流程的可视性，可用于多个部门或实体。

3. 部署供应链控制塔时应考虑的因素

（1）数据质量

有效的供应链控制塔依赖于高质量的数据，它直接影响可以实现的可视性及输出的洞察。

（2）实用且切实可行的输出

数据要有用，必须先可用。实用且切实可行的输出确保数据能够被理解，并适用于常见活动和问题。

（3）心态变更管理

部署控制塔通常需要在运营方面进行大量规划，会发生重大变化，供应链成员企业要共同努力。

4. 构建供应链控制塔的步骤

基于供应链信息池和风险标准，获取对应风险要素的权重和风险标准价值，聚合得到风险分数，并构建供应链控制塔，实现智能风险管控。具体步骤包括以下 3 步。

①形成风险标准集：针对不同情况，识别有意义的风险要素。

②获得风险分数：识别风险要素的不同权重、识别风险标准价值并获得单个节点的风险分数。

③构建供应链控制塔：构建底层数据源层、供应链节点风险智能分析层、决策输出层、可视化层的控制塔。

6.3 供应链风险预防的难题

6.3.1 供应链中断风险的成因

供应链中断是指供应商因意外未能交付货物或服务的事件。它们是正常活动的意外中断，而不是协调供需的持续问题。

1. 自然或环境事件

自然或环境灾害根深蒂固地存在于外部风险阵营，是最难排除的扰乱或中断风险之一，也是最具潜在破坏性的风险之一。洪水、地震、飓风、大型火灾等事件都是不可预测的，它们会对全球供应链造成灾难性的破坏。有时，自然或环境事件的破坏力非常大，以至于完全恢复是不可能的。例如，2021 年频繁的火灾严重威胁了美国加州的物流网络，山火灾害致使美国加州地区物流派送延误，当地集装箱、仓库包裹的运输效率大受影响，物流集散运输效率严重受损。

2. 政府法规的变化

供应链中断的另一个外部风险是政府的监管和限制。例如，对于环境保护的要求可能会增加某些生产环节的成本，从而影响供应链的效率和稳定性。对于食品安全、药品安全等的法规也可能给供应链的管理带来挑战。此外，政府的安全法规和外交政策可能会影响供应链的安全性。为应对特定的情况，政府可能会采取边境封锁、港口关闭等措施，这些都可能导致供应链中断。在全球生产网络变得更加分散和企业进入新兴市场时，税收、贸易限制、边境管制和劳动法是规划者和管理者在制定生产和供应战略时必须解决的重要因素。

3. 物流不畅

物流不畅、港口效率低下制约供应链的正常运转。物流瓶颈对供应链的影响很大，尤其是与供应链紧密相连的劳动力市场、集装箱、港口、水运、陆运和仓库等方面。运输能力受挫制约了供应链的正常运转。

4. 工人罢工

随着供应链网络中节点企业之间密切联系的程度加深，工人一旦罢工就会产生连锁效应。越南在全球消费经济中扮演着举足轻重的角色，新冠疫情期间，越南工厂工人逃离，迫使越南南部工厂全部关闭，世界上最繁忙的服装和鞋类制造中心深受影响。

以耐克为例，耐克的鞋类产品中，约 3/4 产自东南亚。其中，越南产鞋品占总量的 51%之多，而印度尼西亚产鞋品，占总数的 24%。越南工厂 2021 年 7 月至 9 月的限产和停产，无疑对耐克造成了重大影响，这期间仅耐克鞋品的产量就减少了 1.8 亿双。

5. 政治动荡/地缘政治不稳定

毫无疑问，政治动荡、恐怖主义和地区危机等都会导致供应链中断。一个城市或国家处于动乱紧张的局势下，可能会无限期地产生各种各样的问题，使供应链处于危险之中。在这些动荡地区，通信中断及由于骚乱造成的时间延误可能会使解决供应链问题变得更加困难。此外，这些事件产生的影响大小和持续时间都是不可预测的。

6.3.2 供应链中断风险的影响

所有的供应链都有其内在的风险，供应链中断风险是不可避免的。供应链意外中断的严重后果，除了如生产关闭、生产力和产能利用率受到阻碍外，还会造成股东价值、销售额和声誉的严重损失，甚至可能破坏客户与供应商之间的关系。以下案例证实了这些严重的负面影响。2017 年 8 月，北京汽车投资有限公司和韩国现代自动车株式会社在中国的合资企业北京现代汽车有限公司（以下简称“北京现代”）长时间没有向供应商支付货款，导致零部件供应商断供的局面。此后，北京现代的工厂全部关闭，北京现代的股票一度下跌近 4%。这是韩国汽车巨头现代汽车进入中国 15 年来最大的危机。学者亨德瑞和辛格尔于 2012 年研究了供应链中断对上市公司的财务影响，发现即使是很小的中断都会造成企业销售量、股票收益和股东财富的显著下降（销售量降低 7%，股票收益降低 33%~40%，股票价格降低 13.5%，经营收入降低 107%，成本增加 11%），更值得注意的是，这些影响往往会在中断后持续至少两年，企业很难从这些影响中较快地恢复过来。

客户和声誉是企业两项重要的宝贵资产，忽视这两项资产的维护将会失去竞争优势，甚至濒临破产。供应链中断会影响企业声誉、破坏客户与供应商的关系。例如，由于生产力成本低廉，孟加拉国已成为世界上最具吸引力的服装采购市场之一，该国的纺织工业在零售供应链中发挥着非常重要的作用，并且是许多零售商供应链中的一个关键环节，使生产方和零售商保持着稳定的利润率。然而，2013 年 4 月，孟加拉国拉纳广场一家服装厂大楼倒塌，造成 1100 多人死亡。这次事故不仅给许多世界大型服装供应商和零售商带来了惨重损失，还让他们因纺织品采购而受到广泛的负面关注，如声誉风险，因为在生产外包的同时，公司的声誉和品牌在一定程度上也被外包。该次工厂事故发生后，零售商最大的声誉风险是品牌受损。众所周知，品牌是影响购买决策的重要因素之一，消费者尤其是年轻人，对企业社会责任的问题较敏感，很容易改变对品牌的忠诚度。尼尔森的一项最新研究表明，来自 60 个国家 55%的全球在线消费者表示更愿意为富有社会责任的企业买单且愿意支付更高的价格。这起事故无疑会让消费者、媒体和其他利益相关者对这些公司持负面看法。

特别重要的是，中断风险往往会在供应链中产生多米诺骨牌效应，即单个地点的影响会扩散到其他地点，或世界某个地区的供应中断会在另一个地区造成问题。尤其是现代企业，分工明确，整个供应链往往密集而漫长，涉及许多供应商和上游公司。如果供应链中断，就会产生多米诺骨牌效应。供应链中某一实体的失败可能导致其他链上实体的失败，甚至可能导致整条供应链的瘫痪。例如，1998 年，两家通用汽车零部件厂的罢工导致了另外 100 家零部件厂的停工，紧接着 26 家装配厂的关闭，导致经销商空置数月。过去，一场大火或爆炸可能只影响一两家公司，而如今，牵涉到多家公司且造成的影响越来越大，甚至可能威胁到全球整个行业。

总而言之，供应链中断的代价是高昂的，由于现代供应链缺乏弹性，即使是很小的中断或只是出现了一点小问题，也可能会对整条供应链产生毁灭性的影响甚至是瘫痪。供应链中断对企业的生产力、盈利能力、声誉及利益相关者（客户、供应商等）的满意度的影响都是毁灭性的。

6.3.3 供应链中断风险的预防措施

1. 建立完善的供应链风险管理计划

在企业中，对于供应链风险，必须有自上而下的监督，有完善的风险管理计划。企业必须把他们对供应链中断风险的担忧变为一个动力计划以避免和应对供应链中断。这包括识别和定义供应商风险，建立风险管理计划可以降低供应链中断频次，对重要和关键的供应商及自然灾害或政治动荡进行风险评估，建立有效的供应链中断应急体系等。

2. 识别所有供应链环节的风险

识别和预测整个供应链环节中的风险，记录供应链中断频次较高的环节和内容，将影响供应链中断的确定因素归类并排出影响程度的大小，评估潜在的、可能影响供应链的风险因素，有针对性地对供应链的薄弱环节进行持续的改善、评估和监控。

3. 提高需求预测的准确性并建立安全库存

需求预测的准确性高可以避免因需求订单数量不足而导致的缺料，安全库存可以有效防止因不确定性因素（如大量突发性订单、临时用量增加、生产报废、交货期延误等）造成的供应链中断风险。建立合理数量的安全库存，虽然会增加少量库存管理费用，却是供应链连续性的有力保障。

4. 加强对二级、三级供应商的风险管理

分层、分级的管理方式是考虑到与关键供应商的深度合作，而不是维持数量庞大的供应商群及其相互竞争。JIT（准时制）供货、精益生产等都要求精简供应商数量。采购任务不但要促使关键供应商进行风险管理，而且要提高对下级供应商的管理能力。

要确保一级供应商不但技术能力强，而且有很强的管理能力，能履行管理下级供应商和供应链的要求，并能通过有效管理二级、三级供应商管理整个供应链。

5. 建立有效的供应链中断风险应急机制

一般情况下，供应链中断分为三种情况：供应商供应中断、生产运营中断、客户脉冲式紧急订单。针对不同的中断情况，要采取不同的应急措施。

对于供应商供应中断，短期措施是督促供应商交货，或迅速联系其他供应商供货。长期措施是建立安全库存，无论是否实施 JIT 和零库存，关键物料和高风险物料都有必要建立安全库存。对于生产运营中断，要迅速成立应急处理小组，在企业内部分析和解决产生中断的原因，长期措施是建立有效的跨部门沟通机制，加强内部风险分析和监控。对于客户脉冲式订单，应该协调供应商和内部生产部门，尽快根据订单的紧急程度重新排单生产，如果是周期性的脉冲式订单，则可以提前安排生产，备足原材料和成品库存。

做好供应链中断防范是极其重要的，只要采取合理的管理措施，就能将供应链中断风险降至最低，甚至消除。

6.4 供应链风险预防的措施

6.4.1 增强供应链风险预防意识

要有效和全面地实施供应链风险管理，首先需要树立“预防为主”的防范意识。这种风险防范意识要贯穿企业的各核心流程，涉及供应链的各功能领域和从企业的高级管理者、部门领导到一线操作的所有相关人员。

以英国某跨国公司为例，其生产、销售的产品包括各种品牌的高价农用机械设备，业务范围遍及 140 个国家。一开始，公司就意识到下游供应链的风险。最初对分销商的管理更多采用“保持距离”的办法，可以通过合同、销售绩效监控来实现，当风险发生时，采取的是“救火”行动。最近，公司的管理层开始认识到，需要采取更加主动的方法管理与分销商的关系，以降低风险暴露的程度，提高绩效。为此，公司识别出一系列主要风险动因，包括战略层、战术层和运作层。如战略层的主要风险来源与动因是环境和产业特征，包括种植业集中度提高而使客户数量减少、技术发展产生新的产品、附加值增加和成本大幅降低、产品更新率提高、竞争强度增加和产品差异化、生产规模与地点（不再在英国生产）。

要树立供应链风险防范意识，除了需要对企业内部相关人员进行经常性教育，不断向他们灌输风险意识，使他们掌握风险或危机管理的一般知识外，更重要的是核心企业要向本企业所在供应链上的成员灌输这种意识，使其始终保持高度的风险戒备状态。供应链成员企业的最高领导者，要有“如履薄冰，如临深渊”的危机感，要在各种场合经常强调风险问题。

6.4.2 建立良好的供应链合作伙伴关系

由于供应链是上下游企业相互合作而构成的网链关系，所以，合作伙伴关系是供应链参与者之间最基本的关系，是构成供应链的基石。供应链合作关系是指在供应链内部两个或两个以上独立的成员之间形成的一种协调关系，以保证实现某个特定的目标或效益。建立供应链合作伙伴关系的目的，在于通过提高信息共享水平，减少整个供应链产品的库存总量、降低成本和提高整个供应链的运作绩效。Kleindorfer 和 Saad 宣称，供应链伙伴间的不断协调、合作对于风险规避、减轻、管理、化解和防范都是必不可少的，这样可使产生的价值和效益最大化并公平共享。

1. 供应链战略合作伙伴关系的形成

供应链战略合作伙伴关系的演变经历了四个发展阶段。

①传统关系。以传统的产品买卖为特征的短期合同关系。买卖关系是基于价格的关系，买方在卖方之间引起价格的竞争并在卖方之间分配采购数量来对卖方加以控制。

②物流关系。以加强基于产品质量和服务的物流关系为特征，物料在供应链上游到下游的转换过程中集成，注重服务的质量和可靠性，供应商在产品组织、柔性、准时等方面的要求较高。

③合作伙伴关系。企业与其合作伙伴在信息共享、服务支持、并行工程、群体决策等方面合作，强调基于时间和价值的供应链管理。

④网络资源关系。以实现集成化战略合作伙伴关系和以信息共享的网络资源关系为特征。信息技术高度发展并在供应链节点企业间高度集成，供应链节点企业间的合作关系最终集成为网络资源关系。

2. 选择合适的供应链合作伙伴

（1）选择供应链合作伙伴的原则

建立供应链合作关系目标模式的特点可概括为“8 个 I”：①个体优秀（individual excellence）；②重要性（important）；③相互依赖（interdependence）；④投资（investment）；⑤信息（information）；⑥一体化（integration）；⑦制度化（institutionalization）；⑧完整性（integrity）。

（2）选择供应链合作伙伴的方法

①主观经验法，包括直观判断法（常用于选择企业非主要原材料的合作伙伴）、招标法（当订购数量大、合作伙伴竞争激烈时，可采用招标法来选择适当的合作伙伴）、协商选择法（在供货方较多、企业难以抉择时，也可以采用协商选择的方法，即由企业先选出供应条件较为有利的几个合作伙伴，同他们分别进行协商，再确定适当的合作伙伴）等。

②定量评价方法，包括采购成本比较法（对质量和交货期都能满足要求的合作伙

伴，则需要通过计算采购成本来进行比较分析）、ABC 成本法（用于分析企业因采购活动而产生的直接成本和间接成本的大小，选择成本值最小的合作伙伴）、线性权重法、层次分析法、模糊评价法等。

③软件职能法，包括神经网络算法（应用于供应链管理环境下合作伙伴的综合评价选择，意在建立更加接近于人类思维模式的定性与定量相结合的综合评价选择模型）、遗传算法等。

（3）选择供应链合作伙伴的步骤

①合作伙伴的需求分析，即从企业战略的角度来检验是否需要建立供应商合作关系，以及建立哪个层次的供应商合作关系；

②合作伙伴的评选，包括确定挑选合作伙伴的准则，评估潜在的候选企业；

③合作伙伴的精炼和确认，以正式建立合作伙伴关系；

④合作伙伴的跟踪评价，维持和精炼合作伙伴关系，包括增强彼此间的合作关系或解除合作伙伴关系。同时，在建立供应链合作伙伴关系时也要注意几个问题：相互信任、信息共享、权责明确、解决合作伙伴之间问题的方法和态度等。

6.4.3　供应链可视化

供应链可视化是指在零件、组件和最终产品从供应商到制造商再到消费者的过程中跟踪它们的能力。供应链可视化是由供应链管理技术实现的，它提供物流和供应链方面的实时数据。这些数据可以帮助企业应对库存短缺，避免瓶颈，满足合规要求，并跟踪产品到交付完成。

1. 供应链可视化（SCV）的类型

供应链可视化是一个广泛的概念，供应链的哪些领域需要增加透明度将因行业和公司而异。一般来说，包括以下四个方面。

①货物的位置。货物位置和装运状态的实时可视化是 SCV 最重要和最基本的形式之一。获得订单的确切位置可以帮助企业确定何时再订购和交付产品，掌握付款情况，并让内部和外部利益相关者了解原材料和产品的状态，以提高操作效率。由于客户越来越希望能够跟踪他们的订单，从商品离开仓库到买方的门口，对货物位置的可视化也建立了客户之间的信任。

②运费。运费是指与货物运输有关的费用。因此，对运费的可视化可以帮助公司了解他们在移动、运输和交付货物方面花费了多少。随着企业订单数量的增多，需要更密切地监控发货数量、可用的承运人和潜在的发货地点。对于供应链领导者而言，要进行成本效益分析和跟踪公司支出，充分了解不同的运费是必要的。

③审计记录。供应链的可视化包括交易、货运活动文档等的准确和详细信息。这些信息在审计过程中是非常宝贵的，因为它含有过去完成的订单信息，企业的全面检

查、审查和验证。审计过程的更大透明度也使遵守法规变得更容易，这对在多个国家运营的公司尤其重要。

④供应链活动。供应链活动的透明度意味着对跟踪报价、订单收据、提货单、交货证明等的共享和管理程度。透明度高让组织能够跟踪每个供应链活动，以便更好地发现、查明问题的来源并对可能出现的任何问题做出反应。

2. 供应链可视化的优势

①更好的供应链可控性和响应能力。通过可视化供应链活动，企业可以更好地了解供应链的环境，并对其进行更有效的管理和控制。这可以使企业更加敏捷地响应供应链变化，及时做出决策，减少风险，提高业务效率。

②更好的供应链规划和协调能力。供应链可视化能帮助企业规划和协调其供应链活动。通过仪表板、报告和可视化工具，企业可以了解供应链各环节的情况，并协调相关的活动，从而更好地满足客户需求。

③更好的库存管理和预测能力。供应链可视化工具可以帮助企业更好地管理库存，从而避免库存过高或过低的情况。此外，可视化工具还可以通过数据分析来预测需求，从而帮助企业更好地规划库存和生产。

④更好的供应商管理和质量控制。可视化工具可以帮助企业了解供应商的绩效和质量状况，并及时采取措施来解决潜在的问题，以帮助企业提高供应链透明度和质量控制水平，减少不必要的成本和风险。

3. 供应链可视化推进的建议

①明确目标和需求。在推进供应链可视化之前，企业需要明确其目标和需求，包括确定要监测和跟踪的关键绩效指标，以及企业需要了解哪些供应链数据。

②选择适合的工具。根据企业的目标和需求，选择适合的供应链可视化工具和技术，主要包括仪表板、报告、数据可视化工具等。

③整合数据来源。为了实现有效的供应链可视化，企业需要整合不同的数据来源，包括供应商、物流、库存等数据，需要确保数据的准确性和一致性，并确保数据安全。

④优先考虑易于实现的项目。为了提高成功率和用户接受度，企业应该优先考虑易于实现的项目，并逐步推进更复杂的项目。这样可以帮助企业在供应链可视化方面逐步积累经验和技能。

⑤培训和支持。企业应该为员工提供培训和支持，以确保他们能够使用供应链可视化工具，并理解其价值和作用。这样可以帮助企业提高员工的效率和满意度。

⑥持续改进。供应链可视化不是一次性的项目，而是一个持续改进的过程。企业应该不断优化供应链可视化程度，包括数据质量、可视化效果和用户体验等。

4. 常见的供应链可视化系统和软件

以下是一些常见的供应链可视化系统和软件，这些系统和软件可以帮助企业实现供应链可视化，并优化其供应链管理和业务流程。

①Tableau：一款流行的商业智能软件，可帮助用户将数据转换成易于理解的可视化图表和仪表板，支持数据链接、数据整理、数据分析、数据可视化和数据共享等功能。

②Power BI：微软推出的商业智能软件，可以用于数据整理、数据分析、数据可视化和数据共享等，提供多种可视化图表和仪表板，同时还支持自定义计算和可视化。

③SAP Lumira：一款用于数据可视化和分析的工具，可以从多种数据源中提取数据，并使用各种可视化技术呈现数据，以帮助企业更好地理解和分析数据。

④Qlik View：一款商业智能软件，提供多种数据可视化方式和分析工具，支持数据挖掘、数据分析和数据可视化等功能。

⑤Logility：供应链规划和优化软件，可帮助企业进行供应链可视化和优化，包括需求规划、库存规划、物流规划和供应商协作等方面。

⑥IBM Supply Chain Insights：一款基于人工智能和云计算的供应链管理平台，它提供了全球范围内的供应链可视化和分析功能，可帮助企业全面了解供应链运作情况，预测供应链风险和机会，从而优化供应链管理和决策。

⑦IBM Sterling Supply Chain Management：IBM Sterling 供应链管理软件是一款综合性的供应链可视化系统软件，包括供应链可视化、物流管理、订单管理、供应商管理、库存管理等模块，可实现对供应链的全方位掌控。

⑧Oracle Supply Chain Management：Oracle 供应链管理软件是一套综合性的供应链可视化系统软件，包括采购管理、库存管理、物流管理、质量管理、生产管理、计划与调度等模块，可实现对供应链的全方位控制和可视化管理。

⑨JDA Supply Chain Management：JDA 供应链管理软件是一套面向全球供应链的综合性解决方案，包括预测和规划、采购和供应商管理、生产和库存管理、物流和运输管理等模块，可实现供应链的全面可视化和自动化管理。

⑩Microsoft Dynamics 365 Supply Chain Management：微软 Dynamics 365 供应链管理软件是一套综合性的供应链可视化系统软件，包括需求计划、采购管理、库存管理、物流管理、生产计划与调度等模块，可实现供应链的全面可视化和自动化管理。

6.4.4 供应链风险管理文化建设

风险管理文化建设是一个艰辛且持久的过程，但是纵观境外发达资本市场中的老牌公司，无一不是有着良好的风险管理文化。风险管理文化在市场风平浪静时看似可有可无，一旦突发惊涛骇浪就可能救管理人一命，资本市场比的就是谁活得更久一些。如何形成和维护公司的风险管理文化，要从以下方面加以着力，跨过“三关”。

①风险管理文化的形成发端于公司治理层。公司是一个现代商业机构，从组织结

构上是一种倒金字塔式的官僚层级制组织，组织权力结构就是自上而下式的，因此只有公司治理层（董事会、监事会、高管层）从内心重视风险管理文化，才能真正触发公司风险管理文化的生发。

②风险管理文化的内涵取决于公司的战略目标和业务模式。风险管理文化中的一个重要内容就是公司风险偏好和容忍度，而一家公司的风险偏好和容忍度自然取决于公司的战略目标和业务模式，如以固定收益业务模式、追求为客户提供有限的但可持续收益的公司与以权益业务模式、追求为客户提供尽可能高收益回报的公司，其各自风险偏好和容忍度差异很大，导致公司的风险管理文化也会不同，因此风险管理文化要与公司战略目标和商业模式相匹配。

③风险管理文化的抓手是风险考核与问责机制。经济学上有负外部效应现象，是指特定个体影响了他人或企业，使之提供了额外的成本。投资行为中也存在类似情况，业务人员完成了一项投资或业务，其创收归于个人，但是一旦出险，其成本却由公司和投资者承担。这种收益和风险的不对称性就是一种负外部效应。如果公司对从业人员考核时没有将其带来的收益和风险进行对称性处理，则难以将风险管理文化变为全员的行为约束。

此外，风险管理人员在公司风险管理文化建设中应该扮演什么角色，才能让风险管理文化真正发挥其重要价值？良好风险管理文化的形成非一朝一夕之功，是高级管理层、风险管理人员、业务人员合力的结果，风险管理人员在公司风险管理文化建设中应当扮演好宣传者、改良者和践行者的角色。

一是宣传者，风险管理文化根植的土壤是需要培育的，其中很重要的问题，就是要培育全面风险管理的意识、培育风险管理从第一道防线抓起的意识、培育全员风险管理的意识。公司可以通过风险管理宣导、培训，甚至是项目引入等方式，提升公司员工对风险管理的认知和意识的积累，当然宣传的途径和内容应当不拘一格，应当因地、因时制宜，应当根据业务类型、业务层级进行区分，并适当引入外部专家进行指导。

二是改良者，风险管理文化的形成与公司风险偏好有直接联系，或者说风险偏好是一个企业风险管理文化的基因。有些机构还不清楚什么是风险偏好，或已经形成了风险偏好但尚未总结归纳，或已经进行总结但尚未在企业内部进行贯彻，或正在贯彻但缺少好的方法和工具进行有效实施，或者已有好的方法实施但缺少必要的工具进行考核与监督。这一系列问题都将成为风险管理文化基因形成的阻碍因素。风险管理者则需要从总结并提炼公司风险偏好开始，以公司实际情况为背景，探索风险偏好在公司内部自上而下实践过程中存在的问题，为公司量身制定改进方法并加以实践，以促进公司员工不仅从理念上对公司风险偏好实现认同，更要在实践中贯彻公司的风险偏好，而这恰恰就是风险管理文化脱“虚”向“实”的重要变化。

三是践行者，风险管理应当深入一线。一直以来，风险管理人员在开展风险管理业务时，通常以三道防线为准绳，并将自己定位于第二道防线，这是风险管理职能所限定的。但是这一限定不应成为风险管理人员深入一线、了解一线业务的障碍。一个好的风险管理践行者，不仅应当熟悉风险管理业务本身，也应当拓展视角至业务层面，只有这样才能在风险管理过程中，更好地进行换位思考，把握住业务的实质风险。而这种换位思考，这种壁垒的打通，是风险管理文化形成中不可或缺的。

本章小结

本章强调了供应链风险监控与预防的重要性。介绍了供应链风险监控的目标、定义和活动及供应链风险监控的方法，包括建立风险预警系统、制订应对风险的应急计划、搭建供应链控制塔等。

成功的中断风险预防是供应链风险预防的难题，本章详细介绍了如何预防供应链中断风险，具体内容包括供应链中断风险的成因、影响和预防措施。

对于供应链中的企业，必须有危机意识，制定供应链风险预防的措施，包括增强供应链风险预防意识、建立良好的供应链合作伙伴关系，供应链可视化和供应链风险管理文化建设。

拓展阅读

打通业务端与供应端：科大讯飞的供应链管理优化之路

1. 锋芒初露，供应链管理部应运而生

科大讯飞于1999年在安徽合肥成立，是全球领先的人工智能代表企业之一。科大讯飞几经沉浮，如今已成为语音AI（人工智能）行业领军龙头，相关技术主要应用于智慧教育、智慧医疗、城市政法、开放平台及消费者业务四大领域。“在人工智能战略2.0时代，为顺应公司业务发展需求，提升人均效能，打破部门墙，科大讯飞必须优化供应链管理体系，进行组织结构的调整！”2019年初，科大讯飞董事长刘庆峰在一次公司重要会议上说道。这次会议宣布公司着手准备供应链管理部的构建事宜。

成立供应链管理部意味着将以往嵌在各个事业部的供应链管理职能剥离出来集中到一个新的部门。科大讯飞的供应链管理部承担着供应商布局、供应政策制定的任务，需要为集团高速发展提供优质资源和强劲动力。它不仅要对接业务需求，选择高性价比的供应商，还需要分析供应链流程中的蛛丝马迹，进行优化。供应链管理需要各下属部门各司其职、相互协作，才能使得综合成本降低、业务持续增长，发挥最大价值。

2. 拨云见日，明确改革方向

2020 年的一次部门高层会议上，供应链管理部门负责人决意找到供应链优化的突破口，率领大家进行供应链管理改革。他在会上总结道：“为革除积弊，需要达到四个目标。一是采购标准化：要统筹价格、合同、账期管理，推动供应链集中采购与业务线自采流程标准化、合规化，助力集团现金流优化管理，建立集团采购管理制度。二是管控采购成本：整合各业务部门需求，聚焦共性资源，以扩大需求量来增加谈判优势；我们还需要开发一款适用于本集团的成本分析软件，优化采购流程；此外，我们还需要重视物料选型和产品工艺、技术的优化，提升物料供应效率，从根本上降本增效。三是供应商管理：严格把控供应商开发、选择、评价、认证等环节，实现供应商全生命周期管理。四是平台生态建设：要借助供应链合作伙伴的力量帮我们完成前沿业务的拓展。”

3. 众志成城，实施供应链优化方案

（1）推动供应链集中采购，形成现金流可视化管理

三个月后的部门大会上，供应链改革专项组用 PPT 详细展示了供应链管理集中采购方案。经此改革后，在业务端，金额在 10 万元以下的采购项目费用及部门费用经过层层审批后由专业部门进行审核，金额在 10 万元以上的采购费用则由高层领导审核，完成审核后，由供应链部门统一判断费用是否合理。供应链改革专项组随后决定针对办公用品、低值易耗品、各类礼品、后勤福利物资等业务场景进行集中管控。

（2）重视物料管理，促进供应链降本增效

之前的供应链集中采购整合了各部门的集中需求，扩大了采购规模，为科大讯飞与供应商的谈判增加了筹码，取得了不错的降本效果。此后，供应链改革组进一步明确了物料定供定价的方式，通过招标、SCM（供应链管理）竞价、SCM 询比价、线下核价等方式定价，通过物料定价核算中全年需求量谈判、成本模型、成本核算基线等基本要求定量，助力供应链降本。

经过沟通后，科大讯飞研发出了 BOM（物料清单）成本分析软件。为了降低物料呆滞库存，提高生产效率，供应链改革专项组根据“按库排产”的原则构建了一套 IT 支持系统，由研发人员将外购的 SAP 系统进行改进，以便用 SAP 收集与查询科大讯飞内部库存信息，各工厂根据当地仓库库存量安排生产，创建子库调拨单，用 WMS（仓储管理系统）调拨过账。

自 2019 年供应链降本政策推行以来，科大讯飞净利润增长率远高于物料成本增长率，而在此前的两年，科大讯飞物料增长率都是低于净利润增长率的，由此可见供应链降本对科大讯飞盈利能力的助益。

（3）供应商全生命周期管理

供应链改革专项组在咨询了外部专家的意见后，引入了供应商全生命周期管理的

概念。他们将各个采购部的力量进行了合理布局，使其参与供应商生命周期的各个环节，从技术/方案、质量、价格等多个维度来进行管理，将采购战略与企业业务战略紧密结合，突破传统的两头管理模式，逐步走向端到端可视化全生命周期的新管理模式。

（4）建立广泛的供应链合作关系

在建立供应链合作关系时，首先依据科大讯飞企业内部的战略导向制定标准，评估备选供应商潜在的风险与利益，制订相应的开发计划。然后对合作关系进行评价，区分何种供应商维持普通的供应关系，何种供应商具有发展为供应链合作伙伴的价值。

科大讯飞经过近几年的苦心经营，已与多个供应链上下游企业结为了合作关系，每年都会召开供应链合作伙伴年度大会，与来自英特尔、华硕、华为等国内外400余家的代表进行密切交流。

4. 方兴未艾，科大讯飞未来可期

经过对公司供应链管理的一番整顿，科大讯飞形成了计划集成的管理模式，强化业务端和供应端的两端延伸，在业务端打通业务，准确预测，在供应端梳理备料策略，协同备货，保障了业务按时高质量交付，实现了供应链的全面增值。随着“十四五”规划将人工智能列为前沿科技领域的“最高优先级”，中国的人工智能产业迎来了新一轮的大发展。科大讯飞作为在人工智能领域深耕20年的代表性企业，必将乘着这股时代东风，走向更广阔的舞台。

课后习题

1. 供应链风险监控的内容有哪些？
2. 供应链风险监控的流程包括哪些？
3. 供应链风险监控的措施有哪些？
4. 供应链中断风险预防的措施有哪些？
5. 供应链风险预防的措施有哪些？

7 供应商风险管理

本章目标

1. 了解供应商风险管理、采购风险管理和供应商风险评估的内容。
2. 了解供应商审核、供应商招投标管理和供应商关系管理的内容。
3. 熟悉供应商风险评估的体系、供应商审核的指标。
4. 掌握供应商风险评估程序、供应商审核程序。

导入案例

水井坊强化供应链管理，构建稳健发展基石

水井坊是中国领先的白酒品牌之一，其成功有一部分可以归因于卓越的供应链管理。通过可靠的供应商、精密的生产计划、高效的物流和库存管理，水井坊能够提供高质量、高效率和高成本效益的产品，赢得了消费者和市场的信任与支持。

自古以来，白酒的酿造便是一门艺术与科学的结合。水井坊深知，优质的原材料和包装材料是酿造高品质白酒的基础。因此，水井坊在供应链管理上倾注了大量心血，建立了严格的供应商管理体系，并对其进行全面考察与筛选。最终，水井坊不断赋能供应链发展，推进价值链生态建设，实现企业与供应商的双赢局面。

1. 三大评估体系，助力供应链完善管理

强化供应链的合规管理是水井坊健康稳健发展的重要保障，通过建立完善的管理体系，水井坊致力于减少供应链风险。为此，在供应商准入管理的环节，水井坊构建了包括质量体系、EHS（环境、健康、科学）体系及整体能力在内的三大评估体系，通过背景调查、现场评估等形式，全面考察供应商的经营状况、合规状况和环境社会风险。从供应商的准入管理到持续监督，每一个环节都力求精准无误。

2. 线上线下培训，赋能供应链发展

水井坊也重视供应商的赋能和发展。2022 年，水井坊更是加大了对供应链的合规管理力度，对 54 家关键供应商进行了 SEDEX（供应商商业道德信息交流）审核跟踪，

确保其在商业道德上符合最高标准。同时，针对广告和促销品类的152家重点供应商开展了合规培训，通过线上线下相结合的方式，水井坊委托第三方咨询机构提供讲师，对供应商开展线下培训，同时依据培训效果和执行情况，进行后续的线上辅导。并对所选择的重点供应商开展了1次质量安全相关的线下培训和3次线上辅导，持续提升供应商的质量和管理水平。

为了确保供应链的持续稳定与高效运行，水井坊制订了详尽的供应商年度绩效管理计划。该计划从质量、交付、技术和法律法规等多个维度出发，对重点供应商进行全方位的考核与评估。通过定期召开回顾会议、实时反馈评审状况等方式，水井坊与供应商建立了紧密的沟通机制，共同推动供应链的持续改进。对于绩效优异的供应商，水井坊给予了充分的肯定与嘉奖，而对于绩效不佳且无改进的供应商，则果断采取淘汰措施，以确保供应链的整体竞争力。

水井坊深知，供应链的发展离不开每一个供应商的共同努力。因此，通过线上线下相结合的方式，水井坊为供应商提供了丰富的培训资源和学习机会，帮助他们提升质量管理水平、优化生产流程。同时，水井坊还积极利用供应链的影响力，支持地区供应商及相关产业的发展。通过就近获取资源的采购政策，水井坊不仅提升了供应链的柔性与响应速度，还实现了对本地企业的有力支持。据统计，2022年，水井坊在包装材料和原辅料两个重要品类上，向四川地区供应商的采购金额占比高达80%，为地方经济注入了强劲动力。

7.1 供应商风险管理

7.1.1 供应商风险管理的含义

供应商是指为企业生产经营活动提供相关服务、产品的企业。供应商风险则指由于其供货不确定引起下游企业无法正常运作或日常运作受到影响，从而使整个供应链受损的可能性。在众多的供应链风险因素中，供应商是供应链风险的主要来源之一。供应商的表现直接影响企业的行为，供应商风险的控制是供应链风险控制的重要内容。

供应商风险管理是以供应链网络为出发点而采取的一种管理手段，根本目标是对供应链运行过程中供应商可能发生的各种风险因素进行准确识别，再采用定性、定量、定性与定量结合等方法，对这些风险进行全面分析，科学评估供应商风险可能带来的不良后果，最后利用有效的管理工具与手段，实现对供应商风险的规避与转移，尽最大可能降低风险损失。

7.1.2 供应商风险的成因

供应商风险的成因包含客观和主观两个方面。客观原因主要包括外部环境的不利因素，如市场需求波动、市场竞争的激烈程度、政策变化，以及内部人的失误与设备故障等。这些因素导致供应链中断、产品质量问题、供应能力下降等风险，并非故意人为。主观原因则涉及供应商可能为了自身短期利益而采取的行动，这些行动可能损害下游合作伙伴的利益，影响整个供应链的运行。由于主观原因涉及供应商的决策、行为和动机，更直接影响供应商与企业的合作关系和供应链的整体表现，因此我们集中分析供应商风险的主观原因。

（1）企业目标与供应链整体目标的冲突

供应商在追求自身利益最大化的同时，可能面临与供应链整体目标的冲突。例如，满足伙伴企业的整体利益要求可能会损害供应商的短期利益，或者供应商在为多条供应链服务时，必须在多个供应链中选择优先服务的对象，从而给某些供应链带来特定的风险。因此，考察供应商时不仅要考察供应商的实力，也要考察供应商对合作的态度、对整个供应链的重视程度。

（2）信息不对称

信息不对称是指供应链中不同环节的参与方拥有不同的信息和知识，导致信息的不均等分配。这种不对称可能会导致一方获得相对有利的信息，从而在交易中占据优势地位。这种信息不对称可能导致逆向选择和道德风险。逆向选择风险发生在制造商选择了不适合自身实际情况或者不合格的供应商时。道德风险则是指供应商在签订协议后，可能采取不利于制造商的一些行为，如供货时间推后或产品质量下降。信息技术的发展能有效缓解该问题，通过建立信息共享平台、加强内部沟通和协调机制、提高透明度、建立信任关系、使用第三方机构进行评估和监督等可以实现信息透明化，提高整体运作效率。

（3）信任与协调问题

供应链的高效运作需要与供应商之间通过信息系统集成实现高度信息共享。然而，信息共享过程中，供应商出于自身利益考虑可能故意隐瞒、压缩、扭曲、伪造真实的经营管理与技术信息，提供虚假的合作信息，导致企业根据此信息作出错误的决策而蒙受损失。此外，供应链的协作需要企业有共同的利益且相互信任。如果合作关系缺乏必要的信任，必然导致内耗增加、运转不灵，影响供应链的效率。

（4）被供应商套牢

被供应商套牢是指企业在外包趋势中，不适当地把核心业务、核心能力外包出去，导致对供应商的依赖增加。这种依赖的增加使企业客观上被供应商套牢。这种套牢可能导致供应链效率的下降，企业被迫接受供应商的供货价格与其他条件，影响收益目标的实现，使整个供应链处于风险之中，甚至使整体经营处于不可控制之中。更严重的是，供应商随着实力不断增强，如果向下游扩展产品线，凭借其在零部件上的优势，可能成为企业新的竞争对手。

7.1.3 供应商风险管理的控制策略

供应商风险可通过供应商的选择、供应商激励机制与信任建立和采购过程的运行控制三个方面加以管理。

1. 供应商的选择

设计合理的供应商选择程序与标准，是克服逆向选择风险的重要方式。供应商的选择是供应链管理的一个基本问题，供应商的衡量指标应该包括三方面：绩效方面的指标、实力方面的指标、合作态度与合作能力方面的指标。

（1）绩效方面的指标

这是传统的供应商评价标准，主要包括产品与服务的价格、质量、交货提前期、完好订单履行率、服务水平等。这些指标反映了供应商在执行合同和满足客户需求方面的能力和表现。

（2）实力方面的指标

实力强大的供应商更有可能保证供应链的绩效水平，克服内外部风险，并提供长期稳定的合作。供应商的综合实力由资产实力、人员实力、知识实力、管理实力和经营实力五种实力组成。选择供应商时，需要评估这五种实力的平衡协调性，以确保供应商的稳健运行和发展。基于实力分析的供应商选择评价过程分为四步：①收集资料，可通过到候选企业实地考察获得第一手资料，要求对方提供必要的资料数据和承诺，或借助公共媒体等获取信息；②单项实力评价，分别评价候选企业的资产、人员、知识、管理、经营实力，发现单项实力过剩或欠缺；③实力协调分析，分析候选企业五种实力相互之间是否协调，发现企业的隐患，判断其稳健性；④综合分析阶段，综合分析评价候选企业的实力，对候选企业排序。

（3）合作态度与合作能力方面的指标

这些指标考察供应商对合作的重视程度以及其融入供应链并进行有效协作的能力。合作态度主要关注供应商是否将企业视为重要客户，这可能影响供应商在资源分配和优先级上的决策。合作能力则涉及供应商的信息系统柔性、组织柔性及协调能力，这些因素决定了供应商能否快速适应供应链的要求并进行有效合作。

2. 供应商激励机制与信任建立

供应商激励机制与信任建立是确保供应链稳定和效率的关键策略，它们有助于降低供应商风险并增强供应链的整体表现。供应商的激励机制主要包括以下几项。

①价格激励：价格是供应链企业间利益分配的桥梁，通过调整价格来奖励供应商的优质表现，如提前交货、提高质量产品或有效节约成本，可以鼓励供应商持续提供更好的服务。

②订单激励：在有多个供应商的情况下，通过增加订单量或优先分配订单来激励

供应商。这种激励可以提高供应商的忠诚度和合作意愿。

③商誉激励：在供应链协议中包含条款，如公开表彰优秀供应商或对不良行为进行公开批评，以此来激励供应商维护良好的商誉。

④淘汰激励：通过淘汰表现不佳的供应商，向其他供应商传达高标准和期望，从而激励他们提高绩效。

⑤共同开发新产品、新技术：与供应商共同投资新产品或新技术的开发，让供应商参与创新过程中，共享成功带来的利益。

建立信任关系、增进信任是供应商风险管理的关键，增进信任可以从以下几个方面进行。

①进行专用性投资：企业在供应链中进行专用性投资，如定制化的设备或技术，这表明了长期合作的承诺，同时也是一种自我约束，因为这些投资在其他合作关系中可能无法使用。

②改变态度与加强交流：从传统的竞争关系转变为合作伙伴关系，通过建立开放的沟通渠道，促进双方在轻松的环境中坦诚交流，及时解决问题。

③确立正和思想：在供应链合作中，追求的是双方都能从中获益的“正和”结果，而不是一方获益另一方受损的“零和”或“负和”结果。

④追求公平：在供应链合作中，追求的是公平的分配结果和程序，这需要双方事先达成一致，以减少冲突和不满。

3. 采购过程的运行控制

采购运行过程中的风险控制是确保企业供应链稳定性和效率的关键环节，通过对供应商业绩表现的持续监视，以及对供应链环境变化的敏感洞察，进而预防和减少供应风险事件的发生。当风险因素出现时，能够及时发现并采取有效措施，以消除或限制其影响，防止风险后果的扩大，确保采购计划目标的实现。

在成本风险控制方面，企业需要确定合理的产品购买价格，并通过增加订货量、改进供应商管理与技术、联合开发新产品等方式降低采购价格。同时，应综合考虑出厂价格、运输费用、库存成本等因素，以实现整个采购成本的最小化。此外，通过与供应商建立平等协作的关系，主动协助供应商履行合同，减少额外支出，也是控制采购成本的重要方面。

质量风险控制的核心在于确保采购的零部件和原材料的质量，减少返工和质量事故。这要求企业深入供应商的生产过程，分析可能引起质量问题的因素，并考察供应商的质量保证体系。对采购零部件的进厂检验是必要的，包括要求供应商提供质量资料和进行必要的检验。同时，记录和利用质量数据，对质量记录良好的供应商增加订货量，对有问题的供应商加强监控。

时间风险控制的目标是确保采购货物按时按量运送到指定地点。企业应尽可能早地确定采购计划，监控货物的生产、运输和库存状态，预计到货时间。在必要时，采取应急措施，如改用更快的运输方式或临时调用其他货源，以应对时间风险。整理供应商的准时到货历史记录，对记录良好的供应商增加信任，对记录较差的供应商加强监控。

在物流过程中，质量风险控制同样重要。企业需要注意货物的包装、防震、防水、保管、装卸方式和环境条件等因素，以保证货物在运输和库存过程中不发生变化。

对于供应商采用新技术、新工艺、新设备、新原料的时期，企业应持积极而慎重的态度，密切监视新技术可能对所购货物质量的影响，既要鼓励技术进步，又要避免不成熟技术带来的质量风险。

7.2 采购风险管理

7.2.1 采购风险的内容

采购风险是企业供应链所面临的风险之一，指在采购过程中由于各种意外情况的出现，使采购的实际结果与预期目标相偏离，包括人为风险、经济风险和自然风险。具体来说，如采购预测不准导致物料难以满足生产要求或超出预算，供应商群体产能下降导致供应不及时、货物不符合订单要求、呆滞物料增加，采购人员工作失误，供应商之间存在不诚实甚至违法行为，这些情况都会影响供应预期目标的实现。

7.2.2 采购的风险分析

1. 企业采购的外因型风险

①意外风险。采购过程中由于自然、经济政策、价格变动等因素造成的采购风险是意外风险。

②价格风险。一是由于供应商操纵投标环境，在投标前相互串通，有意抬高价格，使企业采购蒙受损失而引起的风险。二是当企业认为价格合理时，大批量采购该种物资后出现跌价而引起的采购风险。

③采购质量风险。一是由于供应商提供的物资质量不符合要求，而导致加工产品未达到质量标准，或给用户经济、技术、人身安全、企业声誉等方面造成损害。二是因采购原材料的质量有问题，直接影响企业产品的整体质量、制造加工与交货期，降低企业信誉和产品竞争力。

④技术进步风险。一是企业制造的产品由于社会技术进步引起贬值，无形损耗甚至被淘汰，原有已采购原材料的积压或者因质量不符合要求而造成损失。二是采购物资由于新项目开发周期缩短而造成损失，如计算机新机型不断出现，更新周期越来越短，刚刚购进了大批计算机设备，但因信息技术发展，所采购的设备已经被淘汰或使

用效率低下。

⑤合同欺诈风险。以下几种情况下均存在合同欺诈风险。一是以虚假的合同主体身份与他人订立合同，以伪造、假冒、作废的票据或其他虚假的产权证明作为合同担保。二是接受对方当事人给付的货款、预付款，担保财产后逃之夭夭。三是签订空头合同，而供货方本身是“皮包公司”，将骗来的合同转手倒卖，从中牟利，而所需的物资则无法保证。四是供应商设置的合同陷阱，如供应商无故终止合同，违反合同规定等。

2. 企业采购的内因型风险

①计划风险。因市场需求发生变动，影响采购计划的准确性；采购计划管理技术不适当或不科学，与目标发生较大偏离，导致采购计划风险。

②合同风险。一是合同条款模糊不清，盲目签约，违约责任约束简化，口头协议，君子协定；鉴证、公证合同比例过低等。二是合同行为不正当。卖方为了改变在市场竞争中的不利地位，往往采取一系列不正当手段，如对采购人员行贿，套取企业采购标底，给予虚假优惠，以某些好处为诱饵公开兜售假冒伪劣产品。而有些采购人员则贪求蝇头小利，牺牲企业利益，不严格按规定签约。三是合同日常管理混乱。

③验收风险。在数量上缺斤少两；在质量上鱼目混珠，以次充好；在品种规格上货不对路，不合规定要求；在价格上发生变形等。

④存量风险。一是采购量不能及时供应生产之需，生产中断造成缺货损失而引发的风险。二是物资过多，造成积压，大量资金沉淀于库存中，失去了资金的机会利润，形成存储损耗风险。三是物资采购时对市场行情估计不准，盲目进货，造成价格风险。

⑤责任风险。许多风险归根结底是一种人为风险，主要体现为责任风险。例如，合同签约过程中，由于工作人员责任心不强未能把好合同关，造成合同纠纷。或是采购人员假公济私、收受回扣、谋取私利。

7.2.3 采购风险管理程序

采购风险管理可分为四个阶段。

1. 风险识别

风险识别指对企业或供应链面临的各种潜在风险进行归类分析，从而加以认识和辨别，即确定何种风险可能会对企业产生影响，并以明确的文档描述这些风险及其特性。

风险识别是一个反复进行的过程，应尽可能地全面识别企业可能面临的风险。对风险进行分类和归纳是风险识别中常用的方法。风险的分类应当反映出企业所属行业或应用领域内常见的风险来源。例如，技术方面的风险、时间安排方面的风险及财务方面的风险等。企业风险检查表是风险识别中非常有效的工具。根据积累的风险数据和信息，特别是企业在风险管理过程中形成的数据，可以较为完整地开发和编制企业风险检查表。企业风险检查表的好处是提高了风险识别过程的效率。特别是企业在进行大量类似项目时，完全可以开发一套通用的企业风险检查表，以提高风险识别的速度和质量。

2. 风险分析

风险分析指评估已识别风险可能的后果及影响的过程。风险分析可以选择定性分析方法或定量分析方法，进一步确定已识别风险对企业的影响，并根据其影响对风险进行排序，确定关键风险项，并指导风险应对计划的制订。

风险指数体系是一个有效的风险分析模型，主要用于表征整个企业的风险程度。该体系根据风险识别和风险分析的结果，运用数学模型计算得到一组量化的风险指数，从而实现对企业风险的量化反映及横向校核，并监控风险管理的绩效。

3. 风险应对

风险应对指针对企业面临的风险，开发、制订风险应对计划并组织必要的资源着手实施，目的是有效控制风险，避免风险失控演变为危机。风险应对计划包括企业当前及未来面临的主要风险类别、针对各类风险实施的主要应对措施、每个措施的操作规程，还包括所需的资源、完成时间及进行状态等。风险应对计划形成后，企业应通过风险管理体系确保计划启动时必需的人力、物力等资源。

4. 风险监控

风险监控指在风险管理全过程中，跟踪已识别的风险，监控残余风险及识别新的风险，确保风险应对计划的执行，评估风险应对措施对降低风险的有效性，并形成风险监控报告。风险监控是企业风险管理生命周期中一种持续的过程，在企业经营过程中，风险不断变化，可能会有新风险出现，也可能有预期风险消失。

采购风险可以通过以下方法予以管理。

①风险转移。企业可以利用投保的方式将风险转嫁给保险公司，也可以通过部分非核心业务外包的方式将风险转移至其他企业。

②风险自留。企业可以利用一些内部资源进行计划，自己承担部分或全部损失。

③损失融资。企业可以利用金融衍生工具对风险进行对冲，如对冲由于利率、价格、汇率变化带来的损失。

④风险控制。企业可以通过加强内部管理来规避、降低经营风险。

7.2.4 数字化采购

随着数字化的深入发展，数字化转型升级已经逐步渗透企业生产经营的每个环节。采购作为企业生产经营中不可或缺的一环，已从辅助职能变为竞争性战略的关键部分，其数字化转型也越来越得到重视。以新一代信息技术为驱动的数字化采购正在颠覆传统采购模式。数字化采购作为一种全新的采购模式，以提质降本增效为出发点，应用互联网、大数据、人工智能等新一代信息技术，构建数据驱动型的新型采购体系，实现了采购系统升级、业务创新、流程优化和管理变革，提升了供应链响应速度和协同效率。一个有效的数字化采购管控系统有助于采购精细化管理，可以大大提高采购部门的工作效率，降低成本。

1. 数字化采购的含义

麦肯锡认为，数字化采购就是“供应商和商业用户通过大数据高级分析、流程自动化和全新协作模型，提升采购智能效率，大幅降低成本，从而实现更快捷、更透明地可持续采购”。简单来说，数字化采购可以把采购部门打造成企业的价值创造中心，而不仅是在“买东西”的时候，保证供应。

麦肯锡认为，采购乃至供应链要解决的就是精准对接和高效协同这两个问题。而现在的市场经济水平，还做不到供需之间的精准对接，企业也不清楚谁需要自己的产品，需要多少，何时需要等，所以绝大多数的企业，大多数时候的生产都是带有盲目性的。再加上组织间也不是高效协同的，所以对市场反应有滞后性，因此造成了很多的浪费。

那么，数字化时代会如何解决这个问题呢？简单说就是，用“IT”管“人”，所有人都在为 IT 工作，用 IT 解决人的协同问题。网络协同是社会化分工和合作的方法，是一种合作机制，它创造的核心价值就是“协同效应”。而协同效应能产生三个方面的价值。

①信息的分享从串联走向并联。

②供应链体系从相对封闭的状态走向开放。

③管理模式从传统管控走向协同模式。

2. 数字化采购的意义

数字化采购可以成为企业识别和创造价值的工具，为战略采购流程提供支持。具体的意义有以下几个。

（1）实现采购业务可视化

依托数字化工具先进的数据分析功能，可自动生成采购结果，凭借人工智能规划和有自我学习功能的算法技术，企业实现了数据清理和分类的自动化。如果增加数据来源，引入品类管理并和 KPI 建立联系，还能实现在预算和财务报表中跟踪采购成本节省情况，从而实现采购业务的可视化管理。

（2）建设价值型采购组织

使用数字化工具可以整合各个采购职能，一个完善的数字化采购平台能够自动完成如了解需求、分析市场、生成降本措施、衡量措施实施的效果等步骤，可以协助品类管理人员生成综合性品类策略和解决方案，从而协助采购人员识别降本杠杆，可以自动进行营商成本分析，对供应类的成本进行深度透视等。对复杂数据分析能力的持续提升，以及数字平台的功能性和易用性的不断改善，会极大帮助企业识别可持续降本的机会，最终实现价值最大化。

（3）管理采购支付流程

企业可以建立采购支付工作流程工具和自动化合规管理工具。当前，企业在这些领域中仍然较多地采用单点解决方案，而应用数字化采购系统后，单点解决方案会越来越多地整合成为综合性应用程序包，以解决供应商和采购方不合规的问题。

（4）提高采购绩效管理

采购绩效管理分为对外的供应商绩效评价和对内的采购组织绩效评价。供应商绩效评分系统可实时提供对供应商绩效、差距、成本、质量和交付时间等的实时监控。有了这些数字化信息，采购经理就能在第一时间发现供应商的问题，更快采取行动并做出决策，同时系统还能提供相应工具，鼓励或促使供应商做出改进。采购组织绩效评分系统可以记录并衡量整个采购部门人员或单个采购品类的绩效。数字化采购系统能够记录采购团队的全部活动，并跟踪成本节省措施的实施情况。

7.3 供应商风险评估

7.3.1 供应商风险评估的原则

为保证评估结果的科学合理，在建立评价指标体系时，应遵循以下原则。

1. 科学性原则

评价指标体系的设计应包含一定数量和层次的指标，各指标之间的关系应能准确反映事物之间的相互联系，这是正确、科学评价的前提和基础。

2. 完备性原则

评价指标体系必须全面、准确地反映企业风险的各个方面，不但能反映企业的历史业绩及现状，还能体现企业的合作能力和未来的发展潜力。

3. 简明性原则

在全面反映企业综合水平的基础上，评价指标体系还必须做到简洁明了。评价指标体系过大、过细、层次过多，不仅会增加数据采集的成本及操作过程的复杂性，而且势必会将企业的注意力集中到细小的问题上，不利于对企业整体的综合评价。

4. 可比性原则

评价指标体系应反映所有评价对象的共同属性，并尽可能地选用可量化的指标，对于定性指标，则可以通过专家打分法或者其他方法给出较合理的定量化的数据，以保证评价结果的可比性。

5. 灵活性原则

评价指标体系应具有足够的灵活性和可操作性，以使企业能够根据自身的特点及其生产经营的实际情况灵活运用。

6. 可扩充性原则

评价指标体系应具有一定的可扩充性，不仅能够反映企业的发展水平，而且还能随着企业的发展而不断扩充、延展。

7.3.2 供应商风险评估体系构建

我国企业在选择供应商时，首先考虑的因素是产品质量，其次是价格，此外，交货提前期也是一个重要的考量标准。林勇、马士华等将影响合作伙伴选择的评价指标分为四类：企业业绩、业务结构与生产能力、质量系统和企业环境。在总结现有研究成果并咨询相关专家的基础上，按照风险评估体系设置的原则，建立了如表 7-1 所示的指标体系，主要从企业经营环境、企业资质、服务水平、合作兼容性、供货情况这五个方面对供应商进行评价。

表 7-1 供应商风险评估指标体系

<table>
<tr><th colspan="2">外部风险因素</th><th colspan="2">内部风险因素</th><th colspan="2">关联风险因素</th></tr>
<tr><th>指标</th><th>子指标</th><th>指标</th><th>子指标</th><th>指标</th><th>子指标</th></tr>
<tr><td rowspan="11">企业经营环境 A_1</td><td rowspan="3">政治法律环境 a_1</td><td rowspan="8">企业资质 A_2</td><td>人力资源 a_5</td><td rowspan="5">合作兼容性 A_4</td><td>企业文化兼容性 a_{16}</td></tr>
<tr><td>财务状况 a_6</td><td>组织管理兼容性 a_{17}</td></tr>
<tr><td>生产装备 a_7</td><td>战略目标兼容性 a_{18}</td></tr>
<tr><td rowspan="3">社会文化环境 a_2</td><td>研发能力 a_8</td><td>信息系统兼容性 a_{19}</td></tr>
<tr><td>管理水平 a_9</td><td>产品标准化程度 a_{20}</td></tr>
<tr><td>无形资产 a_{10}</td><td rowspan="6">供货情况 A_5</td><td>产品合格率 a_{21}</td></tr>
<tr><td rowspan="2">经济技术环境 a_3</td><td>企业信誉 a_{11}</td><td>产品价格 a_{22}</td></tr>
<tr><td>环保水平 a_{12}</td><td>采购成本 a_{23}</td></tr>
<tr><td rowspan="3">自然地理环境 a_4</td><td rowspan="3">服务水平 A_3</td><td>快速响应能力 a_{13}</td><td>时间柔性 a_{24}</td></tr>
<tr><td>服务满意度 a_{14}</td><td>数量柔性 a_{25}</td></tr>
<tr><td>信息沟通通畅性 a_{15}</td><td>品种柔性 a_{26}</td></tr>
</table>

1. 外部风险因素

外部风险因素主要指企业经营环境，该指标包括政治法律环境、社会文化环境、经济技术环境与自然地理环境。

政治法律环境和社会文化环境：主要在选择不同国家或地区的供应商时考虑。政治和法律方面的因素关系到投资环境安全性的问题，主要从政治稳定性、政府对企业的优惠政策及法律体制的完善程度等方面考察；社会文化无形中影响着企业的行为与决策，主要从人口素质、宗教制度、社会风俗及对外来经济的排斥性等方面考察。

经济技术环境：一个国家或地区的经济发展水平制约着供应商的发展，经济技术环境主要从市场开放及完善程度、企业竞争状况、基础设施建设、科技发展水平、经济发展前景等方面考察。

自然地理环境：主要考察地理位置、气候、自然资源及交通运输等情况，应特别考虑供应商所在地与企业之间的交通距离与运输时间。交通距离和运输时间直接影响运输费用、库存量及订货机动性等。

2. 内部风险因素

内部风险因素主要从两个方面进行评估：企业资质与服务水平。企业资质主要包括人力资源、财务状况、生产装备、研发能力、管理水平、无形资产、企业信誉及环保水平等。服务水平主要用快速响应能力、服务满意度及信息沟通通畅性来描述。

人力资源：主要从人员整体素质（学历构成）、技术开发人员比重、人员培训时间、培训费用等方面考虑。

财务状况：反映企业财务状况的因素很多，重点关注是否有足够的资金开展生产、是否有足够的盈利能力及经营安全程度等，可从资产负债率、总资产周转率、资产收益率等方面考虑。

生产装备：主要考虑供应商生产设备和工艺的先进程度及利用程度。

研发能力：供应商的研发能力是供应链创新的原动力，可用科研费用投入、新产品开发周期及成功率、新产品的销售、发明专利申请数量等来衡量。

管理水平：主要从供应商的质量管理水平、成本控制水平、库存控制水平这三个角度考察。质量管理水平主要考察质量保障体系运行情况；成本控制水平主要考察成本的有效性；库存控制水平主要从库存周转率方面考虑。

无形资产：主要考察供应商的商标价值、商誉、技术秘密等方面。

企业信誉：企业的信誉问题是企业长远发展的大问题，主要考察供应商的合同执行率、合作历史情况、外界满意度、企业道德水准、还贷信誉等。

环保水平：考察供应商产品制造、使用及回收过程中对环境的影响。

快速响应能力：基本前提是准确性，主要从快速决策能力、信息集成水平、应变能力、整体协作水平、满足个性化需求的能力等方面考虑。

服务满意度：考察供应商服务态度、服务内容及标准、服务响应时间和售后服务质量等。

信息沟通通畅性：良好的沟通是合作成功的前提，可以从信息通畅与交流能力、信息发布状况、信息共享水平、信息反馈能力、信息处理等方面描述。

3. 关联风险因素

关联风险因素用合作兼容性和供货情况两个指标来考察。由于与供应商的合作是深层次、多方面、长期的，所以必须对供应商的合作能力进行评价。合作兼容性包括企业文化兼容性、组织管理兼容性、战略目标兼容性、信息系统兼容性及产品标准化程度。供货情况主要从产品合格率、产品价格、采购成本、时间柔性、数量柔性及品种柔性等方面考察。

企业文化兼容性：企业文化是企业在长期生产经营活动中，逐步形成的为全体员工普遍认可和共同遵循的价值观念和行为规范的总称。企业文化是一种无形的约束，只有相近的文化才能进行良好的沟通合作。

组织管理兼容性：组织管理是通过建立组织结构，规定职务或职位，明确责权关系，以使组织中的成员互相协作、共同劳动，有效实现组织目标的过程。组织管理兼容性主要考虑组织结构、管理体制等方面的兼容性。

战略目标兼容性：企业的战略目标决定企业的发展方向，是企业生产管理活动的指导性方针。与供应商的战略目标同步有利于供应链的协调发展。如果战略目标发生冲突，采取的行动就会不一致，摩擦会不断出现，合作关系也会不断恶化，最后走向决裂。

信息系统兼容性：信息合作与交换是取得双赢的关键。信息系统的兼容程度关系着信息传递速度、传递准确性等。信息系统兼容具体指信息内容、载体形式、传递渠道、存储媒介、处理方式等的兼容。

产品标准化程度：从产品的标准化程度考虑产品的兼容性。产品标准化是指对产品/零件的类型、性能、规格、质量、工艺装备、原材料及检验方法等统一规定，制成各种标准，并使之贯彻实施的过程。

产品合格率：主要从产品质量角度考虑。产品质量是企业生存之本，产品价值是以产品质量为基础的。产品合格率指供应商的产品质量满足企业需求的程度。

产品价格：指购买一单位产品所付出的成本。供应商提供产品的价格可以反映在同行业中该产品是否具有竞争力。产品价格不再是选择供应商时考虑的首要因素，但仍是一个重要因素。

采购成本：指企业在采购过程中所支付的各项费用，包括材料的运输费、装卸费、包装费、保险费等。良好的合作关系可以降低采购成本。

时间柔性、数量柔性及品种柔性：主要考虑供应商提供的产品在时间、数量、品种上的变更能力，考虑供应商满足交货时间、数量、品种要求的能力。柔性反映一个企业对市场和客户需求变化的反应能力。

7.3.3 供应商风险评估程序

1. 制定供应商风险评估表

评估供应商风险，首先要制定供应商风险评估表，如表 7-2 所示，表中所列标准的评分均为：是—1 分，否—0 分。

表 7-2　　供应商风险评估表

内容	标准
供应商	规模是否少于 200 人
	资本额是否少于 500 万元
	是否为全球 500 强企业
供应商的环保管理体系	是否设有化学分析实验室
	是否通过 ISO14000 环境管理体系认证
	环保意识是否强烈
	生产物料是否含有有毒物质
	废物排放量是否达标
	资源利用效率是否较高
供应商的物料风险控制能力	高危物料存在的数目是否巨大
	高危物料的控制情况是否良好
	供应商的环保物料检测结果是否达标
	过去 5 年中是否由于物料而发生生产事故
供应商的生产控制系统	有无产品设计部门
	是否跟踪客户抱怨
	投产前供应商是否通过生产批准程序（PPAP）
	是否取得 QC080000 认证
	是否有证据显示平衡了生产时间和制造的 JIT（准时制生产）
	过去两年是否发生客户投诉事件
	是否有文件化的程序来控制、校准、保养、检验、测量设备
	对合格品、返工品、报废品是否有专用的隔离箱
	有无产品追溯
	是否适当标识有疑问的物料
	为保证产品质量，供应商内部是否对包装箱进行审核
	操作工是否可以掌握生产速度
供应商的物料管理系统	有无运输经验
	有无规定运输方式、路线和考核指标
	库存材料是否存储在专用场所
	是否有正式的管理评审和汇报物料管理的方法
	供应商是否具备使用条码的能力
	物料在存储、应用过程中是否得到有效标识
	为了保证产品质量，原材料的搬运和储存方式是否具有科学性
	投入生产使用前，是否提前知晓物料的检验结果

2. 制定供应商风险等级管理措施

供应商风险等级管理措施如表 7-3 所示。

表 7-3 供应商风险等级管理措施

供应商风险等级	管理措施
高风险	每批次物料需要严格检验； 每种物料需提供有效化学测试报告，且最长不超过六个月； 每年至少对供应商进行一次实地考察或书面审查
中风险	对每批次物料进行检验； 每种物料需提供有效化学测试报告，且最长不超过 12 个月； 每年对供应商进行一次实地考察或书面审查
低风险	对每批次物料进行检验，若供应商的历史交货质量状况良好，可降低抽样检测频率； 每年提交有效的化学测试报告一次； 必要时，可对供应商每年执行一次书面审查

3. 评估供应商风险等级

品质工程师根据要求，执行最终的风险等级评定，并填写供应商风险评估表；必要时，可根据评估的结果，建立高风险物料清单。

7.4 供应商审核

7.4.1 供应商审核的内容

供应商审核是对现有供应商的考核及年度质量体系的评审，是供应商管理过程中的关键点，它是在完成供应市场调研分析、对潜在供应商已做初步评选的基础上对可能发展的供应商进行的。供应商质量体系审核是一个重要方向，在企业管理中占据重要的地位，公司一般会单独列出供应商质量体系进行审核，同时视情况将它当成供应商审核的一部分。

根据供应商的成熟度来安排供应商审核，可以选择出最好的供应商。在面对一个新供应商时，它一般适合进行体系审核。如果是标准件，就要结合体系审核与产品审核。符合标准的供应商审核，一般可以按计划定期进行，但是当产品质量出现重大异常、扩大或改变经营范围、生产场所变更、新机种导入时，可以临时审核。对合格供应商，可以单独进行体系审核或产品审核。

不管是体系审核还是产品审核，都要有充分的准备工作。首先，审核之前要对经营范围、经营状况等进行细致了解；其次，需要对计划审核的目标范围或对象范围，进行比较初步的了解，如行业标准、国家标准、业内动态等；最后，需要根据已了解到的内容，编制出审核计划或者查验表。

7.4.2 供应商审核的层次

就供应商的审核层次来说，它涉及产品层次、工艺过程层次及质量保证体系层次，甚至深入供应商的公司整体经营管理体系层次，即公司层次。

1. 产品层次

该层次的审核主要是针对供应商的产品质量，包括正式供应前的标准检验及供货过程中的质量审查。

2. 工艺过程层次

这一层次的审核主要针对那些质量受生产工艺影响很大的产品。要保证供货质量的稳定，必须深入供应商的生产现场考察其工艺过程，确认其工艺水平、质量控制体系及相应的设施设备能够满足产品的质量要求。这一层次的审核包括工艺过程的评审，也包括供应过程中因质量稳定性差而进行的供应商现场工艺修整。

3. 质量保证体系层次

这一层次的审核针对供应商的整个质量体系和过程，参照 ISO9000 标准或其他标准。

4. 公司层次

公司层次的审核是对供应商审核最深入的层次，它要整体全面地考察供应商的质量体系、经营管理水平、财务与成本控制系统、计划制造系统、信息系统和设计工程能力等。

在实际中，对于那些普通商业型供应商，采购商一般只实施前两个层次的审核，但是如果采购商要挑选合作伙伴，则通常会采用质量保证体系层次和公司层次的审核。

7.4.3 供应商审核的方法

供应商审核的主要方法有主观判断法和客观判断法。所谓主观判断法是指依据个人经验对供应商进行的评判，缺乏科学标准与科学依据；客观判断法是指依据事先制定的标准或准则对供应商进行量化的考核和审定，具体包括以下几种。

1. 调查法

调查法是将调查表发给不同的供应商填写，然后将调查结果进行比较的方法，这种方法常用于招标、询价及了解供应初步情况。

2. 现场打分评比法

现场打分评比法是将一些问题标准化，然后组织不同部门的专业人员到供应商的现场进行检查确认的方法。

3. 供应商绩效考评

供应商绩效考评是指对已经供货的现有供应商的供货质量、价格等进行跟踪、考核和评比。

4. 供应商综合审核

供应商综合审核是针对供应商公司层次而组织的包括质量、工程、企划、采购等专业人员参与的全面审核，该方法通常结合调查法与现场打分评比法使用。

5. 总体成本法

总体成本法是为了降低供应商的总体成本，而最终降低采购成本的一种方法。它需要供应商的共同合作，采购商组织强有力的综合专家团队，对供应商的财务及成本进行综合分析，提出降低成本措施，并要求供应商付诸行动，改进后的收益则由双方共享。

7.4.4 供应商审核的程序

1. 市场调研，收集供应商信息

对供应市场进行调研并收集供应商的信息是审核的前提，只有掌握了供应商的基本情况，才能对供应商做出合理、科学的审核。在调研阶段，应重点了解供应商的市场情况、采购物品的质量、供应商的厂区规模等方面的情况。

2. 确定供应商审核的主要标准

审核的标准因供应商的不同而不同，因此应该根据供应商的具体情况和企业所采购物品的特征，针对所要审核的供应商制定合理的审核标准。

3. 组建供应商审核小组

采购物品不同，相应的审核小组也不同。如果所采购物品金额比较低，采购人员可自行决定，即由采购人员组成审核小组。对于价值金额较大的物品，则可以成立专门的功能性小组来进行审核，一般称为跨功能小组。跨功能小组是指依据采购物品的性质，由采购部门、质量部门、物料管理部门、工程及研发部门、主管或财务部门的人员共同组成的临时性的供应商审核组织。

4. 综合评分

最后，要对供应商进行综合评分。根据各个项目的重要性分别给予不同的分数，制定相关的审核项目内容及权重后，可依据供应商反馈回来的调查表及调查资料，绘制出供应商的资格评分表。

7.4.5 供应商审核的指标

1. 质量指标

质量指标体现为当前的质量和未来的质量，未来质量主要体现的是供应商产品的开发水平。

①当前质量。质量是供应商的首要考虑条件，如果供应商的质量达不到要求，其他方面则不作参考。产品的质量可以通过最终产品的合格率及返修退货率两个定量指标衡量。

产品的合格率即供应商提供合格产品在产品总量中所占的比重，它能够直接反映出供应商产品的质量和全面质量管理的水平。

返修退货率是指供应商产品交付企业使用后，在承诺的保质期内因质量问题而返修退货的产品总数在供应商提供物料产品总量中所占的比重，也可以理解为通过耐用程度来体现质量。

②开发能力。供应商在新产品上的开发能力驱动着供应链的创新，是经营发展的关键，体现着企业的经营发展能力，可集中表现在以下几个方面：研究开发费用比率、新产品开发成功率、新产品开发提前期、技术支持响应度。

企业在科研资金方面的投入是反映其研发能力最重要的标准，一般采用研究开发费用比率（一定时期内科研经费占销售收入的比重）来表示，衡量着供应商对研发的关注程度。

新产品开发成功率即一定时期内供应商成功开发的新产品数在开发总数中所占的比重，反映了供应商新产品开发的效率。

新产品开发提前期是指从市场中发现机会到新产品上市后收到销售收入的总时间，反映供应商的开发能力。

技术支持响应度是指企业对供应商提出的技术支持要求的响应时间，为实际响应时间和标准响应时间之比。

2. 供应指标

①交货。交货就是考察供应商能否快速、适时地交货，准时交货能够使制造企业按计划顺利进行生产制造，也可以通过准时交货率、订单满足率两个指标综合衡量。

准时交货率就是供应商准时交货量在交货的总量中所占的比重，很大程度上显示了供应商交货的准时性。准时交货率高体现了供应商的交货能顺利适应供应链的运行。

订单满足率指的是供应商交货全部数量在制造企业对其需求产品总量中所占的比重，反映供应商的生产能力对企业产品需求的满足能力。

②柔性。柔性指的是一个企业对市场和客户需求变化的反应能力。供应商的柔性体现为生产灵活性，还体现为对顾客需求的短期满足。批量柔性、品种柔性、时间柔性 3 个指标体现出供应商适应变化的综合能力。

批量柔性指供应商改变产出水平的能力，是供应商在生产系统能够高效运作的基础上所能提供的各类产品总量的变动幅度。批量柔性可以用供应总量中可变量在需求总量的变量之中所占的比重来体现，反映了供应商生产能力的弹性。品种柔性指供应商新产品开发能力和产品改进能力，可用新产品引进种类总量占产品种类总数的比重作为评判标准，也可通过引进新产品所花费的周期和成本来衡量柔性。品种柔性反映了供应商应对下游需求的创新能力。时间柔性也可称为交货柔性，是供应商对交货时间改变的应对能力。时间柔性可用交货期缩短时间占合同交货期的百分比来衡量。

3. 经济指标

供应商评判的经济指标主要是成本（或价格）及公司的财务状况。

①成本（或价格）。这里应涵盖总成本的概念，可以通过产品的价格及供应成本两个方面来衡量。其中，产品的价格指供应商实际提供的价格。供应成本则是供应商向企业供货过程中所发生的所有费用，如通信、交通运输配送成本等。

②公司的财务状况。如果企业的供应商财务状况不好，合作就充满危机。而财务状况本身容易定量化，因而在各类评估中占据最主要的地位，对于供应商的选择非常重要。财务状况可以通过总资产周转率、总资产收益率、资产负债率 3 个指标来表示。

总资产周转率是反映企业运营能力的指标，反映资产周转率的指标有库存周转率、应收账款周转率和总资产周转率。

总资产周转率=年销售收入/平均资产总额

总资产收益率反映了企业全部资产的获利能力，集中体现其经营能力和盈利能力。

总资产收益率=（利润+利息支出）/平均资产总额

资产负债率指企业偿还债务的能力，反映了供应商的经营安全程度和可持续发展的能力，本指标越小，安全性越大，从而供货的保证越高。

总资产负债率=负债总额/资产总额

4. 支持指标

①沟通能力。沟通能力可用交流程度和信息化程度体现。其中，交流程度指在合作过程中企业与供应商交流的频繁程度和所采取的交流方式。

②管理水平。企业的管理水平高，经营绩效就好，反之则会带来较差的经营绩效。管理水平通过人员素质和管理能力两个主要指标加以衡量。

③合作态度。供应商是否将企业看成其重要的客户，供应商高层领导或关键人物是否重视企业的要求，是否能整体理解并完成企业的要求，这些均体现出供应商的合作态度。

④服务水平。服务水平也是供应商经营管理能力的重要体现，要求供应商能主动征求企业的意见，及时安排人员主动解决或预防问题的发生。

⑤供应商的经营环境。好的经营环境有助于长期经营，可以有效地节省大区域成本。例如，当地的政治、经济、技术、自然环境及当地的社会文化，容易被人们忽略，

但这些会直接影响供应商的企业文化。

7.4.6 供应商审核的结果

一旦企业完成了供应商审核，就可以对该供应商进行分类。类别的划分没有固定要求，可按实际情况具体分析，下面的分类只供参考。

1. 合格供应商

合格供应商是指已经达到采购商基本要求的供应商。

2. 可信任供应商

可信任供应商是指那些已经圆满地完成了采购企业试订单交货、获得企业信任的供应商。它们已经通过实际情况证明了自身的供应能力。

3. 优选供应商

这是比以上两种供应商更让企业信任的供应商。它们的能力体现在对企业在质量、交货时间、价格和服务等方面需求的完美执行上。他们表现出很强的积极性和能动性，能高效处理和解决问题并主动提出更好的方案来满足企业的需求。

4. 认证供应商

认证供应商是指为了建立一个综合性更强的企业质量管理体系，供应商需要与采购企业融合在一起。这种方法通过规避重复劳动，并保证使用标准质量管理程序，帮助企业节约成本。

5. 淘汰供应商

这样的供应商无法满足企业最基本的需求，也不符合评判过程中的标准，因此被企业取消了资格，有些供应商可能并不是因为其能力的缺乏，也可能是在操作过程中因违法或违背职业道德而被淘汰。

7.5 供应商招投标管理

7.5.1 供应商投标文件

1. 供应商投标文件分类

供应商投标文件是投标人在通过了招标项目的资格预审后按照招标文件制定的响应文件，旨在详细描述其在本项目中准备投入的人力、物力、财力等方面的情况，并展示其完成项目的能力、报价及具体执行细节（如工程招标需有施工组织设计）等。投标文件通常可以分为以下几种。

（1）商务文件

这类文件是用以证明投标人履行了合法手续及供招标人了解投标人商业资信合法性的文件。一般包括投标保函、投标人授权书和证明文件、联合体投标人提供的联合协议、投标人所代表公司的资信证明等。

（2）技术文件

如果是物流建设项目，则应包括全部施工组织设计内容，用以评价投标人的技术实力和经验。以下是技术文件的部分内容。

①投标人应编制施工组织设计，包括招标文件第一卷第一章投标须知。施工组织设计编制的具体要求是：编制时应采用文字并结合图表形式说明各工程的施工方法；拟投入的主要施工机械设备情况、动力计划等；结合招标工程特点提出切实可行的工程质量、安全生产、文明施工、工程进度、技术组织措施，同时应对关键工序、复杂环节重点提出相应技术措施，如冬雨季施工技术措施、减少扰民噪声措施、降低环境污染技术措施等。

②施工组织设计除采用文字表述外，应附以下图表：拟投入的主要施工机械设备表、劳动力计划表、计划开工及竣工日期和施工生活态度网络图表、施工总平面图表、临时用地表。

③拟投入的主要施工机械设备表主要包括以下内容：机械序号或设备名称型号、规格、数量、国别、产地、制造年份、额定功率、生产能力等。

（3）价格文件

价格文件是投标文件的核心，全部价格文件必须完全按照招标文件的规定格式编制，不能有任何改动，如有遗漏，则视为其已包含在其他价格报价中。

本部分以招标文件要求及工程量的表格为准说明价格文件应包含的内容。

①投标报价说明。

②投标报价汇总表。

③主要材料清单报价表。

④设备清单报价表。

⑤工程量清单报价表。

⑥措施项目报价表。

⑦其他项目报价表。

⑧工程量清单项目价格计算表。

⑨投标报价需要的其他资料表。

报价依据本工程投标须知和合同文本的有关条款进行编制。工程量清单报价表中所填入的综合单价和均价包括人工费、材料费、机械费、管理费、利润、税金及采用固定价格的工程所测算的风险金等全部费用。

措施项目标价表中所填入的措施项目报价包括为完成本工程项目施工必须采取的措施所发生的费用。其他项目标价表中所填入的其他项目报价，包括工程量清单报价表和措施项目报价表以外的，为完成本工程项目施工必须发生的其他费用。

2. **投标文件编制**

（1）投标文件的内容组成

①投标人应当按照招标文件、工程量清单、招标答疑纪要、标前会议细则及招标文件修改通知的要求编制投标文件，投标文件应对招标文件提出的实名要求和条件做出响应。

②投标人的投标文件应包括下列内容：投标函、投标担保、法定代表人的证明书、法定代表人委托代理人的委托书（必须提供原件）、投标报价表、辅助资料表、本招标文件评标细则中需要提供的有关资料原件、其他资料（如项目经理获得的各种奖励证书原件）。

（2）投标文件的编制要求

①语言约定。

投标文件及投标人与招标人之间涉及投标有关的来往通知、函件和文件均应适用一种官方主导语言。国际招标时，外国投标者的投标文件应以英文书写；国内投标者的投标文件应以中文书写。

②投标保证金。

投标人应提供一定数额的投标保证金，此投标保证金是投标文件的一部分。根据投标人的选择，投标保证金可以是现金、支票、银行汇票，也可以是在中国注册的银行出具的银行保函。若投标保证金采用银行保函的形式，银行在出具投标保函之前一般都要对投标人的资信状况进行考察，信誉欠佳或资不抵债的投标人很难从银行获得经济担保。由于银行一般都对投标人进行动态的资信评价，掌握大量投标人的资信信息，因此，投标人能否获得银行保函，能够获得多大额度的银行保函，也从一个侧面反映了投标人的实力。

③投标文件的有效期。

从开标之日起，有效期为90天。在特殊条件下，经招标投标管理机构核准，招标人可以书面形式向投标人提出延长投标有效期的要求，投标人可以拒绝上述要求而不会没收投标保证金。若同意延期，同意延长投标有效期的投标人不能提出修改投标文件的要求，但需要相应地延长投标保证金的有效期，在延长期内投标须知中关于投标保证金的退还与不退还的规定仍然适用。

④招标文件的签署及规定。

投标人按投标须知的规定，编制一份投标文件“正本”和四份“副本”，并明确标明“投标文件正本”和“投标文件副本”。投标文件正本和副本如有不一致之处，以正本为准，投标文件正本与副本均应使用不能擦去的墨水打印或书写，由投标人的法定代表人亲自签署（或加盖法定代表人印鉴），并加盖法人单位公章。全套投标文件应无涂改和行间插字，除非这些删改是根据招标人的指示进行的，或者有投标人造成的必须修改的错误。修改后应由投标文件签字人签字证明并加盖印鉴。投标人以电话、电报、电传方式的投标，概不接受。

⑤投标预备会。

投标人派代表于商定时间和地点出席投标预备会。投标预备会的目的是澄清、解答投标人提出的问题和组织投标人现场踏勘，了解情况。投标人可能被邀请对项目现场和周围环境进行踏勘，以获取需投标人负责编制的投标文件和签署合同所需的所有资料。踏勘现场所产生的费用由投标人承担。投标人提出的与投标有关的任何问题须在投标预备会召开7天前，以书面形式送达招标人。会议记录包括所有问题和答复的副本，将提供给所有获得招标文件的投标人。因投标预备会而产生的对招标文件内容的修改，由招标人以补充通知等书面形式发出。

⑥投标文件密封与标志。

投标人应将投标文件的正本和每份副本密封在内层包封中，之后再密封一个外层包封，并在内包封上正确标明“投标文件正本”和“投标文件副本”，内层和外层包封都应写明招标人名称和地址、合同名称、项目名称、招标编号，在注明开标时间之前不可开封。在内层包封上还应写明投标人的名称与地址、邮政编码，以便投标出现逾期送达时能原封退回。如果内外层包封没有按上述规定密封并加写标志，招标人将不承担招标文件错放或提前开封的责任，由此造成的提前开封的投标文件将被拒绝，并退还给投标人。

⑦投标截止日期。

投标人应在规定的日期内将投标文件递交给招标人。招标人可以按投标须知规定的方式，酌情延长递交投标文件的截止日期。在上述情况下，招标人与投标人以前在投标截止日期方面的全部权利、责任和义务，将适用于延长后新的投标截止日期。招标人在投标截止日期以后收到的投标文件，将原封退给投标人。

⑧投标文件的修改与撤回。

投标人可以在递交投标文件后，在规定的投标截止时间以前，采用书面形式向招标人递交补充、修改或撤回其投标文件的通知。在投标截止时间以后，不能更改投标文件。投标人补充、修改或撤回通知，应按投标须知规定编制、密封并加写标志并递交，且在内层包封标明“补充”“修改”或“撤回”字样。根据投标须知的规定，在投标截止时间与招标文件中规定的投标有效期终止日之前的这段时间内，投标人不能撤回投标文件，否则其投标保证金将不予退还。

⑨质量保证。

a. 卖方应保证提供的货物是全新的、未曾使用的，是采用最佳材料和一流工艺制造的货物。

b. 货物应符合合同规定的质量规格和性能要求。

c. 卖方应保证货物经过正确安装、正常操作和保养，在货物寿命期内运转良好。

d. 若出现故障，卖方在30天内，除招标文件另有规定者外，免费修理或更换有缺陷的零件、部件甚至整机。

7.5.2 开标

《中华人民共和国招标投标法》规定，开标时由投标人或者其推选的代表检查投标文件的密封情况，也可以由招标人委托的公证机构检查并公证；经确认无误后，由工作人员当众拆封，宣读投标人名称、投标价格和投标文件的其他主要内容。招标人在招标文件要求提交投标文件的截止时间前收到的所有投标文件，开标时都应当当众予以拆封、宣读。开标过程应当记录，并存档备查。

开标即揭标，也叫唱标。它是招标人按照招标文件中所规定的时间、地点，邀请各投标人集中开会，当众对投标文件正式启封和宣布的活动过程。这个过程是招标投标程序中的一个法定环节，也是定标的第一个环节，它对保证投标过程中贯彻执行"三公"原则和诚实守信原则有重要意义。

1. 开标管理

开标是供应商复选管理的重要环节，开标的组织环节尤为重要，主要涉及时间、地点和程序，并以公开方式进行。开标时间与投标截止时间应为同一时间。提交文件截止时间，便是开标之时。唱标内容应完整、明确。只有唱出的价格优惠才是合法、有效的。唱标及记录人员不得将投标内容遗漏不唱或不记。开标活动由招标人主持并组织。

开标应当公开进行。所谓公开进行，就是开标活动都应当向所有提交投标文件的投标人公开。应当使所有提交投标文件的投标人到场参加开标。通过公开开标，投标人可以发现竞争对手的优势和劣势，可以判断自己中标的可能性，以决定下一步应采取什么行动。这是为了保护投标人的合法权益。

（1）开标的时间

①开标时间应当在提供给各个投标人的招标文件中事先确定，以便各个投标人都能事先知道开标的准确时间，准时参加，确保开标过程的公开、透明。

②开标时间应与提交投标文件的截止时间相一致。将开标时间规定为提交投标文件截止时间的同一时间，目的是防止招标人或者投标人利用提交投标文件的截止时间以后、开标时间之前的一段时间做手脚，进行暗箱操作。

（2）开标参与者

开标既然是公开进行的，就应当有一定的相关人员参加，这样才能做到公开性，让投标人的投标情况为各投标人及有关方面所共知。

①开标主持人。

一般情况下，开标由招标人主持；若招标人委托招标代理机构招标，开标也可由该代理机构主持。主持人按照特定的程序负责开标的全过程。

②开标会参与人。

邀请所有的投标人或其代表出席开标会，可以使投标人了解开标是否依法进行，有助于让其相信招标人不会任意做出不适当的决定；投标人或者他们的代表出席开标会是他们的法定权利。同时，也可以使投标人了解其他投标人的投标情况，做到知己知彼，预估一下自己中标的可能性，这对招标人的决定也将起到一定的监督作用。此外，为了保证开标的公正性，一般还邀请相关单位的代表参加，如招标项目主管部门的人员、评标委员会成员、监察部门代表等。

2. 开标程序

先由投标人或者其推选的代表检查投标文件的密封情况，也可以由招标人委托的公证机构检查并公证。招标人还可以根据情况委托公证机构进行检查并公证。公证机构是依法设立，不以营利为目的，依法独立行使公证职能、承担民事责任的证明机构。招标人或者其推选的代表或者公证机构经检查发现密封被破坏的投标文件，应作为废标处理。开标按如下程序进行。

①招标人签收投标人递交的投标文件。

②投标人出席开标会。

③开标会主持人宣布开标会开始。

④开标会主持人介绍主要与会人员。

⑤核对投标人授权代表的相关资料。

⑥招标人领导讲话。

⑦开标会主持人介绍投标人。

⑧开标会主持人宣布招标文件规定的递交投标文件的截止时间和各投标单位实际送达时间，在截标时间后送达的投标文件应当场废标。

⑨各方代表共同检查各投标文件密封情况。

⑩主持人宣布开标和唱标次序。

⑪唱标人依唱标顺序依次开标并唱标。

⑫做好开标会记录且各方代表签字确认。

⑬公布标底。

⑭送封闭评标区封存。

⑮主持人宣布开标会结束。

7.5.3 评标

评标是指按照规定的评判标准和方法，对各投标人的投标文件进行评价、比较和分析，从中选出最佳投标人的过程。评标是招标投标活动中十分重要的阶段，评标是否真正做到公平、公正，决定着整个招标投标活动是否公平和公正；评标的质量决定着能否从众多投标竞争者中选出最能满足招标项目各项要求的中标者。

评标应由招标人依法组建的评标委员会负责，即招标人按照法律的规定，挑选符合条件的人员组成评标委员会，该评标委员会负责对各投标文件进行评审。对于依法必须进行招标的项目即法定强制招标项目，评标委员会的组成必须符合相关法律条款的规定；对法定强制招标项目以外的自愿招标项目的评标委员会的组成，法律未作规定，招标人可以自行决定。招标人组建的评标委员会应按照招标文件中规定的评标标准和方法进行评标工作，对招标人负责，从投标竞争者中评选出最符合招标文件各项要求的投标者，最大限度地实现招标人的利益。

1. 组建评标委员会

评标委员会是指在招标投标和政府采购活动中，依法由招标人代表和有关技术、经济等方面的专家组建，负责对投标文件进行评审并提出评审意见的临时性权威机构。

评标必须按法定的规则进行，这是公正评标的必要保证，相关规定如下。

①招标应当采取必要措施，保证评标在严格保密的情况下进行，这是要求评标在封闭的状态下进行，使评标过程免受干扰。

②任何单位和个人不得非法干预、影响评标的过程和结果，这是以法律形式排除在现实中经常会出现的非法干预，排除外界施加的压力，也是在法律上保证公正评标，维护招标人、投标人的合法权益。

③评标委员会应当按照招标文件确定的评标标准和方法对投标文件进行评审和比较，明确了评标的原则，也保证了评标的公平性和公正性，在评标中不应采用招标文件中未列明的标准和方法，也不应改变招标文件中已列明的标准和方法，否则将失去衡量评标是否公平、公正的依据。

④评标委员会成员应当客观、公正地履行职务，遵守职业道德，对所提出的评审意见承担个人责任。这是保证公正评标的必要条件，评标委员会成员的工作必须是合乎招标投标制度本质要求的，体现维护公平竞争的原则，评标委员会成员对自己的工作负个人责任，从而促使评标委员会成员形成强烈的责任感。

⑤评标委员会成员不得私下接触投标人，不得收受投标人的财物或者其他好处，这是由于评标委员会成员享有评标的重要权力，因而必须保证他们是廉洁公正的，要求他们个人严格割断与投标人的任何利益联系，所以对其个人行为作出了禁止性的规定。

⑥参与评标的人员（包括评标委员会的成员和有关工作人员）均不得透露评标情况，也就是对评标情况负有保密义务，这是保证评标工作正常进行，并使评标工作有公正结果、防止参与评标者牟取不正当利益的必要措施。

以上关于评标的若干规则，尤其是对评标委员会的严格要求，是非常必要的，因为能否在评标环节上，对投标文件做出公正、客观、全面的评审和比较，正是招标能否成功的一个关键，也是能否公正地推荐和确定中标人的必要前提。

2. 评标步骤

评标的目的是根据招标文件中确定的标准和方法，对每个投标人的标书进行评价和比较，以评出最佳的投标人，评标必须以招标文件为依据，不得采用招标文件规定以外的标准和方法进行评标，凡是评标中需要考虑的因素都必须写入招标文件。

（1）初步评标

初步评标工作比较简单，却是非常重要的一步。初步评标的内容包括供应商资格是否符合要求，投标文件是否完整，是否按规定方式提交投标保证金，投标文件是否基本符合招标文件的要求，有无计算上的错误等。如果供应商资格不符合规定或投标文件未做出实质性的反映，都应作为无效投标处理，不得允许投标人通过修改投标文件或撤销不符合要求的部分而使其投标具有响应性，经初步评标，凡是确定为基本上符合要求的投标，下一步要核定投标中有没有计算和累计方面的错误。

（2）详细评标

在完成初步评标后，下一步就进入详细评标阶段。只有在初评中确定为基本合格的投标，才有资格进入详细评标阶段。具体的评标方法取决于招标文件中的规定，并按评标价由低到高，评定出各投标的排列次序。

在评标时，若出现最低评标价远远高于标底或缺乏竞争性等情况，应废除全部投标。

（3）编写并上报评标报告

评标工作结束后，采购单位要编写评标报告，上报采购主管部门。评标报告包括以下内容。

①招标通告刊登的时间、购买招标文件的单位名称。

②开标日期。

③投标人名单。

④投标报价及调整后的价格（包括重大计算错误的修改）。

⑤价格评比基础。

⑥评标的原则、标准和方法。

⑦授标建议。

（4）资格后审

如果在投标前没有进行资格预审，在评标后则需要对最低评标价的投标人进行资格后审。如果审定结果认为它有资格、有能力承担合同任务，则可与该投标人签订合同；如果认为它不符合要求，则应对下一个评标价最低的投标商进行类似的审查。

（5）授标与合同签订

合同授予最低评标价投标人，并要求在投标有效期内进行。决标后，在向中标人发中标通知书时，也要通知其他没有中标的投标人，并及时退还其投标保证金。具体的合同签订方法有两种：一是在发中标通知书的同时，将合同文本寄给中标单位，让其在规定的时间内签字返回；二是中标单位收到中标通知书后，在规定的时间内派人前来签订合同。如果是采用第二种方法，合同签订前，允许相互澄清一些非实质性的技术性或商务性问题，但不得要求投标人承担招标文件中没有规定的义务，也不得有标后压价的行为。合同签字并在中标人按要求提交了履约保证金后，合同就正式生效，采购工作进入合同实施阶段。

3. 评标标准及方法

（1）评标标准

评标标准一般包括价格标准和价格标准以外的其他有关标准（又称“非价格标准”）。非价格标准应尽可能客观和定量化，并按货币额表示或规定相对的权重（即“系数”或“得分”）。通常来说，在货物评标时，非价格标准主要有运费和保险费、付款计划、交货期、运营成本、货物的有效性、配套零配件和服务的供给能力、相关的培训、安全性和环境效益等。在服务评标时，非价格标准主要有投标人及参与提供服务的人员的资格、经验、信誉、可靠性、专业和管理能力等。在工程评标时，非价格标准主要有工期、质量、施工人员和管理人员的素质及以往的经验等。

（2）评标方法

评标方法是运用评标标准评审、比较投标的具体方法。一般有以下几种方法。

①最低评标价法。评标委员会根据评标标准确定每份投标文件不同方面的货币数额，然后将那些数额与投标价格放在一起比较。估值后价格最低的投标可作为中选投标。

最低评标价法作为国际上最常用的评标方法，主要优点有：一是能较大程度节约资金，提高资金使用效率。二是能遏制腐败现象，规范市场行为。三是有利于企业走向国际市场。国际市场的竞争方式，主要是最低评标价法。四是能提高企业的经营能力和管理水平。那些管理水平低、设备技术落后的企业，要么中不了标，要么中标后无利可图，最后被市场无情淘汰，这样就促使企业必须提高经营能力和管理水平。

当然，最低评标价法也存在一些问题：一是价格最低，并不能保证服务和质量最优。二是投标人有危机感，风险太大了，投标人会心存顾虑。三是成本价不易界定，这是最低评标价法受到质疑的核心原因。

②打分法。评标委员会根据评标标准确定各投标方的得分，得分最高的投标方可作为中标方。

打分法具有更科学、更量化的优点，主要表现在：一是引入权值的概念，评标结果更具科学性；二是有利于发挥评标专家的作用；三是有效防止低价的不正当竞争。

同样，打分法也存在一些不足：一是评标因素及权值难以合理界定，评标因素及权值确定起来比较复杂，用户往往希望产品性能占较高权值，财政部门往往希望价格占较高权值，真正做到科学合理更为不易；二是评标专家不适应，由于专家组成员属临时抽调性质，在短时间内让他们充分熟悉被评项目资料，全面正确掌握评价因素及其价值，有一定的困难；三是赋予了评委较大的权力，由于评委的业务水平不尽相同，如果对评委没有有效的约束，就有可能出现“人情标”。

以上两种可统称为“综合评标法”。

③合理最低投标价法。该方法将能够满足招标文件的各项要求，且投标价格最低的投标作为中选投标。

合理最低投标价法与综合评分法具有相似的优点，但其自身独特的优点是充分考虑使用价值，更能体现政府采购物有所值的原则，其同样存在评标因素及权值难以界定的缺点。

④专家意见法。该方法又称德尔菲法，是采用背对背的通信方式征询专家小组成员的预测意见，经过几轮征询，使专家小组成员的预测意见趋于集中，最后做出符合市场未来发展趋势的预测结论。专家意见法，依据系统的程序，采用匿名发表意见的方式进行，专家小组成员之间不得互相讨论，不发生横向联系，只能与调查人员进行联系，以反复填写问卷、集结问卷填写人的共识及收集各方意见的方式构造团队沟通流程。

7.6 供应商关系管理

7.6.1 供应商关系管理的内容

1. 供应商关系的概念

供应商关系，是企业供应链上的一个基本环节，它建立在对企业的供方（包括原材料供应商、设备及其他资源商、服务供应商等）及与供应相关信息完整有效地管理与运用的基础上，对供应商的现状、历史，提供的产品或服务、沟通、信息交流、合同、资金、合作关系、合作项目及相关的业务决策等进行全面的管理与支持。

2. 供应商关系管理的内容

供应商关系管理是供应链体系中重要的一部分，它主要包括4个方面。

①供应商目录管理，指对企业的供应商进行管理。企业通过增加和删除供应商以及与其对应的采购物品，录入和维护供应商基本信息，及时定义和细化企业采购范围，可实现对企业供应商群体的动态管理。供应商目录与企业的电子商务系统结合，可以实现对企业供应商会员的统一管理。

②采购价格管理，指制定和管理企业采购物品的价格体系，对采购价格的执行范围、方式进行限制。企业通过对采购市场价格的跟踪、历史数据的分析和预测，进行

采购询价、比价、价格合理性分析和判断等，可实现科学准确的低成本采购；同时可以为电子商务系统提供采购价格数据，实现快速、准确、合理的在线采购。

③采购合同管理，指对企业物品、劳务等多种采购合同进行管理。系统不仅对根据采购订单签订的多种合同进行详尽的多层次管理，而且对签订合同的执行状态进行跟踪，为采购管理提供准确和详细的统计、分析信息，实现对合同履行的全程控制和管理。

④供应商评估。供应商评估是供应商关系管理中的一个核心应用模块。根据企业和供应商之间的商务交往，对供应商在短时期内的供货质量、价格、交货期、服务、可持续性的改进等各方面进行综合、全面的统计和衡量，为企业选择供应商、进行采购交易提供量化的、准确的依据，提高采购质量和效率。

7.6.2 供应商关系管理的应用

1. 为供应链管理提供决策标准

供应商关系管理（SRM）是通过一系列方法将企业和供应商连接起来的相互依赖的系统，不仅能降低直接原料供应商与间接供应商或商业服务的总获取成本，还能提高最终产品质量、客户价值和企业利润。企业实施 SRM 能够为以下 3 种类型的应用提供决策标准：战略资源的使用、采购管理和供应商绩效管理。

战略资源的使用：通过对历史交易数据的比较分析，为采购前的程序提供决策支持，如寻找、选择供应商及与供应商谈判。

采购管理：鉴于提交和管理相关采购文件的巨大需求，企业必须提高评价流程的效率，加强交易监控，并通过更有效的管理工具来简化、添加和调整流程。

供应商绩效管理：包括追踪供应商的业务、识别风险、优化企业资源计划（ERP）和供应链管理。同时，追踪供应商所提供产品和服务的绩效与质量。供应商绩效管理涉及的内容有：①绩效特征，如成本分析、计分卡（Scorecard）评分、排序、数据挖掘、趋势分析等；②客观性特征，如数据和内容标准化，巩固、获取、查询、寻找、修复与供应商的关系等；③资产管理，如资产维护、担保等。

2. 提高供应链的协作能力

在新的竞争环境下，SRM 强调长期的合作、共有的计划和共同解决问题的能力，强调相互之间的信任与合作，强调双方资源的共用。它能够帮助企业供应链解决许多以前无法解决的问题，具体包括以下几个方面。

由于产品生命周期不断缩短，企业间需要加强设计、采购和制造部门间的合作，SRM 的功能可以帮助企业将这 3 个部门的业务紧密连接在一起，实现协同运作。

由于财务方面的压力，企业已越来越多地采用外包方式进行设计和制造，需要有更好的工具来对外包业务进行管理，SRM 就有这种外包业务管理的功能。

为改善产品推向市场的时间和批量生产时间，企业需要在这些共用的业务过程中实现协作，与供应商和合作伙伴展开合作，SRM 能使企业实现协同运作，这些协作环境可提高可见性，促进对计划、设计和采购知识的跨部门共用。

SRM 提供了一个解决方案，用于取得准确、无杂质、有组织和经常需要补充的货物信息及供应商数据，这些资料可通过各种搜索标准进行检索，搜索标准随部门的职能变化而变化。

7.6.3　确定供应商合作伙伴关系

1. 供应商合作伙伴关系

供应商合作伙伴关系是企业与供应商之间达成的最高层次的合作关系，它是在相互信任的基础上，供需双方为了实现共同的目标而采取的风险共担、利益共享的长期合作关系。

面对供应市场的变化与越来越激烈的竞争市场，传统采购的弊端越来越明显。采购过程中信息封闭，供应商和采购方做不到有效的信息共享，影响采购效率，造成采购、库存成本大大增加；对产品质量、交货期的控制难度大；供需双方的关系未能很好地协调，竞争多于合作，将更多的时间浪费在解决日常问题和供应商频繁选择上，未能达到双赢的目的；供应商对用户的需求变化反应迟缓，缺乏应对需求变化的能力。

这种伙伴型供应商关系包含下列特点：是长期的、相互依赖的合作关系；关系由明确或口头的合约确定，双方共同确认并且在各个层次都有相应的共同目标，并为共同目标制订有挑战性的改进计划；双方互相信任，共担风险，共享信息；共同开发、创造；以严格的尺度衡量合作表现。伙伴型供应商关系中，有一个重要的概念，就是供应商的早期参与和采购方的早期介入。在采购过程的早期，影响价值的机会比后期大得多，供应商与采购方在早期的共同介入将大大改善工艺、设计、再设计、价值分析等活动。缩短循环周期、提高竞争力、降低成本等好处足以使许多企业将供应商纳入自己的职能管理团队，供应商会共同参与企业的活动，或自愿成为继续发展的合作伙伴，成为联盟关系的一部分。通过与供应商建立长期合作伙伴关系，可以缩短供应商的供应周期，提高供应商的灵活性；可以降低企业的原材料、零部件的库存水平，降低管理费用，加快资金周转；提高原材料、零部件的质量；可以加强与供应商的沟通，改善订单的处理过程，提高材料需求准确度；可以共享供应商的技术与革新成果，加快产品开发速度，缩短产品开发周期；可以与供应商共享管理经验，推动企业整体管理水平的提高。

2. 供应商合作伙伴关系的概念及特点

本书中的供应商合作伙伴关系是指企业与其重要供应商凭借各自的核心能力，互相吸引而形成的超越一般交易的战略关系。这种关系能够有效地实现业务的系统集成及创新，进而提升各自的核心竞争力，最终实现双赢的目标。它有以下几个特点。

①它的主体是各自独立的法人，并没有兼并或收购。这种独立性也涵盖一定程度上的参股，但没有达到控制供应商企业实际管理权的地步，否则就是一个企业内部的事情了。

②核心能力体现其有用性。供需双方都具有彼此相互吸引的独特核心能力，这样才有深层次的吸引力，彼此的关系才能超越一般关系。

③关系管理保证合作的兼容性。企业之间的战略合作不同于一般的交易。战略性需求存在大量不确定性，这些需求并不能预见得很清楚。所以供需双方的权利与义务事先不能以合同形式体现，这就需要在合作过程中彼此交流、创新、行动、反馈以满足各自的需求。这种过程需要双方高度的理解与支持。

④利益的长期性。在供应商合作伙伴关系中，彼此应该考虑而且必须考虑的是比较长远的利益，而关于企业近期利润目标考虑得较少。但要注意利润及良好的现金流是企业生存的重要条件，这就需要企业在近期拥有一定的财务实力，保证充分的投入（项目现金流很可能为负），对项目的考核不应以利润和现金流为核心，而是要关注长期发展潜力。

⑤战略供应商的数量应是有限的几个。在企业的管理实践中，有的企业认为它们有许多战略供应商，而有的企业只有为数不多的战略供应商。企业总体的管理精力是有限的，如果在众多的供应商中进行分配，势必不能突出重点，也不会产生明显效益。

3. 供应商合作伙伴关系的建立

（1）供应商合作伙伴关系的建立途径

与供应商建立长期合作伙伴关系首先要得到公司高层领导的重视与支持。高层管理者要意识到供应商管理是整个公司业务管理中最重要的有机组成部分，要支持采购等部门发展供应商长期合作伙伴关系，需要高层领导的支持才能开展具体的工作。

建立长期合作伙伴关系要经过以下几个步骤。

①采购部门要在对供应市场调研的基础上，对有关部门的采购物品进行分析、分类，根据供应商分类模块，确定伙伴型供应商。

②根据对伙伴型供应商关系的要求，明确具体的目标及考核指标，制订出达到目的的行动计划。这些行动计划必须在公司内部相关部门进行充分交流并达成一致，同时要完全取得供应商的参与认可，并经双方代表签字。

③通过供应商会议、供应商访问等形式对计划实施进行组织和进度跟进，内容包括对质量、交货、降低成本、新产品、新技术开发等方面的改进进行跟踪考核，定期检查进度，及时调整行动。

④在公司内部还要通过供应商月度考评、体系审核等机制跟踪考核供应商的综合表现，及时反馈并提出改进要求。

（2）供应商合作伙伴关系的评价

从采购方来看，良好的供应商合作伙伴关系一般有以下表现。

①有正式的沟通程序。

②有利于供应商的成功。

③能共同获利。

④关系稳定、不依赖个别人。

⑤能始终仔细审视供应商绩效。

⑥对对方有合理的预期。

⑦员工有责任感，遵循职业道德。

⑧共享有益信息。

⑨能指导供应商改进。

⑩能基于采购的总成本进行非敌意磋商，共同决策。

（3）注意事项

对供应商合作伙伴关系的研究和经验表明，一系列关键因素将影响合作关系的成功。这些因素均十分重要，缺乏任何一个都可能阻碍供应商合作伙伴关系的发展甚至导致其失败。

①高级管理层的承诺。高级管理层的承诺是成功建立供应商合作伙伴关系最核心的问题。高级管理层有权力指定支持建立供应商合作伙伴关系所需要的资源、人员、信息和预算资金。这一过程很重要，没有资源的支持，成功建立供应商合作伙伴关系的概率会大大降低。高级管理层的承诺向各个组织传达一种信息：合作协议是很重要的，应该得到支持。供应商合作伙伴关系没有组织性保障是无法成功的。

②严格的供应商选择过程。由于建立和管理供应商合作伙伴关系的工作量非常大，供应商转换成本也很高，因此选择一个合适的联盟伙伴是采购方最重要的决策。通常确定一个候选供应商要耗费大量的时间，绩效管理系统有助于采购方从现有的供应商中“剔除”绩效较差的候选者。另外，对新供应商进行实地考察或对现有的供应商进行进一步了解，也是选择过程的重要环节。

③持续努力地改进。由于种种原因，合作行为也许是伙伴关系所追寻的最关键的利益。双方为形成伙伴关系努力提供了一个公司间联合战略和协同行动的机会，这些努力也促进了双方患难与共、相互依赖的信心，加强了双方之间的沟通。反过来，这种关系也极大地强化了伙伴之间的理解和信任。

④目标一致。目标一致的原因有：第一，它暗示合作伙伴为建立目标花费了时间和精力，有了可操作的目标，便增加了成功的可能性；第二，它意味着双方都在努力满足对方的需求和要求。很多时候，仅仅因为目标不一致，导致了不可调和的矛盾，

造成正在形成的联盟最终失败。

⑤供应商合作伙伴关系支持体系和文件。跨职能小组经常用于建立伙伴关系协议，但无论是什么样的小组，跨职能小组必须表明他们能够有效地进行相互合作。许多伙伴公司，通过一个或更多正式签订的文件来指导双方关系。该文件可能是一项长期采购协议或者其他协议。这些协议强调了各种各样的非价格问题，包括绩效改进要求、冲突解决机制、具体资产关系的制定、促进与合作伙伴关系的激励机制等。

⑥不断关注双赢机会。双赢关系的核心是认识对方的需求和期望，双方通过合作可以提高各自的价值，而不是为了分割固定的市场而彼此竞争。

⑦广泛沟通和分享信息。供应商合作伙伴关系比传统协议强调的范围更广，因此，需要进行广泛的沟通和信息共享。例如，采购方可以与供应商分享自己未来的产品计划，并确定如何将其与供应商的技术发展计划结合起来。在供应商合作伙伴关系中，可以通过多种方式进行沟通和信息共享，包括：合作伙伴关系双方的经理定期召开会议；职能部门间的点对点或平行沟通；电子邮件沟通；电视或电话会议沟通，以及时事报道等。频繁的沟通能直接促进供应商合作伙伴相互间信任的进一步加深。

⑧建立信任。信任是供应商合作伙伴关系成功的前提。加深信任的方式有很多，包括：组织间进行公开的沟通；履行做出的承诺和义务；遵循道德和诚实的办事原则；为对方考虑而不是仅考虑自己的利益；公开发表有关成功合作的事件，尤其是那些能够巩固合作伙伴市场地位的事件；对于涉及双方关系的内部信息和数据严格保守秘密；定期召开组织间的会议。

⑨资源让步。公司可以通过多种方式为供应商合作伙伴关系提供支持：提供差旅费和会议预算，组建制定和执行协议的小组，提供适当的信息，提供有能力的人才，保障小组对内部客户进行关系培训等。其中，高级管理层在保证合作伙伴关系所需资源方面有重要的作用。

⑩关于联盟与供应商合作伙伴关系目标和期望利益的内部教育。对大多数组织来说，建立合作协议意味着要有所变化。为了避免来自业务单位或生产部门的抵制，进取型组织就会教育内部客户关注利用合作伙伴所带来的利益。

⑪人员发生变动时，保持联盟与供应商合作伙伴关系的能力。当最初的参与者被调离或发生了其他人事变动时，也许联盟与供应商合作伙伴关系将面临巨大的挑战。只有那些当人员变动时仍保持组织连续性的公司，才能获得成功，也就是说，要求每个有可能变动的组织结构都能接受供应商合作伙伴关系。

本章小结

本章介绍了供应商风险管理、采购风险管理、供应商风险评估、供应商审核、供应商招投标管理和供应商关系管理等内容，通过对本章的学习，可以熟悉供应商风险评估的体系、供应商审核的指标，掌握供应商风险评估程序和供应商审核程序。

拓展阅读

金山公司：VIP供应商的管理

江西F有限公司（以下简称F公司）于1995年成立，是江西省省内的高速公路智能化行业的“国家高新技术企业”。F公司的主营产品包括高速公路自测距滑动式自动发卡机、高速公路ETC（电子收费）应急刷卡屏、高速公路智能气象检测箱等，主要业务涵盖高速公路机电系统产品研发生产、高速公路机电工程施工建设、高速公路机电设备维护服务、交通信息化应用软件开发等。

F公司在智能交通行业前行的路上，将目标立足于未来长远的发展，并逐步向其他战略性新兴行业领域拓展。F公司在机电产品维修业务方面打造“迅捷”服务品牌，通过开设维护驻点，做到快速敏捷地响应高速公路机电设备的维护运营问题。F公司将坚持打造“国内具有技术领先、质量领先、管理领先、规模领先、效益领先的ITS（智能交通系统）领域的知名品牌企业”的战略方针，勇于创新、开拓进取，不断提升智能交通信息化技术水平，为我国交通运输事业的发展提供优质的产品和服务。

F公司的供应商管理现存的主要问题如下：①F公司在合作过程中未与供应商保持密切联系，并且这种关系相对被动。F公司与其供应商之间的关系处于业务合作阶段。一旦破裂可能导致产品停产。公司在生产过程中极力压低零部件价格，对供应合作关系中断风险缺乏认识和防范，和供应商的合作关系可能最终破裂。②公司片面重视采购过程的价格比较，导致采购的产品质量不合格。F公司的供应商管理改革迫在眉睫，因为上述问题在不同程度上影响F公司的生产、经营及经济利益，并且对公司的品牌形象也有重大的负面影响。

经过激烈讨论，大家对F公司目前遇到的困境都提出了建设性的意见。采购经理王总将供应商管理的问题总结为两个方面：一是供应商评估和选择，二是供应商关系管理。F公司根据具体问题成立了专门的领导小组。

第一步：优化供应商评估和选择。

采购部的王总首先发言：“现在供应商变革已经是箭在弦上的事情了，我们必须解决好供应商管理问题，供应商的评估和选择主要有以下两个方面的问题。①选择供应商的决策者不够‘专业’，因此无法得到充分评估。②过于看重价格的结果，会发生采购错误。现在先解决第一个问题——不够‘专业’。目前来说，我们需要更多的专业型人才，仅依靠采购部的力量是不够的。评估工作由我们采购部牵头负责，财务和技术部门也要参与进来。”各部门一拍即合，大家反响热烈并一致认为，各部门组成的专业小组能有效提升公司对供应商的评估能力，就这样，供应商评估小组在F公司正式成立了。供应商评估小组可以有效避免之前不完善的评估体系导致的评估错误，还能对供应商产值质量和设计参数提供准确判断，避免由采购物料不合格造成的损失，而且财务部门的全面参与可以协助采购人员从多个角度考核各项成本，从而以更低的采购价格完成采购，显著降低采购成本。

第二步：优化供应商关系管理。

王总语重心长地说道，“我们前期制定的供应商评估体系和选择制度取得初步成效，但还不够完善，导致我们对供应商的考核评价机制也很难形成规范，难以同供应商形成长期合作的关系。那么我们接下来的工作重点就是优化供应商考核评价机制”。于是供应商评估小组做了以下一系列工作：首先，制定供应商考核评价指标体系。在供应商评估小组做出的评估体系的基础上进行调整，取消一级指标“业绩资质”，形成后续的供应商考核评价指标体系。其次，根据评估的结果划分供应商类型。对现有供应商进行梳理，可以将供应商分为三种类型：核心供应商、重点供应商和普通供应商。最后，为了维持和供应商的长期合作关系，供应商评估小组提出对供应商采取激励措施，有效的激励措施可以加强合作，增加合作程度，稳定合作。

课后习题

1. 供应商风险形成的原因有哪些？
2. 采购风险形成的原因有哪些？
3. 供应商风险评估的原则是什么？
4. 供应商审核方法有哪些？
5. 供应商关系管理有哪些应用？

8　供应链财务风险管理

本章目标

1. 了解供应链财务风险的类型。
2. 了解供应链财务风险管理的相关理论。
3. 掌握如何进行供应链财务风险因素分析。
4. 熟练掌握资金筹措、现金管理、账款管理等财务风险源分析及管理。
5. 清楚供应链风险管理流程四大步骤，并熟悉如何开展财务风险管理。
6. 掌握财务风险管理策略与措施。

导入案例

德邦股份：3PL企业财务风险分析及防范

1. 德邦股份概况

德邦股份是一家以公路、空运零担运输业务为主营业务，涵盖快运、快递、仓储与供应链及跨境服务等多种业务的综合性3PL（第三方物流）企业。近年来，德邦股份依靠自身实力，为客户提供了灵活高效的物流选择以及便捷可靠的物流服务。在经历了两次失败后，德邦股份于2018年初在上海证券交易所成功上市，逐步成为我国3PL行业的主力军。

2014—2019年，德邦股份的业务总收入呈逐年上升趋势，平均年增长30%，发展速度较快。从各项业务来看，快运业务收入在2014—2017年逐年上升，而2018年和2019年略有回落；快递业务收入连年快速增长，2019年超过了146亿元，是2014年的30倍，从而主导了德邦股份总业务收入的增长趋势；占比最小的其他业务收入也逐年增加。

德邦股份近6年的业务稳步发展，而业务的发展需要财务方面的支撑。与2014年相比，2019年总资产增加了近2倍，负债扩大了近3倍，股权权益扩大了约1.2倍，资产负债率也从41%增加至2019年的55%，相应地增加了财务风险。值得注意的是，公司分别在2015—2016年及2018—2019年负债增加较多，加大了财务杠杆。与此同时，筹资活动现金流量体现了对投资活动资金需求的回应，尤其是在2016—2018年，筹资活动现金流量净额总计约为9.5亿元，基本满足公司投资的需求。公司于2014年和2015年偿还的债务超过了取得的借款，从而出现负的筹资活动现金流量净额；而2019年公司的股利发放以及支付其他筹资费用也使该净额为负。最后，总体来看，德邦股份在2014—2018年均有正的现金及等价物净增加额，2019年该值为负，主要原因是投资方面有大额的现金净流出，而筹资方面未能提供足够的资金所致。

2. 财务风险

（1）筹资环节

根据德邦股份的财务报表可知，公司上市前的主要筹资方式为债务融资，筹资支出主要表现为债务偿还。2018年初完成IPO（首次公开募股）融资后，其筹资支出主要包括偿还债务、支付利息、股利分配和融资租赁运输设备等方面。上市后，德邦股份的筹资方式多元化，增加了筹资的灵活性，同时也带来了更大的资金压力。德邦股份2019年年报显示，除偿还债务外，公司现金支付了近2.8亿元的利息和股利，而支付其他与筹资活动有关的现金近5亿元，这一数字在其他各年最高仅为6000万元，直接导致当年的筹资活动现金流量净额为负。

（2）投资环节

3PL企业为了拓展业务范围、增强企业竞争力，需要强有力的配送链条和基础设施以提高效率，满足顾客需求。与一般处于发展中的3PL企业相似，德邦股份也需要足额的资金流。2019年投资活动中产生的现金流净额同比降低124.66%，这表明德邦在建设物流中心和购置运输、分拣设备等方面投入了大量资金。因此，如果没有对资金时间价值和投资风险价值做好充分考虑，就容易造成资金周转困难，带来一定的财务风险。

（3）经营环节

德邦股份的经营在2018—2019年表现出了不同程度的疲软，尤其是在2019年，其主营业务毛利率减小，股东净利润同比下降58.82%。可能的原因主要有两个，一是公司处于业务结构调整阶段，二是公司正在进行更大规模的投资，使公司并未将主要精力放在经营环节，影响了经营效率，导致了较差的经营结果。此外，一些资产的周转也出现了问题，如不加以调整控制，必然带来相应的财务风险。

3. 德邦快递防范财务风险的主要措施

（1）提高资金管理水平，合理配置资源

一方面，应在明确自身抗风险能力后选择最优资本结构，通过调整权益与债务的比例关系达到资金高效运转目的。企业可在综合评估后选择可靠的融资方，通过签订合同来建立稳定的融资关系，防范融资风险；考虑建立客户信用等级制度，完善应收账款机制，由此防范投资风险，保障资金链的高效运转，使资金管理水平得以提高。另一方面，构建科学精准的财务资金预算体系可以使流动资金高效运转。解决当前德邦经营环节存在的营运成本高、资金利用率低的问题。

（2）提升财务监管能力，完善风险管理机制

首先，针对德邦多部门、跨区域的规模特征，应当自上而下地设立专业财务监管机构来全面系统地监督公司财务，从市场行情和企业实际出发，不断调整和完善内部监督体系。其次，为了及时感知市场风险，德邦快递必然要考虑资金流转、营业利润、项目现金流等因素，分析企业偿债能力、盈利能力并结合净现值等指标来判断项目是否具备财务可行性、风险是否在企业承受范围之内。因此，德邦需要提升财务管理人员的风险分析能力，加强风险预警体系的科学性，不断完善风险防控机制。最后，向社会保险投保无疑是德邦最终的风险规避措施。建立良好的风险转移机制，一方面可以通过扩大业务种类及物流增值服务范围来分散风险；另一方面则应当健全企业的坏账准备金机制，适度提高坏账准备金的提取比例，保障企业资金流的充足与稳定。

8.1 供应链财务风险

财务风险就是企业在生产经营中资金在筹措、投放、使用、回收等方面存在的不确定性。这种不确定性可能为企业带来超额收益，但也可能是一种损失。供应链财务风险是指供应链节点成员企业的经营管理决策及财务管理决策所引发的企业自身财务损失，以及由于这种损失而引发的，包括其他供应链成员企业在内的整个供应链的财务状况恶化或财务损失的不确定性。若从供应链整体角度考虑，产生财务风险的因素更为复杂和多样，企业无法通过手段或者措施来彻底摒除财务风险，只能通过合理方式将财务风险控制在企业可承受范围内。

8.1.1 供应链财务风险的类型

1. 筹资风险

筹资风险是指在资金筹集时供应链节点成员企业筹集资金过程中可能遇到的各种不确定性和不利情况，借入资金后不论市场经济环境、竞争环境、资金价值等多方面因素如何变动，都要在一定期限内偿还本金和利息。具体可以体现在供应链某些小型节点企业筹资不易，筹资渠道少，到期无法偿还本金等情况。一些商业银行或者金融机构会根据企业的规模、收益、信用情况来考察是否对其提供贷款。

2. 投资风险

投资风险是指在进行投资活动时，企业未来即将收到的利益和原本预计的不一致，这种收益不确定的情况就是投资风险。企业进行投资是为了获取更大的收益，而投资

本身就是一种风险，因为其涉及从投资开始到资金开始运转，再到回收收益，这期间有时间差，在这个时间内不确定会有什么事情发生。当然有可能是未来收益多于预期收益，也有可能是预期收益多于未来收益，也就是说有可能盈利很多，也有可能有所损失。企业都需要进行投资，而一旦投资就会伴随着风险的产生。企业在进行投资时，一般所投的资产为现金、可交易金融资产、应收账款和库存等。过多地投资于流动资产，虽然可以增加企业资金的流动性和偿付能力，但随之而来的是会降低企业的盈利能力。企业也可以对长期资产进行投资，如固定资产和长期证券。大型资本投资项目一般需要很长的时间来进行规划和实施，由于资金与时间的消耗都比较大，而且之后所产生的利益无法很好地预算与估计，因此对大型资本的投资存在一定的投资风险。

3. 流动性风险

流动性风险主要出现在资产或负债中，资产流动性风险主要是因为资产到期而资金不能回收，从而导致企业的偿还能力得不到保障形成的风险。负债流动性风险是由于企业受到外部因素的影响导致企业存款受到冲击而产生的风险。我国企业的流动资产中，库存占比相对较大，且积压现象严重。这就导致了一方面企业需要花费大量的管理资金，另一方面积压的库存还占用企业的存储空间，企业必须支付相应的存储成本来保管这些库存，从而导致企业成本上升，利润下降。由于市场经济的不确定性，企业还可能要承担货物贬值和监管不力所造成的损失。在应收账款中，企业过于关注销售业绩，而忽视了对相应的应收账款进行有效把控。有的企业为了提升销售份额和市场份额，进行大量赊销，导致应收账款大幅增加。同时，由于企业对客户的信用评级掌握不够清晰，从而盲目进行赊销，易导致应收账款增多，还易导致一部分应收账款无法收回从而形成坏账，影响公司的收入。资金是一家企业经营与发展的必备因素，只有在资金充足的情况下，企业才能很好地运营下去。资金的收回是从成品资金到结算资金，再从结算资金到货币资金的过程。企业对转换过程所需要的时长与资金的数量难以估计，造成了资金回收的风险，从而无法使资金得到更好的运作，减少了相应的流动性。

4. 收益分配风险

在符合相关法律的前提下，企业可以让利给相应的股东，同时企业自留一部分收益来维持公司的持续经营。收入分配是金融周期的最后一个环节，是指企业向投资者分配一部分利润。收益分配风险是指收益分配对企业未来生产经营活动的不利影响，有一些是明显的，有些是潜在的。在企业效益得到保障的前提下，进行利润的合理分配，有利于维护股东的权益及提升本企业的声誉，也会相应地带动股价的提升。但利润分配中也存在着风险，主要体现在：一是收益确认方面，由于市场经济因素的影响或会计计量的不准确性，有可能漏记或少记成本，形成收益增加，使企业需要过早缴纳税款，同时可确定的分配利润也出现虚高。如果处于严重通货膨胀时期，必然会存在成本降低、收入虚增，从而导致一定的风险。二是对投资者发放利润的时间、形式和数量不适宜的情况。如企业处于资金短缺时期，但对于股东的股利以货币资金的形式发放，且金额较大，这势必对企业的偿付能力造成重大的影响，从而影响企业的生产规模。但如果企业投资者得不到相关的投资红利，或者仅以股票分红的形式进行股东红利分配，又不利于带动投资者的持续投资，会降低企业的信誉，上市企业的股价会下跌，这些都会对企业的未来发展产生不利影响。

8.1.2 供应链财务风险的特征

在当今全球化和高度竞争的商业环境中，供应链财务风险管理至关重要。供应链财务风险是不能避免和消除的，但我们可以通过掌握其特征对财务风险加以控制。为确保供应链的稳健及可持续发展，我们要深入了解供应链财务风险的特征，有针对性地制定供应链财务风险管理策略，从而更好地适应动态的商业环境，保障企业健康可持续经营。

供应链财务风险有以下特征。

①客观性：由于复杂的社会经济环境，供应链受到经济环境、自然环境、政治环境及社会文化等多方面的影响，使供应链财务活动本身具有很大的不确定性。供应链财务风险是可以被测量、评估及量化的。企业可以通过深入挖掘财务数据、市场信息及供应链相关指标等客观数据，以有针对性的方式进行风险管理。这种客观性为供应链提供可靠的基础，有助于更有效地识别和应对潜在的财务风险。

②不确定性：供应链在面对市场波动、政治因素、自然灾害等方面时，往往面临着无法完全预测的情境。这种不确定性增加了供应链财务状况的波动性，使风险管理需要更具灵活性和适应性。通过对不确定性的深入理解，供应链可以积极调整其战略和决策，以更好地适应动态的市场环境。汇率波动、原材料价格波动等因素都可能对供应链上下游企业的财务产生直接影响。

③可传导性：供应链财务风险具有可传导性，一个环节的问题可能对整个供应链产生连锁反应。产品从设计、开发、生产到流通，需要供应链各环节多节点企业共同参与。在整个过程中，财务风险一开始可能只在一个企业中出现，由于各个企业之间的相互协同，财务风险对与该企业有业务经营来往的其他企业产生影响，进而在供应链中进行传递。财务风险不仅能够影响供应链上下游的企业，同时能够吸纳上下游节点的财务风险。供应链自上而下地移动，其供应链财务风险也在传导。

④互动合作和博弈性：供应链是一个动态变化的系统，供应链网络中的企业既是合作伙伴关系，同时也充当竞争对手的角色。由于供应链系统中各个环节之间的相互关系，每个环节之间潜在的利益交互与合作博弈，是供应链内部财务风险的来源。供应链中的各企业作为独立的经济主体，有不同的经营目标和发展方向，在供应链资源

共享的基础上，各企业之间展开一定的合作。同时，为了达到自身利益最大化的同时获取更大的供应链系统资源，各企业之间展开激烈博弈。

8.1.3 供应链财务风险管理的作用

1. 减少担保风险来源

供应链企业往往会为上下游合作伙伴提供部分担保，以保证合作企业获得必要的资金支持，维护良好的合作共赢关系。但担保业务本身就存在着较大的风险。企业应当针对担保业务采取必要的控制手段，降低担保风险。首先，建立风险控制管理小组，设立专门人员或者聘请专业机构定期对供应链上下游企业进行风险评估管理工作；其次，小组人员要随时关注上下游企业对外提供的财务信息，核实财务信息的真实性和完整性，了解上下游企业即时的财务状况；再次，对已提供的担保要根据种类、金额、期限等进行科学分类，关注被担保企业的运作状况；最后，注重上下游企业的信用水平，及时收集合作企业的征信报告等资料，了解其偿还债务的情况、交货期限、履约情况、货款质量情况及该企业的融资变现能力等，从而将担保业务带来的财务风险尽可能地控制在企业可承受的范围内。

2. 加快资金周转速度

企业应通过加快资金的周转，提高资金的使用效率，合理降低财务风险的产生概率。第一，企业应建立高效顺畅的供应链企业信息流，保证高效的商品贸易沟通，抓住每个交易机会，促进商品的流转，减少库存积压；第二，提高库存管理水平，建立科学的库存管理机制，严格控制材料库存的缓冲量，保证原材料运转的高速和高效；第三，加强应收账款的管理，通过一定的优惠折扣政策，促使下游企业按时完成款项支付，提高销售回款能力，保证手中现金流量的充足和稳定；第四，提高对闲置资产的管理能力，将闲置资产及时提供给需要的上下游企业，在获得额外收益的同时，提高资产的使用效率；第五，提高对闲置资金的利用水平，适时利用充沛的资金流扩大企业规模，谋求多元化发展，提高企业的风险承受能力，同时加大企业的技术投入和设备革新，提高产品的生产加工能力。

3. 提高资金流管理水平

企业应加强对于资金的监控和管理水平，有效降低财务风险可能带来的损害。一方面，企业应加强与银行的合作，通过签订必要的资金保障协议，建立必要的风险补偿机制，以保障企业陷入暂时性的财务困境时能够获得一定的资金支持；另一方面，企业要随时关注资金的流向，针对每个项目建立科学的回款计划，减少企业的融资需求，同时定期聘请专业的评估团队对企业的负债情况及供应链上各有关企业的情况进行评估和检测，建立有针对性的负债管理策略，控制企业负债水平的同时，保证整个供应链杠杆的稳定。总之，从整个供应链的角度出发，资金链的稳定及营运能力的提高可以在一定程度上降低财务风险。但由于供应链本身的复杂性，财务风险不可能完全规避。企业只能通过必要的措施提高自身的抗风险能力，将财务风险合理地控制在自身可承受的范围内。

8.1.4 供应链财务风险管理的相关理论

1. 委托代理理论

假设这样一个情景，你有一个任务需要完成，但你不能亲自去做，于是找了其他人代替你去完成。在这种情况下，你就是委托人，而代替你去做的人是代理人。在行事过程中，你并不知道对方的具体行动，也不确定对方是否能按照你的期望去做，也就是说某些参与人拥有另一些参与人不拥有的信息。这一过程将导致相应的结果，而该结果不仅会影响委托人的利益，同时也会影响代理人的利益。

委托代理理论建立在非对称信息博弈论的基础上，关注于委托关系中，由于信息不对称所引发的各种问题，一个或多个行为主体根据一种明示或隐含的契约，指定、雇用另一些行为主体为其服务，同时授予后者一定的决策权力，并根据后者提供的服务数量和质量对其支付相应的报酬。

委托代理理论的模型方法发展迅速，其中讨论较多的是代理人道德风险的问题。实际上，委托人也同样存在道德风险。在许多委托代理关系中，有关代理人业绩的信息是非对称的，其度量存在很大的主观随意性，代理人可能无法观测到委托人观测到的问题。在这种情况下，就存在委托人的道德风险问题：根据合同，当观测到的产出高时，委托人应该支付给代理人高的报酬，但委托人可以谎称产出不高，而逃避支付高额报酬，而把本应支付给代理人的收入据为己有。如果代理人预计到委托人可能存在道德风险，就不会有积极性努力工作。

在供应链节点及上下游企业之间，必然会出现信息不对称的情况，因而委托代理理论是极其重要的。在现实生活中，供应链节点企业与其上游或下游企业进行业务往来的过程中，为了自身企业的发展，获得更大收益，在信息共享方面通常会有所保留。因此，在供应链网络中，不对称信息将直接导致主导方与从属方发生委托代理问题。

2. 博弈论

博弈论又称为对策论、赛局理论，是一门研究决策行为和策略选择的数学理论，主要关注多个参与者或决策者之间的决策如何影响局势的变化，是对理性决策者之间的冲突与合作的研究。博弈论既是数学的一个新分支，又是运筹学的一个重要学科，为研究社会科学的学者及现实生活中的实际问题提供重要的科学依据和解决问题的理论基础。

博弈过程一般包含以下要素，分别是参与人、信息、行动或策略、支付函数。参与人可以是社会中的个人，也可以是一个团体，假设其均是理性的，以最大化自身利益为目标，且完全理性是共识，每个参与人已知的信息及其可以选择的行动或策略是不同的，因此行动或策略后的支付函数是不同的，每局博弈结束后每个参与人的“得失”也是不同的。

经济学家所谈的博弈论一般是指非合作博弈，非合作博弈又分为完全信息静态博弈、完全信息动态博弈、不完全信息静态博弈和不完全信息动态博弈。与上述四种博弈相对应的均衡概念为：纳什均衡、子博弈精炼纳什均衡、贝叶斯纳什均衡、精炼贝叶斯均衡。

在供应链网络中，上游和下游企业对供应链网络内的资源进行竞争，每位博弈的参与者都需要在固有的规则和限制下进行决策，以使企业自身获得较大的利益并在博弈中取得相对的优势。在博弈过程中，参与者的决策行为既可以影响其他参与者的决策，同时也受其他参与者的影响，即在博弈过程中参与者之间是一个相互影响的过程，这使得参与者之间的关系变得多样化。

8.2 供应链财务风险因素分析

供应链财务作为供应链参与者之间依托金融资源实现商流、物流结合的一种创新行为，必然会受到各种影响供应链运营因素的影响，并且对质量、融资周期和融资费率产生作用。任何供应链的运行都是在一定的经济环境下展开的，特别是金融性活动，涉及上下游企业之间，以及平台服务商、综合风险管理者和流动性提供者之间密切的合作和经济往来，一旦整个经济状况出现波动，必然使其中的环节或者主体所面对的风险增大，从而加剧了整个供应链的财务风险。

8.2.1 筹资风险

筹资活动是指导致企业资本、债务和结构发生变化的活动。资本包括实收资本，债务指对外举债，包括向银行借款、发行债券及偿还债务。

值得注意的是，企业的短期负债占总负债的比重对企业的影响不可小觑。如果公司使用了较多的短期资金，流动负债比重较高，在一定程度上会使企业偿还债务的资金成本下降，有利于盈利水平的提高，但企业可能将短期借款进行固定资产投资，由于固定资产回收期长，而流动负债要求较短的偿还期限，在这种情况下，企业可能会产生无法按时还本付息的财务风险，严重时还会濒临破产。

筹资系统主要涉及长期负债、短期借款、借款利息、资本结构、资本成本率、资产负债率等众多因素，其筹资风险因果分析如图 8-1 所示。

8.2.2 营运资金风险

较长的收账周期会吸收很多的现金，当企业的现金余额由于客户的延迟付款而逐

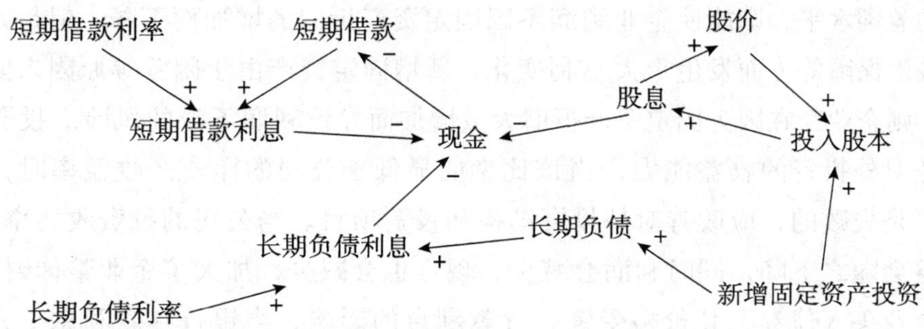

图 8-1 筹资风险因果分析

渐减少时，较长的收账周期就会成为企业严重的财务问题。近年来，由于商业银行对贷款的发放更加谨慎，企业越来越难从商业银行获取资金，为了解决资金短缺问题，企业只好求助于合作企业，因此有合作关系的企业间就会相互赊欠。越来越多的企业为了获得更多的市场占有率，只能延长收款周期，这样愿意购买企业产品的客户会增加，产品的销售量会获得一定增加，企业的销售收入也相应增加，但同时企业的应收账款也增加了，随之发生坏账损失的可能性越来越大，应收收账和坏账金额增加，导致企业资金周转困难，若应收账款无法收回，还会使企业蒙受损失。

销售与收款子系统是经营活动现金流量分析的重要组成部分，是企业实现现金流入的主要体现形式，也是受市场波动影响最大的部分，销售与收款子系统涉及的主要因素有销售量、销售收入、应收账款、收款政策和现金。销售与收款财务风险因果分析如图 8-2 所示。

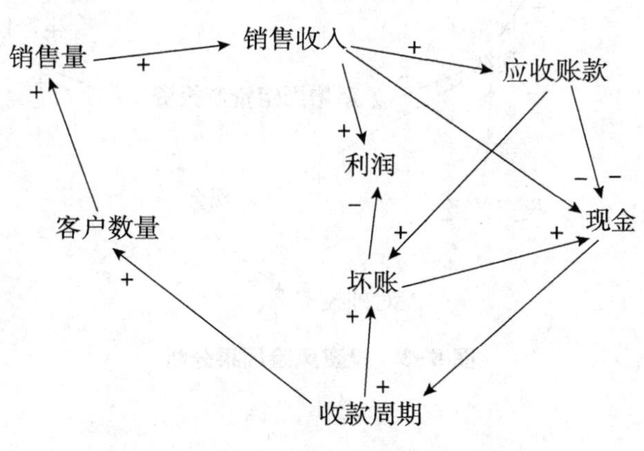

图 8-2 销售与收款财务风险因果分析

8.2.3 投资风险

固定资产在企业总资产中一般都占有较大的比重，特别是制造行业，固定资产是企业生产经营活动不可或缺的重要物质保证。当企业固定资产增加后，如果企业能保持较佳的盈利水平，则能使企业利润不因固定资产折旧的增加而下降。但是如果市场环境、技术保障等方面发生重大不利变化，新增固定资产由于闲置等原因未能实现预期收益，则企业存在因为固定资产折旧大量增加而导致利润下滑的风险。投资收益率反映企业对外投资的收益能力，当该比率明显低于公司的净资产收益率时，说明其对外投资是失败的，应改善对外投资结构和投资项目。当公司的投资收益率下降时，投资收益会随之下降，同时利润会减少，现金也会减少，加大了企业整体财务风险。例如，企业买入债券，其价格受银行存款利息的影响，当银行存款利息上升时，投资者就会将资金存入银行，债券价格会随之下跌，投资者的投资收益率和利润都会下降。

企业投资活动按投资方向和范围可分为对内投资和对外投资。对内投资是指把资金投放在企业内部，购置各种生产经营资产。对外投资是指企业以现金、实物、无形资产等方式或以购买债券、股票等有价证券方式向其他单位的投资。综合长期投资、短期投资、投资收益、固定资产投资、无形资产投资、销售收入和利润等因素，投资风险因果分析如图 8-3 所示。

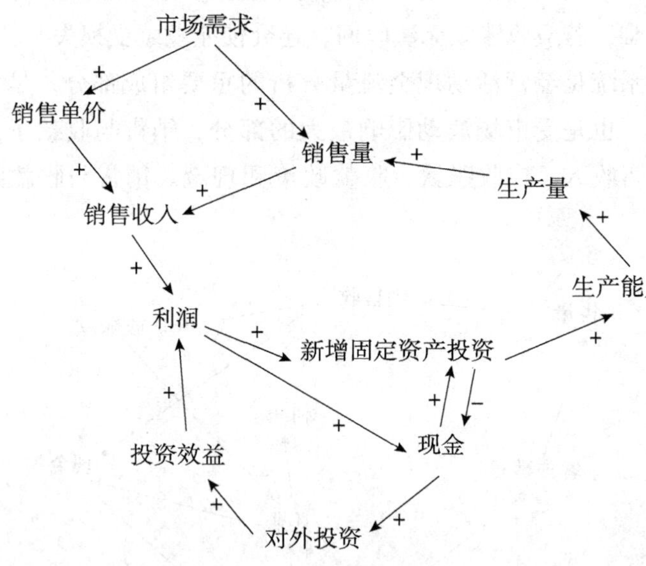

图 8-3　投资风险因果分析

8.2.4　融资风险

供应链融资决策和运营决策及其风险的研究可以分为两部分：一是供应链外部金融及其风险研究，二是供应链内部金融及其风险研究。

1. 企业间融资风险

供应链内企业间融资主要指的是供应链成员企业由于资金短缺产生的节点企业间

资金占用的行为，如供应商与零售商之间的延迟支付行为就属于供应链内融资行为。

供应链内企业间的融资风险决定以下因素：一是供应链内企业间的合作效率，合作效率越高，产生融资行为的比例越小，风险也就越小；二是供应链合作的紧密程度，供应链成员企业合作越紧密，相互间的资金依赖越强，产生融资的可能性就越大；三是供应链设计的柔性，柔性越大，产生资金短缺的可能性越小，融资风险也就越小。所以，供应链合作的紧密程度、供应链节点企业的合作效率和供应链设计的柔性都是影响供应链内融资风险的因素。

2. 供应链外部融资风险

供应链外部融资可分为两类：一是融资市场提供的融资服务，即传统的商业贷款；二是资本市场提供的融资服务。针对中小企业供应链融资活动，通常有信用风险、担保风险、操作风险及变现风险四个方面。

8.2.5 应收账款风险

应收账款是企业在日常生产经营过程中，因销售商品或提供劳务给客户之后，不能及时回收资金所形成的应收款项。应收账款的形成主要受企业在整个交易市场中地位的影响。

商业竞争是应收账款产生的直接原因，信用销售是促进销售的一种重要方式，赊销也是扩大销售的手段之一，旨在用赊销方式来保住客户从而扩大市场占有率。很多企业在当前激烈竞争的市场大环境下始终处于相对弱势的地位，甚至有些企业为了能够争取到更多的订单，给客户的信用期和信用额度都超过企业自身的承受能力。结合我国国家统计局相关数据来看，在2018年末，规模以上工业企业应收账款的额度近乎达到14.3万亿元，在这样庞大的数字背后，很多企业必然隐藏着大量的坏账损失和资金难以回收的潜在风险。基于这一情况，企业要对应收账款管理水平和管理成效进行提升，将应收账款管理作为企业日常经营管理的重要工作，只有这样才能最大限度降低坏账风险，保证企业资金回笼的效率。

目前，市场竞争越发激烈，现代企业不能仅将目光停留在提升销售指标和利润指标方面，要提高对应收账款管理工作重要性的认识，从全面风险管理视角对应收账款采取措施，有效降低坏账风险发生概率，最大限度满足企业日常生产经营的资金需求，保证现金流的正常运转，为企业经营生产目标的实现和持续健康发展提供充分保障。

8.2.6 现金管理风险

现阶段经济飞速发展，给企业的现金管理提出了更高的要求。我国传统企业的财会管理制度落后，现金管理观念滞后，缺乏市场意识，不能适应现阶段激烈的市场竞争环境。为此，企业要想在竞争日益激烈的市场环境中赢得自己的一席之地，就必须强化现金管理，及时发现现金管理中的问题，并实施相应的改革措施。

我国企业现金管理存在的问题大致分为三个方面：一是企业现金管理意识不强，二是现金管理缺少监督机制，三是企业现金预算不健全。

目前，我国大部分企业的现金管理意识不强，没有意识到现金管理在企业管理中的重要性。在中国传统的企业观念中，企业经营大多重视业务工作，轻视财务管理工作，甚至很多企业没有专门的财会管理部门，缺乏现代化的现金管理制度，简单地把现金管理当作财务部门的工作，忽视对现金的效率管理，导致很多企业内部资金浪费严重，使用情况混乱，在一定程度上影响了企业的长期可持续发展。

有效的监督管理机制可以确保企业现金管理的科学性，但是我国大多数企业内部财务管理体制不完善，企业内部各个部门之间的协调性较差，很多企业内部的现金管理没有设置相应的监督管理制度，财务监督管理制度的不完善，导致很多财务问题只能实施事后控制。另外，企业的现金管理过于放松，现金管理部门没有以企业的整体利益为立足点，企业内部的财务控制大多流于形式，没有形成一个有效的监督制约网络，导致企业内部的控制力不够，资金管理和财务管理不当，不能及时发现现金问题。企业内部的很多财务管理人员职业道德素质不高，一味地迎合上级领导的建议，忽视实际的企业财务状况，按照企业领导的意见办事，直接导致了企业内部现金管理的混乱，影响企业内部财务信息的准确性。

现金预算是一个整体的部署，不仅包括企业财务部门，而且包括企业生产、销售及投资等部门。但是受传统经营观念的影响，现阶段很多企业对预算管理的认识不够，很多企业内部并没有专门的现金预算管理部门，导致企业预算缺乏科学性，在企业的日常运营中不能发挥应有的功能。企业现金预算的编制、执行及考评缺乏合理性，导致现金预算的作用不能充分发挥，最后也必然会影响企业的现金管理水平。为了适应社会主义市场经济的需要，提高企业的核心竞争力，企业必须增强自身的现金预算管理意识，建立完善的现代企业制度，企业相关人员必须先在思想上重视现金的预算管理工作，成立专门的现金预算管理部门，保证各个部门之间紧密配合，及时沟通联系，保证现金预算的科学性和实施的有序性。

8.2.7 金融信用风险

供应链金融信用风险是指供应链中的企业作为授信方，向银行等金融机构进行贷款，到期无力或不愿偿还其债务而使银行等金融机构遭受损失的可能性，即供应链中的企业由于种种原因无力或不愿偿还全部或部分贷款而致使银行或金融机构遭受损失的风险。从风险管理角度看，供应链金融本身就是一种特殊的信用风险管理技术。

风险在风险管理和保险业中的普遍定义为“损失发生的不确定性”，其核心是一种不确定性。这种损失发生的不确定性在商业银行开始发挥信用中介职能之后，主要表现为信用风险。在不同的市场经济环境下，商业银行的运行机制和管理体制不同，人们对信用风险的定义和内涵的理解也略有不同，信用风险的大小与信用种类和信用条件密切相关。信用风险包括如图 8-4 所示四种类型。

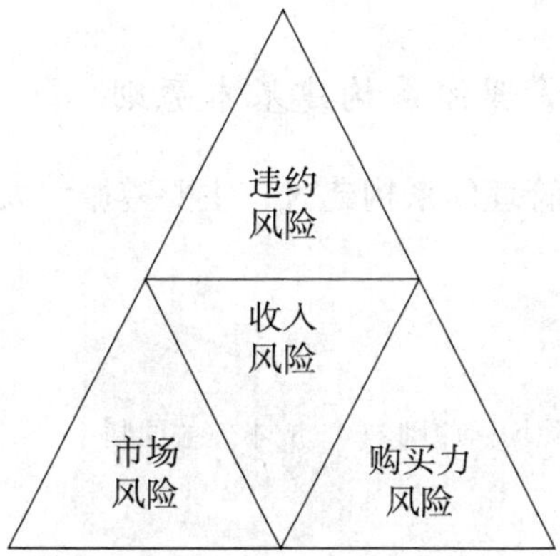

图 8-4 信用风险类型

①违约风险：债务人由于种种原因不能按期还本付息，不履行债务契约的风险。

②收入风险：人们运用长期资金作为短期投资时，实际收入低于预期收入的风险。

③市场风险：资金价格的市场波动造成证券价格下跌的风险。

④购买力风险：指高通货膨胀率所带来的风险。

8.3 供应链财务风险管理体系

供应链的财务风险是在资金运动的整个过程中存在的不确定性。供应链财务风险管理，就是企业在充分认识其面临的理财风险的基础上，采取各种科学有效的手段和方法，对各类风险加以预测、识别、预防、控制和处理，以最低成本确保集团资金运动的连续性、稳定性和效益性的一项理财活动。

供应链财务风险管理体系是指企业在供应链财务风险管理中形成的相互联系相互制约的功能体系，包括财务风险管理组织架构、财务风险管理机制和财务风险管理流程。企业集团是现代企业的高级组织形式之一，是以母公司为核心企业，以资本为主要联结纽带，把多个具有共同利益的独立法人企业联系在一起的，具有多层次、多功能的企业群体。这种复杂的组织关系使供应链的财务管理不同于一般独立法人企业的财务管理，由于集团内的法人企业之间互相进行担保或存在资金上的种种关系，如果单个企业发生财务危机，就有可能引起连锁反应，造成整个供应链的财务失败。

供应链财务风险管理体系可以通过预警功能对整个供应链的财务状况进行监控，

预知财务危机。通过供应链财务风险管理过程中大量财务会计信息的收集、整理、加工、分析，企业集团的管理层可以对整个集团的财务状况进行监控，及时发现问题。当集团内企业出现财务状况恶化的迹象，预警功能发出预警信号时，可以提前采取对策，化解财务风险，变事后控制为事前、事中控制，起到未雨绸缪、防患于未然的作用。

8.3.1 供应链财务风险管理体系构建基本原则

在进行供应链财务风险管理体系构建时，主要遵循六大原则，如图 8-5 所示。

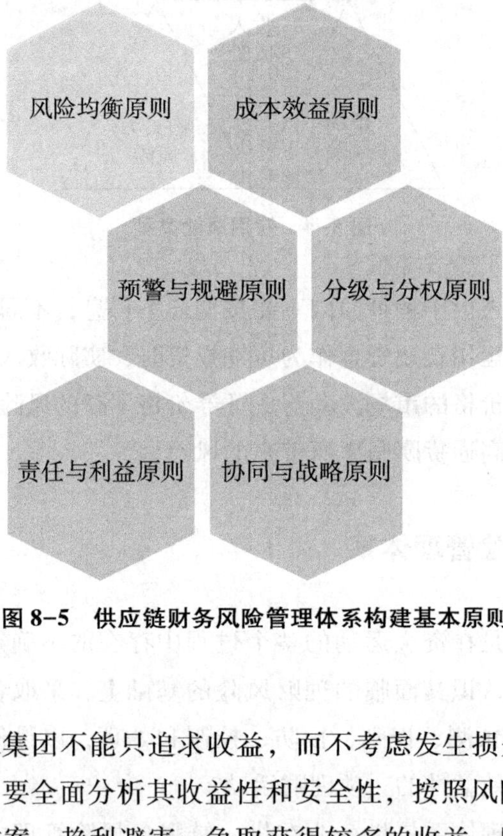

图 8-5 供应链财务风险管理体系构建基本原则

1. 风险均衡原则

风险均衡原则要求集团不能只追求收益，而不考虑发生损失的可能，集团进行的每项具体的财务活动，要全面分析其收益性和安全性，按照风险和收益适当均衡的要求决定采取何种行动方案，趋利避害，争取获得较多的收益。财务风险的存在是一个普遍的事实，但必须正确及时地识别风险、控制风险，并明确最大的风险限度，保证企业的正常安全运营。

2. 成本效益原则

成本效益原则有两层含义：一是建立供应链财务风险管理体系进行财务风险管理的成本应该低于不建立供应链财务风险管理体系进行财务风险控制的预期损失；二是当这种预期损失过大时，建立供应链财务风险管理体系后的预期收益应高于不建立供应链财务风险管理体系的预期收益。

3. 预警与规避原则

风险的出现具有预示性，企业集团必须建立健全风险识别系统、预警系统和财务风险的管理系统，从而有效规避风险。

4. 分级与分权原则

对财务风险的管理与控制要在集团统一领导的前提下，采取分级分权的管理办法。以集团现有的管理体制，按照集团的母子公司分级管理和控制的思想，建立合适的财务管理模式，发挥有效的财务治理功能，是供应链财务风险管理体系有效运行的前提。

5. 责任与利益原则

企业集团在选择合适的财务管理模式后，应建立责、权、利相结合的机制。在企业集团的组织结构体系中，各企业具有不同的分工和职能，在生产、技术和经济等诸多方面存在差别，这种差别要求我们必须针对不同的职能部门规定不同的经济责任，划分不同的经济职能。这既是防范与化解财务风险的重要措施，也是确保企业财产安全和财务活动合法性的有效手段。而且，在集团内部，不管是哪个职能部门或职能部门中的哪个管理人员，均与经济利益相关。因而只有将权、责、利有机地结合起来，才能使其有外在压力和内在动力，从而提高企业整体抵御财务风险的能力。

6. 协同与战略原则

企业集团不但要注意单个企业投资、融资、资金运作等方面的风险管理，而且要充分考虑旗下不同单位在业务、产品、地域、财务等方面的协同效应，通过成员企业的有效协同与配合，实现整个集团的价值最大化和财务风险的有效控制。

8.3.2 供应链财务风险管理体系构建基本思想

构建合理的供应链财务风险管理体系的根本目的是提升供应链财务风险管理水平，增强供应链整体抵御风险的能力，从而实现企业价值最大化。供应链财务风险管理是关系集团发展战略，贯穿集团成长全过程的战略性的动态管理活动。因此，供应链财务风险管理模式的构建必须实现以下几个具体目标。首先，必须有助于集团从战略的高度控制企业集团的风险，避免由于集团面临外部环境的威胁而导致经营失败的风险。其次，避免由于集团内部的管理风险、子公司的经营风险导致集团整体风险扩大化。最后，通过各级公司和各级管理阶层运用具体的风险控制手段将风险控制和消化在萌芽阶段。

在构建供应链财务风险管理体系之前需要明确三个问题：一是企业财务风险管理运作机制的设计要符合权变理论，根据权变理论，不存在普遍适用的制度设计形式，人们要根据不同的组织环境选择与之相适合的控制系统。二是风险管理是对可预测的潜在损失进行管理，对于突发性的、不可预期的危机事件，企业还需要有专门的危机管理措施。三是风险管理不是保险买卖，虽然在缴纳保费的前提下，保险能够对企业实际发生的资产和人身损失给予补偿，但它是一种事后补偿，这与财务风险管理的主动性、系统性和事前管理是完全不同的。

供应链财务风险管理体系的构建应建立在四大思想观上，如图 8-6 所示。

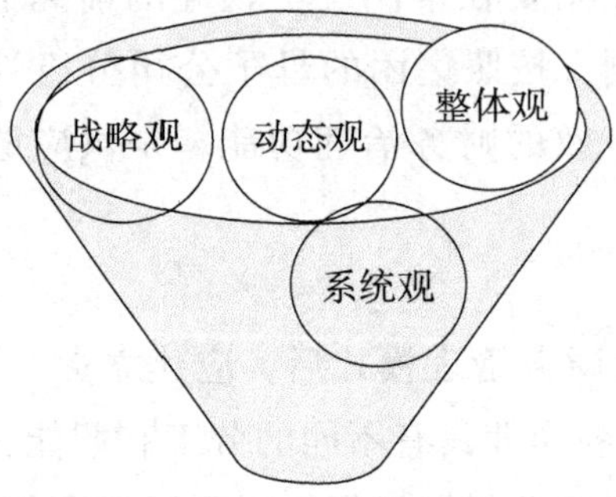

图 8-6　四大思想观

1. **整体观**

首先，从风险控制目标出发，建立以总体经营目标为核心的风险整体观。由于企业已成为财务风险、产品风险、市场风险及供应风险的集合体，风险控制目标的复杂性和波动性增加，根据全面风险管理目标确定的原则，不能将风险控制目标局限在战略、经营、报告及合规等具体目标上，要以整体经营目标为核心进行风险控制。

2. **战略观**

为确保企业集团价值最大化的财务目标，集团财务风险管理应上升到战略管理层面。要在全面了解集团发展目标和总体风险的基础上，着力协调统一不同公司尤其是母子公司的发展目标，形成协调一致的风险管理机制和策略。加之当前理财环境下，企业集团财务风险管理不能单纯注重财务风险管理的具体方法与手段，应该吸收、借鉴战略管理的原理与方法，从企业集团内外部环境出发，重视集团财务风险的战略设计和谋划，从集团战略全局出发，建立相应的风险管理体系。

3. **系统观**

我国已有的财务风险管理研究比较重视方法和程序，忽略了组织机构的职责权限等，从某种程度上造成了理论研究与实践的脱离。事实上，公司财务风险管理是一项系统管理活动，不仅需要先进的技术、复杂的数量模型，更需要公司组织机构、管理机制和业务流程的密切配合。

4. **动态观**

风险的本质是不确定性，企业的内外部因素都处在变化之中。企业在不同发展阶段、不同经济政治环境下，面临的财务风险可能是不同的，不可能存在一种风险管理系统能应对所有风险。我们在构建供应链财务风险管理体系时要有动态观，根据系统运行反馈情况，及时做出调整以适应系统新的环境，这样才可能使系统发挥最佳的风险控制功能。

8.3.3　供应链财务风险管理基本框架

为了确保企业的健康和可持续发展，需要建立一个全面而有效的供应链财务风险管理框架。这一框架不仅需要遵循关键的原则，还需要综合考虑风险的传导路径，从而在供应链的各个环节构建一套有机的、能够应对外部和内部不确定性的财务风险管理体系。下面将从构建框架应遵循的原则、框架的构建及供应链财务风险传导三个方面进行介绍。

1. 构建框架应遵循的原则

①保持与战略目标的紧密结合原则。在企业战略管理中，供应链财务风险管理扮演着关键的角色，其重要性不可低估。供应链财务风险管理涵盖了对供应链整体的财务体系的全面审视，以确保财务运作的稳健性和可持续性。这一管理实践不仅是风险防范的手段，更是一种智慧的财务战略，旨在战略规划的初期就综合考虑并嵌入财务风险管理的框架，以助力供应链整体实现战略目标。

在供应链财务风险管理的层面上，供应链节点企业需审慎评估市场波动、汇率风险、信用风险等多方面因素。企业应在战略规划的初期就精心设计风险管理策略，以便能更灵活地应对外部环境的变化，减轻可能带来的财务压力。这种前瞻性的财务战略使供应链节点企业能够更好地适应不断变化的市场条件，为实现战略目标提供坚实的财务基础。

②维持适度风险承担平衡原则。通过承担最小风险以实现既定的财务目标，并由此推动战略目标的达成，成为企业智慧决策的核心。在这一战略取向中，企业的适度风险承担表现为对市场不确定性的审慎应对。这并非回避风险，而是在风险与收益之间取得巧妙平衡，确保风险水平与企业的整体战略方针一致。

供应链节点企业在适度承担风险的背后，需要具备一定的风险管理能力。这包括对各种风险因素的深入了解，以及建立有效的风险识别、评估和应对机制。通过不断优化风险管理流程，企业能够更加灵敏地应对供应链环境的变化，降低可能的负面影响，从而确保财务目标的可持续实现。

然而，企业的风险承担能力应当与盈利能力相协调。这需要对风险与收益之间的关系进行深入剖析，确保风险水平在可接受的范围内，并在财务目标的实现过程中不会产生无法承受的损失。适度承担风险的决策需要基于对市场、行业和企业自身状况的全面了解，以维护企业财务的健康。

③确保风险与收益的有效匹配原则。这意味着企业在追求利润增长的同时，需要谨慎评估和平衡所承担的各种风险。在风险与收益匹配的框架下，企业需要明智地选

择投资和经营活动，以确保风险水平与预期收益相一致。这并非简单地寻求高收益，而是在追求回报的同时，对可能导致损失的风险有清晰的认识和控制。企业需要在风险投资和保守投资之间找到平衡点，以实现长期可持续的盈利。在供应链中，市场风险、操作风险、法律风险等都需要被综合考虑。这种全面的风险管理方法有助于企业更好地理解潜在的不确定性，并在投资和战略规划中做出明智的决策。

2. 框架的构建

为了实现高效的供应链财务风险管理，企业需要建立一个功能完备、要素完整、联系紧密的风险管理框架。该框架共有三层，分别是目标层、管理层和基础层。图8-7所示为供应链财务风险管理框架。

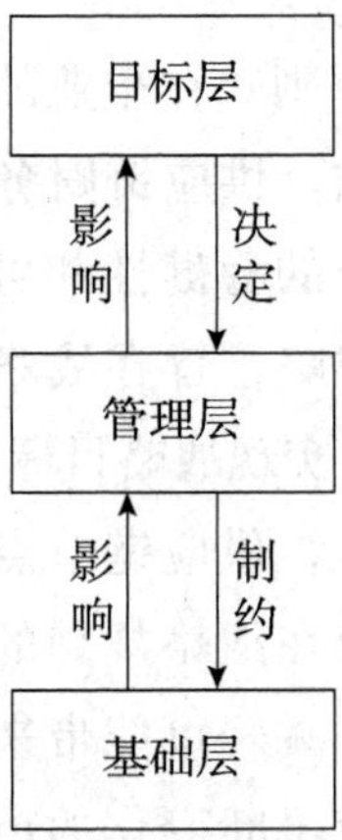

图8-7 供应链财务风险管理框架

（1）目标层

目标层是框架的顶层，涵盖了该供应链在供应链财务风险管理方面的整体战略目标。在这一层次上，明确定义了在供应链中所面临的财务风险目标，并将其与企业整体战略目标对齐。这包括确定风险承担的限度、期望的回报水平及企业在供应链运作过程中所追求的财务目标。

（2）管理层

管理层是框架的中间层，主要负责制定和执行具体的财务风险管理策略。在这一层次上，企业会开展全面的风险评估，识别供应链中的关键风险因素，并采取相应的管理措施。这可能包括制订应对计划、建立监测和报告机制、配置适当的金融工具，以规避或转移风险。同时，管理层也需要确保供应链财务风险管理策略与企业整体战略一致，以保持协同性和有效性。

（3）基础层

基础层是框架的基础，涉及供应链中的基本运作和财务管理基础。这一层次主要关注提高供应链的整体透明度和可追溯性，确保财务信息的准确性和及时性。在基础层，企业可能采用先进的技术和信息系统，以实现对供应链财务活动的实时监控和管理。此外，建立合适的财务流程、强化合作伙伴关系、制定合理的合同和协议等都是基础层工作的一部分，有助于降低供应链财务风险的潜在影响。

3. 供应链财务风险传导

供应链内财务风险的形成、传导乃至最终显现的整个过程是各种财务风险因子及众多传导机制相互作用、相互影响的结果。最初财务风险在一个单独的供应链节点企业相对封闭的空间内产生、发展和存在，在某种风险传导因素的驱动下会由一个企业先向与其财务利益关系最为密切的成员企业转移和传递。当一个企业的财务风险通过载体的传播而扩散到另外一个企业之后，其风险的表现形式和能量大小有可能发生变化，也有可能保持不变，这就使供应链内企业财务风险传导结果具有很大的不确定性。以上下游供应商及制造商为例，供应链财务风险传导机理如图 8-8 所示。供应链导向下企业财务风险的传导机制主要有集聚传导、放大传导、助推传导、加剧传导和改变传导等。

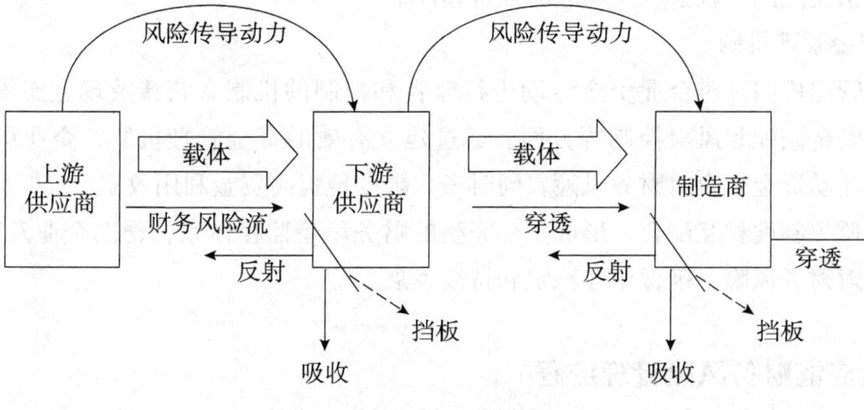

图 8-8 供应链财务风险传导机理

8.3.4 财务风险监控机制

传统财务理论的研究框架和思路基本上遵循的是新古典经济学的研究范式，把企业作为一个追求利润最大化和成本最小化的整体，将制度和结构假定为既定的，侧重从数量层面对财务的经济属性进行分析，没有把制度纳入财务行为的解释框架，轻视对财务社会属性的研究。新制度经济学告诉我们，一个节省交易成本的制度安排、制度框架和制度创新是至关重要的。特别是随着现代企业制度的建立，两权分离，企业内部形成了多环节、多层次的委托代理关系，这就需要建立一系列机制来协调各方利益，抑制个体的“机会主义”倾向，使个体理性尽量服从集体理性。

供应链财务风险管理要想有效有序地进行，必须以有效监控制度为保证，所以需要建立财务风险的一系列监控制度，主要包括财务预算机制、激励约束机制、财务预警机制、资金管理机制等。

1. 财务预算机制

财务预算是企业在特定期间内制订的财务计划和目标。通过建立财务预算机制，企业可以对收入、支出、利润等进行合理规划和控制，监控财务状况与预期目标的偏差，并采取相应的调整措施。

2. 激励约束机制

激励约束机制旨在通过激励措施和约束措施来引导员工和管理层的行为与企业的财务风险管理目标相一致。例如，设定合理的绩效考核指标与奖励机制，以激励员工关注和管理财务风险，并通过内部控制和合规要求对员工的行为进行约束。

3. 财务预警机制

财务预警机制用于监测和预测企业的财务状况，及时发现潜在的风险信号并采取相应的措施。这可以包括制定关键的财务指标和阈值，并建立监测和报警系统，一旦指标超出预设范围，就会触发相应的预警程序。

4. 资金管理机制

资金管理机制是对企业资金流动进行监督和控制的机制。它涉及现金流管理、资金预测、资金调配和风险控制等方面。通过建立有效的资金管理机制，企业可以确保有足够的流动资金来应对财务风险，同时最大限度地提高资金利用效率。

这些监控制度相互配合，形成一个完整的财务风险监控体系，帮助企业及时识别、评估和应对财务风险，确保企业稳定和持续发展。

8.4 供应链财务风险管理流程

1. 供应链财务风险管理目标确定

供应链财务风险管理的首要任务是明确定义和制定供应链财务风险管理的战略目标。确立明确的目标能为整个风险管理流程奠定基础。供应链节点企业的目标应与企业总体目标相一致，明确的目标能够为后续的风险识别、监控和处理提供指导，使其更具有针对性和有效性。

2. 供应链财务风险管理的识别与衡量

（1）风险识别

基于内部控制制度的识别，涉及供应链各个环节的内部控制制度。内部控制制度使供应链内部的各项业务活动相互关联、相互制约。为了增强供应链整体的竞争能力，应对供应链内部进行风险识别，确保其能够有效地管理和控制财务风险。这可能涉及货物输送、支付流程、信息系统安全等方面的内部控制措施。有效的内部控制可以帮助减少错误、欺诈和其他不当行为的风险。

基于财务报表的识别，包括三大常见的财务分析方法、三大报表及其隐含性信息分析。三大常见的财务分析方法是比率分析法、趋势分析法和因素分析法。比率分析法利用财务数据反映供应链整体的经营状况和效果，从而判断供应链潜在的风险和收益。趋势分析法通过对有关指标的各期对基期的变化趋势进行分析，判断当前供应链的财务状况及经营成果是否对投资者有利，并且能够对供应链未来的发展趋势提供帮助。因素分析法是一种定性分析方法，通过分析供应链外部的宏观经济因素及供应链内部上下游企业之间的供求关系，识别供应链潜在的财务风险。

三大报表指的是资产负债表、利润表和现金流量表。资产负债表提供了公司在特定时间点的财务状况，包括资产、负债和所有者权益。分析资产负债表可以揭示公司的偿债能力和资本结构，帮助识别潜在的供应链财务风险。利润表显示了公司在一定时期内的收入、成本和利润。通过分析利润表，可以了解公司的盈利能力和经营绩效，发现可能的盈利风险。现金流量表描述了公司在一定时期内的现金流入和流出情况。分析现金流量表有助于了解公司的现金管理能力，以及是否存在潜在的支付风险。

基于苗头性事件的识别，可以从国内外重大事件、供应链行业相关信息及供应链内部上下游企业的苗头性事件进行分析和识别。其中，国内外重大事件包括自然灾害、政治变化、经济危机等。供应链行业相关信息包括市场趋势、竞争情况、政策法规变化等。供应链内部上下游企业的苗头性事件包括关键供应商的经济状况、生产中断等。通过对这些方面的综合分析，可以更全面地了解外部和内部的潜在风险，从而制定有效的风险管理策略，更灵活地应对变化，降低潜在的经济损失，保障供应链的稳定性和可持续性。

（2）风险衡量

常见的风险衡量方法有财务指标分析法、德尔菲法和 VaR 模型。

①财务指标分析法，是根据企业财务核算、统计核算、业务核算资料及其他方面提供的数据，对企业财务风险的相关指标数值进行审计、对比和分析（包括变现能力比率、资产管理比率、盈利能力比率、流动性分析、现金收益性分析、财务弹性分析）。

②德尔菲法，也称专家调查法，其本质上是一种反馈匿名函询法，大致流程是对所要预测的问题征得专家的意见后，进行整理、归纳、统计，再匿名反馈给各专家，再次征求意见，再集中，再反馈，直至得到一致的意见。

③VaR 模型（Value at Risk），即在险价值模型，是近些年发展起来的一种卓有成效的风险量化技术。其更准确的定义为：在一定概率水平下（置信度水平），某一金融资产或证券组合在未来特定的一段时间内的最大可能损失。

3. 供应链财务风险管理的监测与控制

（1）风险监测

①供应商财务报表分析。监测供应商的财务报表是财务风险管理的一项关键活动。对供应商的财务报表进行定期分析，可以了解其财务状况、盈利能力、偿债能力等方面的情况。这种分析有助于识别潜在的财务风险，如供应商可能面临的支付风险或偿债问题。

②财务指标与供应商稳健性评估。制定和监测财务指标是评估供应商稳健性的一种方式。这可能包括供应商的流动比率、速动比率、净利润率等财务指标。通过与行业标准或合同规定的指标进行比较，可以更好地了解供应商的财务健康状况。这样的评估有助于在早期识别潜在的风险信号。

③实时监测供应商财务健康的工具与系统。企业可以借助先进的工具和系统，实时监测供应商的财务状况。这些系统可能具有财务数据分析、实时报警机制等功能，能及时发现异常情况，实时监测有助于迅速做出反应，减轻潜在的财务风险对供应链的影响。

（2）风险控制

财务风险控制包括财务风险决策和处理两个步骤，在识别并衡量风险后，需要评估可能影响其财务状况的各种风险。财务风险决策的关键是理解各种潜在风险的性质、来源及可能的影响。基于这些信息，组织需要做出决策，确定应对财务风险的整体战略方向，包括选择合适的风险控制工具和制定适当的政策。在做出财务风险决策后，就要执行和实施相应的控制和处理措施，具体包括采取风险转移、风险降低、风险接受等策略。

4. 供应链财务风险管理的缓解与转移

（1）风险缓解

①保险与金融工具的运用。组织可以通过购买适当的商业保险，以转移一部分供应链财务风险，如物流风险、自然灾害风险、供应商违约风险等。同时，使用金融工具（如期货、期权等）来对冲特定的金融风险，如货币汇率风险或商品价格波动风险。

②财务风险对冲策略。制定财务风险对冲策略是一种常见的缓解供应链财务风险的方法。这可能包括使用不同的财务工具来对冲汇率风险、利率风险等。例如，通过购买远期合同锁定货币汇率，以规避货币波动对成本的不确定性，有助于保持财务稳定性，减轻汇率和利率变动带来的财务压力。

（2）风险转移

结合供应链融资和财务风险管理是一种综合性的方法。通过合理的融资结构，组织可以更好地应对供应链中的资金压力，并通过融资工具灵活地管理财务风险。例如，采用供应链融资工具，如供应链融资、应收账款融资等，有助于改善资金流动性，同时降低一些与应收账款相关的财务风险。

8.5 供应链财务风险管理策略与措施

1. 供应链财务风险管理策略

（1）财务风险规避策略

事先预测风险发生的可能性，分析和判断风险产生的条件和影响程度，通过一系列手段和决策避免或减少潜在的财务风险，以降低对供应链的不利影响，这是规避策略的核心。但规避策略并不是让供应链节点企业盲目地避开风险，而是以恰当的方式予以回避，是一种策略性的回避。财务风险规避策略可以降低或消除风险的侵害，减少供应链整体的损失。

（2）财务风险预防策略

当面临无法回避的财务风险或在必须进行某项财务活动时，先要考虑采取事前的预防措施。这包括有针对性地制定防范、保全和应急措施，以主动、积极的方式对财务风险进行控制，从而最大限度地减少风险可能造成的损失。财务风险预防策略能够大大降低财务风险给企业带来的影响。

（3）财务风险转移策略

财务风险转移策略是指企业通过某种手段把财务风险转嫁到其他单位的办法。它的核心是采取各种办法将财务风险全部或部分地转嫁、推卸出去，使风险的承受者由一家企业变为多家企业，进而相对消除和减少企业的风险损失。最常用的方法就是购买适当的商业保险，这样企业可以将特定风险的责任转嫁给保险公司，从而减少自身需要承担的风险。这种方式不仅能够使企业在发生不测时得到经济补偿，也确保了企业在财务上的稳健性。此外，企业可以在合同中明确规定相关责任和义务，将一部分或全部风险转移到合作伙伴或供应商身上。这样的合同安排有助于确保各方在财务交易中清晰明了地了解可能存在的风险，并在合同条款中设定相应的保护措施。

（4）财务风险对抗策略

财务风险对抗策略指当不能避免财务风险的发生，也无法分散或转移财务风险时，采取主动措施应对已经发生或正在发展的财务风险。该策略旨在最大限度地减轻潜在的损失，保护企业的财务健康。对抗风险的本质在于企业采取措施应对已存在或潜在的财务威胁。成功应对风险将确保财务稳定性、业务连续性和声誉保护，同时提高市场竞争力。然而，失败可能导致财务损失、业务中断、声誉风险和市场劣势。因此，有效的风险管理和对抗策略至关重要，对企业的长期成功具有决定性影响。

2. 供应链财务风险管理措施

（1）注重科学投资策略

供应链财务风险管理的关键之一是采用科学的投资策略。这包括合理优化资金配置，确保企业能够有效地利用资金，降低资金占用成本。同时，加强对资金的监控，通过实时的财务监测和分析，及时发现并应对潜在的财务风险。提高管理水平，包括制定清晰的资金管理政策、规范的审批流程等，以确保财务资源的有效利用。投资决策正确会给整个供应链带来新发展和新道路，投资失误则会给供应链整体利润带来损失，甚至会使整个供应链陷入无法正常持续运作的情况。

（2）优化物流运作流程

在供应链财务风险管理中，优化物流运作流程是一项关键措施。通过完善供应链体系，特别是注重优化运输、仓储等关键环节，可以加快资产周转率，减少库存占用资金，提高资金的流动性。这包括采用先进的物流技术、优化仓储管理系统及建立高效的供应链合作关系。

（3）从财务风险的各个主要环节进行防范和控制

全面防范和控制财务风险涉及多个关键环节。在资金管理方面，应合理配置资金、实时监控资金流动，降低资金占用成本，提高资金利用效率。在财务报表分析方面，应定期深入分析关键指标，及时识别和应对潜在财务问题。通过在各个财务环节实施相关措施，企业能够更全面、系统地抵御潜在的财务风险，确保财务活动的顺利推进。

（4）建立多元化供应链

多元化供应链旨在降低企业对单一供应商或市场的过度依赖，从而减轻潜在的财务风险。例如，采取多供应商战略，与多个供应商建立合作关系，有助于分散采购风险，防止因某一供应商问题而导致的生产中断。同时，通过对供应商的定期评估，包括对其财务状况、生产能力和交付可靠性的考察，企业能够选择更为可靠的供应商，降低财务不确定性的风险。此外，建立备用供应商计划和了解供应商的产能规划，都有助于在主要供应商出现问题时迅速采取行动，减少生产中断和相关财务损失的风险。通过这些措施，企业能够提高供应链的弹性，降低对特定因素的过度敏感性，从而更好地保护自身，免受潜在财务风险的影响。

本章小结

本章首先从筹资风险、投资风险、流动性风险和收益分配风险四个角度对供应链财务风险进行分类讨论。其次，对财务风险的主要特征进行讨论分析。最后，对供应链财务风险管理策略进行分类，按照风险的程度，可将其分为规避、预防、转移和对抗四个策略。不同时段的风险采取不同的风险管理策略，供应链环境下的财务风险，存在于企业财务管理的各个方面，供应链节点企业在任何环节上的失误，都可能给整个供应链带来财务风险。因此，供应链管理层应该及时了解其节点企业财务经营的相关情况，根据自身问题做出相应的整治与调控，从而帮助供应链更好地规避风险，改善经营状况，确保供应链更好地生存与发展。

拓展阅读

流动比率能够灵敏地感知短期财务风险吗？

时光荏苒，2020 年海尔品牌迎来了自己 36 岁的生日。随着大数据、区块链、人工智能等时代前沿技术的发展，依托海尔集团深厚的生态平台与长期积累的产业基因，旗下的万链数科应运而生。万链数科以数据和技术为引擎，从数据中来，到实体中去，其重点业务之一是为实体企业描摹风险画像。

在万链数科的一次例会上，其总经理贾总提出："短期财务风险关乎企业的流动性和命脉，企业需要合理审慎评估自身流动性风险以加强短期财务风险管控，金融机构需要精准把脉信贷风险以支撑信贷决策，评级机构也需要真实可靠的基础信息对评级结果加以佐证。公司是否应将短期财务风险放在风险评估的重要位置上加以考量?"

贾总的发言引起了大家的激烈讨论，分管风控业务的孙副总说："我认为有必要，短期资金断链很有可能影响企业存活，大面积的流动性瘫痪很可能引发多米诺骨牌效应。"风险评估部的李部长疑惑地问："我们一直都很重视短期财务风险评估，而且采用的是国际通行指标——流动比率，流动比率越高，短期风险越小，这有什么问题吗?"

贾总补充道："这也正是我的不解之处。该图（见图 8-9）是以我们集团（海尔智家）和制造业上市公司整体的财务数据为例进行的流动比率对比。我们先回顾一下海尔的战略演变和大事件，讨论一下通行指标所反映的短期财务风险波动情况是否和公司情况匹配吧?"

2020 年全球新冠疫情暴发，国内家电市场遭遇冰点，总体消费需求萎缩。海尔的营业收入来自海内外两个市场，且两个市场的收入较为均衡。面对新冠疫情的冲击，海尔第一时间做出反应：一是制定内容详尽的全面防控手册；二是开创与用户"零接触"服务模式；三是开发上线"疫情战'疫'供需平台"，助力企业复工供需匹配，赋能防疫物资生产企业产能提升。在全年经营均受到新冠疫情影响的情况下，海尔通过这一系列的应对措施，依然实现了超出市场预期的经营业绩，营业收入达 2097.26 亿元，同比增长 4.46%，净利润为 88.77 亿元，扣除非经常性损益的净利润（简称扣

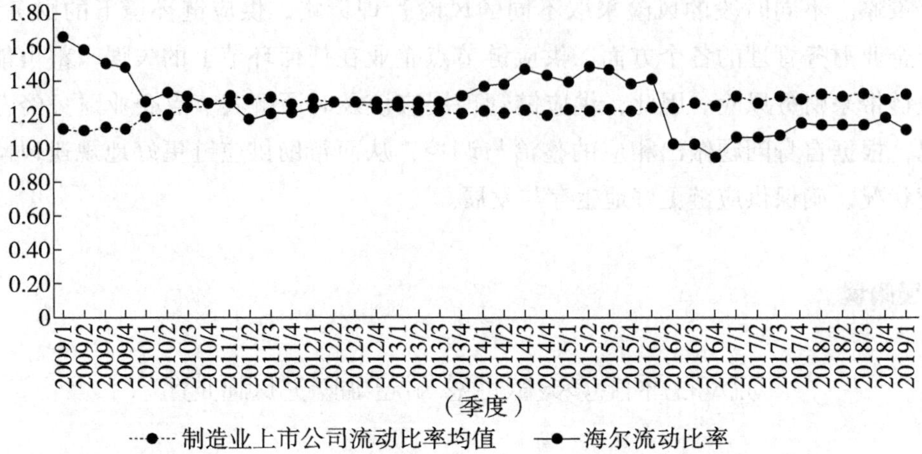

图 8-9　海尔与制造业上市公司 2009 年第一季度至 2019 年第一季度流动比率对比

非净利润）64.58 亿元，分别同比增长 8.17%、12.01%。在此次新冠疫情中，海尔的物联生态运营模式发挥了重要的作用，特别是其旗下的物流平台、卡奥斯平台等勇担责任，为人民生命安全保驾护航，为推进复工复产解燃眉之急，引起了较大的社会反响。

孙副总率先发言："海尔的流动比率主要处在 1.0 到 1.6 的范围内，与经验的标准值 2 相比差距较大，近几年，流动比率持续低于制造业平均水平，流动比率显示短期财务风险较高。另外，海尔的流动比率呈现下降趋势，也就是短期财务风险在上升，可是集团的市场占有率和业绩表现都很好，对此我有些想不通。"

李部长说："我发现咱们使用的流动比率还是能反映一些问题的，如流动比率在 2010 年和 2016 年有大幅下降，我猜想是并购引起的短期财务风险上升。"

贾总紧接着说："我还重点关注了疫情前后的数据（见图 8-10），若按流动比率对企业的短期财务风险进行评价，在新冠疫情前后，海尔的短期财务风险变化不大。从数据来看，从 2019 年第四季度到 2021 年第一季度，流动比率指标分别为 1.05、1.07、

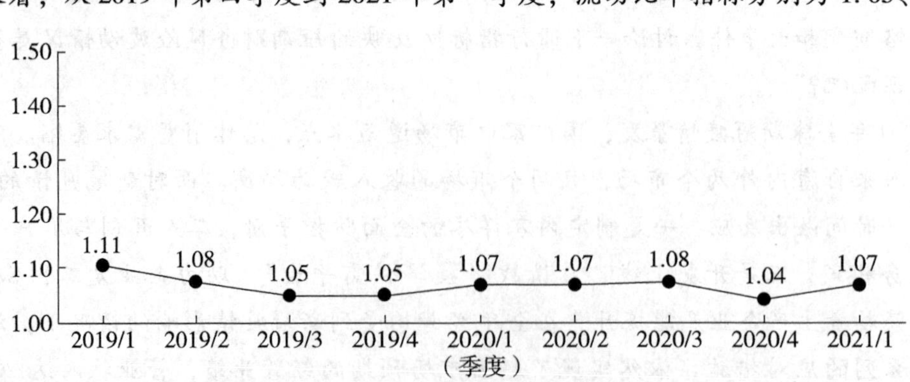

图 8-10　海尔 2019 年第一季度至 2021 年第一季度流动比率变化

1.07、1.08、1.04、1.07，变化十分微小。在2020年第一季度和第二季度，海尔的流动比率几乎没有波动，一直维持在1.07，而在2020年第三季度还略有上升，即短期财务风险在第三季度还有所降低。这个现象大家怎么看呢?”

李部长说：“海尔身为一家物联生态制造企业，疫情期间短期财务风险水平几乎没有变化，可能是海尔物联生态的经营模式有效应对风险挑战、积极作为的结果。”

孙副总意见则不相同：“在如此巨大的冲击面前都没有波动，我认为是流动比率这一指标本身存在缺陷，导致风险感知不灵敏。”

大家争执不下，决定寻求外援，贾总请来了大学教授王老师。贾总将大家的疑问一一说明，王老师听后问：“你们做风险评估，描摹的是金融债务的风险画像，还是所有类别债务的风险画像?”孙副总回复道：“侧重于金融债务风险。”王老师说：“那流动比率恐怕不是一个满意的指标了。”紧接着，王老师推荐了第一个改良指标：短期金融性负债流动比率（存量）。王老师解释道：“短期金融性负债流动比率（存量）表示的是企业拥有的流动资产在偿付完营业性流动负债后对短期金融性负债的保障倍数，数值越大则短期财务风险越低。”李部长说：“这个指标看起来的确更像是金融机构采用的指标，跟我们的风险评估需求较为贴合。”王老师又提到，这个指标主要是从存量的角度判别短期财务风险水平，其实还可以综合流量信息，并给出了第二个改良指标：短期金融性负债流动比率（综合），这个指标可以同时反映流量保障能力。

听了王老师的建议，针对究竟如何评估企业短期财务风险这一问题，大家陷入了新一轮的热烈讨论中……

课后习题

1. 简述供应链财务风险的类型。
2. 简述供应链财务风险的特征。
3. 如何理解财务风险与财务危机？尝试对两者进行比较性分析。
4. 构建供应链财务风险管理体系目的是提升供应链财务风险管理水平，在这之前需要明确的三个问题是什么?

9 供应链合同风险管理

本章目标

1. 了解合同风险的来源，对常见的供应链合同类型有一定的认识。

2. 在供应链合同的各个阶段，分析潜在的合同风险，学会用适当的方法进行有效规避及管理。

3. 当违约情况发生时，学会如何处理违约风险，及时减小损失。

4. 掌握合同的存档与管理方法，有效地管理合同的执行情况。

导入案例

40亿市值上市公司遭遇合同诈骗

2020年12月，创业板某上市公司发布公告称，遭遇合同诈骗，3724.4万元货款存在无法收回的风险，当地公安局已立案侦查。

1. 合作方伪造军工订单诈骗

该上市公司在公告中称，公司于2018年与某科技公司开展业务合作，某科技公司称其与某军工企业签订了军用护目镜军工订单项目，并向公司出示了相关的合同等资料，因某科技公司自身资金紧张无力采购生产所需的原材料，向该上市公司提出先期代为采购原材料，待其军工订单交付并收到回款后，再向该上市公司支付原材料费用及合理的利润。

根据原材料需求，该上市公司于2018年6月和7月与该科技公司分别签署金额为4141万元和1583.4万元的原材料销售合同。两笔销售合同分别签署后，该上市公司即与该科技公司指定的供应商分别签署了金额为3480万元和1315.44万元的采购合同，按采购合同约定支付了相关款项合计4795.44万元至供应商银行账户。截至2020年初，该科技公司欠该上市公司3724.4万元。该上市公司多次向该科技公司及其负责人员催收货款，但对方总是以某军工企业未结算给其款项为由推诿，引起该上市公司质疑。该上市公司通过多方调查后发现该科技公司人员提供的中标通知书和与某军工企业的采购订单等材料涉嫌伪造，该科技公司涉嫌合同诈骗。

为维护自身权益，该上市公司于2020年12月向当地公安局报案，并于近日收到了公安局出具的《立案告知书》。公安局对该合同诈骗案进行立案侦查。

该上市公司表示，此事件剩余货款3724.4万元存在无法收回的风险，具体金额还需进一步确认。

2. 涉事公司2017年已爆出风险事件

天眼查数据显示，此次案件的主角，成立于2016年底，注册资本2000万元，疑似实际控制人吴××，持股比例为40%。吴××在2017年就被列为失信执行人，该科技公司的股权也被冻结。

令人不解的是，这样一个2016年成立，2017年就已出现风险事件的公司，又是如何在2018年“骗”到了上市公司，为其代付数千万元的货款？上市公司的风控、内控机制为何失灵？2018年的合同，为何到2020年底才发现问题？

9.1　合同风险管理的内容

9.1.1　常见的供应链合同类型

供应链合同是指同一供应链上的上下游合作企业，以合同方式，用全局优化策略取代分级策略，以获取供应链总体效应最大化的协同战略。它通过回购策略、收益共享策略和风险分担来实现目标。

有效的供应链合同可以降低供应链总成本，减少库存，提高服务水平，改善供应链绩效，供应链合同有回购合同、数量折扣合同、收益共享合同和数量柔性合同等多种类型。

1. 回购合同

回购合同是指如果渠道商没有将产品销售出去，供应商在特定日期将商品购回的协议。回购合同是应用较为广泛的一种协调机制。回购合同策略通过供应商按规定的回购价格回购零售商在销售末期的剩余商品来实现供应链的协调，供应商实施这种协调策略，能够刺激零售商增加订货量。在零售商提高利润的同时，自己也可以提高利润，从而达到“双赢”的目的，回购合同在图书、杂志、报纸、音像制品、计算机硬件和软件、药物等行业的分销渠道中十分常见。随着科技的进步、竞争的加剧、顾客需求的日益多样化和个性化，产品的生命周期越来越短，回购合同应用的领域和范围越来越广泛。

2. 数量折扣合同

数量折扣合同是一种在实践中应用较为广泛的供应物调控策略。供应商为了吸引零售商增加订货量而提供数量折扣。数量折扣包括全单位批发数量折扣和增量数量折扣，数量折扣合同是供应商对大量购买产品的零售商给予的一种减价优惠合同。如果零售商订货量大于规定的折扣数量，零售商会得到价格折扣；但当订货量小于这一水平时，就不能享受价格优惠。一般购买量越多，折扣也越大，以鼓励零售商增加购买量或集中向一家供应商购买，以及提前购买。

3. 收益共享合同

收益共享合同也是激励销售商增加订货量的一种方法。在这种合同中，供应商以低于批发价的价格将产品卖给零售商，但是要按一定的比例分享销售商所获得的销售收入。零售商不愿多订货的原因可能是批发价太高，如果供应商降低批发价，虽然零售商订货增加了，但由于批发价降低，供应商利润可能会降低。此时如果零售商将其销售收入的一定比例返还给供应商，则供应商有可能降低批发价格，这就是收入共享合同。收入共享合同是供应链成员在商品销售期末，对商品销售收入进行合理分配，共担市场风险，改进供应链运作绩效的一种协调方式。

4. 数量柔性合同

数量柔性合同是指供应商允许零售商在观察市场需求变化后改变最初订购量的协议。通常销售商在销售季节前先给供应商一个产品订购量，供应商根据这个订购量组织生产，当销售商知道市场实际需求后，销售商可以根据实际情况重新调整订购量。在数量柔性合同的机制下，供应商允许零售商掌握更准确的需求信息后，在一定范围内对最初的订购数量进行一次或多次修改，从而使零售商的订购量具有良好的柔性，有助于提高零售商对市场需求的响应能力。

9.1.2 供应链合同风险的来源及分类

广义的风险是指各种非正常的损失。它包括可归责于合同一方或双方当事人的事由所导致的损失，又包括不可归责于合同双方当事人的事由所导致的损失。狭义的风险仅指因不可归责于合同双方当事人的事由所带来的非正常损失。合同在履行过程中遇到的常见风险主要有以下几种。

1. 履行主体上存在的风险

①主体变更风险，指在合同执行过程中，合同主体可能会发生变更，如公司合并、分立、股权转让等。这种风险可能导致合同权利和义务的转移，也可能导致合同失效或被撤销，影响或降低合同履行的质量，进而损害合同债权人的合同利益。为了应对主体变更风险，合同双方应在合同中明确规定主体变更的条件和程序，确保合同的连续性和稳定性。同时，应及时通知对方主体变更的情况，并按照合同约定办理相关手续。

②资质不足风险，指合同主体可能不具备签订合同所需的资质或其不具备履行能力，如营业执照、税务登记证等。这种风险可能导致合同无效或被撤销，甚至可能面

临法律责任。为了防范此类风险，合同双方应在签订合同前仔细审查对方的资质，确保对方具备合法的经营资格和相应的资质证书。

③信用风险，指合同主体的信用状况可能不佳，如拖欠货款、违反合同等行为。这种风险可能导致对方采取法律措施，如起诉、仲裁等，从而影响合同的履行和执行。为了降低信用风险，合同双方可以要求对方提供信用报告或进行信用调查，以评估对方的信用状况。同时，可以在合同中设置信用条款，如要求对方提供担保或保证金，以保障合同的顺利履行。

④授权风险，指合同主体可能存在授权不明的现象，如法定代表人、授权委托人等身份不明或授权范围不清。这种风险可能导致对方认为未获得授权而拒绝履行合同，或者在合同履行过程中出现纠纷和争议。为了防范授权问题的风险，合同双方应在签订合同前核实对方的授权情况，要求对方提供法定代表人或授权委托人的身份证明和授权委托书，并在合同中明确授权范围和期限。

⑤经营状况变化风险，指合同主体的经营状况可能发生变化，如破产、停业等。这种风险可能导致合同无法履行或被终止，给合同另一方带来经济损失。为了降低经营状况变化的风险，合同双方可以要求对方定期提供财务报告和经营状况说明，以便及时了解对方的经营状况。同时，可以在合同中设置终止条款，当对方经营状况恶化时，及时终止合同，以减少损失。

2. 履行目标上存在的风险

①不实际履行而形成的风险。在现实合同关系中，由于物质利益的驱动，合同债务人以各种借口擅自改变履行标的物或者故意不履行合同而愿意依约或依法支付违约金和赔偿金，通过违约保存合同标的，以便以更高的价格将合同标的出售给第三人。这种情形，在合同标的物的价格上涨时，就极可能发生。债务人的这种行为将严重损害债权人的合同利益。如果债务人有履行的可能，债权人仍可以要求其实际履行。

②标的物数量上存在的风险。合同履行因数量纠纷带来的风险，常常会在量词的使用或数量的称谓上产生争议，如件、捆、包等的使用，因当事人在签订合同中对量词的含义缺乏准确的约定而使债务人减少给付，或者确因与债权人理解不一致而产生争议。为了避免此类纠纷的发生，当事人在签订合同的过程中，就应对量词的具体含义做出准确的约定。

③标的质量上存在的风险。标的的实际质量，因人们对质量要求的千差万别，有时没有一个统一的行业标准用以检验商品，极易引发标的的质量纠纷。在这种情况下，如果对质量标准没有约定或约定不明确，依照交易习惯、通常标准或者符合合同目的的特定标准，往往难以确定质量的具体标准，从而可能导致质量纠纷，给合同当事人带来麻烦。即使对合同约定的质量标准没有争议，有的合同义务人经常以质量不合格为借口拒付货款、劳务费等，要求对方赔偿损失，或者要求退货并终止合同的履行。

有的合同义务人以假充真、以次充好、以一般产品冒充名优产品或者交付无权处分的标的、含有侵害他人知识产权的标的物等。对上述风险与陷阱，当事人在订立合同时就应对质量标准予以明确；对以质量为借口拒不履行的，应要求其提供质量不合格的证据，并注意对方是否按照法律或当事人约定的期限履行了通知的义务，如质量确无问题，可要求合同债务人实际履行或承担违约责任，赔偿损失；对交付的标的物有物上的瑕疵和权利瑕疵的，可以拒绝接受，要求其退货、更换或者承担违约责任和赔偿损失，如果根本达不到合同目的的，可以解除合同。

3. 履行期限上存在的风险

①提前履行。当债权人享有期限利益时，债务人提前履行会损害债权人的期限利益。有的债务人出于减少自己的费用，如减少产品的仓储费，而提前交付产品，从而增加了债权人的仓储费，损害了债权人的期限利益。对此，债权人可以依据《中华人民共和国民法典》（以下简称《民法典》）的规定拒绝提前履行债务，或者要求其承担给债权人增加的费用。

②迟延履行。债务迟延履行又称给付迟延，指债务人对于履行期限届满的债务，能履行而未履行的情形。债权人享有期限利益的情况下，债务人的迟延履行会损害债权人的期限利益，使债务人获得不当利益。例如，债务人迟延给付货款，就损害了债权人的资金时间价值。同时，也存在债权人的迟延接受履行，它是指履行期限已届满，债权人仍迟迟不接受履行。例如，有的债权人迟延接受履行从而制造出对方迟延履行的假象，要求对方承担违约责任。对债务人的迟延履行，债权人可以要求其及时履行并承担违约责任和赔偿损失。

③中止履行。有的合同债务人滥用不安抗辩权，在自己不想履行债务或不能履行债务时，便以对方有丧失或有可能丧失履行债务的能力为借口而中止履行。这时，后履行一方可以要求其提供有丧失或可能丧失履行债务能力的证据，也可以提供担保，以使其失去借口。有的合同当事人行使不安抗辩权时，不注意保留中止履行的证据，致使自己处于违约的被动境地，有的当事人又不注意履行中止履行的通知义务，致使自己行使的不安抗辩权不成立，对此，行使不安抗辩权的当事人应注意保留中止履行的证据并及时履行通知义务。

④立即履行。在合同没有约定履行期限或约定的履行期限不明确时，债权人突然要求履行债务或债务人履行债务，履行期限不明确的，债务人可以随时履行，债权人也可以随时要求履行，但应给对方必要的准备时间。上述债权人和债务人的动机很可能是使对方债务人不能在短时间内履行债务，对方债权人不能在短时间内接受履行，而造成他们违约的假象，从而要求“违约者”承担违约责任，对此，相对方应依据《民法典》的规定维护自身合法权益。

4. 履行地点上存在的风险

①利用履行地点不明，拒绝履行债务。在有的合同中，可能存在履行地点没有约

定或约定不明的情形，这时债务人有可能以履行地点不明，拒绝履行债务。对此，债权人应根据《民法典》关于履行地点不明的规定明确履行地点，要求债务人在此地点履行债务。

②债务人将合同标的交付于履行地点，风险便转移。一般情况下，债务人按照约定的时间将标的物在履行地点实现交付，标的物毁损灭失的风险由债权人承担（法律另有规定或者当事人有约定的除外）。在买卖合同中，当事人没有约定交付地点或者约定不明确，依照《民法典》的规定仍不能确定的：一种情况是标的物需要运输的，出卖人将标的物交付给第一承运人后，标的物毁损灭失的风险由买受人承担；第二种情况是标的物不需要运输的，出卖人和买受人订立合同时知道标的物在某一地点的，出卖人在出卖人订立合同时的营业地交付标的物。如果买受人违反约定没有收取的，标的物毁损灭失的风险自违反约定之日起由买受人承担。合同的履行地点直接关系到风险承担问题，合同当事人应注意在履行地点上存在的风险。

5. 履行方式上存在的风险

①部分履行，损害债权人合同利益。有的债务人将本应一次性履行的标的，分成几部分履行，从而达到损人利己的目的。例如，有的债务人将本应一次性支付的货款分几次履行或者只支付一部分便长期拖欠，以无偿占有债权人的资金时间价值。对此，债权人可以要求债务人及时履行债务，并可追究其部分履行的违约责任。

②该提存时就提存。在合同实践中，有时因为债权人的原因而使债务人履行债务发生困难。当债务人因债权人的原因履行困难而中止履行后，债权人又突然反说债务人迟延履行而违约。到时，债务人可能找不出证据来抗辩，即使有证据，也难免会陷入纠纷中。当然，这种情况是少见的，但我们应防患于未然。

③债务人怠于行使到期债权，债权人应果断行使代位权。在合同实践中，有的债务人故意迟迟不行使其到期债权，而可能使其债权因丧失诉讼时效或其他原因而归于消灭。这种情形，极有可能是债务人与其债务人共同危害债权人的债权，对此，债权人应果断向人民法院以自己的名义请求代位行使债务人的债权。

④债务人放弃其到期债权或者无偿转让财产，债权人应果断行使撤销权。债务人这种行为的目的是不履行债务。不履行是一种违约形态，也是一种履行方式，债务人的这种行为通常是与第三人共同完成的，对债权人的债权造成了严重的危害。因而，债权人可以行使撤销权，请求人民法院撤销债务人的行为，保全债务人的财产，第三人因该行为取得的财产，应返还债务人。如果债务人不主张返还财产，债权人可以行使代位权。债务人仍不履行债务时，债权人可以依债权的强制力实现履行利益。有时，债务人以明显不合理的低价转让财产，对债权人同样造成了危害，这时，如果受让人与债务人共同危害债权人的债权，债权人也可以行使撤销权。

9.1.3 供应链合同风险管理的意义

风险的本质是不确定性，而合同是将不确定性变成确定性的一种重要手段。在现实中，合同不成立、条款不严谨、合同不能被充分履行、违约无法索赔的情况比比皆是。合同风险控制不当可能会让企业陷入法律纠纷，置企业于不利的位置。供应链合同风险管理的意义有以下几个方面。

1. 有助于防范企业法律风险，维护合同中的合法权益

供应链合同风险管理作为调节供应链中企业与其他组织或个人之间经济活动关系的依据，能够以法律形式规范企业在合同订立与履行过程中的行为，保护了合同当事人的合法权益。有效的供应链合同风险管理，一方面能培育企业信用，推动企业自觉履行合同义务，预防经济纠纷，防止不必要的经济损失；另一方面能在经济纠纷产生时，保护企业在合同中的预期利益和交易成果，维护企业的合法权益不受违约行为方侵害。对合同实施有效的内控管理，有助于企业增强应变、发展和竞争能力，促使企业在竞争中提高预见性、减少失误，使其管理活动符合国家法律要求，从根本上维护企业在合同中的合法权益。

2. 有助于降低企业运营风险，提高经营管理水平

在供应链中，一个企业经营管理水平在很大程度上取决于其在供、户、销或资金的筹集与运用等环节的衔接。合同是企业经营活动的先导，是计划安排的依据，是企业一系列互相衔接、互相监督、互相制衡、共同协调行动的经营活动的桥梁，供应链合同风险管理贯穿企业活动的全过程。有效的合同管理能协调企业内部各方关系，有利于提高企业经营管理水平，提升企业竞争力，降低运营风险，促进企业可持续发展。

3. 有助于控制企业财务风险，提升资金使用效率

在世界经济高速发展的今天，企业已经越来越多地参与到金融活动中，能否通过供应链合同风险管理有效控制金融和财务风险关系到企业的生死存亡。有效利用合同管理，对复杂金融合同制定风险对冲等应对策略，有效监控和计量财务风险，能够保证合同目标与企业财务战略目标相协调，控制企业投融资风险。同时，有效的合同管理，能帮助企业节省交易时间，降低交易成本，保证交易正常进行，加速资金周转，减少费用，以最少的消耗获取最大的收益，提升企业资金使用效率。

9.2 合同准备阶段的风险

9.2.1 供应商资格审查及信用评价

为规避合同构建中的风险，企业应对供应商的合法性和有效性进行调查。

1. 潜在供应商的合法性和有效性调查

与潜在供应商合作之前，先要确保供应商的资质是合法且有效的，包括法人主体和代理主体合法有效。法人主体的合法有效，可从法人经营期限、营业范围、行政许可等方面来判断；代理主体的合法有效，可从与之对接的业务负责人的代理资格、代理权限及商务授权等方面来判断。法人主体资格的合法有效可以通过目前各类专业网站和手机应用进行查询。常见的信用查询网站如表 9-1 所示。

表 9-1 常见的信用查询网站

查询网站名称	查询内容
国家企业信用信息公示系统	企业信用（包括营业执照信息、股东出资信息、对外投资信息、行政许可、行政处罚、引入经营异常名录信息）
中国裁判文书网	关于企业的法院裁判文书等
全国法院失信被执行人名单信息公布与查询	企业和主要负责人是否被纳入失信被执行人名单
企查查	法人信息、经营范围
中国人民银行征信中心	信用报告
全国组织机构统一社会信用代码数据服务中心	主体资质及信用信息的查询

如需查询企业其他相关信息，可访问由国家市场监督管理总局主办的国家企业信用信息公示系统，该系统可以实现网上下载、打印查询企业的信用信息公示报告。只要是在我国境内注册的企业，都可以在该信用信息公示系统中查询到。该系统集成了企业基础信息（如营业执照信息、股东出资信息、对外投资信息等）、行政许可、行政处罚、列入经营异常名录信息。在与供应商合作之前，按照签订主体的名称即可快速、准确地查询该企业是否属于合法有效的主体，可以快速识别虚假企业及已经被列入异常名录的企业。

此外，还可以通过各类手机应用查询。利用手机应用查询的供应商主体信息，是第三方平台通过采集官方渠道数据（如国家企业信用信息公示系统、中国裁判文书网等），同时汇集了网络渠道整合的其他信息，综合对企业信息状况给出的第三方评估意见。一般而言，其基础报告内容和从官方渠道获得的类似，专业报告属于付费内容，获取信息更加深入，适用于存在风险或者合作重要度更高的供应商资质调查。

2. 供应商资信报告解读

在通过各种渠道查询或自行制作供应商资信报告后，还需对报告进行有效解读。

一是供应商名称与信用报告中的名称应完全相符。企业信用信息公示报告中显示的企业名称与供应商提供的信息需完全一致。注意：很多企业存在名称更改的情况，为此企业信用信息公示报告变更信息栏中会出现更名的时间和变更前后的名称。供应商名称变更之前与供应商签订的合同，在供应商名称变更之后继续合法有效；但是，在已经变更名称之后再用变更之前的名称签署合同，可能面临主体无效的问题。

另外还需确认供应商登记状态，一般显示为存续（在营、开业在册）、注销、吊销等状态。“存续”表示公司在营业状态；“注销”表示营业资质已经注销，法人主体消灭；“吊销”则表示公司的经营资格因某种违法违规行为被吊销，处于无法正常经营的状态。

二是分公司和子公司大不相同。在合作的供应商中，经常出现“甲有限公司成都分公司”或“某集团乙有限公司”等描述。根据描述可知，前者为分公司，后者为子公司。那么这两种公司有什么区别呢？

从表 9-2 可以看出，子公司作为合作主体，基本上与一般公司区别不大，主要区别在于子公司是由总公司投资设立的，出资方（总公司）在出资范围内承担有限责任。但是分公司就需要特别授权，因为它不能独立承担民事责任，连缔约能力都需要获得总公司的授权，因此，在采购实践中建议尽量回避选择分公司作为供应商。如果一定要选择分公司，务必让其单独提供总公司的全套认证资料和获得总公司给分公司的授权文件，以避免主体资格风险。子公司与分公司的差异如表 9-2 所示。

表 9-2　　子公司与分公司的差异

分类	子公司	分公司
主体名称	名称中不一定含有“子公司”字样	名称中必须体现“分公司”字样
缔约能力	独立缔约，无须母公司授权	需要在总公司授权范围内缔约
责任承担	独立承担民事责任	不能独立承担民事责任
营业执照	所在地申领	分公司所在地申领，总公司所在地备案
分别与母公司、总公司的关系	母公司为子公司的控股股东，承担以出资额为限的有限责任	分公司可以理解为总公司分布在各地域的业务单元或者办事处

三是有限责任公司责任有限吗？关于有限责任公司的责任问题，可以从两个角度进行解读。

①有限责任公司可以承担无限责任吗？

回答这个问题需要先理解何为有限责任公司。所谓有限责任公司，是指股东以其认缴的出资额为限对公司承担责任。也就是说，“有限”两个字是针对公司的股东而言的，股东以公司设立时在注册资本中的认缴额为限承担责任；公司作为独立法人，对外以其全部资产承担责任。简单理解，有限责任公司更多是保护股东的利益，股东只承担有限范围的责任，而不需要对公司债务承担无限责任。

②股份有限公司比有限责任公司实力更强吗？

采购实践中，我们注意到有的供应商叫“××股份有限公司”，股份有限公司是否就一定比有限责任公司实力更强呢？

股份有限公司和有限责任公司的主要区别在于设立方式的不同。股份有限公司通过募集或发起认购股份这两种形式设立，股东在认购股份限额范围内承担责任；而有限责任公司只能通过发起设立。此外，在公司章程、股东要求、设立程序、公司治理等方面“两种类型”的公司各有区别。股份有限公司又可以分为上市股份有限公司和非上市股份有限公司两种类型，实践中有很多公司转制为股份有限公司，是为了谋求上市。但并不能以此认为股份有限公司比有限责任公司实力更强。股份有限公司并不代表公司的业务规模或资金实力。如人们熟知的华为技术有限公司就是一家典型的有限责任公司，但能说它比国内一般的股份有限公司弱吗？

四是营业范围涵盖合作内容。营业执照中的经营范围信息也是需要特别关注和留意的。尽管目前企业的经营范围有所放开，但还是有很多行业要求具有特别的资质，如餐饮、医疗、建筑、烟草等行业。如果选择的潜在供应商没有经营资质或超出了营业范围，虽然法律上没有严格规定一律无效，但会给后续合同的履行及法律责任的追究带来一系列的风险。一般可以通过营业执照范围和本次交易的标的来整体判断供应商的合法性和有效性。

对于营业执照中经营范围与实际采购内容不相符的，需要特别谨慎，并且要向供应商确认其是否具备经营资质；如供应商无法提供资质文件，需要特别留意可能带来的后续合同风险。如果采购内容属于需要批准的范围，则需要让供应商提供批准的文件。

五是法人与法定代表人勿混淆。法人和法定代表人是很容易混淆的两个概念。在日常的工作和生活中常常有人说“张某某是某某企业的法人”，这时，很多人都会理解为张某某是企业的创始人或者实际控制人。实际上这里是混用了法人和法定代表人两个完全不同的概念。法人不等于法定代表人，也不宜作为法定代表人的缩写。

法人和法定代表人最大的区别在于法人不是“人”，法定代表人是人。法人是在法律框架下拟制的人，需要满足一定条件并且承担民事责任，但又不是自然意义上的人。《民法典》第57条规定：“法人是具有民事权利能力和民事行为能力，依法独立享有民事权利和承担民事义务的组织。”法人是依法成立，有必要的财产或经费，有自己的名称，并且能够独立承担民事责任的主体。因此法人可以是一个企业、一个基金会（如各种公益基金组织）、一个行业协会（如广东省采购与供应链协会）等。

法定代表人就是代表法人行使民事权利、履行民事义务的主要负责人。简单地理解，企业法人就是营业执照中的企业名称，它拥有和自然人类似的唯一“身份证号”——统一社会信用代码。而法定代表人就是营业执照上显示的唯一自然人。法定代表人并不一定是企业实际控制人、股东，其可以是企业高管或者其他人员，因此不能简单地将法定代表人理解为企业实际控制人或者股东，具体需要结合信用信息公示系统中的股东及出资信息了解。

六是注册资本可以反映供应商的实力吗？关于注册资本的有效解读，需要从以下3个问题着手。

①什么是注册资本？注册资本是公司在登记机关登记的全体股东认缴的出资或者认购的股本总额。《中华人民共和国公司法》（以下简称《公司法》）规定，以发起方式设立的公司不设置最低注册资本的法定限额，也就意味着现在一元也可以注册一家公司。因此注册资本并不一定能反映公司的实际经营能力，但能反映股东的出资金额和对外债务的最大承担范围。

②实缴出资年限无限制。《公司法》规定，股东可以不实缴全部出资，可以选择公司先成立再分期缴纳出资。因此常常可看到很多公司营业执照上的注册资本为100万元，实缴资本为10万元，剩余实缴出资期限为2050-12-31。这种情况就属于未完成实缴资本，正常情况只要在承诺的时间之前完成实缴即可。

③注册资本实缴完成的供应商风险更小吗？注册资本实缴完成只是表示公司股东完成了履行出资的义务。相反，如果注册资本没有完成实缴，表明公司的股东没有完成全部出资，如果此时公司资不抵债，债权人可以起诉公司和股东，要求公司股东在认缴范围内承担债务责任。因此注册资本实缴完成情况并不能简单作为供应商风险的判断依据。

利用以上对注册资本的介绍，能有效判别公司对外债务的承担范围和实际承担情况，避免单纯地从公司现有资本来评判其风险承担能力。

七是关注异常和风险信息。企业的异常和风险信息通常分为以下3种。

①行政处罚信息。关注供应商是否存在行政机关的罚款、警告或者其他违反行政法规的情况，包括检查处罚记录等。

②经营异常信息。关注供应商经营状况出现异常的信息记录，如公司已经无法联系上或公司更换了营业地址但未及时办理营业执照变更登记。

③风险信息。关注所引入的供应商是否有未完结的开庭公告、法院公告，有无司法机关的裁判文书，有无执行信息，是否进入失信人名单等。

需要注意的是，并非所有的开庭公告和裁判文书都为负面信息，需要根据具体的案情分别看待。如果供应商是作为原告起诉对方侵犯知识产权，并且获得胜诉，这种情况应该评价为中性或者积极。但是如果供应商因为拖欠货款、拖欠员工工资被起诉，这种情况就需要重点关注，供应商的信用可能存在较大风险，需要结合其他信息综合判断，确定是否需要引入或者增加评估。如发现供应商已经进入失信人名单，则说明这类供应商已经出现拒不履行法院判决的情况，风险极高，需要谨慎选择或者不推荐引入。

9.2.2 采购谈判

采购谈判时要明确立场，为此采购经理需要掌握以下常识。

1. 追求“双赢”

在谈判时，要表明谈判的目的是双赢。事实证明，大部分成功的采购谈判，都是在和谐的气氛下进行的。在相关条件的交涉上，站在对方的立场去说明，往往更有说服力。双赢绝对不是50/50。事实上，有经验的采购经理总会设法为自己的公司争取最好的条件，然后也让对方得到一定好处。因此，站在采购的立场上，谈判的结果应是60/40、70/30，甚至是80/20。

2. 质量要求绝不让步

在谈判时，采购经理应要求供货方提供质量保证及承担质量责任，甚至要求供货方提供质量保证依据。采购经理绝不能以牺牲质量来确保最低价格的实现。

3. 遵循谈判“三原则”

谈判议程即谈判的议事日程，主要是说明谈判时间的安排和双方就哪些内容进行磋商。在进行谈判前，要确定谈判的主题与谈判议程；在谈判过程中，主持谈判的双方主管应遵循谈判议程。凡是与本次谈判相关的、需要双方展开讨论的问题，都要作为谈判的议题，因此采购经理在确定谈判议程时必须把握好图 9-1 所示的三项原则：把握谈判重点、时间有限性、以事实为根据。

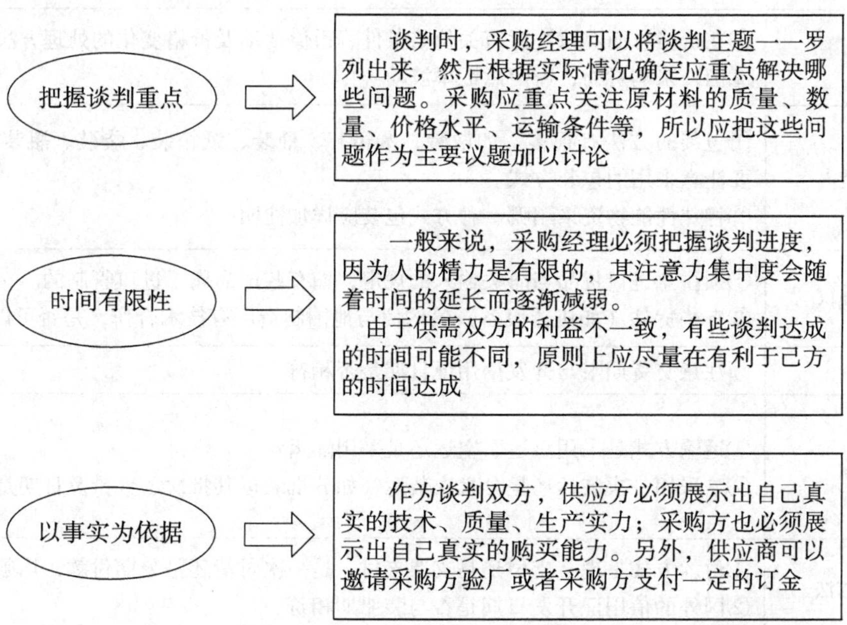

图 9-1 谈判应注意的原则

9.2.3 采购合同编制

采购合同编制时，将双方协商的交易结果逐项填入标准格式的合同中，若出现特殊情况且原有合同无法满足需求时，须另加特别条款，合同自双方签署后开始生效。一般而言，合同制作的方法如下：

①采用事先已印制的标准合同格式，这种方法适用于一般性采购；

②重拟合同条款，此方法适用于原有合同无法适用，经双方同意重拟条款时才生效，它适用于特殊采购。

编制采购合同应注意的事项如表 9-3 所示。

表 9-3　　编制采购合同应注意的事项

项目或条款	具体注意事项
货品名称	①品名的书写，宜以国内或全球通用名称为原则。因同一货品的品种很多，称呼也不同，为避免混淆或发生错误，最好采用通俗化的一般名称。 ②品名的书写务必工整，避免笔误，有时因一字之差会导致无谓的麻烦
品质及规格	①注意货品规格、品质是否适当，因工业水准不同，货品品质也有差异。 ②注意品质厘定方法，这包括当品质规格不符时的查证机关与证明方法和发现不良品时的处理方法
数量	①注意货品的数量是采用毛重还是净重？ ②如果货品数量不足，是否有适当的解决方法
价格	①在价格方面应该注意有关价格条件、币值变动及价格变化的处理方法。 ②国外采购货物，需留意汇率波动
包装	①包装的方法有很多，如散装、木箱装、桶装、纸箱装、袋装、瓶装等，这里要注意采用的包装方式。 ②特殊性能物资采用哪一种方式包装应详加注明
供应地区	①须注意进口货品与海关输入的规定，如有些产品属于进口管制的。 ②有些货品（如机器设备）签约商与他国制造厂有技术合作，是否可以接受
交货	须注意交货期限与开发信用证日期是否相符
运输	①运输方式是采用海运、空运还是采用陆运？ ②是采用一次装运还是分批次装运？如分批装运其批次、数量及日期是否列明
付款方法	①付款方式是现金支付还是支票支付，是一次付清还是分期付款，均须列明。 ②国外的信用证开发日期是否与装船期相符

续 表

项目或条款	具体注意事项
保险	①所列条件是否适当？ ②保险金额是否合理，应注意保险时效与投保手续
重量与检验	①在合同中须详细记载货品品质与数量。 ②该货品究竟由厂商检验还是独立公证，检验期限是何时
运费、保险费及汇率变动	①有关运费、保险费究竟由采购方还是供应商支付，应在合同中详细注明。 ②汇率变动风险也应注明清楚，以杜绝争端

9.3 合同拟订阶段的风险

9.3.1 采购合同常见释义条款

合同释义的原因在于避免内容重复和理解歧义。通过释义，可以简化合同中频繁出现的长词语，使文本更简洁清晰，便于表述。同时，释义能够明确双方对特定词语或条款的共同理解，减少因理解不一致导致的争议，特别是在司法裁判时，帮助法官准确理解交易双方的真实意图，确保合同的顺利执行和公正裁决。采购合同中常见的释义条款有以下形式。

①文中的“日”“月”“年”均指公历中的日、月、年。

②文中的“日”指国家法定工作日；或者文中的“日”指自然日，不剔除法定休息日和节假日。

③文中的“元”均为人民币元。

④文中的“法律”适用均为中华人民共和国法律。

⑤文中的“发票”均为13%增值税专用发票。

通过释义，合同内容更加清晰和准确，对于在合同中可能反复出现的条款，也避免了每次冗余的描述。这不仅提高了合同的可读性和可理解性，还减少了因理解不一致而引发的合同争议，确保全国在执行过程中能够顺利进行，同时也为司法裁判提供了明确的依据。

9.3.2 采购合同内容合法性及有效性

1. 合同关键信息

合同编号是确保合同唯一性的关键标识，尽管管理编号规则可能存在挑战，但一个简单的编码方法如“部门缩写+日期+流水号（如CG-20170830-01）”可以有效避免重复。签订日期明确了合同生效的时间点，若未明确指出，则以双方签字的最晚日期为准。签订地点则关系到合同纠纷时的诉讼管辖地，若未特别说明，默认为被告所在地。这些基本信息为合同的识别和管理提供了基础，有助于在出现争议时快速定位和处理相关事宜。

2. 双方关键信息

合同双方的名称是必不可少的，若以个人名义签署，还需提供身份证号码以确保身份的准确性。在合同中使用“甲方”和“乙方”来代替双方名称时，甲方通常指的是购买方。代表人的签字或盖章是合同生效的关键，签字加盖章是最为稳妥的方式。即使只有盖章或法定代表人的签字，合同也能生效，但若由公司内部非法定代表人签字，则必须附上授权书以证明其签字的有效性。此外，开户行和账号信息对于转账付款的合同至关重要，而住址、职务和联系方式等辅助信息则有助于合同的后续跟踪和执行，虽然这些信息可选择性填写，但在实际操作中往往能提供必要的联系和执行便利。

3. 契约承诺说明

契约承诺说明通常出现在合同的开头部分，它强调了双方基于自愿、平等、公平、诚实和守信的原则，根据中华人民共和国的法律法规签订合同。这类说明主要用于重要的大额采购合同，因为它明确了双方的合作基础和法律依据。尽管一般的采购合同可能省略这一部分，因为这些原则已被法律涵盖，但对于涉及重大利益的合同，明确这些原则有助于增强合同的严肃性和双方的信任。

4. 标的物信息

标的物信息的准确描述是合同的核心内容之一，它确保了标的物的唯一性。这包括名称、品牌、规格、型号、数量、计量单位和价格等详细信息。价格的描述尤为重要，需要明确是否包含税款、运费、安装费和培训费等附加费用。如果这些信息不便在一处详细说明，应在合同的其他部分予以补充。对于新产品的采购，价格的合理性需要通过《产品选型分析报告》来证明，以确保采购价格的公正性和透明度。

5. 交付责任约定

交付是合同执行的关键环节，标志着物权的转移，因此相关的责任和义务必须明确。交付时间的约定应考虑到延期交货可能给买方带来的损失，并在合同中规定相应的处罚措施。交付地点通常默认为卖家的发货地，除非另有说明。对于需要托运的物资，明确托运责任至关重要。包装方式、装卸责任和交付培训等细节也不容忽视，因为这些因素都可能影响合同的顺利执行和后续的使用效果。

6. 质量验收约定

质量验收是确保合同标的物符合要求的重要环节。验收方法应由采购方、实际需求部门和供应商三方共同沟通确认，并且描述必须精准严谨。这包括如何判定验收结果以及如何向供应商反馈。对于抽检验收的情况，合同中应明确后续使用中发现不合格品的处理方法。不合格品的处理方式，包括退还和二次补货的运费，应由供应商承担。验收时限应根据物资的数量和复杂程度进行合理调整，以确保有足够的时间进行验收，特别是对于大型设备或复杂的物资。

7. 结算付款约定

结算付款条款涉及财务方面的详细约定，需要与双方的财务部门进行充分协商。通常，财务部门会要求供应商先开具发票，然后才能进行付款。然而，在实际操作中，如果供应商处于强势地位，这一条件可能难以落实，因此需要与财务部门协商，根据实际情况灵活处理。此外，合同中应明确付款延期和发票传递延期的处理方法，以避免给对方造成不必要的损失。发票的传递方式和责任也应在合同中明确规定，确保发票能够安全、及时地送达买方。

8. 售后服务约定

售后服务条款是合同中容易被忽视但又极为重要的部分，它直接关系到合同风险的控制。保修期内的售后服务应明确是由厂家派人现场维修还是设备返厂维修，以及相关费用的承担方。对于复杂设备的售后维修，合同中应详细列出有偿维修部分的报价，以确保维修费用的合理性。维修速度是衡量服务水平的重要标准，快速的维修响应不仅体现了厂家的备货情况，也反映了其服务意识。对于可以返厂维修的物资，返修速度直接影响买家的库存备货量，因此在合同中明确维修速度的要求至关重要。

9. 违约处理约定

违约处理条款是对合同中违约行为的处理方法、纠纷仲裁方式、不可抗力情况下的风险解决方法以及合同解除条件的明确规定。虽然法律已经对这些方面有所规定，但在合同中明确这些内容有助于减少争议和误解。特别是对于一些特殊的合同解除条件，应在这一部分进行特别说明，以确保双方对合同的终止条件有清晰的认识。

10. 其他约定

其他约定部分是对上述内容的补充，包括合同的形式、份数、有效期和语言等。合同的形式和份数通常会在合同的结尾部分说明，如“本合同一式四份，打印盖章后生效，甲乙双方各持两份”。虽然常规合同采用纸质版本，但电子版合同在通过可靠的电子签名手段签署后同样具有法律效力。合同的有效期对于一些有时间限制的合同尤为重要，应在这一部分明确说明。对于涉外合同，可能需要使用多种语言起草，此时应明确合同的官方语言版本，以避免因语言差异导致的误解。

以上十项是构成一个买卖合同的基本框架，不管多简单或多复杂的合同，都是围绕这十部分内容拟定的。若遇到强势卖方或者买方对标的物尚不熟悉时，应以卖方合同为基础，结合上述十点提出修改建议，双方协商确定。

9.3.3 合同审查

合同审查一般包含以下六个目标，如图 9-2 所示。

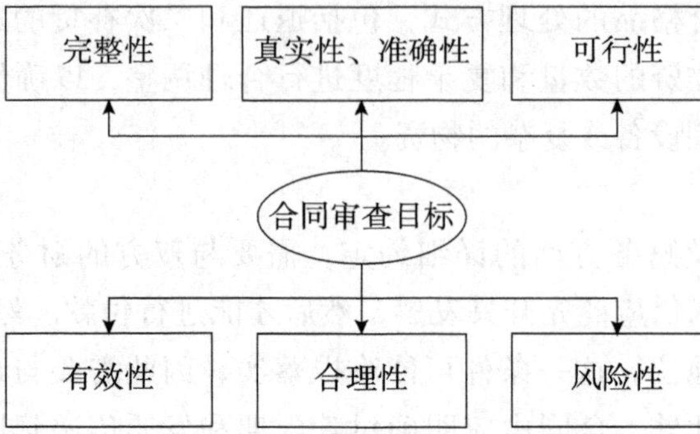

图 9-2　合同审查目标

1. 确保合同的完整性

在审查合同的过程中，首要任务是确认合同是否涵盖了所有必要的内容。这包括但不限于合同编号、签订日期、签订地点、双方关键信息、契约承诺说明、标的物信息、交付责任约定、质量验收约定、结算付款约定、售后服务约定、违约处理约定以及其他约定内容。每一部分都应详细且明确，以确保合同的完整性，避免遗漏重要条款，从而减少潜在的法律风险。

2. 确保合同信息的真实性、准确性

合同中的信息必须真实、准确，这是确保合同有效执行的基础。具体来说，产品信息的描述应详细且准确，确保产品符合双方的需求。双方的关键信息，如名称、代表人签字或盖章、开户行、账号、住址、职务、联系方式等，都必须真实无误。任何虚假或不准确的信息都可能导致合同无效或引发纠纷，因此在审查时应仔细核对每一项信息，确保其真实性和准确性。

3. 确保合同的可行性

合同中的各项条款不仅要完整和准确，还必须是可行的。例如，交货期和验收时限应合理，确保双方能够在规定的时间内完成相应的义务。如果交货期或验收时限过于紧张，可能导致违约，因此在制定这些条款时应充分考虑实际情况，确保双方都有足够的时间来履行合同义务。此外，合同中的其他条款，如付款条件、售后服务等，也应确保在实际操作中是可行的，避免因条款不切实际而导致合同无法执行。

4. 确保合同的有效性

合同的有效性是其法律效力的保障。签字盖章是合同生效的基本条件，因此必须确保合同的签字盖章程序规范、有效。同时，合同的书写格式也应规范，避免因格式问题导致合同无效。例如，合同的生效时间应明确，条款的表述应清晰、准确，避免模糊不清的表述。此外，合同中的法律术语和专业词汇应使用准确，确保合同在法律框架内有效。

5. 分析合同的合理性

合同的合理性是确保双方权益平衡的重要因素。价格条款应公平合理，反映市场价值和成本。违约处理方法应公正，既不能对违约方过于宽容，也不能对守约方过于苛刻。售后服务措施应明确且合理，确保双方在合同执行过程中都能得到公平的对待。合同审批人（通常是中高层领导）应重点审查这些条款，确保合同的合理性，避免因条款不合理导致的法律纠纷和经济损失。

6. 控制合同的风险性

合同执行过程中存在各种风险，因此在审查合同时，应识别并评估这些风险点，确保它们都在可控范围内。例如，需求变动或消失导致的退货处理、供应商严重延迟交货或无法提供合格产品的处理等，都应在合同中明确规定。如果出现问题，应有明确的解决方案，确保可以通过诉讼或其他法律途径得到妥善解决。合同审批人应重点审查这些风险控制条款，确保合同在执行过程中能够有效应对各种风险，保障双方的合法权益。

作为合同起草人（一般是采购员），重点要对合同的完整性、信息的真实性和准确性、可行性、有效性负责。这些目标确保合同在起草阶段就具备了基本的法律效力和操作可行性。作为合同审批人（通常是中高层领导），重点要对合同的合理性和风险性负责。这些目标确保合同在执行过程中能够公平、公正地执行，同时有效控制和应对各种潜在风险。通过这两个层面的审查，可以确保合同的全面性和安全性，为双方的合作提供坚实的法律保障。

9.4 合同签署阶段的风险

9.4.1 签署采购合同时的常见注意事项

采购人员签订合同时，要注意以下几个事项。

①签订合同之前，采购人员必须仔细阅读当前的文本，防止对方对合同进行修改。不得随意变更或者解除合同，否则对所造成的损失（变更和解除合同的时候已具备一定的法律条件），相关人员应当承担相应的赔偿责任。提议变更和解除合同的一方，应给对方重新考虑的时间，在新的合同未签订之前，原来的合同仍然有效。

②个人之间的合同只需双方签字即可，但是企业与企业之间、企业与个人之间的合同，一般情况下除了签字外还需要盖章。

③在签订重大合同时，最好双方当面签订，以免另一方采用欺骗手段签订假合同。另外，签订重大合同，要注意签订合同的另一方是否为法定代表人或授权代表，以及是否有资格签订该合同。因此，未经授权的普通职工甚至是经理、总经理签订的合同有时未必为合法有效的合同。例如，某采购经理与某供应商销售部经理签下产品销售合同，但如果该采购经理未经授权，则该合同为无效合同。

④签订的合同如果有多页，双方除了在末页签字盖章外，还要加盖骑缝章，以免

影响其他页面内容的真实性，从而发生纠纷。

9.4.2 合同格式及签署要求

1. 合同标题要规范

合同标题是容易忽略的合同组成部分，在实际采购合同履行中常见的合同标题为“买卖合同”“购销合同”“加工合同”“采购合同”等名称。这类命名方式从表面上看都没有大问题，但实际上这类合同标题存在不严谨的问题。

合同的标题需要达到两个目标：一是说明合同本身的性质和目的，二是便于辨识和事后引用。

在实务中，第二个目标往往容易被忽视。拟订规范的合同标题，能够极大增强企业合同管理能力。一般在框架协议签署中可能引用双方公司签署的其他协议，或者在存在框架协议的采购订单中希望明确订单的争议适用于双方公司签署的某项长期合作协议等，同时也便于企业后续合同管理过程中利用合同标题快速识别和检索合同。

因此，在重点合同签署中，企业可以采取“主体名称+合同性质+目的”的标题命名方式，如成都某某公司与深圳某某公司关于某某产品长期采购合同。尽管标题看起来更长，但是更加直观、明了和完整。

2. 合同签约主体信息要完整

在采购合同中，很容易忽视签约主体基本信息的完整性，在笔者经历的很多采购活动中，采购人员经常问为什么要填写这么多信息，如住址、联系人、联系电话、传真、电子邮箱等。这些信息一般被简单地理解为商务联系信息，且在企业信息系统或者供应商基础档案中已经存档，为何一定要在合同上重复体现呢？答案就在于确定责任主体、防范合同风险。因此，合同中签约主体信息应尽量完整、详尽，建议包含表9-4所示的内容。

表9-4 签约主体完整信息

签约主体（自然人）	签约主体（法人）
姓名	公司或组织名称
性别	统一社会信用代码（税号）
民族	法定代表人及职务
出生年月日	注册地址
身份证号	营业地址
住址	联系人
邮编	电话
电话	传真
传真	手机号码

续 表

签约主体（自然人）	签约主体（法人）
手机号码	电子邮箱
电子邮箱	微信号
微信号	QQ 号
QQ 号	银行账号（基本户）
附件：身份证（正反面）和 户口本（户主页和登记页）复印件	附件：营业执照复印件（加盖公章）和 法定代表人授权委托书（加盖公章）

3. 合同文本忌手写

采购合同中不要出现既有打印文本又有手写文本的情况。实践中有些公司将合同中的公司名称、人名等信息预留空位采用手写或者不写的方式，这种情况实际上非常不规范。

典型的就是手写字体可能出现字迹潦草无法清晰识别的情况，此外文本中有手写内容，如在其他部分条款也填写不利于己方的手写内容，会带来较大的法律风险。实践中还存在合同盖章不清晰，时间一长可能更加模糊，造成无法识别合同主体的情况。因此规范的做法是合同文本中除了签署页其他部分都不要出现任何手写文本。

合同签署栏需要与其他正文部分保持一定的间距，规范的做法是单独制成签署页，该页需要包含签约主体名称、签字栏、签署日期、盖章栏等。合同签字页如图 9-3 所示。

合同签字页(样本)
此页无正文
甲方合同号：
乙方合同号：

签署各方充分知悉且理解本合同全部内容，于本页加盖公章予以确认；各方均保证，本签字页之签名者已获有效授权并足以代表各方签署本合同。

甲方：(公章)
法定代表人或其授权代表签字：
日期：

乙方：(公章)
法定代表人或其授权代表签字：
日期：

图 9-3　合同签字页

9.4.3 合同生效条件

采购合同一般是完成签署即开始生效的，因此如果在不同区域的甲乙双方签署采购合同，是以最后签署方所在地为合同签订地，合同成立的时间也是以最后签署的日期为准。因此特别提示：一方将已经签署好的文本通过邮寄方式发给另外一方，存在一定的法律风险。如果另外一方在签署前对部分内容或条款进行改动，然后签署，合同可能仍然有效，但是会影响先签署方的权利义务。实践中务必警惕这样的风险，笔者建议针对金额较大的合同，应要求对方先签署或双方当面签署。

如果确实需要先签署，务必注意风险防范，如可以在邮寄时将合同文本扫描一份，并通过电子邮件发送一份电子合同，在邮件中写明合同我方已经完成签署，详见附件。这样做的目的是将其作为证据保留，一旦对方对合同进行了改动，可以通过这份材料证明是对方做的更改，未经过我方的同意，不产生法律效力。

此外，采购合同是签字生效还是盖章生效，实践中很多采购人士都有疑问。采购合同有的写了签字盖章生效，那么是签字生效还是盖章生效呢？盖章是盖什么章呢？

法律上对双方是采取盖章、签字、按手印并没有做出限制，三种方式都可以选择。这里需要注意的是，如果采购人员代表单位签字，不管是否取得了单位的授权文件，都可能构成表见代理从而认定合同成立。因此一般国内企业签署采购合同最好是约定盖章生效，以避免这一问题。关于合同盖什么章的问题，法律上并没有明确限制，也就是可以使用公章，也可以使用合同专用章。但要尽量避免使用发票专用章、财务专用章及其他部门章等。

9.4.4 合同备案

采购合同备案要求规定，合同自签订之日起须在规定期限内，由采购人将合同副本提交至财政部门及相关机构备案。备案时，合同必须具备完整的采购编号并盖章，确保中标或成交金额与合同金额相符，且采购内容与合同内容一致。此外，合同的备案须在规定时间内完成。具体而言，只有当合同的中标、成交金额与开标记录完全一致，且标的、规格型号、数量明确时，才会被准予备案。相反，若合同对采购文件进行了实质性变更，或追加的合同项目与原合同不符，以及追加金额超过原中标、成交金额的10%且未获上级批准，则该合同将不予备案。

推动企业高效开展合同备案工作有以下几点建议。

1. 增强法律意识，增强企业对合同备案工作重要性的认识

与高速发展的社会经济和层出不穷的合同问题相对应的，是现阶段大量企业对合同备份工作重要性认识的缺乏。而企业若想抓住重要的发展机遇，从容应对瞬息万变的社会经济市场，在日益激烈的市场竞争中获得持续、稳定的发展机会，就必须从战略发展的高度出发，制定详细的规划，增强法律意识。通过邀请专家、学者开办专场讲座，开展合同备案相关知识竞赛和专项知识宣讲会等多种方式，切实增强企业内部各部门及工作人员对合同备案工作重要性的认识，以最大限度地减少合同备案工作开展过程中的各种阻碍，提高合同备案工作开展的整体效率。

2. 建立健全企业合同备案工作管理制度

为了应对日益激烈的经济市场竞争，妥善应对各种合同风险与危机，实现持续性发展，企业必须从组织结构的优化升级出发，建立健全合同备案工作管理制度。通过实行合同备案前、备案中、备案后的联动管理模式，保证合同备案工作的高效、高质量开展。

第一，企业要立足于实践，根据经济市场的最新变化，制定合同签订的一般示范文本，特别是要对容易产生纠纷的部分进行详细分析与阐述，明确合同备案工作开展过程中的注意事项，明确和细化合同签订双方的权利与义务，从而为相关工作人员的工作开展提供依据，减少因工作人员主观原因造成的工作失误。

第二，建立企业合同备案工作责任制，明确工作开展的主要负责人或部门，从而促进合同备案管理工作的科学化、合理化、明确化，出现问题及时明确责任归属，以在最短的时间内，制定解决问题的针对性策略，减少各类损失。

第三，合同备案工作开展过程中，要增强对合同内容的核查与校对，核查内容主要包括资信调查、审批登记、授权委托等，从而有效控制合同备案工作的全过程及合同的签订、执行和评价。

9.5 合同履行阶段的风险

9.5.1 合同风险承担规则

1. 国际货物买卖合同风险承担规则

国际货物买卖合同风险承担规则适用于国际商会制定的国际贸易术语解释通则。国际贸易术语是在国际贸易中逐渐形成的，以英文缩写的形式出现，用以表明在不同交货条件下，买卖双方在交易中的费用、责任及风险划分。国际贸易术语解释通则定期进行修订，目前最新的版本为《2020 年国际贸易术语解释通则》（INCOTERMS 2020）。

常见的贸易术语，以《2020 年国际贸易术语解释通则》为例，如表 9-5 所示。

表 9-5　　常见的贸易术语

贸易术语	交货地点	风险转移点	运输承担方	运输方式
EXW（工厂交货）	卖方工厂	交货时	买方	所有运输方式
FOB（船上交货）	装运港船上	货物装上船时	买方	水运
CIF（成本、保险费加运费）	装运港船上	货物装上船时	卖方	水运

续 表

贸易术语	交货地点	风险转移点	运输承担方	运输方式
CIP（运费和保险费付至目的地）	交承运人	交货时	卖方	所有运输方式
DDP（完税后交货）	指定目的地	交货时	卖方	所有运输方式

2. 国内货物买卖合同一般风险承担规则

如果在国内一般买卖合同中没有对货物交付风险进行约定，应该适用何种风险分担规则呢？《民法典》第604条规定，标的物毁损、灭失的风险，在标的物交付之前由出卖人承担，交付之后由买受人承担。也就是通常理解的交货时转移风险。

3. 推迟合同交货期风险承担规则

采购活动中经常因为某种情况要求出卖人推迟货物交期，因采购方原因迟延交货的，相应的风险应由采购方承担，但出卖人应该尽到妥善保管的义务，否则也需要承担相应的责任。

4. 需要运输的货物风险承担规则

日常采购活动中，买卖双方很多时候不在一个地区，需要进行长途物流运输，运输过程中的风险由哪方承担呢？如果买卖双方没有进行运输风险约定，出卖人出卖交承运人运输的在途标的物，毁损、灭失的风险自合同成立时起由买受人承担。如果没有在合同中单独约定运输风险由卖方承担，意味着采购方就需要承担运输风险。

5. 卖方交货时提供的单证不完整是否可以拒绝收货

在国内货物买卖合同中，如果卖方交货时提供的单证不完整，买方通常不能仅因单证不完整而拒绝收货。根据《民法典》第609条的规定，卖方未交付有关标的物的单证和资料的，不影响标的物毁损、灭失风险的转移。这意味着，只要货物本身已经交付，风险即转移至买方，买方不能以单证不完整为由拒绝收货。因此，如果因卖方原因交货时未能及时提供单证材料，买方不能以此为由拒绝收货，除非合同中有特别约定。

6. 质量不满足要求拒收货物风险承担规则

供应商交付的货物经常在来料质量控制环节发现严重质量缺陷，不满足合同的要求，出现拒收供应商交付的货物的情况。关于此种情况，如果来料的质量不符合要求，不能实现合同目的，买受人可以拒收，拒收之后供应商需要及时处理，否则产生的标的物毁损、灭失风险由供应商承担。

9.5.2 合同补充、变更与解除

1. 合同补充

在合同的履行环节，不可避免地会遇到一些新情况、新问题，或起初被遗漏的事

项突然被发现，或者原来约定的事项发生了变化，这些都需要协议双方及时通过协商达成补充协议或者变更协议，必要时也可以会谈纪要的方式经双方共同签认。若对补充协议有争议，无法达成一致的，则按照合同其他相关条款或者一般交易习惯确定。如此仍不能确定的，履行费用由履行义务的一方承担。

2. 合同变更

通常有下列情形发生时，需要修改合同条款。

（1）作业错误且经调查原始技术资料可予证实的

合同签订后如发现作业有错误而需加以更正时，应以原始技术资料为准，经买卖双方协商后加以修正，并将修正情况通知相关单位。

（2）制造条件的改变导致卖方不能履约的

由于合同履行督导期间发现因制造条件的改变而判定卖方不能履约，但因物料的供应不能终止合同或解约，且重新订购无法应急时，买方可以协商适度地修改原合同后要求卖方继续履约。

（3）以成本计价签约而价格有修订必要的

以成本计价的合同，由于成本的改变超过合同规定的限度时，买卖双方均可提出修订总成本的要求。固定售价合同的价格以不再改变为原则，但出现下述情形时可修改合同：

①由于生产材料的暴跌致使卖方获取暴利时，可协商修订价格；

②由于生产材料的暴涨致使卖方履约交货困难且解约重购对买卖双方不利时，可协商修订价格。

此外，合同在履行过程中，因特殊情况而进行内容变更，意味着会给企业带来新的风险，包括质量、交货期等都有变数。对这类问题，企业应当在签订合同时就增加单方擅自变更合同的违约责任条款，从而限制对方变更合同，提高对方的违约成本。

（4）合同主体变更

合同履行过程中，如果合作企业进行主体变更，由第三方进行履行，会带来一系列的未知风险。企业对第三方的能力并不了解，其信用程度与履约能力都可能造成隐患。

为了防止这类事件的发生，在合同签订时，就应明确说明不得随意变更主体，在合同中约定“本合同的权利、义务不可转让”，否则承担相应责任。如果确有必要，第三方应经过考核、甲方确认后再进行主体变更，并签订补充条款作为原合同的补充协议，由双方盖章确认后方可生效。

3. 合同解除

一旦供应商发生违约情况，采购人员就可根据采购合同相关条款进行处理，如解除采购合同。在解除采购合同时，采购人员要注意以下几个方面的事项。

（1）解约权的取得条件

①由于供应商违约造成严重的后果，致使不能履行合同的。

②供应商一方迟延履行主要债务，经催告后在合理期限内仍未履行，或者明确表示或以其行为表明，仍将不履行或不能在合理期限内履行的。

③供应商逾期重大违约的。

④供应商约定或法律规定的其他可据以产生解约权的。

（2）解约权的行使期限和行使方式

①法律规定或供需双方约定解约权的行使期限的，期限届满供应商不行使的，解约权取消。

②若法律没有规定且供需双方未约定解约权行使期限，则经企业催告后，合理期限内供应商不行使解约权的，解约权取消。至于合理期限为多长，应视具体情况而定，原则上经过该期限后，若不行使解约权供应商在合理期限内应继续履约，并为此做必要的设定。

③企业行使解约权时，应当通知供应商；企业主张解除合同，却未在解约期间内向供应商发出通知，或虽发出通知，但通知未在解约期限内到达对方的，合同不能被解除。对方有新的违约行为发生时，可以重新取得解约权。

9.5.3 逾期及不能交付标的物风险

逾期及不能交付标的物时，一般情况下，通过双方协商可以解决该问题，因此造成的影响不大。但如果影响了买方生产进度，尤其是给买方带来了损失，往往会要求赔偿，具体怎么赔、赔多少，按照合同中的违约条款执行。但是逾期后，遇到市场价格发生变化，情况就比较复杂了，存在价格波动带来的风险和可能的纠纷。

供应市场的行情和商品价格是不断变化的，如果逾期交付、逾期提货或者逾期付款，执行什么价格呢？

《民法典》第513条作出如下规定。

①执行政府定价或者政府指导价的，在合同约定的交付期限内政府价格调整时，按照交付时的价格计价。

②逾期交付标的物的，遇价格上涨时，按照原价格执行；价格下降时，按照新价格执行。

③逾期提取标的物或者逾期付款的，遇价格上涨时，按照新价格执行；价格下降时，按照原价格执行。

以上三条概括来说，政府定价按实时定价执行，其余按对逾期者不利的情形执行，以此惩罚逾期者，鼓励大家遵守期限。

9.5.4 交付标的质量不符风险

企业在采购过程中遇到质量检验不合格的情况时，应根据合同约定及时处理，如合同没有相关约定条款，则应依据相关法律法规进行处理。

1. 合同中未对质量检验标准进行约定或约定不明

如果合同中未对质量检验标准进行约定，那么适用什么标准呢？此种情况适用于漏洞填补规则。

根据《民法典》的相关条款规定，质量要求不明确的，按照国家标准、行业标准履行；没有国家标准、行业标准的，按照通常标准或者符合合同目的的特定标准履行。《中华人民共和国产品质量法》中规定，可能危及人体健康和人身、财产安全的工业产品，必须符合保障人体健康和人身、财产安全的国家标准、行业标准；未制定国家标准、行业标准的，必须符合保障人体健康和人身、财产安全的要求。禁止生产、销售不符合保障人体健康和人身、财产安全的标准和要求的工业产品。

因此，在采购合同中，如果没有约定质量检验标准，采购方可以依据上述法律依据检验产品，供应方也应根据上述规定对产品质量承担保证责任。

2. 交货时检验合格却在使用过程中发现问题

在实际的采购合同履行过程中经常出现一种情况：采购方收货时检验并没有发现产品质量存在问题，也给供应方出具了验收合格证明；当产品出现质量问题，采购方向供应方主张要求承担违约责任时，供应方则常常以验收合格证明来抗辩。

一般而言，产品有保质期，适用保质期规定，有时候因为采购方的技术或经验原因，在检验环节即便进行了检验，也并不见得能看出产品的质量瑕疵。如电子行业中的半导体元器件，特别是复杂的大规模集成电路物料，采购方不具备全功能检测的设备，大多是进行外观检查，功能检验依赖后期的装机试验，甚至长期使用才能发现问题。因此认为采购方签收即视为质量合格显失公平。

对此，《民法典》中规定了为期2年的提出质量异议的合理期限。根据买卖合同无法确定合理期限的，采购方提出质量异议的期限最长不超过2年，即最长期限为2年。如果在上述合理期限内采购方未提出质量异议，则视为质量合格。

9.5.5 逾期付款违约风险

付款结算一般是合同履行的最后一步，但在这一环节通常也存在诸多风险情况。

1. 付款期限约定需遵守

未按合同约定期限支付货款是付款结算中较为常见的风险情况，有的公司甚至认为采购人员能拖欠更多的货款是干得好的表现。此类情况就是典型的未按照合同约定期限支付货款的违约情形，供应商可以采取协商、诉讼或仲裁的方式要求采购方支付货款并且承担违约金。采购方需要按期向供应商支付货款，这是一种长期合作的需要，也是基本的企业信用，恶意拖欠货款不但损人，还不利于自己形成供应链竞争优势。

2. 付款期限约定不清引发争议

采购合同中常见这样的付款约定："货到付款、30 天付款、月结"等，从表面看付款期限有清晰约定，仔细斟酌发现有很大问题。

①约定货到付款，卖方的理解为货到的当天买方就需要付款，买方的理解可能为检验合格办理完入库、开具了正式发票才能付款。

②月结付款在卖方看来可能是每个月的最后一天自动收款，或者按月的周期自动结清款项，但买方的理解可能为货到验收合格，发票在财务立账满 30 天的当月内付款。

为了避免付款期限争议，合同中的付款期限条款力求精准。如货到付款可以约定为货到 7 天内付款；月结付款可以约定为货到当月 25 日财务立账，立账日期满 30 天付款。此外，是先付款后开票还是先开票后付款，建议在合同中明确，避免付款环节财务提出"鸡和蛋谁先有"的问题。

9.5.6 合同的存档及管理

合同的存档与管理对企业运营意义重大。如果发生合同纠纷，合同原件的证明效力超过复印件、扫描件。因此，企业必须做好合同的存档与管理，尤其是对合同原件的存档与管理。

1. 合同的存档

针对签署完成的合同，采购部门需要在内部设立专门的合同管理文件，对合同文档进行统一编号和管理，并对签署回来的合同进行检查和归档。这一部分容易被忽略，若没有进行统一管理，容易出现合同管理混乱的情况，如合同编号不统一、合同签章不完整、合同原件遗失等问题。

合同原件的归档保存时间最少 3 年，根据不同产品的质量保证期归档的合同保存时间应该随之变化。最好进行双备份管理：合同原件统一归档和保存，合同电子文本或者扫描件通过电子文档系统进行备份和管理。

企业平常在使用合同过程中直接取用电子文档系统中的文件，兼顾了效率和方便性。而合同原件则一般作为企业封存文档，由专人保管并锁存，只在特殊情况下才可使用，如发生合同纠纷需要查阅证据完整性时。

此外，合同原件的借阅也必须进行登记和造册管理，应该特别避免出现原件丢失的情况。

2. 合同的管理

采购工作人员可能每天都有大量的合同需要处理，有的是一次性采购合同，如项目采购合同、固定资产采购合同，有的是重复进行的生产产品所需要的原材料采购合同。因此对于不同类型的采购合同，可以分别进行管理。

①针对一次性采购合同，可以用单独的谈判协议文本，确定协议的内容，单独签署和跟踪履行过程，管理合同全过程。这类合同由于一次性使用，很难完全标准化，因为每个项目或者固定资产的特点有所不同，但可以在企业范围内制定一个统一的大类物料采购合同模板，实现主要条款通用、细节部分根据各自的情况修订。

②针对多次使用的采购合同，建议将其与企业的企业资源计划或者供应商关系管理系统关联起来，在系统中生成订单后自动生成标准格式的采购合同，并通过事先与供应方约定好的方式签署合同。这样做的好处是便于合同文档管理，并且与内部信息系统关联，可以有效地管理合同的执行情况。

本章小结

通过本章内容，可以充分、深刻地认识到完整的供应链合同风险管理体系，了解供应链合同各个阶段包含的内容。本章分别从合同准备阶段、拟订阶段、签署阶段、履行阶段出发，提出了常见的问题及潜在的风险，根据不同的风险提出相应的解决措施，以降低合同风险给供应链带来的损失。此外，管理供应链合同风险还要从企业自身角度出发，如加强企业合同文化建设，启动全员合同管理意识等。

拓展阅读

国有企业项目合同管理：S 公司项目为何屡屡出错?

一天，S 公司总经理王总愁眉不展。上任一个月有余，公司工程项目频频出错，项目还没完工就已经接到了两次法院传票，都是有苦说不出的“委屈”。想找副总商量下一步的工作，副总却被免职，身边连个能出主意的人都没有。刚上任不久的王总想起这一个多月的曲折：先是上任第一天被人拿法院传票堵门；到信心满满推行的计划夭折、招标结算部部长被抓，副总马某被免职；几经波折，项目就要完工，施工却出现明显质量问题，打官司竟然败诉，公司反而要承担主要责任……身心俱疲的王总痛定思痛，反复琢磨整个项目，深思到底怎样才能扭转局面。

1. 上任伊始突成被告

王总上任的第一天，五家综合管廊工程施工单位拿着法院传票闯进了门，他们以合同违约为由将 S 公司告上了法庭。S 公司成立以来逐渐形成了以总经理、副总经理分工负责制模式：总经理主管办公室和财务部两个部门，副总经理主管工程部、招标结算部和采购部，对工程项目全面负责。常规合同签订流程为：招标结算部部长负责招标投标，工程部部长负责合同签订。

王总召集各中层领导了解情况，逐渐厘清了这件事的来龙去脉。A商务区建设第一阶段工作——综合管廊工程在多次分析讨论后启动。由招标结算部部长牵头，最终确定了五家中标单位，并由工程部部长出面同五家公司举行了合同签订仪式。五家公司总金额3.2亿元的合同虽然都按要求使用了建设工程标准合同文本，但合同中所有的附加条款都只由工程部部长单独确定，曾有其他管理层对附加条款中“按实结算”一项提出过异议，但为了尽快开工，也就不了了之。

综合管廊工程的第一阶段工程是桩基础施工，需挖至指定位置后开始机械打桩，地勘时就发现，A商务区地处海边，地下水位高，因此在施工图设计时便增加了旋喷桩止水帷幕这项内容，工程量清单中也按设计给定了止水帷幕工程量。合同约定总价包税，但签订时添加了附加条款，即“旋喷桩止水帷幕工程量按实际发生据实结算”，这就表明在原来合同约定基础上，旋喷桩止水帷幕要按实结算。桩基础施工为期两个月，施工过程中，施工单位按周向S公司工程部报送工程量签证，工程部部长认为每周签字太麻烦，可以施工完一起签，故没有在签证上签字。工程各标段陆续报竣工后，结算时发现平均每一标段都比原合同价款增加了2000余万元，都是增加在旋喷桩止水帷幕这一项上，施工单位再次向S公司提出了工程量签证签字申请，工程部部长说：“签这个干什么？你们把材料整理好，做好结算书，我直接把结算书报给财政局就行了。”言犹在耳，施工单位的结算书还在制作中，工程部部长就被调任某市建设局，走上新的工作岗位了。

综合管廊工程竣工后，各施工单位按照前工程部部长的要求，将结算书报至财政局投资审核中心。财政局在审核时发现，项目变更金额已达项目总价的40%，因此以变更金额过大并且变更签证不齐全为由拒绝了施工单位的结算要求。施工单位垫资施工，一亿多元的工程款两年多都不能结算，损失巨大，时常来S公司讨要说法，但都被公司副总马总打太极推走了，此事就此搁置了下来。

2. 计划夭折危机潜伏

王总意外发现公司竟没有档案员，所谓的档案组，不过是综合部主任保管一把档案室的钥匙，而工程档案都是工程部收集完直接放在档案室，按时存放到档案室的都少，更不要说整理了。综合部主任不经意间说过的话让王总后背发凉：“咱们公司的合同管理制度太老了，从成立就没更新过，只简要规范了合同订立、合同审批、履行变更、日常管理等事项，没有对合同管理的关键环节进行规范，更别提公司合同授权管理、纠纷案件管理和风险防范机制了。”

王总当即决定从档案管理入手进行改革，他招聘了虽然年轻，但有多年建筑企业档案管理工作经验的小何。小何虽然档案管理经验丰富，但是面对各部门不配合的态度和复杂的人际关系，半个月时间，工作都无法推进。如此几次三番之后，小何只能把能整理的档案归档码齐，但是招标结算部和工程部的那些档案资料仍旧胡乱堆在各自办公室，王总信心满满的档案管理改革计划也就此搁置了。

3. 再陷困境何去何从

虽然遭受了一定的挫折，但是A商务区的建设仍在进行中，迎来了建设项目的收官阶段，可没想到收尾阶段又出了小插曲。外墙防水工程明显不合格，仅用不防水的泥子涂刷两遍便向公司交差，见对方如此敷衍了事，王总拒绝付款，协商不成，对方以未按约定支付工程进度款并无故将施工人员赶出施工现场，构成根本违约为由将S公司告上法庭。

案件庭审过程中，S公司向法庭提交了司法鉴定申请，要求对外墙防水工程进行质量鉴定。但法官认为S公司已自行修缮了涉案工程，现场已经无法真实反映完工时的原貌，已经失去了鉴定基础，驳回了S公司的鉴定申请。最终，因为S公司无法证明对方存在施工质量问题，法庭认定S公司未按合同约定支付工程款项，且将对方驱赶出施工现场，已经构成根本违约，因此需要按照对方提出的实际完工部分支付工程款。

综合部主任硬着头皮向王总汇报了此事，正在解决档案室协调问题的王总气急败坏地说："你们怎么办案的？一个事实这么明确，确定可以胜诉的案子居然能败诉？你们自己竟然把证据破坏了，你们真是太能干了！发生合同争议的时候要怎么处理，自己心里没点数吗？去取证应个诉也这么磨磨蹭蹭，这边汇报那边研究，有这时间不能好好取证好好想一下怎么胜诉吗？还有档案室的事，公司到底有没有一点合同风险防范和管理意识啊！"

王总筋疲力尽地坐在椅子上，他曾以为来到S公司会是他新的起点，没想到公司已经伤痕累累，他深知公司项目合同管理存在诸多问题，可能否解决，解决后又会是什么样子他没了把握……

课后习题

1. 常见的供应链合同类型有哪些？
2. 供应链合同风险管理的意义是什么？
3. 如何保证供应商保质保量交货？
4. 采购合同是签字生效还是盖章生效？
5. 国际采购合同终止程序的内容有哪些？
6. 在合同履行阶段，若发现对方违约，应该如何处理？
7. 当原材料价格疯涨，可以变更或解除合同吗？
8. 通常有哪些情形发生时，需要修改合同条款？

10 供应链运营风险管理

本章目标

1. 了解供应链运营风险的种类。
2. 理解供应链产销不平衡对供应链的危害。
3. 学会防范供应链配送风险。
4. 掌握产能过剩的测度方法。
5. 掌握规避供应链运营风险的方法。

导入案例

福特公司的供应链运营风险

2018年5月2日，福特公司的一家关键零部件供应商M公司在美国密歇根州的工厂发生火灾，直接导致福特公司三家工厂停产。其中受影响最大的车型是F-150。F-150是福特公司旗下的经典皮卡车型，也是F系列中销量最高的车型，居美国十大畅销车榜的榜首，连续多年获得美国最佳汽车称号。2017年，福特公司F-150销售了近90万辆，平均售价为4.6万美元，全年创造了约410亿美元的销售额，占福特公司总销售额的28%。这款车的表现相当抢眼，对于福特公司来说也很重要，是集团销售和利润最稳定的来源，是绝对不能停产的“生命线”。

由于M公司供应的零部件短缺，从5月7日开始，福特公司在密苏里州堪萨斯城的卡车装配厂关闭，有3000多名工人暂时停工。5月9日，福特公司在密歇根州迪尔伯恩的卡车工厂也被迫关闭，影响了大约4000名工人。F-150只在这两个工厂建造，也就是说该车型全线停产。

造成停产事故的供应商一直为福特公司和其他北美汽车制造厂提供镁产品。福特公司100%的卡车散热器都来自M公司发生火灾的工厂。M公司是北美地区镁散热器的最大供应商。镁是一种轻金属，比铝还要轻，使用镁合金能减轻车身重量，并有助于提高燃料燃烧效率，所以备受各大汽车厂商青睐。但镁也是一种非常危险的材料，容易自燃、引起爆炸和火灾。之前，M 公司的这家工厂已发生过一次小火灾，所幸没有造成供应链的断裂。值得一提的是，M 公司是北美唯一有能力按福特公司要求生产镁散热器的供应商，也就是说它是福特公司在北美仅有的选择。

根据美国汽车销售分析师的消息，福特公司有 84 天的 F 系列卡车库存。从库存来看，虽然福特公司的销售不会受到太大影响，但是当一款车型的销量占公司销量的 1/4 时，任何生产供应的中断都会引起内部巨大的恐慌，特别是福特公司赖以生存的主力产品——卡车和 SUV，公司的运营面临着重大的风险。公司财务对这些突发事件也异常敏感，根本经不起任何风吹草动。

供应危机事件发生后，福特公司快速采取了一系列措施。

首先，福特公司迅速组建了一支团队，负责翻新和重新安置生产汽车零部件所需的模具。在 5 月 2 日火灾发生的数小时后，这支团队已经到达了 M 公司的工厂附近待命，他们搭起了帐篷在这里过夜，等火灾熄灭，得到消防局的准许后，冲进厂房抢救出一些重要设备。

同时，在危机之下，福特公司必须寻求一切能获得的援助，不管是从合作伙伴，还是从竞争对手那里。考验福特公司快速获取资源能力的时候到了。在找遍了美国、加拿大、英国、德国和中国的各种资源以后，福特公司和 M 公司很快找到了生产替代方案。此时，福特公司最担心的还是镁产品的产能，这是一种高度专业化的金属，解除危机的关键是多久能够恢复到原有的生产能力。

福特公司在英国诺丁汉找到了一个替代工厂，接下来的任务是把从火灾中整理出来的 19 副冲压模具空运到英国，这些货物的重量达到 40 吨，一般的货运飞机无法一次承载这么大的运量。福特公司为此找到了一款运输机——Antonov An-124，简称“An-124”。这款飞机由苏联安东诺夫设计集团出品，是当时世界上第二大的运输机。福特公司需要寻找一个可以让 An-124 起降的机场，为此联络了在俄亥俄州哥伦布市的机场，随后的工作是协调卡车和起重机，准备装货。数百名福特员工在全球范围内协调工作，在不到 24 小时就安排好一切事务，井然有序。

5 月 8 日，An-124 装载着 40 吨的货物从美国飞向英国诺丁汉，在那里进行关键零部件的生产加工。随着零部件的供应回到正轨，福特公司宣布从 5 月 14 日开始，加工完成后的零部件从英国每天空运回美国福特公司的工厂，只是这次不再动用 An-124，而是转用波音 747 货机。F-150 的生产于 5 月 18 日和 21 日，分别在迪尔伯恩和堪萨斯城的工厂恢复，超级载重卡车的生产也在 5 月 21 日恢复。

在停产 10 天以后，福特公司终于可以恢复 F-150 系列的生产，也为此次断供事件画上了圆满的句号。

对该事件进行复盘，不难发现福特公司表现出的优异特质。

①敏捷供应链。在如此短的时间内，福特公司能够采取最合适的方案，恢复供应

链，首先在于能够快速地分解任务，用精确的方式执行物流操作，这充分体现出福特公司供应链的敏捷性和强大的执行力。同时，快速的反应能力也很重要，福特公司在危机发生后，第一时间组建专业团队，当日就赶往供应商现场待命，也为处理危机争取到了最宝贵的时间。

②供应链管理的成熟度高。在全球范围内，福特公司能够迅速调度各种供应商资源，包括替代工厂、运输资源，这说明其供应链管理团队成熟度很高。汽车行业的供应链管理有着相当高的成熟度，供应商纵向的管理也非常专业。

③生产流程的标准化。危机发生后，福特公司迅速找到了位于英国能够进行替代生产的工厂，这说明了此产品生产模式的标准化，只要能够配备相关的设备，就可以转移生产，为供应链的及时、全面恢复提供不可或缺的条件。

④与供应商关系好。福特公司依靠其全球供应伙伴及内部团队成功地完成了这次挑战，也凸显了供应商关系的重要性。供应商关系管理是采购与供应商之间的管理纽带，目标是使企业和供应商之间的合作更加顺畅和高效。供应商关系需要合理地维护，良好的供需关系不仅可以加深双方的合作，更能在"黑天鹅"事件面前，帮助企业渡过难关。

10.1 物流配送风险

10.1.1 供应链中的物流管理与配送

1. 物流管理的现状

现代企业越来越倾向于选择第三方物流企业来获得物流配送的解决方案。第三方物流是在物流渠道中由中间商提供服务，中间商以合同的形式在一定期限内提供企业所需的全部或部分物流服务。在世界范围内，采用第三方物流对产品的流转运输进行委托管理的企业越来越多，其中不乏《财富》世界500强企业。一般来讲，这些第三方物流企业并不在供应链中占有一席之地，仅作为第三方通过提供一套物流活动服务于供应链。据统计，在企业的生产成本中，物流成本占其中的10%~20%。第三方物流的加入，可以使企业的物流成本降低，并大大提高企业的利润。尤其是随着供应链管理对流通环节管理要求的提高，第三方物流将是一个高速发展的行业。但并非所有行业、所有公司都适用第三方物流服务。目前，对第三方物流行业发展驱动较强和需求较大的行业一般为电子电器、办公（生活）用品、汽车、保健品、电信等行业。与此同时，在零售和快件小包裹等行业，第三方物流的影响最大；在医药、国防、公共能源等行业，第三方物流利润空间大；航空业、快速消费品等与第三方物流的亲和性最好。

甲方企业在与第三方物流企业合作的过程中，也越来越关注其服务质量，如图 10-1 所示。更关注价格的企业，原因大多只有一个：企业的成本压力很大，成本控制要求高。而更关注服务的企业，则认为在成本控制的目标下，物流服务的时效、安全等因素更加重要，这不仅关乎最终客户的满意度，更会提升企业的形象与业务。

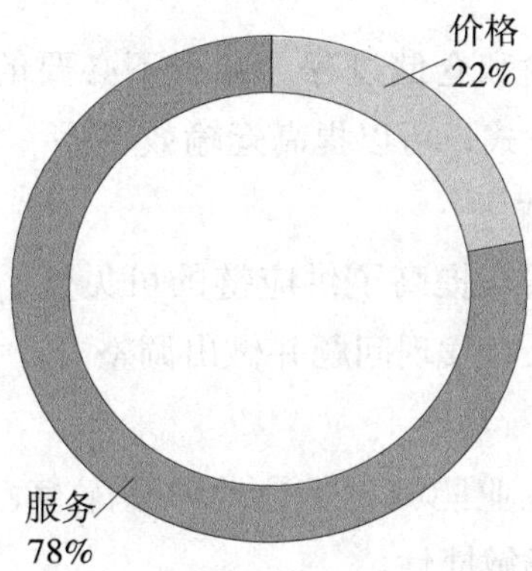

图 10-1 甲方企业与第三方物流合作过程中的考虑因素

企业为了提升其主营业务，需要更灵活的服务保障、更高的物流服务水准。毋庸置疑，第三方物流企业可以提供更专业化、系统化和信息化的物流配送管理，但在其与企业合作的过程中也存在大量的风险。近年来，国内物流行业一直处于快速发展的阶段，但国内很多物流企业在管理和业务的运营上还是原地踏步，存在着各种各样的问题。特别是部分物流企业重生产、轻管理，对内部管理一直放任自流，缺乏改革的精神，只关注企业能否维持住利润来源。殊不知，不思进取的管理模式，已使企业处于被淘汰的边缘。

2. 物流配送对供应链的作用和意义

物流配送是供应链的重要组成部分，它涉及多个环节，每个环节都对整体供应链的运作产生重要影响。一般来说，物流配送涉及采购和供应计划、订单处理、仓储管理、运输规划、包装、信息管理和跟踪、“最后一公里” 配送、售后服务等方面。这些环节共同构成了物流配送在供应链中的全过程，有效地协调和管理这些环节对于确保供应链的顺畅运作至关重要。具体而言，物流配送对供应链的作用和意义有如下几个方面。

（1）实现产品流动

物流配送是指产品从制造地点运送到销售地点或最终用户手中的过程。它确保了供应链中产品的流通和可及性。

（2）降低库存成本

及时的物流配送可以减少仓库中的库存量。这有助于降低库存持有成本，减轻企业的资金压力。

（3）提高服务水平

物流配送的及时性和准确性直接影响客户的满意度。高效的物流能够确保产品按时到达，提高服务水平，增强客户忠诚度。

（4）优化运输和仓储

物流配送有助于优化运输和仓储过程，减少不必要的运输和仓储成本。通过合理规划路线、选择合适的运输方式，可以提高运输效率。

（5）提高供应链的可见性

物流配送的监控和信息共享提高了供应链的可见性。这意味着企业可以更好地了解整个供应链的运作情况，及时发现问题并做出调整。

（6）快速响应市场需求

通过高效的物流配送，企业能够更迅速地调整库存、生产和配送计划，以适应市场需求的变化，从而提高市场敏捷性。

（7）降低损耗和风险

有效的物流配送可以减少产品在运输过程中的损耗，并降低各种潜在的风险，如过期、损坏等。

综合来看，物流配送在供应链中扮演了连接生产和消费环节的关键角色，通过优化流程和提高效率，可以提高供应链整体的效率，对于企业的竞争力和长期发展至关重要。

10.1.2 第三方物流企业的风险

1. 管理模式陈旧和急功近利的管理心态

由于发展时间较短，国内物流行业尚不成熟，很多物流企业常常缺乏现代的管理思维。很多物流企业低估了自身在供应链中的重要性，容易安于现状、故步自封；有些企业的管理方式十分陈旧，以家庭作坊式的管理为主，缺乏系统化的管理流程。

部分物流企业在处理客户的物流订单时，将短期利润作为业绩考核指标，而不是以服务为导向。在这种情况下，多数物流企业只会关注扩大企业规模、拿到更多的客户订单、获取更多收入。这种追逐快速短期利益的心态，企业很容易产生敷衍的态度，只顾着拿到更多订单，而忽视最重要的物流服务水准。

这种管理心态和管理模式，也会使企业错失很多精进为专业化管理模式的机会；物流企业不能真正高质量地履行配送过程中的责任，客户也会逐渐丧失信心，企业最终在面对复杂、精准的配送需求时毫无竞争力。

2. 人员管理问题

物流行业从早期的发展到现在，虽然功能越来越集成化、专业化、多样化，但很多人对其概念始终停留在“送个货而已，很简单”的阶段。

某些物流公司的管理者人才管理意识淡薄，未曾意识到人才的重要性。最终导致人员管理过程中出现各种问题。例如，企业在招聘过程中，人才招聘标准的设立过低或过于模糊，人员没有经过严格筛选；员工管理工作又常常流于形式，不重视员工技能的提升，无法调动员工的积极性，只是片面、消极地管理……最终导致人员技能参差不齐、人员离职率高等负面情况。

3. 薪酬和绩效管理问题

物流行业的薪酬水平普遍较低，甚至还有不少物流企业没有完善的薪酬管理体系，管理层缺乏运用绩效工资等多样化的形式来刺激员工工作积极性的意识。

即使制定了绩效考核指标，这些指标也可能过于简单，对实践没有指导意义，反而成为桎梏。这就导致很多员工用心工作并取得一定成绩后，其薪酬待遇与其他员工难以形成差异。最终，员工的工作积极性无法提升，在日复一日的重复配送中陷入消极怠工的状态。长此以往，不仅影响企业整体的管理绩效，也使物流配送过程中事故频发，无法保障效率和准确性。

4. 业务运营风险

运营风险来源于物流企业缺乏严谨、科学的业务流程，如具体操作部门、操作人员不能严格按流程实施，或是实施不到位等。一般而言，运营风险主要分为仓储风险、配送风险及责任风险等。

（1）仓储风险

仓储是物流各环节的接合部分，是物料流通中的重要环节。

不同环节的转换，如零售与批发之间、销售与生产之间、采购与生产之间，都需要仓储。仓储是实现上下游流通的重要节点。

仓储的环境、库存的安排、货物摆放的次序、进出的检测放行等，都会影响配送的质量和效率。在实际操作中，很多物流企业为了节省成本，会选择价格低廉或不合规的民屋进行中转储存，温度和湿度都达不到标准，货物也随意摆放，这就有可能导致产品质量毁损甚至报废，并因送货次序混乱而频繁出错。

（2）配送风险

物料运转需要使用一定的转运设备，这里的转运设备可以理解为配送车辆、集装箱等转运装置。转运设备配置的合理性也会影响整个供应链物流配送的质量。

①转运设备的质量。有些物流企业会使用一些质量不过关或早已超过使用期限的转运设备，但在实务中，有些货品对配送条件有特殊要求，如恒温、恒湿、低温或冷冻等。一旦转运设备无法满足这些限定条件，就必然会影响配送质量，甚至造成货物损坏。

②转运空间的利用。在运输的过程中，如何合理地进行货物的叠加和摆放，是一门学问。从成本的角度讲，合理地利用好转运设备的空间能够有效节约物流成本；从

配送效率来看，不同货品从外观、体积到性能都会有差异，如何最大化利用转运设备的空间进行合理摆放，做到多种类货品不相互混淆，也是保证货物配送准确性的关键。

配送途中，若不能保证正确的运送条件，或者不能有效利用转运空间，都会导致货物质量损坏、货品配送错误或延迟到货等事故。

（3）责任风险

物流企业作为配送过程中的服务商，一方面要满足客户的要求，另一方面要与各分包商合作，所以会存在各种合同责任边界不清的风险。

物流行业多数是以甲方市场为主。不少物流企业缺乏现代化的精细管理，为了拿到客户的订单、招揽更多的生意，对客户提出来的一些要求和条款满口答应，却未能及时识别其中非自身应尽的责任和义务，导致了合作过程中的责任风险。

一般而言，客户会要求物流企业控制好存货与配送，做到在规定的时间内，将完好无损且数量无误的产品送到指定地点，甚至直接上架出售。此过程中，如果没有在合同中对责任和义务进行划分，就会有极大的风险。

10.1.3 甲方企业与物流企业间的合作风险

作为甲方企业，在与物流企业进行合作时，必须立足于自身利益，明确其中可能发生的风险情况，从而做好预防和规避，并提前建立相应的解决机制，避免企业利益受损。

1. 物流外包的决策风险

很多甲方企业过于依赖第三方物流，各种物流配送业务都选择外包。实际上，一个企业是否选择第三方物流、将企业的哪部分业务外包、外包多少业务、外包后企业业务应该怎样调整、第三方物流应该怎样选择等问题，都需要企业慎重决定。

企业关于物流外包业务的有效决策，对整个供应链上下游的管理都至关重要。企业进行决策时应当尽量全面，不仅要解决当下的问题，还要考虑长远发展。物流外包绝非为了解决眼下物流配送难点而采取的捷径，如果企业本身物流管理出现问题，那么只依赖第三方物流，并不能从根本上解决问题。

只有当企业解决了内部管理问题，并逐渐发展成熟后，才需要对部分物流业务进行分离。这时，就可以选择一个稳定、高效的第三方物流企业来实现降本增效的目的。

2. 信任危机

物流企业与甲方企业合作的过程中，双方的充分信任至关重要。在供应链中，物流企业起到承上启下的作用，无论是给供应商的配送货，还是给下游客户的配送货，都依赖于物流企业。双方的充分信任首先建立在配送规则的充分沟通和协商上，其次建立在有共同目标的基础上。尤其是在面对最终客户时，物流企业与甲方企业是并肩作战的，双方的充分信任决定着产品最终呈现在客户面前的状态，一荣俱荣、一损俱损。

3. 外包业务对内部管理的冲击

甲方企业将本企业的部分物流业务外包出去后，本企业内部组织构成也会随之改变。甲方企业有可能需要对人员、业务、管理层进行重组。

在重组的过程中，势必会带来一些组织机构、工作内容、工作权限上的变化，此时甲方企业需要防止变化带来的负面影响。

与此同时，在将部分物流业务外包出去后，甲方企业内部就会减少对该业务的关注，这就容易使管理层陷入惰性思维，认为此项业务不需要再花精力思考和创新。而这种思维模式会导致甲方企业过分依赖第三方物流，进而陷入被动局面；而之后的物流合作中，甲方企业也会丧失管理引导的能力，以及对风险管控的主动地位。

10.1.4 物流配送风险的防范

1. 企业内部的防范

在企业风险管理的体系里，企业要基于现有战略发展方向审视物流业务，将物流风险独立列项，找出与部门构建与职能规划相关的风险因素，并在企业内部流程管理中加以预防，在管理实施的过程中采取有针对性的管控措施。

同时，企业要重视物流运输过程中的风险和第三方物流的管理，加强对物流配送业务的规划，检查企业内部物流管控的风险隐患，加强对第三方物流各类风险的甄别，认真监督物流外包的各个环节。企业内部应配备专人来负责物流风险的分析和紧急事故的处理。

2. 慎重选择物流服务商

在选择物流服务商时，尽量选择资质优、信息化管理成熟的。物流服务商的选择必须建立在企业物流战略联盟的基础上，这是减少物流风险的首要条件，也是成功实施物流管理的关键。企业切忌因为片面的降本观点或者局限的送货思维，认为便宜的物流服务商才是好的选择。在考核物流服务商时，一定要从多个维度考核，物流服务商的服务水准和服务质量应该是首要评估因素。图 10-2 所示为常见的物流服务商考核维度。企业可根据自身需要，选择性地进行重点考核和管理。

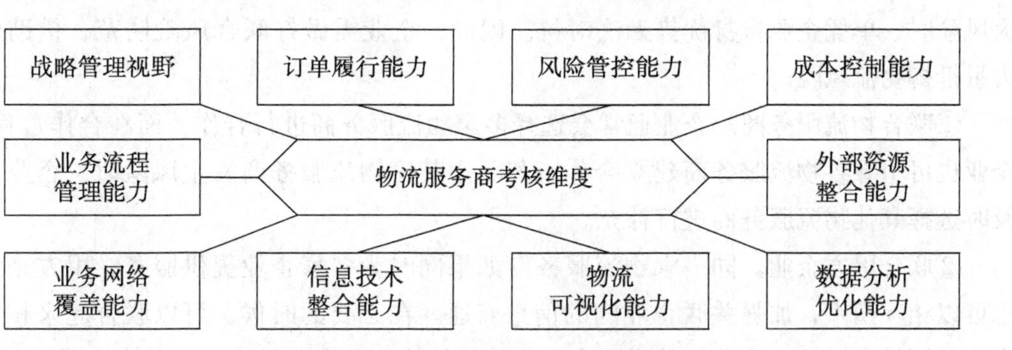

图 10-2 常见的物流服务商考核维度

近年来，物流服务商不仅参与企业的物流过程，也开始参与企业的业务过程。物流服务商除了可以提高配送效率外，还可以降低物流成本、提高服务水平、提升竞争力、合理利用社会资源等。物流服务商扮演着越来越重要、可以充当企业左膀右臂的角色，这也得到很多企业的认可。所以慎重地选择物流服务商至关重要。

3. 把握好物流业务外包的尺度

物流业务是多方面的，既有运输、仓储这样的基础业务，也有包装、组装、产品退货管理、测试和维修等增值业务。对物流产业而言，物流外包有利于优化产业链，形成可观的物流服务需求。

然而，过多的外包业务，也可能导致企业失去产品物流管理的核心控制权，形成过于依赖物流服务商甚至对其失去管控的风险。与此同时，物流服务商自身运营过程中同样存在各种风险。企业在决策是否要对物流业务进行外包、哪些物流业务可以外包时，一定要把握好尺度，做好权衡。

从企业战略的角度出发，依据不同区域和不同产品的配送需求，决策好哪些物流业务需要外包，外包的部分以什么样的方式与物流服务商进行合作。合理的外包决策可以帮助企业实现降本增效，但过多的外包则会带来失控的风险，企业决策者的心中需要有一把衡量的标尺。

4. 加强合同管理

企业需强化员工的法治观念，增强其合同管理的意识。在与物流服务商的合作中，对双方需要承担的义务和责任进行明确，并以合同的条文约束，避免模糊的管理地带。物流服务商也是供应商的一种，就如其他类型的供应商一样，所有合作模式的开端一定要以合同的签署开始，以建立一套健全的、权责一致的管理制度。合作过程中双方的行为必须遵守合同中的条款。

物流合同除了约束双方行为，避免钻空子外，也可以让双方在发生物流纠纷时有章可循，迅速解决问题，保障合作安全，减少风险。

5. 联合风险防范

物流业发展至今，因其业务经营的特性，有些风险是无法完全杜绝的。当面临重大风险时，单凭企业自身优势无法对抗。因此，企业需做好联合风险防范，借助外部力量抵御物流风险。

①联合物流服务商。企业通常会选择多家物流服务商进行合作，而在合作过程中，企业也可引导各物流服务商建立合作。若其中某家物流服务商发生风险时，企业可以及时选择其他物流服务商进行补充。

②联合甲方企业。同一家物流服务商如果同时为多家企业提供服务，甲方企业间也可以相互携手，加强关联企业间的信息互通。在必要的时候，可以联合起来相互助力，共同抵御风险。企业间的通力合作也是对抗第三方物流风险的一种有力手段。

③联合保险公司。在物流贸易的过程中，可以联合保险公司抵御风险，为在途的货品购买相应的保险。

常见的保险有物流责任保险，其含义是指被保险人在经营物流业务过程中，因不明原因造成的物流货物损失，依法应由被保险人承担赔偿责任的，由保险人根据保险合同的约定负责赔偿。物流责任保险可以为客户提供全面保障，是一种契合现代物流业发展的新型保险产品。保险的赔付可以在一定程度上减少企业的损失。

6. 风险的恰当转移

在物流管理中，常见的风险就是货物在运输的途中遭受各种意外毁损、灭失的危险，从成因来看，可以将之分为不可抗力和意外事件。

不可抗力是指不能预见、不能避免并不能克服的客观事故，主要包括两种情况。①自然原因引起的事故，如地震、台风、海啸、大雪、洪水等引起的事故。②社会原因引起的事故，如战争、武装冲突、骚乱、罢工等引起的事故，或因国家行为引起的事故，如政府禁运、国家作用、法令变化、检疫限制等引发的事故。

意外事件是指非买卖双方任何一方的非故意或过失，由买卖双方自身以外的原因所导致的，不能归责于任何一方，偶然发生的事故，如盗窃、火灾、污染、破碎、碰撞、触礁等。意外事件是一种偶然事件，与不可抗力相比，其不可预见性相对较弱。

对于各种不确定的运输风险，风险的划分和承担直接影响着买卖双方的权利和义务。

一般而言，如果风险发生时货物的风险没有从卖方转至买方，则货物因意外风险而遭受的损失由卖方承担，即使卖方已经托运交付货物，也不能以此为由要求免除其交货义务。反之，若风险发生时风险已由卖方移转至买方，则货物由于意外事件所遭受的损失就应由买方承担，买方不能以此意外风险事实为由拒绝支付货款，也不得因此而拒绝履行其他义务。

风险的转移时间是核心，各国法律、国际公约对风险转移时间界定的方式，主要以货物所有权是否转移为分界点。

无论是国际货物贸易，还是国内货物运转，企业必须明确风险何时发生转移。明确风险转移的主要目的是：确定风险由买卖双方哪一方承担。若风险未发生转移，卖方承担风险，买方不仅没有支付价款的义务，还有权利要求卖方承担违约责任；反之，若风险发生转移，买方承担风险，无论货物实际情况如何，买方必须支付价款。

总之，在日益变换的内外部环境中，企业和物流服务商的合作都会面临各种复杂的挑战或机遇。物流服务商在给企业带来更多效益的同时，也会给企业的管理带来更多的挑战和风险。第三方物流发展至今，其传统的管理模式已经不能解决很多新发的问题。因此，企业也应及时调整、适时革新，以便快速适应市场的经济环境。企业在强化内部管理的同时，也要注重物流服务商的培养和发展，主动引导和推动物流行业的改革和完善，反向促使物流服务商更好地配合客户和满足市场的需求。在磨合的过程中，双方都应保持敏感的风险意识，运用专业的管理手段，尽量杜绝各种物流配送过程中存在的风险，让企业间的合作和供应链的各种流转更顺畅。

10.2 供应链库存风险

10.2.1 产销脱节

库存问题涉及的范围大、对象多。从库存数量的角度来看，库存问题可分为存量管理问题和变量管理问题。从管理对象的角度来看，库存问题可分为仓库问题和库存逻辑控制问题。

在传统认知中，仓库的主要职责是收发货物，确保货物安全。随着物流运转提速、消费升级、科技发展等环境变化的出现，消费者对交付时效的期望越来越高。企业围绕成本控制和时效要求展开充分竞争，传统仓库管理模式面临极大的挑战。

分析表 10-1 可知，现代仓库与传统仓库相比，更适合今天的市场营销态势。从数学角度分析，销量与库存的关系近似正态分布，库存增加，销售机会增加，销量就可能增长。因此，无论仓库大小，只要库存结构合理，不产生积压，库存增加也属合理。但传统仓库“高库存支撑高销量”的粗放管理模式很容易给人“库存越多，销量越高”的错觉。当销量下滑时，“高库存、高脱销、高风险”的问题就会迅速显露，给企业带来灾难性后果。

表 10-1 现代仓库与传统仓库的对比

对比项目	传统仓库	现代仓库
场地功能	存货为主	快速周转
管理要求	按时、安全	准确、高效
业务特征	业务单一、品种少	业务多元化、品种多
成本特征	人工价格低、租金低	人工价格高、租金低
信息化程度	简单的进销存	精准库位库存、物联网
库存问题	库存品质、存货价值	库存信息、库存周转

此时，积压的库存需要更大的仓库，这导致成本进一步增加，影响资金周转，进而影响企业新品的投入和上市。在此状态下，企业起初会发现仓库问题越来越多，试图使用现场 6S 管理等措施降低库存水平。然而，不从源头找出库存积压的原因，只是做表面功夫，缺乏改善库存的逻辑控制，一段时间后，仓库会不断暴露出更多问题。例如，进仓的货迟迟不出，需要的货又迟迟未到；库存不减反增，业绩不增反减等。

在多品种、小批量、快节奏的市场趋势下，企业仅依靠预测进行库存管理并不准确，必须从操作层面和控制层面两个方面着手。

我国许多企业都是从改革开放初期发展起来的，其在创业初期，物资供不应求，企业按照宏观的货物流通特点形成了管理流程。彼时的库存管理模式很少因积压产生风险，做得更多的是品质检验、数量核对、安全保管的管理，缺乏风险预防和管控。随着市场的发展，由于社会产能过剩，消费升级，再加上产品快速迭代，企业稍有不慎就容易面临库存积压风险。

因此，新时期的库存变量管理不仅涉及企业对供应链上下游资源变化的判断，还涉及自身预测准确率、计划调整能力、可用资金限额采购等影响操作的因素。企业需要使用更系统、更全面、更专业的管理方法，将库存控制在合理水平，维持企业的正常经营。

市场变化越来越快，消费者希望自身的需求能得到快速满足，这导致交付周期越来越短，对库存操作与控制等方面的要求越来越高。很多企业一方面为发挥规模优势而降低成本，另一方面为快速交付而准备原材料或半成品库存，进行生产的提前准备。生产启动后，产能被占用，市场反馈真实需求，企业则必须面对预测结果。如果预测失误，提前生产的产品就无法满足真实需求，即使换线生产，企业也必须从物料筹备开始，无法立即完成。此时，企业的高水平库存像原本处于深水中的石头，随着水位下降而暴露无遗。

“高库存就是高成本。”当业绩增长掩盖不了库存风险时，高库存还将影响供货商、生产商、渠道商的正常合作关系。从2008年开始，传统服装企业暴露的“3年不生产都够穿的高水平库存”，正是对这一问题的真实写照。

即使完全以销定产，产销脱节也会导致库存增加。因此，为避免预测失误，很多企业的经营模式由“以产定销”转变为“按订单生产”，但日益增加的库存，依然彰显着订单的失真性。

事实上，订单往往还是另一种形式的预测。订单终究是由基层销售人员提报的，不可能做到完全客观、真实、准确。从主观方面看，销售人员的销售业绩考核指标构成复杂，他们在与经销商沟通时，会将回款及销售额作为沟通的主要内容，而在订单沟通方面付出的努力较少。从客观方面看，产品生产周期越来越短，市场变化越来越快，从下订单到订单需求被满足存在时间差，这就有可能造成产品到达时，市场对该产品的需求已经发生了变化的情况。

尽管企业试图将原来的生产推式供应链，改为接单后再生产的拉式供应链，但单纯依靠订单驱动依然无法解决库存问题，反而容易导致生产不均衡或成本增加。同时，在按订单生产的状况下，为防止因订单信息不准确而发生缺货等情况，生产部门、计划部门同样会根据历史数据提前生产部分产品。

由于基层销售人员获得的订单信息并不完全准确，其他部门根据订单信息所做的规划也就不准确。部门间信息不通畅、存在沟通壁垒，将使产销脱节情况越来越严重。

10.2.2 库存标准难确立

2019年12月，某生活百货电商企业面临库存问题。该企业的当期库存约为96万件，使用约2500m^{2}的立体仓库，当时预计2020年业绩会增加一倍。此时，按正常逻辑，该企业需要再增加库存，并扩大仓库。但是，根据事实分析和财务数据，该企业当前处于亏损状态，如果再增加库存，将产生非常大的开支。扩仓将导致企业经营成本增加，库存风险进一步增加，给企业的流动资金带来消极的影响；在更严重的情况下，可能导致成本增加，竞争力减弱，预期目标难以实现。

从仓库管理角度看，该企业的库存越来越多，订单量越来越大。如果不增加空间，货品缺乏空间存放，既影响操作效率，也会对库存的把控造成负面影响。从运营角度看，库存占用了很多资金，库存成本超过了9.8%，原本45%的毛利仍不足以使企业脱离亏损状态。

由于难以抉择，围绕不同方向的风险，企业内部争论了近两个月。最终，企业决定重新评估盈亏平衡点，并很快发现在市场同等竞争环境下，同类产品的库存周期应控制在45天以内。如果超过这个周期，虽然从批量采购的角度看能降低成本，但周转成本将远超企业的承受范围。如果将库存周期提制在45天内，则目前的资金与库存能够支撑企业实现一倍的利润增长。

归根结底，库存数量的增加，必然导致企业经营总成本的增加，而不合理的库存结构增加了企业经营的隐性成本。无论采用何种供应链模式，产品特点均会随市场需求的变化而变化，形成不同的产品生命周期。而具体的产品库存数量，与企业供应链的深度、行业供需速度及产品本身的价值有关。

从企业经营的战略角度看，企业必须找准盈亏平衡点。除了定价会决定利润空间外，资金周转是否正常也决定了企业是否能够持续盈利。在企业经营过程中，资金周转主要体现在先用资金买货，再将货卖出以获取资金。这一过程的效率只能通过库存管理效率衡量，并以账面资金来体现经营结果。

从宏观角度看，供需关系和价格变动的市场规律始终影响着产品的库存周期。从微观角度看，企业自身的库存策略也在调整库存的逻辑关系。在相同产品的经营过程中，不同企业选择的供应链模式不同，其库存标准就不一样。即便是同一家企业的同一款产品，在不同的产品生命周期阶段，其库存标准也不同。

库存标准是动态的，其影响因素既有市场供需与价格因素，也有供应链的组织能力因素。库存标准的设定既需要管理者拥有足够的专业能力，也需要其拥有掌控全局的魄力。库存管理的核心目标是将库存控制在合理水平，库存量过大或过小都会给企业经营带来负面影响。

10.2.3 库存风险成因

1. 库存结构不合理

部分企业对物料分类过于简单，没有通过科学的分类方式判断哪些物料是企业的重要物料，也没有对企业的重要物料进行重点管控，更没有判断哪些是企业产品生产进度受阻的主要瓶颈物料。

2. 产品需求预测不准确

大部分情况下，企业的销售预测由销售部门提供，供应链管理部门对销售预测情况进行分析，并判断物料需求，合理安排生产工作。但实际上部分企业的销售预测并不可靠，主要原因是销售部门出于业绩压力考虑，可能存在谎报销售数据的情况，造成订单扩大、库存积压的问题。

3. 库存订货策略简单

对于企业的重要物料需要进行实时分析，当库存显示减少时就需要立即订货。但是对于企业的次要物料，大部分企业没有建立完善的管控机制，导致次要物料的管理水平显著下降，企业也没有发现次要物料中可能存在影响企业生产的瓶颈。由于对次要物料的管理重视程度不足，影响了企业的交货周期，可能导致交货延迟，甚至客户不再信任企业。

4. 库存控制不善

部分企业由于存在库存管理不善的问题，导致库存周转期长，且由于对销量的预测不准确，可能会导致企业产生很多无法及时交付的订单，使企业产生高额的运输费用。

10.2.4 库存风险对供应链的影响

1. 库存变化影响资金流

企业库存会占用大量资金，库存的合理性与库存周转情况直接影响企业的资金流。物流、资金流和信息流共同构成完整的流通过程，且互相依存、密不可分，既是独立存在的单一个体，又是相互契合的组合。供应链是库存的逻辑关系，物流则是库存的物理关系。“转即赚”，将物流、资金流和信息流作为一个整体来对待，其会产生更大的能量，创造更大的经济效益。在供应链的正常运行过程中，各环节会遵守一定的市场交易或合同规则，但也会因为库存与价格波动，直接引起现金流的波动。企业的现金是有限的，当波动较大、库存占用资金的时间较长时，企业容易出现资金短缺或资金链断裂等问题。将库存控制在合理水平，企业不仅可以维持交付稳定和避免多余库存，还可以维护资金安全。企业资金流除了受到经营特征与行业交付规则的影响外，还会受供应链周期、库存周转率、呆滞库存等的影响。企业应使用合理的方法，降低库存风险，改善资金流。总之，设定合理的安全库存、维持一定的库存总金额和占用比例，对维持企业资金流的平稳非常重要。

2. 库存对总成本的影响

在供应链管理中，批量采购有利于降低成本，但容易导致库存成本的增加。批量生产虽能提升产能、分摊成本，但容易导致产能过剩、库存增加。为此，企业要从库存的角度控制总成本，既应控制库存数量与单价，也需要考虑库存周转成本。

库存管理对成本控制的重要性体现在供应链深度的设计上。供应链深度越深或层级越多，成本越有可能降低，但也越需要组织团队提供专业能力的支撑。如果企业重资产、多组织运营，更容易尾大不掉，使成本不减反增。

成本控制的价值在于其过程而非其结果。高库存同样会导致高成本，合理降低多余库存的过程即有效降低成本的过程。合理控制成本的首要步骤就是对库存及成本的构成形成正确而全面的认识。

库存按其有效性，可分为可用库存和不可用库存。可用库存是可随时用于生产或者交付的库存。不可用库存则是短时间内无法用于生产或交付的库存，如在途库存、生产线上的在制品、仓库中的呆滞库存和预留库存（为客户订单预留的，但还没有交货）。

库存按其存在形态，又可分为原材料、在制品、半成品、产成品、商品、残次品等。在不同形态下，库存的管理方式和目标不完全一样。例如，对原材料库存的管理强调生产计划准确、原材料计划及时、供应商交货快速且稳定。降低原材料库存水平，也应从这些方面入手。

对在制品或半成品库存的控制，需要通过制定合理的生产线工作节拍，使物料在生产线上连续而均匀地流动，并减少在制品在生产线上的等待时间，合理布置生产线的位置，缩短物料在生产过程中的转移距离等措施来实现。

产品分为一般功能型产品和创新体验型产品。其中，一般功能型产品的库存控制主要在于安全库存和订货补货策略的制定，以缩短供应链周期，减少订货补货成本和总库存量。创新体验型产品的库存管理则侧重于零库存和研发过程中的成本控制。

物美价廉是普通消费者永远不变的追求目标，企业对库存总成本的控制贯穿库存管理的全过程。库存总成本包括获取成本和持有成本，企业对这些成本进行有效控制，可以提升产品竞争力。

3. 产品合格率对安全库存的影响

好品质是生产出来的。原材料库存能保证生产的有序性和持续性，提高品质的稳定性。成品库存正常的品质管控，结合物流的合理配合，为品控管理提供了充足的时间，有效保障了交付产品的合格率。

良好的产品品质不仅能满足消费者的需求，而且是体现企业库存控制能力的关键指标。如果产品品质不稳定，企业就应提高合格品的库存数量，保证正常的生产或交付。同样，不合格的产品库存会增加库存占用资金或处理不合格产品的运营成本。企业提升品质管理能力，也是在提高库存管理精度。

提高产品质量能降低安全库存标准，增强库存有效性。库存管理是为了追求更高的经济价值，除了检验产品本身的价值，企业通过提高库存品质管理要求，也能提升订单交付能力与客户满意度。

10.2.5　库存风险的防范

1. 基于 ABC 分类法的库存优化方案

第一，对传统 ABC 分类法进行调整。传统 ABC 分类法根据企业物料需求频率对不同物料进行分类管理。A 类物料需求频率最高，B 类物料需求频率中等，C 类物料需求频率最低。还有一种方法是按库存金额进行分类，对不同物料库存金额的占比进行排序，A 类物料库存金额占比较高，B 类物料库存金额占比中等，C 类物料库存金额占比最低。不同的分类方式下，ABC 三类物料的分类结果可能会存在较大的差异，导致差异的原因一方面是部分产品虽然单价不高，但是年度需求频率极高，将年度总需求数合并会导致总金额提高；另一方面是如果按照库存的金额进行分类，每类产品的库存金额是静态数据，很难准确反映产品需求量的变化。

第二，采用多因素分析法对 ABC 分类法进行优化。随着传统 ABC 分类法在实际应用中存在的问题被越来越多的企业认识，单一的分类法难以体现企业对各类物料的需求情况。对此，在库存管理中需要充分分析各类影响库存的因素，如物料供应、交货周期、物料订购频率等。因为在现实管理过程中，部分物料订货周期较短，可以很快到货，能够立刻满足订单的需求，这类物料就不一定是关键物料。部分物料库存量较少，金额占比较低，但是这类物料具有特殊性，订货周期较长，一旦缺货将给企业的正常生产带来较大影响，因此就需要特别关注。对此，需要通过多种因素的分析，确定最佳的物料分类方式，可以建立多因素的 ABC 分类法，考虑需求量、订货周期、物料关键性、重要性等方面的因素。例如，对部分金额占比虽然很低，但是需求频率高的物料，在生产每件产品中都是必不可少的，就需要将其划分为 A 类物料。

在多因素 ABC 分类法下，分类依据主要包括以下几点：一是要按照需求频率进行分类，以物料的需求为依据进行管理。本书认为 A 类物料的使用频率应该为 80%或以上，B 类物料的使用频率应该为 30%~80%，C 类物料的使用频率应该在 30%以下。二是要对供应的风险进行分类，供应风险涉及供应保障能力等多个方面。采购中断可能给企业的经营效益造成显著的影响，这类产品的供应过程较为复杂。例如，公司部分重要材料本来可以确定交付周期，但是由于外部环境的变化，可能会导致订单周期变长，这部分物料就需要重点管理，不仅要和供应商做好充分沟通，还需要应对突发事件带来的影响。三是要对物料的成本单价进行分类，把全年使用的物料成本单价进行统计后，将成本单价进行排序，结合需求频次将物料进行分类，能够更加直观地观察不同物料的成本，及时了解库存金额，控制库存金额较大可能导致的风险。

第三，对物料进行具体分类。首先，不同企业对呆滞库存有不同的定义，一般而言，库存超过半年未使用的物料，就严重限制了库存周转率，占用了大量的储存空间，应该进行系统性清理；其次，不同企业在开展 ABC 分类的过程中，要根据实际情况判断根据哪些因素进行分类，判断公司是否存在瓶颈物料，即判断哪种物料短缺或管理不当会给企业的交货周期带来较大影响，并对这类物料重点管理。

2. 需求预测的优化方案设计与实施

需求预测是对企业未来一段时间内业务情况进行预测，预测企业的订单数量，为库存控制提供参考。对企业而言，不同的因素有可能影响预测的准确性，这就要求企业将各类可能的情况都充分考虑进去，合理分析未来的订单情况。同时，企业要注意避免销售人员在面临业绩压力时做出虚假申报影响企业信息真实性的问题。因此，本书认为可以按照企业的实际情况，结合各类可能存在的影响因素进行预测。一方面，企业要做好内部管理，根据内部历史数据加强分析，避免主观因素带来的影响；另一方面，企业的外部因素无法控制，要求企业积极收集外部市场行情等方面的因素，并对库存做出合理的预测。

企业需要加强以下两个方面的工作。

第一，对销售预测的准确性要不断提高，且要认识到库存管理不善或应收账款管理不善可能给企业带来的损失。对此，企业有必要将销售预测作为考核的重要指标之一，在销售预测申报时要求销售部门结合实际情况进行申报，避免库存增加的问题，并以此作为相关人员的考核指标。同时，对供应链部门也需要调整库存结构，如做好战略物料的订购，对于战略物料需要重点管理。

第二，供应链部门对需求预测采用合理的方法评估。供应链部门要加强对物料需求的分析，并判断未来对物料的需求情况。供应链部门在根据销售部门给出的预测分析后，结合自身的分析进行对比，对物料的需求预测进行进一步调整与优化。

3. 订货策略优化方案的设计与实施

企业要明确订货策略管理的核心环节，重视对瓶颈物料、战略物料的管理，在对重要物料进行预测后，优化订货策略。

第一，优化战略物料的管理策略。企业要分析战略物料的内容，战略物料通常存在需求频次高、需求量大、订货风险高、交货周期长的情况，这类物料是企业必不可少的物料，若缺少将导致企业的订单无法完成。企业要计算战略物料需要提前多久订购，分析从订单下达到物料达到企业的时间。同时，企业要确定未来一段时间内的战略物料需求情况，并将企业的需求提交至采购部门，在建立物料清单的基础上合理规划企业的产品需求，并利用邮件等形式向供应商进行物料订购。供应链部门的员工要根据实际情况及历史状况对订货做出合理安排，依照经验在尽可能使库存最小化的同时避免订单提交不及时带来的损失。

第二，明确瓶颈物料的管理策略。瓶颈物料的产品单价低、供应风险大，一旦出现问题将影响企业的订单交货。企业要明确订货点，在分析企业的订货周期的前提下判断在哪些时间点订货。

4. **供应链可见性**

供应链可见性是指企业能够清晰、透明地掌握整个供应链过程中的实时信息和数据的程度。这种可见性使企业能够追踪、监控和理解供应链中各个环节的运作情况，从而更有效地做出决策并应对潜在的问题。

供应链可见性体现在：企业能够在实时或接近实时的基础上监控供应链中的各个环节，包括采购、生产、物流、仓储等。不同部门和合作伙伴之间共享关键信息，确保整个供应链中的各个参与方都具有相同的数据。及时发现潜在问题并向相关方发出预警通知，以便能够迅速做出反应和调整计划。实时追踪库存水平，避免过多或过少的库存，确保产品能够按时交付。通过实现供应链可见性，企业能够更好地应对不确定性，提高运营效率，降低库存成本，并增强对供应链的整体控制力。在面对快速变化的市场环境和复杂的全球供应链时，供应链可见性显得尤为重要。

供应链可见性与库存风险之间存在密切关联，供应链可见性可以帮助企业更好地防范和管理库存风险。以下是二者之间的关系以及如何利用供应链可见性防范库存风险。

第一，通过供应链可见性，企业能够实时监控整个供应链，包括供应商、制造商、物流和零售商等各个环节。及时发现供应链中的问题，如供应延迟、生产故障或运输问题，有助于减少库存风险。

第二，供应链可见性使企业能够更好地了解市场需求和产品销售趋势，从而提高需求预测的准确性。准确的需求预测有助于避免过多或过少的库存，降低库存风险。

第三，供应链可见性促进不同部门和供应链合作伙伴之间的信息共享和协同，各方能够更好地协调生产、采购和物流活动，降低库存风险。

第四，通过实时监控供应链和需求情况，企业可以更精确地确定安全库存水平，避免过度依赖安全库存，从而减少库存持有成本。基于供应链可见性的数据分析，企业可以优化库存管理策略，包括采用先进技术、精细化的预测模型和灵活的供应链规划，以最小化库存风险。

5. **定期盘点和审计**

定期盘点和审计是管理库存风险不可或缺的一部分，它们对于库存风险防范有以下重要帮助。

第一，确保准确性，优化库存水平。定期盘点和审计有助于验证实际库存与记录库存之间的差异。通过比对实际数量和系统记录，可以发现潜在的误差，确保库存数据的准确性。通过定期盘点和审计，企业能够更准确地了解库存需求和实际销售情况。这有助于优化库存水平，避免过多或过少的库存，降低库存风险。

第二，防止过期和损坏，确保货品质量。定期盘点能够及时发现过期或损坏的产品。这有助于防止过期产品滞留在仓库中，降低库存风险，同时减少损坏产品产生的损失。

第三，提高管理透明度，提升合规性和法规遵从。定期盘点和审计提高了对整个库存管理过程的透明度。这有助于管理层更好地了解库存状况，制定更有效的库存管理策略。定期审计有助于确保企业库存管理的合规性，这对于避免潜在的法律和合规风险至关重要。

第四，发现系统问题，降低盗窃风险。定期审计有助于发现与库存管理系统相关的问题，如系统漏洞、数据错误或技术故障。及时解决这些问题有助于提高系统的可靠性和准确性。定期的物料盘点和审计有助于发现潜在的盗窃行为。通过与记录对比，可以快速识别丢失的库存，防范潜在的盗窃风险。

6. 采用先进技术

防范和化解供应链库存风险，应当拥抱新科技新技术，利用最新、最安全的技术手段，提高库存管理的效率和准确性。物联网（IoT）技术可以通过传感器和连接设备实时监测库存的状态，这包括温度、湿度、位置等信息，有助于及时发现可能导致库存损失的问题，如货物损坏或过期。大数据分析可以处理和分析大规模的库存数据，发现潜在的趋势、模式和异常。通过深入分析库存数据，企业能够更好地理解需求、优化库存水平，并提前识别潜在的库存风险。人工智能（AI）和机器学习（ML）技术可以用于需求预测、库存优化和异常检测。它们能够自动学习和适应变化，提高库存管理的精确性，并及时发现潜在的问题。区块链在供应链中的应用可以增加数据的透明性和安全性。通过区块链，供应链的参与方可以共享实时的交易和库存数据，减少错误和欺诈的风险。无人机和无人车辆可以用于快速的库存盘点和实时监测。它们可以在仓库中或运输过程中进行自动化的库存管理，减少人为差错，提高效率。射频识别技术可以用于实时跟踪库存的位置和状态。通过在产品或包装上嵌入 RFID 标签，企业可以更精确地追踪库存的移动，减少丢失和误差。云计算提供了存储和处理大量数据的能力，使企业能够实时访问和分享库存信息。这有助于提高供应链的可见性，降低信息滞后的风险。在仓库和物流环境中使用可穿戴技术，如智能眼镜或手持设备，可以提高工人的效率和准确性，降低人为错误的风险。

通过整合这些先进技术，企业可以建立更智能、敏捷和高效的库存管理系统，提高对潜在风险的感知和应对能力。这有助于降低库存风险，提高供应链的整体稳定性。

7. 多元化供应源

多元化供应源是一种采用多个不同供应商或来源的策略，有助于防范和化解供应链库存风险。多元化供应源在应对库存风险方面的作用体现在以下几个方面。

①依赖单一供应商可能会面临因其供应链中断而导致的库存短缺。通过多元化供应源，企业可以降低对单一供应商的依赖性，减少由于某个供应商问题而引发的库存风险。

②多元化供应源可以涵盖不同地理区域的供应商。这有助于分散地理风险，避免因特定地区的自然灾害、政治动荡或运输中断而导致的库存问题。

③在面对突发事件（如疫情、自然灾害、贸易战等）时，多元化供应源能够提供更有弹性的供应链结构。企业可以迅速转向其他供应商，减缓潜在的库存风险。

④多元化供应源提高了供应链的灵活性。在市场需求变化或新的机会出现时，企业可以更灵活地调整供应链策略，避免过度依赖某一种供应模式。

⑤确保供应商的质量和稳定性。与多个供应商建立合作关系意味着企业可以更灵活地选择质量高、稳定可靠的供应商。这有助于确保供应链中的产品质量和稳定性。

⑥确保更好的谈判地位。拥有多个供应商可以增加企业在谈判中的议价能力。更有利于企业谈判价格、交货条件和其他合同条款，降低成本并提高利润。

⑦多元化供应源有助于更好地应对供应链中断。当某个供应链环节受到影响时，其他供应源可以弥补短缺，减轻潜在的库存压力。

总体而言，多元化供应源是一种综合性的风险管理策略，有助于提高供应链的抗风险能力，确保业务的稳定性和持续性。

10.3 产能过剩风险

10.3.1 产能过剩的概念

产能过剩这一概念，从字面上很容易理解，就是指产能供给大于需求，供给能力存在一定闲置。就企业层面而言，有学者认为垄断竞争导致平均成本线高于边际成本线，从而使企业产品供给能力大于均衡价格下的市场需求，表现出持续性产能过剩状态。企业产能过剩的原因，可以分为非战略性因素和战略性因素两类。一般而言，已经达到利润最大化的企业，保有过剩产能的目的属于非战略性因素，经济的周期性波动导致市场对企业产品的需求发生变化，企业可以通过持有一定的过剩产能保证生产更具弹性，即使经济不景气也不需要调整生产规模和投入要素，避免了频繁的成本调整。企业具有过剩产能，一方面可以通过扩大产能或者降低价格使潜在进入者退却，使其进入后无利可图，进而保证自身的市场垄断地位，另一方面随着市场需求的上升，企业的早期投资可以阻止现有竞争对手扩大规模，从而获取更大的市场份额和利润。

10.3.2 产能过剩的测度方法

1. 成本函数法

成本函数法的基本观点认为，企业在短期面临要素组合约束，因此短期产出可能与长期均衡产出不同。在长期，生产要素可以调整，企业在一定技术约束下，可以用最佳要素组合达到最优产出规模。但在短期，某些特定生产要素无法调整，实际产出必然有别于最优产出，此时实际产出依赖于资本存量水平。由于一定时期内可变投入量（如劳动力、原材料等）与标准固定投入量（如固定资产）的比率是相对固定的，因此可以先通过成本函数估算出这一比率，然后用可变投入量乘以该比率，得出标准固定投入量，进而求得产能利用率或资本设备利用率。成本函数法能够将生产过程中消耗的各种要素投入进行综合考察，因此受到许多研究人员的青睐。

2. 峰值法

该方法是对过峰趋势技术的扩展，两者虽然具有相同的产能界定，但峰值法采用的计算技术更为复杂且适用于小样本数据，包含的经济意义和假定条件也更符合实际情况。峰值法有两个基本假设条件：一是要素投入与产出存在直接关系，可以通过计量方法估算两者之间的关系式，由此得出每单位投入要素的“要素产出率”；二是要素产出率的峰值点为短期内最大产出，即产能利用率为100%，而非峰值点产能所对应的要素产出率，是相邻两个峰值点要素产出率变化的函数。峰值法是当前测算产能利用率常用的方法之一，主要原因就在于该方法操作简单且对数据要求不高，只需知道要素的投入和产出时间序列数据即可。但要强调的是，峰值法假定在相邻的两个峰值时间段内，技术变化是导致产能利用率不同的主要因素。而在实际生产中，短期产能利用率主要取决于资产规模及资产使用率，技术因素则更多体现在生产效率提高而非产能利用率上。

10.3.3 产能过剩的危害

供大于求有两种状态：一种是供给略大于需求，这是比较正常的状态；另一种是总供给不正常地超过总需求的状态，这就是过剩状态。业界认为开工率、利用率在75%以下为严重过剩，而我国钢铁、铝业、水泥、煤化工、平板玻璃、造船、风电设备、光伏电池、多晶硅等多个行业开工率不足75%，光伏电池工厂开工率甚至为57%，多晶硅工厂的开工率只有35%。

产能过剩给供应链带来一系列危害和负面影响，主要有以下几个方面。

1. 库存积压

过剩的产能最显而易见的是导致生产的产品数量大于市场需求，从而造成库存积压。大量的滞销库存会增加仓储成本，降低资金周转率，并可能导致产品贬值。这样会带来资源浪费，因此淘汰落后能力，化解过剩能力，是我国接下来产业结构调整的一个重要工作。

2. 价格、利润下降

产能过剩通常伴随着激烈的价格竞争，企业可能被迫降低产品价格以促进销售。这可能降低整个市场的产品价格水平，影响企业的盈利能力。由于价格下跌和库存积压，企业可能面临利润下降的风险。较低的销售价格和高成本库存的存在可能对企业的盈利能力产生负面影响。当前，我国部分地区的产业盲目扩大生产规模，重复建设严重，产量急剧增长，企业间为了争夺有限的市场必然开展激烈的竞争，采取惨烈的价格战，其结果必然导致价格持续下降，削弱企业利润。

3. 供应链中断

产能过剩可能导致供应链中断，因为生产线无法持续运作。这可能导致供应商关停或减少生产，影响整个供应链的正常运作。长期的产能过剩会导致竞争激烈，一些企业可能无法承受市场的竞争压力而倒闭。这对整个供应链会产生负面影响，可能导致供应链中断和市场动荡。

4. 资金压力

产能过剩可能导致企业资金周转困难，因为大量资金被库存占用。这可能使企业面临应付账款和其他财务责任的压力，造成产能过剩行业整体信用风险管控压力加大。

5. 减少创新和投资

长期的产能过剩可能导致企业陷入谨慎模式，减少对新技术、新产品和市场创新的投资，阻碍了供应链的长期发展和竞争力。近年来，各地行业投资持续过快增长，导致产能扩张速度远远大于需求扩张速度，投资增长与消费增长严重失衡，各地区偏重于 GDP 经济总量的增长，再加上不重视生产技术的引入，只是简单重复大量生产，成本较高，产品质量较差，经济增长后劲不足。

10.3.4 产能过剩风险的防范措施

总体而言，产能过剩给供应链带来的危害主要包括库存问题、价格下跌、利润下降、资金压力、供应链中断及对企业创新和投资的负面影响。因此，供应链管理者需要密切关注市场需求，灵活调整产能，以避免潜在的危害。针对产能过剩的问题，可从以下方面采取措施进行防范化解。

1. 做好市场调研和需求预测

进行深入的市场调研，了解目标市场的消费者行为、竞争格局和趋势。利用市场调查、消费者反馈和数据分析工具，构建准确的需求预测模型。定期更新市场调研，以适应市场变化，确保企业能够敏锐地捕捉到潜在的需求波动。

2. 建立灵活的供应链

与供应商建立战略性合作伙伴关系，共同制订灵活的供应链计划。借助先进技术，如物联网和大数据分析，实现供应链的实时监控和调整。实施供应链可变性的策略，能够快速适应市场需求的变化，避免产能过剩。

3. 定期评估产能

企业应建立有效的产能评估机制，结合市场数据、销售趋势和竞争状况进行综合分析。通过定期的内部审计和外部咨询，评估产能与需求之间的平衡，及时调整产能规划。考虑未来的扩张计划和市场趋势，以便更好地预测长期产能需求。

4. 多元化产品线

企业不能仅依赖单一产品，应通过开发多元化的产品线来满足不同市场和客户的需求。引入有差异化的特性和附加值的产品，以提高产品的竞争力。持续进行市场研究，了解潜在的新产品机会，保持产品线的多样性和创新性。

5. 合理库存管理

企业应制定有效的库存管理策略，包括安全库存水平的设定和定期的库存审计等。利用先进的库存管理系统，实时追踪库存状态，确保库存水平与实际需求保持一致。通过与供应商建立合作关系，实现库存的共享，减少库存积压的风险。

6. 及时调整产能

企业应设立灵活的生产计划和调整机制，迅速适应市场需求的变化。建立敏感的生产指标，如销售速度、市场份额等，用以触发产能调整的决策。实行敏捷制造原则，缩短生产周期，减少库存积压的可能性。

7. 加强与供应商的合作

企业应与供应商建立战略性伙伴关系，共同分享市场信息、销售预测和生产计划。制定双向沟通的机制，确保及时了解供应商的产能、质量和交货能力。实施多元化的供应商策略，确保在某个供应商出现问题时有备用方案。

8. 创新和差异化

企业应持续进行研发和创新，推出符合市场需求的新产品，保持竞争优势。不断提升产品质量和性能，以在市场中树立品牌形象和口碑。与研究机构和行业专家合作，共同探索新技术和市场趋势。

9. 建立风险管理机制

企业应建立全面的风险管理机制，这里的风险包括市场风险、供应链中断风险和财务风险等。制定应对产能过剩带来的风险的详细预案，包括紧急调整产能、灵活采购和应对市场竞争的策略。建立监测和评估风险的系统，确保能够及时应对潜在的风险事件。

10. 与行业协会合作

企业应积极参与行业协会，获取行业动态和市场趋势的最新信息。参与行业研讨会和论坛，与同行企业分享经验，共同探讨应对产能过剩的最佳实践。与行业协会合作推动行业自律，共同维护供应链的健康发展。

10.4 信息风险

10.4.1 信息传递失真

现代企业的供应链都比较长，且越来越复杂。供应链的纵向和横向延长，使物流外包的范围越来越大。在从上游向下游传导的过程中，由于传导的机制过长或者细分的物流企业过多，甲方企业收集的物流信息容易发生极大程度的失真。

当信息流在供应链节点企业之间传递时，往往会发生信息失真，导致一些信息风险，对供应链实现其商业目标或成功实施其战略产生了负面影响，造成其运行效率低下。这种信息风险在供应链中导致“牛鞭效应”的产生。

“牛鞭效应”也称需求放大效应，是对需求信息在供应链中扭曲传递的一种形象描述。“牛鞭效应”表现为：当市场上一种商品的消费需求发生细微变动时，这种波动会沿着零售商、批发商、分销商直至制造商逆流而上，并逐级放大。在到达最终源头供应商时，其获得的需求信息和实际消费市场中的顾客需求信息发生了很大的偏差，需求信息严重扭曲或失真。这种需求的放大效应使上游供应商比下游供应商维持更高的库存水平，出现供应链不同步的现象，从而降低供应链效率。这种信息扭曲的放大作用在图形显示上很像是一根甩起的赶牛鞭，在末端的客户只要有轻微的抖动，传递到前端的供应商时就会引起很大的波动，“牛鞭效应”由此而来。

具体来说，信息传递中产生的供应链信息风险会导致供应链中企业库存过多、产品市场秩序紊乱、生产计划预测失误和投资浪费等问题。

1. 它会导致供应链中产生过多库存

研究表明，从产品离开生产商的生产线至其到达零售商的货架，产品的平均库存时间在100天以上。供应链中由于“牛鞭效应”产生扭曲的需求信息，使物流在供应链上游节点向下游节点转移过程中出现逐级缩小现象，导致每个成员都相应增加了库存，但这些库存并不能起到缓冲作用，却会造成生产资金的积压，随着市场需求不断变化而面临库存产品过时或退役的风险。

2. 它会扰乱产品市场秩序

信息传递中产生的信息风险使企业的市场化反应变慢，客户满意程度下降，从而造成收益减少。而且，当生产出来的产品相对过剩时，产品价格也会发生变化，这样也会反过来影响下游企业。

3. 它会误导生产计划预测

反应过度的生产预测，增加了生产计划的不确定性，节点企业如果没有足够库存或无法及时处理积压的订单，会损失信誉，进而丢失客户。各节点企业不得不频繁地修改生产计划，这无疑增加了补救措施的费用、加班费用及加快运输的费用等，进而导致企业生产成本和运输成本的上升。

4. 它会造成制造商投资浪费

信息传递中产生的信息失真给人们带来供求量增加的假象，导致制造商在设计企业生产能力时大于真实需求量。制造商盲目扩大生产规模，造成生产能力利用率不高，导致投资的浪费。

10.4.2 委托—代理关系引起的信息风险

委托—代理关系事实上就是居于信息优势与处于信息劣势的市场参加者之间的相互关系。这种关系发生的前提是信息不对称。简单地说，只要在建立或签订某种合同前后，市场参加者所掌握的信息不对称，这种经济关系都可以认定为委托—代理关系。掌握信息多（或具有相对的信息优势）的市场参加者称为代理人，掌握信息少（或处于信息劣势）的市场参加者称为委托人。由于信息不对称现象在经济活动中相当普遍，而许多经济合同都是在信息不对称条件下签订和执行的，所以经济活动中的许多经济关系都可以归结为委托—代理关系。因此，委托—代理理论主要研究委托人作为机制设计人如何设计一种激励契约以诱使代理人从自身利益出发选择对委托人最有利的行动，即委托人如何设计限制代理人私自行为的管理机制以及各种控制和激励机制。委托—代理关系引起的信息风险主要包括以下两种。

1. 供应链中的不利选择

为了增强核心竞争力，供应链中常常使用外包模式，即制造商将更多的精力集中于企业的核心能力上，而将企业不擅长的业务外包，交给更适合的企业代理生产，共同服务顾客。制造商在选择代理人时，由于不能完全鉴别代理人的实际情况，只能以市场平均质量水平标准出价，结果导致高质量的代理人退出市场，留在市场中继续交易的只是那些低品质的代理人。

2. 成员企业的道德风险

供应链在其一体化运作过程中一再强调在信息共享的基础上实现双赢，但在企业管理中认为各自企业的利益具有排他性，损害上下游企业的利益可为自己带来好处，加之战略联盟又缺乏有力的监督与控制机制，因而成员企业之间容易出现隐藏信息，在事后做出不利于对方的行为——道德风险。如签订契约后，因制造商无法观察到零售商的某些行为，零售商夸大需求量或降低服务质量等，都会损害制造商的利益，也会降低供应链的服务水准，而顾客的不满必然伴随利益的流失。

综上所述，信息风险主要包括信息传递中产生的信息风险和委托—代理关系引起的信息风险两个方面。

10.4.3 信息风险成因分析

供应链中广泛存在信息的时滞，使整个供应链系统对于最终市场上需求信息的微小波动产生衰减震荡或发散震荡，而逐级上传，使这种波动越来越大，这种波动实质上是供应链企业为了应付供应链的不确定性需求而产生的结果。供应链中的不确定性会导致许多问题，如货物的延迟到达、客户订单的取消、机器故障造成的缺货损失、市场需求的突然变化、技术的不确定性对成本的影响等。供应链的不确定性表现在两个方面。

1. 衔接的不确定性

衔接的不确定性集中表现在供应链上企业之间和企业内各部门之间缺乏信息共享，产生信息孤岛现象，人为地增加了企业之间的信息壁垒，企业内各部门之间和企业之间缺乏足够的交流和沟通。供应链中的信息是逐级传递的，上游供应链企业要根据下游供应链企业的需求信息做出生产或供应决策，如果缺乏信息资源共享，就不能让供应链中每个阶段的企业都使用顾客实际需求数据进行更加准确的预测，而是依赖前一阶段企业发出的订单来预测，从而增加了供应链管理中的信息风险，导致“牛鞭效应”。

2. 运作的不确定性

运作的不确定性集中表现在供应链企业之间信息共享程度差，企业内部缺乏有效的控制，分散的需求信息和复杂的供应链结构使供应链中各主体之间难以协调，供应链系统运作的稳定性变差，从而延长了信息的时滞，增加了订单传递过程中的波动。运作的不确定性使供应链上的存货数量急剧增加，而不断地增加存货又成为对抗不确定性最原始、最有效的方法。因此，有人形象地称“不确定性是库存之母”。供应链的各参与方通过不同程度地保有更多的库存以满足下游的需求，而这个库存同实际的需求相比会有很大的差距，这将导致供应链各参与方的作业效率低，不仅造成企业有限资源的浪费，也产生了需求信息传递中的信息风险。

而信息传递中的信息风险反映的就是由于这种不确定性，供应链上对信息的阶段性扭曲导致处于终端的生产商对供货信息的模糊接受。信息的模糊接受直接对供应链的整合优化产生不利影响：它造成批发商、零售商的订单和生产商产量峰值远远高于实际客户需求量，进而造成产品积压，占用资金，使整个供应链运作效率低下。供应链运作的企业越多，这种效应越明显，整个供应链的管理会变得十分复杂和困难。所以供应链中存在的需求不确定性导致了信息传递中的信息风险。

10.4.4 信息风险的防范措施

企业在供应链管理中，应当充分运用信息技术建立信息共享平台，以实现企业内外部信息的充分交流和共享，减少信息传递不对称或失真带来的管理风险。快速、高效的信息传递通道，可以保证信息交流的客观性，同时给风险的预处理提供大数据分析的空间。

信息化建设可以让高效的沟通变成现实。其中，高效的沟通应为广义上的理解，不仅包含企业内部上下游的有效沟通，还包含企业与外部合作伙伴（客户、供应商等）及外界相关方（政府、股东等）的有效沟通。

1. 企业外部信息化建设

企业在和供应商的信息沟通过程中，从供应商的准入到实绩管理，都可通过线上管理软件进行信息共享。同时，对于企业外部的合作伙伴，可适当开放某些接入端口，适量地在线上共享一些信息，以减少流通环节，减少双方电话或邮件沟通中的低效和信息失真，加快信息反馈的速度，提高协作的效率。针对风险管理的部分，有类似于供应商风险管理的线上管理系统，该系统可有针对性地对供应商的异常表现进行实时监控，并适时给出风险预警提示。

2. 企业内部信息化建设

企业内部管理也可以尽量通过线上管理软件进行操作。

例如，在生产经营过程中，企业可以通过 SAP（思爱普）和 ERP（企业资源计划）等信息管理软件实现生产计划的安排、采购订单的传达和生产状态等信息的衔接和共享，人事、财务、销售等部门也可以同频接入信息化管理的软件系统，以方便部门内和部门间不同层级人员的沟通和反馈，减少信息传递中的延误或失真风险，提高协作效率。

在大数据时代，信息化建设是实现数据的充分交流和积累的首要任务。企业可以利用大数据迅速发现事物变化的规律，以便提前防控。

例如，企业可以利用系统中的横向和纵向的数据积累，进行有针对性的分析汇总，从而快速产生各种所需的报表，如经营、财务、质量、供应商表现等报表。报表可以提示风险变化的规律、提升风险处理的速度，使企业面对风险时能够抢占先机。沃尔玛的供应链是典型的大型零售业主导型的供应链。

沃尔玛对信息技术和信息系统建设的高度重视，这是其成为商超零售领军人的重要保障，也是其对抗供应链风险的有效手段。基于信息化建设，一方面，顾客需求信息的变化可以高效反馈给沃尔玛，中间没有传递的失真；另一方面，沃尔玛也可在与供应商进行信息共享时实现无缝衔接，同时为供应商提供信息管理系统的软件支持等，从而稳固与供应链联盟合作的关系；再一方面，沃尔玛的物流系统也通过信息化的管理，形成优质的系统，实现高效率、高准确度的物流。

在企业内外部信息化系统建设的过程中，企业需要注意的是，不论是来自企业内部还是外部的相关信息，都必须以一定的数据格式和时间间隔进行确认、捕捉和传递，以保证企业员工能够准确、及时地获取相关信息。在此过程中，企业所有成员都要理解自己在信息化系统中所处的位置及相互的关系，必须保持与内外部群体，如客户、供应商、监管机构和股东等的有效沟通，必须认真对待赋予自己的职责。供应链风险管理中信息交互的完整、可靠与安全，是减少风险发生的重要保障。

10.5　供应链运营弹性建设

10.5.1　供应链运营弹性的概念

1. 供应链运营方式

在理解供应链运营弹性前，有必要明确供应链的具体运营方式。根据供应链内的主导力量可将供应链运营方式划分为推动式供应链（Push Supply Chain）和拉动式供应链（Pull Supply Chain）。推动式供应链的运营是以产品为中心，以生产制造商为推动源头。这种传统的推动式供应链管理以生产为中心，力图通过提高生产率、降低单件产品成本来获得利润。拉动式供应链管理的理念是以客户为中心，通过对市场和客户的实际需求以及对其需求的预测来拉动产品的生产和服务。因此，这种供应链管理被称为拉动式供应链管理。两种供应链运营方式如图 10-3 所示。

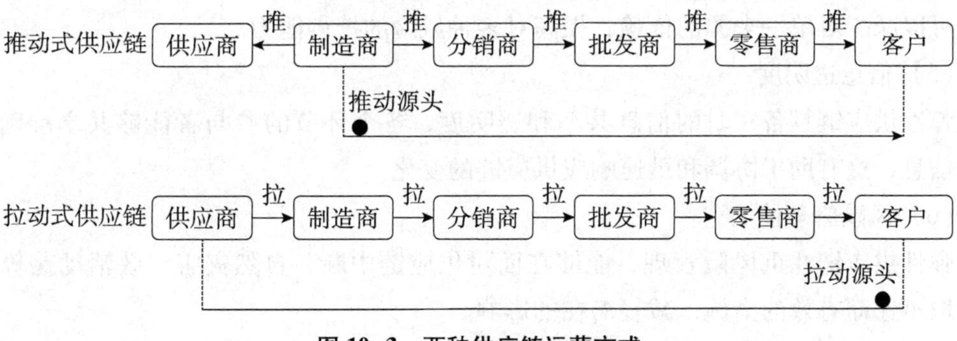

图 10-3　两种供应链运营方式

2. 供应链运营弹性

供应链运营弹性指的是供应链体系对外部和内部变化的适应性和灵活性，弹性供应链的概念强调了在不断变化的商业环境中，供应链的灵活性和适应性对于企业的成功至关重要。通过构建弹性供应链，企业能够更好地应对不确定性、降低风险、提高运营效率并保持竞争优势。弹性并不是一个新的概念，它一般指一个企业成功处理非预期事件的能力，这已经成为企业成功的关键因素之一。而一个具备弹性的供应链也会更加游刃有余地处理各种非预期事件和风险，并可以在风险发生后快速恢复至正常状态，或者通过风险的历练，进入更能与风险和平相处的状态。

10.5.2 弹性供应链的关键要素

供应链运营的弹性可以从两个维度进行衡量：一是从供应链自身具有的关键属性出发，可概括为供应链运营过程中应对内外变化的能力；二是从供应链管理的成熟度出发，供应链运营的弹性体现在供应链运营过程中运用相关能力的熟练度上。

1. 衡量供应链弹性的关键属性

（1）适应性

弹性供应链能够迅速调整自身结构和运营方式，以适应内外部环境的变化，包括市场需求的波动、新兴技术的应用、竞争格局的变化等。

（2）灵活性

弹性供应链具有灵活的生产能力和供应网络，能够快速变更生产计划、调整供应商关系，并且在供应链的各个环节中实现快速响应。

（3）可变性

弹性供应链能够处理供应链中各个环节的波动性，包括产能、库存、运输等。它可以在需求波峰期间扩大产能，而在市场需求下降时灵活缩减产能。

（4）多元化

弹性供应链通过多元化的策略，包括多个供应商、多个物流渠道和多元化的产品线，可以减少对单一来源的依赖，提高对多种风险的抵御能力。

（5）信息透明度

弹性供应链具备实时的信息共享和透明度，各个环节的参与者能够共享准确、及时的信息，这有助于协调和迅速响应供应链的变化。

（6）风险管理能力

弹性供应链注重风险管理，能够在面对供应链中断、自然灾害、政治动荡等风险时采取迅速而有效的措施，减轻潜在的影响。

（7）创新性

弹性供应链鼓励创新，包括新技术的应用、新的合作模式和新产品的开发。这有助于提升供应链的竞争力和适应力。

（8）快速响应能力

弹性供应链能够迅速做出决策并执行行动，以适应市场变化和突发事件。快速的响应能力有助于降低因变化而引起的库存问题和服务不足。

2. 供应链管理的成熟度

供应链运营过程中，除了基础的保障供应功能外，企业对供应商的管理深度、对外部优质资源获取的能力、对关键节点的控制能力、与市场环境的联动能力等，都体现了其管理的成熟度。供应链管理的成熟度会影响企业在风险面前的反应。如在前面的案例中，福特公司在面临关键供应商火灾所带来的停产风险时，其供应链纵向和横向的管理成熟度让其能够灵活调动资源，而不至于陷入被动状态。

供应链管理的成熟度与企业的供应链运营能力呈正相关关系，也是衡量供应链管理水平和能力的重要指标。可以从不同的角度对管理者、管理层次、管理对象进行综合的管理评价。简单来讲，供应链管理的成熟度可以分为初始级、一般级、精益级。

①初始级。供应链管理过程常处于混乱无序的状态，没有体系化的管理，仅依靠个人经验和能力来管理。能保障基本供应，但整体管理效率低下，资源浪费严重，且不能应对风险。

②一般级。有一定的管理规章制度和流程，在管理的过程中有章法可依，对于人员的能力和资质也有一定的要求，对供应商选择和管理的过程中有企业自身的要求。

③精益级。企业自身运营的过程中能够做到精益生产，没有过多的无用岗位。在与供应商合作的过程中，企业有完善且可量化的管理制度和流程，各节点间衔接良好，且一直处于持续改进的状态。同时有信息化的管理系统和合适的人才配备。

以上 3 种级别中，精益级能更好地应对风险，且效率更高。例如，IBM 就通过对领先企业的调查，总结出了在供应链演化及转变过程中的不同阶段，如表 10–2 所示。

表 10–2　　供应链演化及转变过程中的不同阶段

阶段描述	内容
静态供应链	业务无规范流程，人工干预多，信息处于部门内部对自身业务的事后记录阶段
职能卓越	部门内部规范化管理，信息在部门内共享
横向整合	企业各部门间流程规范，信息在企业内部共享
外部协同	企业与合作伙伴间商业流程规范，信息在企业与合作伙伴间共享
随需应变供应链	根据客户需求自动调整生产、采购和物流计划，业务流程标准化、协同化，信息共享使调整过程灵活、可控

成熟的供应链管理模式需要企业内外各环节一起努力，其重要内容主要包括以下几点。

①规范管理流程，减少人为主观因素的影响。

②精简不必要的岗位，减少流转节点间的摩擦。

③加强供应链管理中的信息化建设，实现内外的信息共享。

④对供应链管理人员严格筛选，保障实施中的公正。

⑤重视供应商合作伙伴的选择和管理，增加对供应商的管理深度，而不仅是保障供货的基础管理。

⑥加强企业与外部客户和市场的联系，根据客户的需求进行精益化生产，面对市场变化快速、准确反应。

供应链管理的成熟度并非一朝一夕就能铸就，需要企业在日复一日的管理过程中，保持开放的心态，加强与内外资源的合作和交流，并追求精益求精，不断反思、不断学习、不断改善，如此方能在循序渐进的过程中不断提升管理的成熟度。

例如，生产线上的设计布局应以精益化为主，减少非必需的周转时间和工序间的浪费时间；对瓶颈岗位和非瓶颈岗位进行合理安排，砍掉不必要的岗位；严格管控同一决策层中管理者的数量；保证上传下达的流转节点可以顺畅进行；在与供应商合作中，减少不必要的提前期，减少不必要的管理环节，保证计划的准确性等。

10.5.3 供应链运营缺乏弹性的危害

根据世界银行评估，与世界政治稳定排名靠后的国家相关的全球贸易份额逐年上升。企业越发依赖数字系统，也越来越容易受到网络攻击。相互关联的供应链和全球数据流、金融流和人员流加大了风险暴露“面”，而连锁反应可以迅速传遍整个网络。缺乏供应链运营弹性可能导致一系列危害和负面影响，影响企业的运营效率、客户满意度和竞争力。以下是缺乏供应链运营弹性可能带来的一些危害。

①不适应市场变化。缺乏弹性的供应链可能无法迅速适应市场的快速变化，包括需求波动、新竞争者的进入及新技术的应用。这可能导致库存积压、产品滞销或无法满足市场需求。在 2020 年年末和 2021 年年初，汽车行业面临全球芯片短缺。由于新冠疫情引起的生产中断和汽车市场复苏，一些汽车制造商未能迅速调整供应链，导致生产线停滞和订单延误。缺乏弹性的供应链未能及时应对芯片市场的波动。

②交货周期延长。缺乏弹性的供应链可能面临生产周期延长和交货周期增加的问题。这会影响客户的等待时间，降低客户满意度，甚至导致客户流失。

③高库存成本。供应链运营缺乏弹性可能导致过高的库存水平，因为无法及时调整产能来满足实际需求。高库存成本会影响资金周转率，增加资金压力。时尚零售业经常面临季节性需求波动，如节假日购物激增。一些零售商如果未能建立具有弹性的供应链，可能在高峰期面临库存不足或过剩的问题，影响销售和利润。

④供应链中断。在面临外部冲击时，缺乏弹性的供应链可能更容易发生中断。这可能是供应商问题、自然灾害、政治不稳定等原因引起的。中断会导致生产停滞、订单延误，影响整个供应链的正常运作。

⑤降低客户服务水平。供应链运营缺乏弹性可能导致无法及时交付产品或服务，从而降低客户服务水平。这可能导致客户投诉、退货和失去客户信任。自然灾害、供

应商问题等事件可能导致制造商的生产中断。一些公司如果未能实施弹性的供应链策略，可能面临长时间的生产停滞，影响订单交付和客户满意度。

⑥损害品牌声誉。供应链运营缺乏弹性可能导致产品供应不稳定、质量问题或无法满足客户期望。这会对企业品牌声誉造成损害，影响长期竞争力。例如，制药行业可能因为原材料短缺、生产问题或法规变化而面临药品短缺。缺乏弹性的供应链可能导致患者无法及时获得必需的药物，同时也会对制药公司的声誉和市场地位造成影响。

⑦过高的运营成本。缺乏弹性的供应链可能需要应对紧急情况，如空运产品或紧急采购原材料，会导致运营成本的急剧上升。食品和饮料行业经常面临原材料价格波动。一些公司由于未能建立弹性的供应链，对原材料价格的急剧上涨未能做出及时调整，导致成本增加和利润下降。

⑧失去竞争力。在竞争激烈的市场中，缺乏弹性的供应链可能无法应对竞争对手的灵活性和快速响应能力。这可能导致市场份额的流失，影响企业在市场上的地位。

⑨无法最大限度利用市场机会。缺乏弹性的供应链可能无法迅速利用市场机会，如新产品推出、突发需求增加等。这可能导致企业失去市场份额和潜在的利润机会。

⑩难以吸引供应链伙伴。供应链伙伴可能更倾向于与具有弹性和敏捷性的供应链合作。缺乏弹性的供应链难以建立有吸引力的合作伙伴关系，限制了合作伙伴的选择。

总体而言，供应链运营缺乏弹性可能导致企业在市场竞争中处于不利地位，增加了面临风险和挑战的概率。因此，建设具有弹性的供应链对于企业的长期成功至关重要。上述针对不同行业的例子强调了供应链运营缺乏弹性可能面临的挑战。企业需要认识到弹性对于供应链的重要性，并采取相应的策略和措施来增强供应链的适应性和灵活性。

10.5.4 建设弹性供应链的步骤和方法

打造一个具备弹性的供应链应当从多个维度入手，从风险评估、风险应对、风险补救等多个方面出发，建设弹性供应链。建设具有弹性的供应链是一个全面而策略性的过程。以下是一些关键步骤和方法，以确保供应链能够迅速适应变化、降低风险，提高整体运营效率。

1. 风险评估与规划

在供应链运营的前期阶段，企业应当分析供应链中的潜在风险，包括市场需求波动、自然灾害、供应商问题等。制订详细的风险评估计划，了解各种风险对供应链的潜在影响。根据评估结果，规划弹性供应链建设的重点和优先级。

2. 多元化供应源和供应商管理

企业应与多个供应商建立合作关系，降低对单一供应源的依赖性。定期评估和监控供应商的绩效，确保其符合质量和交货要求。在关键物资或零部件方面实施多元化策略，以减少供应链中的瓶颈。

3. 建立实时数据监控系统

企业应利用物联网和大数据分析技术建立实时数据监控系统，追踪供应链的各个环节。通过数据分析，及时发现潜在问题，预测需求变化，以便做出快速决策。

4. 库存管理与优化

企业应采用先进的库存管理系统，确保库存水平与实际需求保持平衡。实施准时制或类似的策略，以最小化库存积压，提高资金周转率。将库存分为不同等级，对不同等级的库存实施不同的管理策略，确保关键物资的及时供应。

5. 设计灵活性的供应链网络

灵活的供应链网络能够适应市场变化和帮助企业快速调整产能。企业应考虑建立多个物流中心，以缩短交货周期，提高服务水平。确保供应链中各个环节之间具有高度的协同性和协调性。

6. 培训与技能提升

人员的专业技能水平也是影响供应链弹性的重要一环，企业应当为供应链团队提供培训，使其具备灵活应对变化的技能和意识。强调团队合作和沟通，以促进信息共享和快速决策。持续提升团队对新技术和新方法的适应能力。

7. 制定灵活的生产和制造策略

企业应实施灵活的生产计划，能够在需求变化时迅速调整产能。推行敏捷制造原则，可以减少生产周期，提高生产效率。考虑采用定制化生产策略，以更好地满足个性化市场需求。

8. 建立紧密的合作伙伴关系

企业应与供应链中的关键合作伙伴建立紧密的合作关系，共享信息和资源。确保与物流服务提供商、供应商和其他合作伙伴之间的协同合作，以提高整体供应链效能。

9. 技术支持和创新

企业应利用先进技术，如人工智能、机器学习等，提升供应链的预测能力和决策效率。鼓励创新，探索新的技术和方法，以不断提高供应链的竞争力。

10. 建立应急计划和模拟演练

企业应制订详细的应急计划，包括各种突发事件的处理流程和决策机制。定期进行模拟演练，确保团队熟悉应对程序，提高对潜在风险的应对能力。

11. 生产流程的标准化

企业的生产标准应可以在全球范围内通用。企业的生产流程标准化使生产流程符合海内外客户的需求，且保持着稳定的水准。企业生产产品的模块化，可实现产品的自由切换。以上生产方式，可以提升企业在面临风险时的应变速度，使企业能够灵活调整生产线或者生产地。可以帮助企业在遇到突发情况时灵活转产、及时复工，保障供应链上下游的正常运转。

通过综合考虑上述因素，企业可以建设一个具有弹性的供应链，以更好地适应不断变化的市场环境，降低风险，提高客户满意度。

本章小结

本章介绍了几种常见的供应链运营风险，主要包括：物流配送风险、供应链库存风险、产能过剩风险和信息风险。其中物流配送风险包括第三方物流企业的风险、甲方企业与物流企业间的合作风险，应通过企业内部的防范、慎重选择物流服务商、把握好物流业务外包的尺度、加强合同管理、联合风险防范、风险的恰当转移来预防。产销脱节是供应链库存中主要存在的问题，其原因主要包括库存结构不合理、产品需求预测不准确、库存订货策略简单和库存控制不善。产能过剩也是供应链中存在的问题，可以通过成本函数法和峰值法来测度，产能过剩将导致行业产品供过于求，物价下跌，效益大幅下滑；产销率下降，库存增加，成本上升，经济增长动力不足；开工不足，资源闲置浪费，造成失业；银行不良资产增加，金融风险增大。供应链中的信息风险主要包括信息传递失真、委托—代理关系引起的信息风险。其成因主要是供应链成员之间衔接的不确定性和供应链运作的不确定性。供应链运营风险的防范可从提高供应链运营过程中应对内外变化的能力、提升供应链管理的成熟度等方面着手，企业可从风险评估、风险应对、风险补救等多个方面出发，建设弹性供应链。

拓展阅读

太平鸟如何破解库存危机

2010年以来，太平鸟在抢占消费黄金地段时一贯保持了大刀阔斧的作风，敢于在消费者密集的街区、消费场馆、购物中心开千平大店、集中开店，尤其是在购物中心的渠道布局已经走在了其他品牌服饰的前列，占比逐年提升。但是大店模式不仅带来租金和人力成本的上升，更带来巨大的库存压力，大店的存货铺货量是普通店铺的五倍甚至更多，集中在同一街区或者购物中心的大店之间又形成相互竞争，存货的周转能力也受到较大影响，尤其是在线上消费和新零售的冲击下，再叠加时尚服饰的翻新速度影响，大店的优势正在逐渐失去，库存的压力最先暴露出来，太平鸟的旗舰店也面临着艰巨的考验。

大店模式、快速上新再叠加直营模式，太平鸟库存的增长是可怕的，随着店铺数量的扩大，对整合供应链的能力要求呈指数级增长，能力不足就会带来库存激增的问题，给企业带来巨大的资金压力和运营风险，导致存货库存失控，太平鸟必须破解库存危机。

1. 打造数字体系，启动精益库存管理

太平鸟的董事长张总敏锐地觉察到，起步阶段店铺的数量没有这么多，大家最关心的就是销售端龙头的带动作用，重点抓设计、营销，对于流通和库存管理虽然有关注，但还是不够“上心”。随着店铺规模的急剧扩张，点滴的库存逐渐汇聚成了大江大河，流通的效率又严重影响了库存水平以及订货和生产批量管理。在不断累积的库存和大额的存货跌价压力下，不能再放任，精益库存管理迫在眉睫。

很快，太平鸟就制定了精益库存管理系统的框架和目标：①数字系统通过 VMI（供应商管理库存）、RFID 技术快速收集消费需求和流行趋势，准确预测产品需求，减少“牛鞭效应”引起的无效库存；②流通运营对产品实施 ABC 分类，实施单元化、跨团队、快响应管理，实现库存快速出清；③库存控制借助 AI 算法运行单周期库存模型，精确计算和优化库存，实施多样少量、低库存的目标。

2. 破解“牛鞭效应”，数字化赋能需求预测

张总对时尚有着敏锐的直觉，但是随着企业规模的不断扩张、门店数量的激增，产品的市场表现也强势增长，团队对市场需求的预测越来越乐观。2016 年前后，乐町女装和男装迎来了销量的激增，随后大家对市场的需求预测越发大胆，预测 2017 年、2018 年、2019 年的市场需求会保持 20%的增长；但是现实很残酷，2017、2018 年的市场需求呈现了负增长，公司为了保证服务质量和响应速度大量铺货，库存问题马上就出现了。

早期的市场需求预测都来自经验和直觉。不同的采购商询价会让人误以为需求量很大，但实际上采购商和终端客户会有大量的重复。张总觉察到，凭直觉进行市场需求判断会放大甚至脱离实际，而且公司有近 5000 家门店，小误差累积就会形成大的问题；能不能把各网络平台的数据进行整合分析以提升对产品市场需求的预测？随后与阿里巴巴的接触则坚定了他的想法。

2017 年 9 月，天猫与太平鸟共同宣布，在品牌建设、大数据赋能、线上线下全渠道融合等领域开启全方位新零售战略合作，同时，天猫与太平鸟合作致力实现营收线上线下双百亿，张江平仿佛看到了太平鸟的数字化未来。

借助阿里巴巴的资源和服务，太平鸟开启了数字化转型的大幕。线上，深度整合公司自运营的公众号、官网和天猫构建双平台数字化线上销售体系，积极探索社交零售新渠道，通过微博、小红书、抖音、小程序等受当下年轻人欢迎的方式与消费者互动，打造极致的零售体验，提高消费者品牌黏性，以年轻消费者喜欢的方式，全渠道提供让消费者惊喜的时尚商品；线下，全面升级直营门店，包括智能导购屏商品推荐，虚拟试衣镜一键数字化试穿与换装，并实现线下体验、线上下单递送到家，嵌入 VR

(虚拟现实技术)、RFID 技术，实现智能推送、数据化选品、智能就近发货、会员打通、智能数据反馈、产品开发优化等专业服务。

增强客户消费体验的同时，通过太平鸟近 5000 家门店终端源源不断地获取客户动态信息；同时在依托阿里巴巴沉淀下来的海量用户行为数据的基础上，进行消费需求测试和产品推送，深度把握客户需求。借助 AI 智能化、数字化算法，形成客户消费取向和趋势画布，并通过大数据技术进行精准识别，避免重复的客户计数，实现了数字化对产品需求预测的深度赋能。

目前，太平鸟通过每周两次的产销协调会议对信息反馈进行整理，确定补单产品，补单后 10~14 天，公司根据 ToC（面向消费者的商业模式或数据）分析结果把货分到各个门店，大幅缩短了存货的准备和储存时间。

课后习题

1. 物流外包会给公司造成什么风险？
2. 库存产生供应链风险的原因是什么？
3. 什么是 ABC 分类法？
4. 如何测度产能过剩？
5. 什么是弹性供应链？

11 供应链质量风险管理

本章目标

1. 了解供应链质量风险的含义。
2. 了解供应链质量风险的特征。
3. 熟悉供应链质量风险识别评价程序。
4. 掌握供应链质量风险的分类、风险管控的方法。

导入案例

统一企业处理“土坑酸菜”风波

2022 年 3 月 15 日晚，央视 3·15 晚会曝光了湖南省某几个卫生状况堪忧的“土坑酸菜”。

某菜业是湖南省岳阳市华容县较大的蔬菜再加工企业，该企业标准化腌制池腌出来的酸菜是用来加工出口产品的，老坛酸菜包里的酸菜则是该企业从农户收购来的“土坑酸菜”。

在腌制酸菜的土坑里，工人们有的穿着拖鞋，有的光着脚踩在酸菜上，有的甚至一边抽烟一边干活，抽完的烟头直接扔到酸菜上。某菜业收购这些酸菜时，也没有对酸菜的卫生指标进行检测。

另外，给餐饮业后厨加工酸菜的某酱菜厂也存在生产环境问题，其车间里满是污渍，准备加工的酸菜直接堆放在地上，酸菜只是从水里过一下，就直接切割、装袋、加入防腐剂、封袋。

而某食品有限公司则会在加工过程中超量添加防腐剂，记者暗访时了解到：我们做的这个酸菜，里面的防腐剂是超标的，夏天一般会超过 2~10 倍。

3·15 晚会曝出的老坛酸菜乱象，引发网友巨大反响，因为涉事企业为多家知名食品企业代加工酸菜制品，也为一些方便面企业代加工老坛酸菜包。

据《北京商报》报道，某菜业就为多家方便面企业代加工老坛酸菜包，号称老坛工艺，足时发酵。与一大批知名企业建立了产品代加工和原料直供等方面的战略合作关系。

2022年3月15日深夜，统一企业方面发布第一份声明称，查询公司的交易记录，最近五年内，某菜业已不再是公司酸菜包原料的供应商。公司也第一时间约谈了现供应商的负责人，对相关的酸菜包产品已全部进行封存，并在市场监管局的参与下一起进行质量检测。

在第二份声明中，统一企业称，老坛酸菜牛肉面是其首发的拳头产品，统一企业内部对其有严格的监管体系，坚持传统老坛二次发酵的工艺，同时派专人到酸菜包供应商处现场全程监管，酸菜自腌自用，不允许外购酸菜，对供给统一企业的酸菜包进行全面检测。统一企业称，公司是独家率先于2013年9月开放参观老坛酸菜生产工厂的企业，并会继续开放。统一企业所有产品均检验合格后才会出厂销售，请消费者放心食用。

尽管统一方面作出了相关声明，但供应链质量风险带来的影响是巨大的。

11.1 供应链质量管理的含义及发展

供应链质量管理是什么？实际上是对分布在整个供应链范围内的产品质量的产生、形成和实现过程进行管理，从而实现供应链环境下的产品质量控制与质量保证。

供应链的组织结构和业务流程具有明显的动态性，在供应链环境下质量管理的手段与方法应能适应其动态性。在供应链环境下，产品的生产、销售、售后服务需要由供应链成员企业共同完成，产品质量客观上是由供应链全体成员共同保证和实现的，但产品质量的形成和实现过程实际上分布在整个供应链范围内。因此，构建一个完整有效的供应链质量保证体系，确保供应链具有持续而稳定的质量保证能力，能对用户和市场的需求快速响应，并提供优质的产品和服务，是供应链质量管理的主要内容。供应链质量管理是一个复杂而多维度的领域，它不仅关注产品质量本身，还涉及供应商管理、客户满意度、跨企业协作等多个方面。未来的发展将继续强调整合资源、优化流程、提高客户价值，以适应日益复杂和全球化的市场环境。

11.1.1 质量管理含义

日本著名质量管理学家田口玄一对质量的定义：质量就是产品上市后给社会造成的损失，但是产品功能本身产生的损失除外。美国著名质量管理专家朱兰对质量的定义：质量就是适用性。

国际标准化组织对质量的定义：质量是一组固有特性满足要求的程度（明示的、

通常隐含的、必须履行的需求或期望)。

未来，具有挑战性的质量应该定义为“适于销售，有利可图”，质量等于顾客满意度和忠诚度加上避免缺陷的六西格玛。

更直观一点，对于我们日常生活中接触到的产品，可通过以下 6 种质量特性来判断其质量水平。

①功能：实现产品主要用途的特性。

②特殊性能：额外特性。

③一致性：一件产品满足相关要求的程度。

④可靠性：产品所具备性能的稳定性。

⑤寿命：产品或服务正常发挥功能的持续时间。

⑥美学性：外观、感觉、嗅觉和味觉。

例如，如何判定一辆汽车的质量水平呢？从以上 6 个角度来看，除了考量汽车是否能正常行驶外，还需要考量其特殊性能，即是否具有定位系统、防滑系统、安全防护系统等；一致性和可靠性方面，需要考量其是否符合制造规范，故障率是否较低等；寿命则是驾驶的里程数和汽车各零部件的使用寿命；美学性则为汽车内外装饰设计是否符合美学要求等。这种整体的考量才是全面评判产品质量水平的标准。质量管理的方法和工具一直处于不断探索和完善中，随着工业化的历史进程，质量管理先后经历了原始的检验阶段和今天的全面质量管理阶段。按照各位质量管理能手的管理纪年划分，质量管理的发展可以分为图 11-1 所示的阶段。

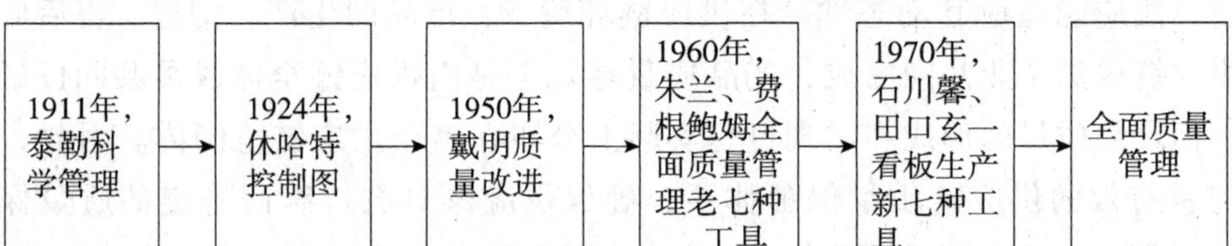

图 11-1　质量管理发展历程

从图 11-1 中可以看到，质量管理的发展大致可分为：质量检验阶段、统计质量管理阶段、全面质量管理阶段。在泰勒、休哈特、戴明、朱兰、费根鲍姆、石川馨、田口玄一等众多质量管理能手的推进下，质量管理理念在不断追求卓越，整个质量管理对现代工业的推进和发展也功不可没。

11.1.2　质量检验阶段

质量管理进入科学管理的阶段，与美国的泰勒密不可分。1911 年他发表了经典著作《科学管理原理》，在该著作中，他主张把产品的检查从制造中分离出来，成为一道独立的工序，这促成了质量管理的第一阶段——质量检验阶段。

在这一阶段，人们对质量管理的理解还只限于质量的检验，就是说通过严格检验控制和保证转入下一道工序和出厂的产品质量。

①操作者的质量管理：20 世纪以前，产品的质量检验主要依靠手工操作者的手艺和经验，对产品的质量进行鉴别、把关。

②工长质量管理：1918 年，美国出现了以泰勒为代表的“科学管理运动”，强调工长在保证质量方面的作用。于是执行质量管理的责任就由操作者转移到工长。

③检验员的质量管理：由于企业生产规模的不断扩大，这一职能逐渐由工长转移到专职检验员。大多数企业都设置了专职的检验部门，配备了专职的检验人员，用一定的检测手段负责全厂的产品检验工作。

这个阶段质量管理体系的特点就是“三权分立”，即有人专职制定标准，有人专职负责制造，有人专职检验产品质量。这种做法的实质是在产品中挑废品、划等级。这样做虽然对保证出厂产品质量有一定的成效，但也有不可克服的缺点。

其一，出现质量问题容易扯皮、推诿，缺乏系统的观念；

其二，只能事后把关，而不能在生产过程中起到预防、控制作用，待发现废品时已经成为事实，无法补救；

其三，对产品的全数检验，有时在技术上是不可能做到的（如破坏性检验），有时在经济上是不合理、不划算的（如检验工时太长、检验费用太高等）。随着生产规模的不断扩大和生产效率的不断提高，这些缺点也就显得越来越突出。

11.1.3　统计质量管理阶段

把合格品和不合格品分开的事后把关检查，是基于废品已经出现这一事实，而废品既已出现，即使被检查出来也已经造成了损失，因此它不是一种积极的方式。积极的方式应该是，把废品消灭在发生之前，防止出现废品而带来损失。

随着生产规模的迅速扩大和生产效率的不断提高，每分钟都可能产生大量废品，而它可能带来的经济损失，数额过大，难以接受。这样，统计质量控制的方法就应运而生了。

它应用数理统计的方法，对生产过程进行控制。也就是说，不用等整批工件各工序加工完成后，再进行事后检查，而是在生产过程中，定期地抽查，并把抽查结果当成一个反馈的信号，通过控制图发现或检查生产过程是否出现了不正常情况，以便能及时发现和消除出现不正常现象的原因，防止废品的产生。

数理统计方法在质量管理中应用的另一方面，是抽样检查。有的产品检验工作量和检验费用很大，进行全数检验有时很不经济，或者时间上不允许。所以，基于数理统计理论的抽样检查方法迅速得到了推广应用。

统计质量控制是质量管理发展过程中的一个重要阶段，它是20世纪40年代到60年代初这段时间中得到发展和推广应用的。它的主要特点是，从质量管理的指导思想上看，由事后把关变为事前预防，从质量管理的方法上看，广泛深入地应用了统计的思想方法和统计的检查方法。

11.1.4 全面质量管理阶段

全面质量管理（Total Quality Management，TQM）于20世纪60年代初由美国著名专家费根鲍姆提出。它是在传统的质量管理基础上，随着科技的发展和经营管理上的需要，发展起来的一种现代化质量管理。

石川馨先生是日本著名质量管理专家，也是特性要因图（因果图）的发明者、品管圈（Quality Control Circle，QCC）之父、日本式质量管理的集大成者，是20世纪60年代初期日本“质量圈”运动著名的倡导者。石川馨认为，质量不仅包括产品质量，从广义上说，还包括工作质量、部门质量、人的质量、体系质量、公司质量、方针质量等，全面质量管理就是全公司范围内的质量管理。

实践证明，全面质量管理的确取得了不少的成就。当下全面质量管理已成为一门系统性很强的学科，也被全球各大企业广泛接受和提倡。

日本的经济腾飞，除了日本企业意识到人力资源的重要性及对制造业成本的精准控制外，还有一个重要原因就是全面质量管理的推广。意识到人力资源的重要性主要表现为日本企业开始积极利用员工的创造能力；成本管控使产品价格在市场上极具竞争力。而石川馨等人倡导的“质量管理人人有责”，也使彼时的日本产品开始在全球声名大噪，获得了全球消费者极大的认可。

美国是“车轮上的国家”，从20世纪初的福特汽车开始，美国汽车行业就进入了蓬勃发展的阶段。福特汽车创造发明了最具代表性的T型车，并首创了流水线生产方式。美国的汽车工业随着福特汽车的发展正式拉开了序幕。随后，在几十年的快速发展和竞争中，美国汽车市场最终形成了三足鼎立的局面，通用、福特和克莱斯勒构成了俗称的“三巨头”。此时，美国的汽车市场几乎完全由三大汽车公司控制。

但在20世纪70年代到90年代，日本汽车大举进入美国市场，势如破竹，给美国汽车市场造成了巨大冲击。“三巨头”此后便陷入了长期的衰退，亏损开始出现，克莱斯勒面临几乎破产的危机。直到美国政府通过提起反倾销法案，强制日本方面“自愿”限制汽车出口数量，克莱斯勒才免于倒闭，但美国保持多年的第一大汽车生产国的地位也一度被日本抢占。到现在为止，以丰田为代表的日本汽车公司依然表现不俗。

日本制造业的崛起带动了其国力的逐步增强，不光是汽车行业，其他诸如电子电器、精密机械、造船、钢铁、化工、医药和通信等很多行业，都在国际市场上有很强的竞争力，出现了后来者劣势赶超的现象。

11.2 供应链质量风险管理

11.2.1 供应链质量风险管理的含义

随着经济水平的提高和收入的增加，消费者对产品的关注点也从数量的多少转化为质量的好坏。良好的质量口碑意味着良好的市场占有量，如今的企业都深知其重要性。

新的统计数据表明，各类企业濒临倒闭的主要原因有质量事故、宏观政策的调整、资金周转不灵、政治风险、经营不善等。其中质量事故导致企业倒闭的比例高居首位。任何行业中，质量管理都是企业管理的命脉，产品一旦在消费者心中形成了质量低劣的印象、失去了口碑，企业想扳回一局，在市场上站稳脚跟就非常困难。

质量风险是指在产品设计、研发、生产、储运、销售、使用的整个生命周期内存在的，可能导致产品质量特性偏离预期要求或目标的负面影响。

质量风险管理则是系统化的管理，是管理方针、规程和实践的系统应用，用来识别、分析、评价和控制整个产品生命周期内的质量风险。

质量管理的核心就是对危机和风险的干预。进而帮助企业降低产品质量问题发生的概率，提高产品质量，增强企业竞争力。

11.2.2 供应链质量风险管理的重要性

企业都知晓质量风险管理的重要性，但在具体的管控措施上，容易陷入一定的管理误区。

1. 头痛医头，脚痛医脚

常见表现为：一旦出现重大质量事故就开始紧张，想办法、想对策；没有出现质量事故就认为万事大吉。在未发生质量事故时，企业从不对质量管理方法进行梳理，不对供应商质量管理问题进行解决。面对质量不良现象，不是追根溯源，而是浅尝辄止，浮在表面，治标不治本。企业既没有事前的预防措施，也没有系统性的主动管理模式。

2. 全员质量管理意识薄弱

很多企业认为质量管理就是质量部的责任，应该由质量部全权负责，与其他部门无关，全员质量管理的意识淡薄。

质量风险管理是贯穿整个产品生命周期的。从研发理念的提出到最终的量产，从设计阶段、制造阶段、使用阶段到售后阶段，其中的每个阶段都可能发生质量风险。

质量部是公司质量管理的窗口，但在日常的工作中，企业的每位员工都应该自觉担当起质量监督员的角色，切实遵循全面质量管理推行的管理理念：①质量第一；

②面向消费者；③视下一道工序为消费者；④用事实数据说话；⑤全员参与，质量问题人人有责。

3. 官本位思想严重，靠直觉管理

质量管理是一门很科学、严谨的管理学科，但在企业中，经常出现领导说了算，或片面地依靠经验、直觉来管理的情况。企业在处理某些质量事件时，仅有一些主观陈述的概念和笼统的评价，并无准确、详尽的基础质量数据作为支撑，凡事以“差不多”为判断标准，甚至包括质量目标的设定都可能是领导临时想出来的。这样的管理方式当然无法规避质量风险。对于质量风险产生的要因、过程缺陷、改进措施，企业必须厘清，才能通过严格的定量分析找到有效的解决方案和改善方案。

4. 重认证、轻系统化管理

在质量风险管理过程中，从质量策略开始，企业就应该清晰地制定质量目标，并通过一定的管理手段保证目标得以实现。质量认证是对产品质量的一种佐证，但只是质量管理中的一个关键点。很多企业忽视了系统化的管理，只是紧盯着产品质量认证这种快捷的表现方式，抓小放大。其实，持续、完整地系统化管理才有助于增强对抗风险的能力。

在质量管理的过程中，从质量管理策略到质量管理目标，再到具体的质量管理活动，缺一不可，如图 11-2 所示。

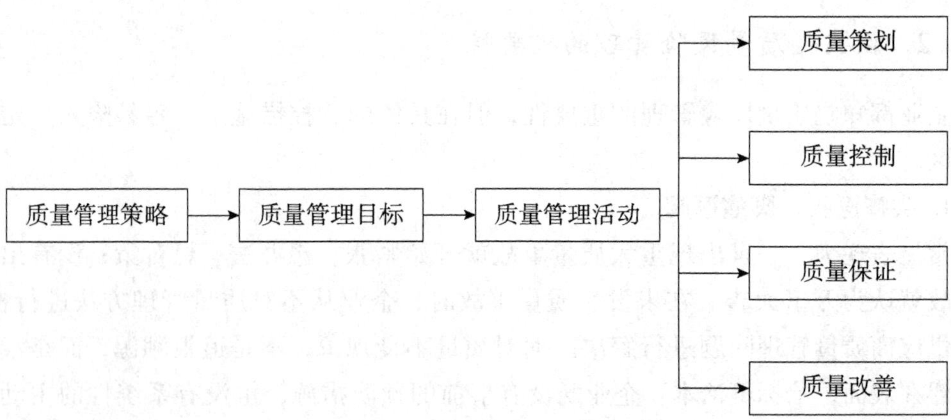

图 11-2　质量管理流程

①质量策划。质量策划指制定具体的质量管理目标，并规定必要的运行过程和资源以实现目标。其中应包含：产品策划（对质量特性进行识别、分析，并建立其目标、质量要求和约束条件）；管理和作业策划（对实施质量体系进行组织和安排）；编制质量计划和制定质量改进规定等。

②质量控制。质量控制指通过一定的作业技术和活动，管理质量全过程中的影响因素，如常说的人员、设备、原料、工艺、环境等。

③质量保证。内部质量保证的目的是使企业最高管理者产生信任；外部质量保证的目的是使顾客或第三方产生信任。

④质量改善。质量改善是通过改进质量管理的过程来实现的，致力于主动寻求改进机会，而不是等待问题暴露。质量改善效果评价依据3个方面的内容：顾客满意度、过程效率和社会损失。质量改善是企业追求卓越质量水准必经的一步。相比质量保证，质量改善更偏向于主动管理。质量改善可以是日常工作中主动性的改善，也可以是发生质量问题后的被动改善。在与供应商合作的过程中，企业也可以主动引导其进行质量改善工作。

11.2.3 供应链质量风险的特征

供应链结构的复杂性，加之供应链中的产品种类繁多、产品生命周期缩短、顾客需求的持续变化、供应链的所有权分裂以及全球化水平的不断提高，导致供应链中存在着各种各样的不确定性风险。质量风险是供应链风险中最重要的风险之一，也是最难评估和控制的风险。与供应链的其他风险相比，供应链质量风险具有以下6个特征。

1. 供应链质量风险具有传递性

供应链质量风险能够沿着整个物流，从最前端的原材料供应商，一直传递到最末端的用户。供应链质量风险的这一传递过程并不是简单的线性传递过程，在传递过程中会发生各种非预期的变化，并可能引发各种形态的质量问题。正是由于供应链质量风险传递的复杂性，出现质量问题的环节有时并不是供应链质量风险产生的源点。供应链结构越复杂、节点企业越多，则供应链质量风险的源点越多，形态越复杂。

2. 供应链质量风险具有时滞性

价格风险虽有一些先兆的识别因素，但会随着市场竞争形势的变化而快速表现出来，而供应链质量风险往往有一段潜伏期，当某种环境条件具备时，就可能集中地爆发出来，表现方式为各种非预期的质量问题，即产品的预期功能无法实现或产品性能过早老化，增加最终用户使用产品的技术风险和成本风险。

3. 供应链质量风险是供应链协调中的新维度

在早期的许多有关供应链风险的研究中，博弈理论经常被用于研究供应链中的价格确定问题、库存问题、采购政策问题及交付周期问题。随着供应链质量风险问题受到更多的重视，博弈均衡分析理论也被用于研究与供应链质量风险控制及供应商选择有关的决策问题上，质量、价格、订购量和交付期成为供应链协调博弈中的4个同等重要的维度。与价格、订购量和交付期3个维度相比，质量维度在供应链协调中具有更高的复杂性。

4. 供应链质量风险评价具有主观性

在供应链质量风险评价上，不同人可能有不同的评价标准，因此供应链质量风险评价具有主观性。对供应链质量需求风险而言，即使是实物质量基本相同的产品，由于消费者的质量期望、个人偏好和心理生理体验不同，最终质量感受存在很大差异，从而产生不同的质量需求风险评价。对供应链质量信用风险和质量技术风险的评价，也由于对风险后果认识上的差距导致不同的评价结果，供应链结构的复杂性越大，不同评价者对这两类风险评价结果的差异越大。

5. 供应链质量风险不是孤立存在的

供应链质量风险与供应链中的其他风险之间存在着交互作用。在较低的层次上，供应链质量风险可以进一步转化为供应链核心企业的成本风险、时间风险和产品风险。成本风险包括因产品质量不良而导致的各种检验成本风险、故障损失风险和担保费用风险，在现代经营环境下还包括召回费用风险、强制停产风险和质量整顿风险。时间风险包括因生产过程质量水平偏低而导致的最终产品、在制品和在制半成品报废、返工、返修和生产过程中断造成的交付期延误风险。而产品风险包括因产品质量不能满足最终用户需求而导致的销售疲软、多余生产、过量管理和额外服务的风险。这些风险都会增加供应链的成本风险，并可能最终转化为价格风险、供应风险甚至战略风险。

6. 现行经营环境增大了供应链质量风险发生的可能性

由于管理与技术水平的局限性，供应链质量风险的存在具有某种程度上的必然性。提高技术水平、管理能力和沟通效果可以将供应链质量风险控制在供应链核心企业和最终用户可以接受的范围内，但不可能完全消除供应链质量风险。在我国现行的质量法律与法规体系下，实施质量期许的潜在收益与因质量失信导致的处罚成本相比，存在一定程度的倒挂现象，导致供应链核心企业和最终用户除了要面对单纯因管理、技术与沟通因素导致的供应链质量风险外，还要面对因供应链上游企业的败德行为导致的质量信用风险。

供应链质量风险的这些特征，使供应链质量风险的控制成为供应链管理中的难题，成为供应链管理中无法看清的“质量黑箱”，并因此导致了对供应链质量管理模式与绩效的广泛关注与探索性研究。在供应链结构下，业务的外包使质量风险及质量风险源随着外包业务转移给了供应商，核心企业可以通过实施有效的供应链质量管理，包括要求供应链企业通过质量管理体系认证或产品质量认证对供应链企业实施质量审核等，对供应链质量风险实施有效的控制。由于不同供应链企业之间的质量管理体系和质量信息系统不能实现完全意义上的共享，加之所有权分裂和质量管理决策权的分区，核心企业并不能完全准确地掌握外包业务的全部质量管理信息和产品质量信息，从而在核心企业与节点企业之间出现了质量信息的不对称，节点企业了解核心企业的需求质量信息，但核心企业并不能完全掌握节点企业对其需求质量的实际满足情况，最终导致供应链企业之间存在着不透明的“质量黑箱”。为控制“质量黑箱”带来的不确定质量风险，供应链企业之间就存在着质量风险博弈均衡问题。

11.2.4 供应链质量风险的分类

1. 信用性质量风险

信用性质量风险也称为质量信用风险或质量道德风险。作为市场经济环境下的新的信用风险来源之一，质量信用风险近年来受到广泛关注。供应链质量信用风险是供应链环境下质量风险的新形态，来源于供应链中的契约方不愿意或不能够履行契约规定的质量义务时产生的道德风险，包括3种情形：一是契约方有能力，但无意愿履行契约规定的质量义务；二是契约方无能力，但有意愿履行契约规定的质量义务；三是契约方既无能力，也无意愿履行契约规定的质量义务。考虑到供应链企业的履约能力与其进行质量投入的意愿有关，如果供应链企业当前的研制与生产能力不足以履行契约规定的质量义务，则其应该积极增加质量投入，努力改善研制与生产能力，确保有充足的能力履行契约规定的质量义务。就长期而言，具有履约意愿的供应链企业会根据供应链契约的规定，主动提升其履约能力。由此可以说，履约能力并不是决定供应链质量信用风险的关键要素，只有履约意愿才是供应链质量信用风险的关键要素。在供应链质量信用风险研究中，应重点关注契约方的履约意愿问题。

2. 技术性质量风险

技术性质量风险也称为质量技术风险或质量能力风险。只要有产品的研制与生产过程存在，就必然有质量技术风险存在。在供应链环境下，质量技术风险变得更加复杂，已成为供应链质量管理的热点问题。与供应链质量信用风险不同，供应链质量技术风险与供应链的各个相关方履行质量义务的意愿无关，但制约着履约的效果。

对供应链质量技术风险的研究主要在于供应商质量绩效评价与选择方面，着眼点是确保供应链核心企业的质量管理目标得以实现，而不是评价特定供应链结构下的质量技术风险大小。

3. 需求性质量风险

需求性质量风险也称为质量需求风险或质量沟通风险。最终用户对产品交货周期、采购价格的需求一般比较明确，但对质量的需求往往不那么明确，甚至存在一些没有明确表达的隐含需求，由此形成了核心企业的交付质量与最终用户需求质量的不一致性，并形成了质量需求风险。质量需求风险是供应链质量风险的特殊形态，源于核心企业与最终用户在质量需求方面的沟通不足。供应链核心企业如果不能有效地控制质量需求风险，最终用户就会表现出极大的不满，对产品的质量信任和潜在需求就会显著下降，并进而影响对产品的购买意愿。对供应链质量需求风险的研究相对比较薄弱。随着新产品推出速度的加快及快速供应链的出现，供应链质量需求风险已经成为制约供应链运作绩效的关键因素。供应链核心企业加强与最终用户的信息互动，并建立面向整个供应链的质量信息共享机制是规避和控制供应链质量需求风险的有效手段。

11.3 供应链质量风险识别与分析评估

质量风险管控的具体过程包含风险识别、分析评估到管控的全过程。在具体的管控方法上，必须运用专业的质量管理工具。

11.3.1 供应链质量风险的识别

供应链质量风险的识别可以从以下方面入手。

①供应链质量风险识别要围绕“将会出现什么问题”，系统地利用各种信息和经验，来识别人员、设备、原料、工艺、环境、检测等环节存在的风险，找出将会出现的问题。

②供应链质量风险识别的范围是质量管理体系的相关活动，涵盖人员与培训、文件规程、设施设备、校准验证、信息系统、原料采购、验收储存、生产操作、分析检验、产品销售、售后服务等。

③供应链质量风险识别应关注已经发生的类似风险事件，特别是同行业、企业内部出现过的质量风险事件，并针对已发生的质量问题从人员、设备、原料、工艺、环境、检测等方面进行系统的原因排查。

④供应链质量风险识别和质量问题排查采用的方法有头脑风暴法、调查表法和分解法等。头脑风暴法即多人自由论述，阐述可能发生风险的质量管理点；调查表法为通过调查表的方式收集目前质量管理中存在的危机；分解法为逆推法，通过表面的质量问题分解出背后隐藏的真正风险。

11.3.2 供应链质量风险的分析评估

供应链质量风险识别后，对识别出的风险因素进行分析与评估是之后风险处理的基础。质量风险评估要围绕“问题发生的后果”进行，将风险分析的结果与风险评估准则进行比较，通过定性的分析和定量的分析，综合考虑风险影响和风险概率两个方面的因素，将质量风险对项目乃至企业的影响进行全面评估。不同的对象面临的风险不一样，处在供应链的不同位置面临的风险也不一样，所以，要使用不同的风险评估方法。

1. 风险评估图表法

风险评估图表法是指在风险识别后，用一张风险图表将风险的概率和结果表示出来。目的是使不重要的风险获得较少关注，重要的风险获得最高的关注，并用减少概率和结果的组合降低风险。可以用来当作企业之间或企业内部信息交流的工具，供应链企业若要交流风险信息就可用风险评估图表法。

2. 风险评估矩阵法

风险评估矩阵法对风险发生的可能性和影响进行级别划分，并对这些风险分别赋值（1~5），对于各个风险评估的结果，将赋予的风险影响值和风险可能性值相乘便得到最终的评估结果。对赋值结果按大小排列，数值越大，风险程度越高，反之亦然。

3. 层次分析法

层次分析法（AHP）是一种定性和定量相结合的、系统的、层次化的分析方法。经常运用在风险结构关系比较清楚时，是一种非常受欢迎的评估方法。该方法按结构把问题分解成了几部分。首先按照因素的支配关系创立判断矩阵，然后进行两两比较，在判断矩阵中对风险要素进行评价。该方法的优点很多，兼顾了决策者的主观因素和客观因素。通过主观因素的量化，可以提高决策的科学性和合理性，同时系统性也很强。

4. 模糊综合评价法

模糊综合评价法通常在层次分析法之后使用，是一种非常好的定量评价方法。利用层次分析法求出的定性结果，然后用在一个模糊集合的矩阵运算中，全面系统地求出各风险因子的权重。该方法既弥补了层次分析法定量分析的不足，也对每个风险因子进行了相应的评价。

质量风险评估小组完成对质量风险的分析后，再确定质量风险评估结果。质量风险评估的结果，应该能够指导风险管控措施的实施和满足风险应对措施的需要，否则，企业需要做更深入的分析。

11.4　供应链质量风险防范策略

质量风险管理是一个系统、复杂的管理工程，不是简单地比对各种质量指标，也不是简单地给供应商开质量罚单，相互推卸责任，更不是蜻蜓点水般应付了事。企业需要对各类质量风险刨根问底，并采取有针对性的管控措施，从而在质量风险面前游刃有余。

11.4.1　强化人员技能培训

质量管理人员在不同的场合要扮演不同的角色，如消防队员、工程人员、审核员、辅导员、协调员、检验员、项目工程师等。在面临风险时，专业的技能和人员的综合素质更是必需的。质量管理人员应具有的技能和素质有以下几个方面。

①活跃的思维能力及系统分析方法。

②良好的沟通能力、全局意识及危机处理能力。

③过硬的质量专业知识、产品知识及工艺知识。

④良好的团队意识及培训和指导组员的能力、包容组员的态度。

⑤质量管理的自我驱动力。

人员技能可以通过培训和适当的实践锻炼进行培养。质量风险面前，除了运用过硬的专业素养去对抗风险外，还要有良好的心理素质和开放的心态。质量带来的危机往往都是看得到、摸得着的损失，在关键时刻，相关人员保持冷静的思维和全局观念也至关重要。

11.4.2 培养团队合作意识

质量风险的有效管控，仅靠质量部门是无法实现的。企业内部管理的过程中，上一道工序应该视下一道工序为顾客，杜绝质量问题流转到下一道工序，坚决执行“三不主义”：不接受、不制造、不流出。

企业应营造全员参与的氛围，强化全员参与质量管理的理念，让大家意识到：无论处于何种岗位，你的工作都与质量风险管理息息相关，部门与部门间、个人与个人间均需紧密配合。

QC（Quality Circle）小组又称质量圈，是一种很好的团队管理方式，它是目标管理、行为科学及重点管理方法在企业质量管理中的综合运用，是一种重要的群众性的质量管理方法。当前，很多企业已经把 QC 小组作为一种常规化的管理手段，会定期组织相关人员举办 QC 小组成果发表大会。

QC 小组的管理模式有两大优点。

①质量问题一般呈现多面性和复杂性的特征。在解决质量问题的过程中，小组成员都拥有共同的目标，以合作的方式代替个体努力，能更快速、更容易地到达目的地。彼此之间可以互相推动，避免思维的固化和单一化，从而创造更多的工作成果。

②让参与人员有主人翁的意识。在企业的质量管理过程中，最忌讳各种官僚主义所带来的局限性和错误性。QC 小组可以让每位成员轮流担任领导并共享领导权，让成员从不同的角色去思考判断，反思质量管理方法的有效性。同时，每位成员都有可能成为小组的领导，展示和表现其多方面的才能。员工的积极性可以被充分调动起来，其解决问题的效率也会大幅提升。

QC 小组成员来自不同的部门，QC 小组选择一个质量命题，大家群策群力进行讨论，以寻找最佳的解决方案。在此过程中，每个参与者都会加深对质量管理的相关认识。跨部门的协作也能更全面地剖析质量问题，发现一些隐藏的质量危机。同时，QC 小组发表大会中的成果展示与分享，也会给公司内外关联人员带去很好的风险管理启发。

11.4.3 重视质量策划

质量策划的过程包含着对下一个周期内的质量管理活动的总筹划，对接下来的质量管理活动具有指导作用，可以让质量管理活动变得井井有条，不至于临时抱佛脚。其详细内容一般包含以下内容。

①设定质量目标。任何一种质量策划，都应根据其输入的质量方针或上级管理目标，以及顾客和其他相关方的需求和期望，来设定具体的质量目标。

②确定达到目标的途径。实现目标的过程可能是链式的，从一个过程到另一个过程，直到目标的实现；也可能是并列式的，各个过程的结果共同指向目标的实现；还可能是上述两者的结合。事实上，任何一个质量目标的实现，都需要多种途径。

③确定相关的职责和权限。质量策划是对相关过程进行的一种事先安排和部署，过程的实施必须由人来完成。所以，各部门和人员的权责必须落实清楚，一定要落实到具体的部门和负责人，避免实际工作中出现相互推诿和瞒天过海的现象。

④确定所需的其他资源，包括设施、材料、信息、经费、环境等。注意，并不是所有的质量策划都需要确定这些资源。但是如果有需要，则一定要纳入质量策划的范围，并提前筹备。

⑤确定实现目标的方法和工具。在质量策划中，根据需要规划可能会使用的方法和工具。工业发展到现在，经过长年累月的积累，企业可采用的实现质量目标的方法和工具有很多种，一般情况下，由承担该项职能的部门或人员选择具体适用的方法和工具。

⑥确定其他的策划需求，如约束质量目标、具体措施完成的时间、检验考核的方法、评价指标、文档记录等。

11.4.4 加强过程质量管控

现代质量管理专家休哈特认为，产品质量不是检验出来的，而是生产出来的，质量控制的重点应放在各个管理过程中。过程是将输入转化为输出的相互关联或相互作用的一组活动。从研发、输入到产品输出中，不是单靠产品质量检验或生产中的质量管理就能实现风险控制的，对质量关联过程的全面管控才是最有效的管理模式。

图 11-3 中，与质量管理关联的过程涉及整个产品的生命周期。从设计研发开始到产品的问世，都需充分考虑质量风险因素。如市场调研中用户对质量特性的需求、设计方案中质量可靠性的设计、采购过程中对供应质量的把控、生产制造中对质量差错和线边缺陷的预防、售后服务中对质量的维护等，这些过程都需要严格管理。

①设计过程中的质量管控主要聚焦在：通过详尽的市场调研开展产品设计工作，市场调研需充分了解产品发展趋势及质量防控要点；在工艺准备和试制试产中保证技术文件的质量，做好标准化的审查工作及督促遵守试制研发的工作程序。

②制造过程和检验过程中对于质量的管控与其他经营管理过程紧密相连，相互影响。制造过程中制约质量表现的因素众多，如工艺文件、人员、设备、供应商的配合、方法

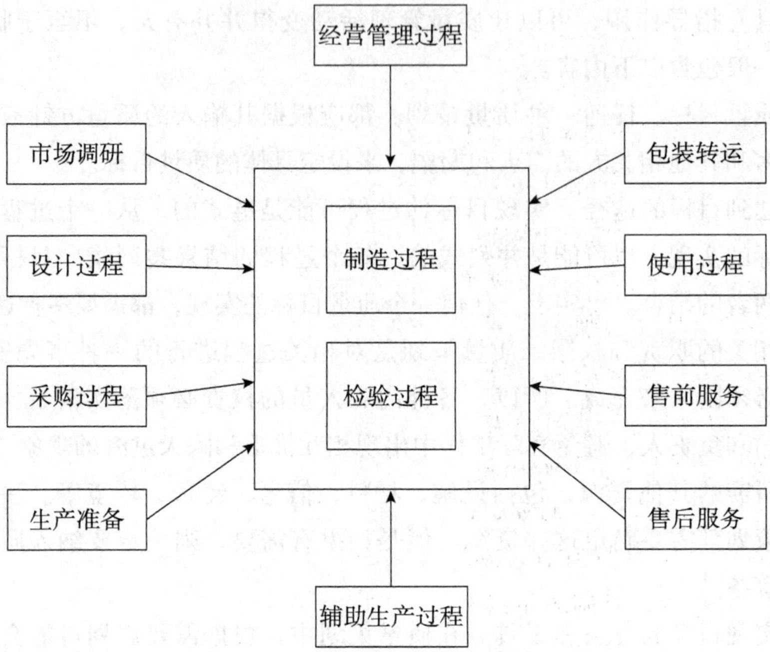

图 11-3 经营管理过程

和环境等。企业需通过质量分析来掌握质量动态，并建立管理受控点。其中需重点关注生产线工序的质量控制、质量防差错体系的设计、线边工艺中质量缺陷的预防等，并严格执行各质量检验工作，定期组织设备检修工作，保证设备在使用过程中的质量。

③生产制造的辅助过程，如采购、仓储、运输等，重点在于保障供应和转运途中的质量稳定性。企业需做好采购供应（包括外协准备）的质量管理，保证采购质量，严格检查验收入库物资；按质、按量、按期地提供生产所需要的各种物资（包括原材料、辅助材料等）。在生产制造的辅助过程中，如何管控供应商的质量表现乃是重中之重。

④成品下线后的售后服务过程也与质量风险管控有关，且不容忽视。售后配件的保证、售后问题发生的概率、售后质量反馈响应的速度，能够给消费者带来最直观的体验。售后服务的质量不仅依靠产品自身的质量，也需要人为地进行干预管理，才能保证市场对产品质量的满意度。售后服务的成熟度直接决定消费者对产品质量的信任度和亲密度，决定着企业销售市场的稳定性。

11.4.5 重视数据和事实

在质量风险管理过程中，要注重运用定量的数据，不能由领导说了算，也不能用“差不多”的心态敷衍了事，更不能忽视科学的管理措施。质量管理的每个环节，都需要建立在科学的数据管理的基础上。数据的收集、整理、分析、总结及规范化记录，可以帮助企业分辨关联因素的逻辑关系，找到根本原因，直观明了的数据也可帮助企业提升风险管理效率，减少浪费。在全面质量管理的活动中，用于收集和分析质量数据、确定质量问题、控制和改进质量水平的常用质量管理工具如表 11-1 所示。

表 11-1 常用质量管理工具

旧七种工具	新七种工具
排列图	关联图
因果图	亲和图
调查表	系统图
直方图	矩阵图
控制图	矩阵数据分析法
散点图	过程决策程序图
分层法、流程图	网络图

这些工具应用在具体的实际工作中，不仅科学实用而且高效。旧七种工具适用于在生产现场、施工现场、服务现场解决质量问题。新七种工具是对旧七种工具的提炼和升华，适用于管理人员决策，如怎样收集数据、明确问题、抓住关键、确定目标和手段、制定评价方案、制定切实可行的对策等。下面介绍新七种工具。

1. 关联图

关联图又称关系图，是用来分析事物之间“原因与结果”和“目的与手段”等关系的一种图。质量问题的影响因素多种多样，且相互影响。分析中可能会出现重复分析、摸不着头脑等现象。关联图有助于梳理事物之间的逻辑关系，并找出解决问题的办法。图 11-4 所示的关联图由圆圈、方框和箭头组成，其中，圆圈中是文字说明部分；箭头由原因指向结果，由手段指向目的。文字说明力求简短、明确且易于理解，重点项目要用双线圆圈或双线方框表示。

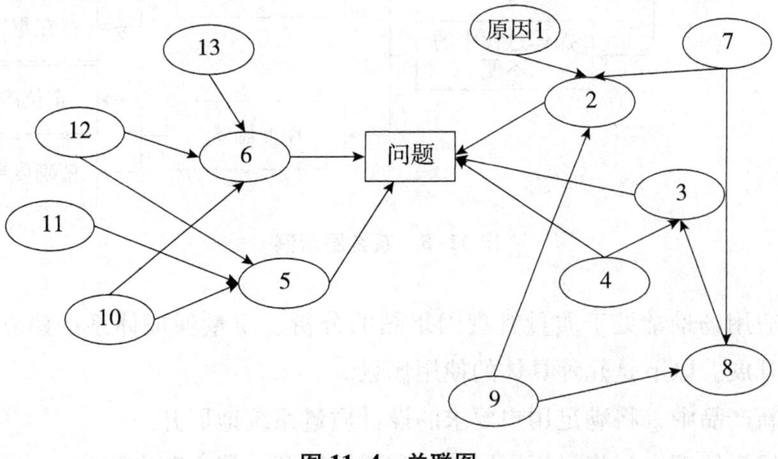

图 11-4 关联图

关联图适用于多因素交织在一起的复杂问题分析和整理。它将众多影响因素以一种较简单的图形来表示，这易于抓住主要矛盾、找到核心问题，也有益于集思广益，迅速解决问题。使用关联图时需注意：一定要提出与问题有关的所有因素，并进行简要表达，把因素间的因果关系用箭头符号做出逻辑上的连接，进而掌握全貌和找出重点。

2. **亲和图**

亲和图又叫 KJ 法，由日本川喜田二郎首创，是通过将大量收集到的关于未知事物或不明确事实的意见或构思等资料，按其相互之间的亲和性（相近性）归纳整理，使问题明确，求得统一认识和协调工作，以利于解决问题的一种方法。其适用范围不仅包括质量管理中问题的发现和对策的制定，也适用于市场调查和预测、企业方针与目标的制定、研发的革新和效率的提升等。亲和图的运用优势体现在以下几点：①从混淆的状态中收集、整合资料以便发现问题；②打破现状，产生新思想；③掌握问题本质并让有关人员明确认识；④是一种团体活动，对每个人的意见都采纳，增强全员参与意识。

3. **系统图**

系统图是指把要实现的目的、需要采取的措施或手段，系统地展开分析，并绘制成图，以明确问题的重点，并寻找最佳手段或措施的一种方法。系统图一般由方框和箭头组成，形状似树枝，所以又名树形图。利用系统图可以系统地掌握问题，寻找到实现目的的最佳手段，广泛应用于质量管理中。图 11-5 所示为系统图示例。

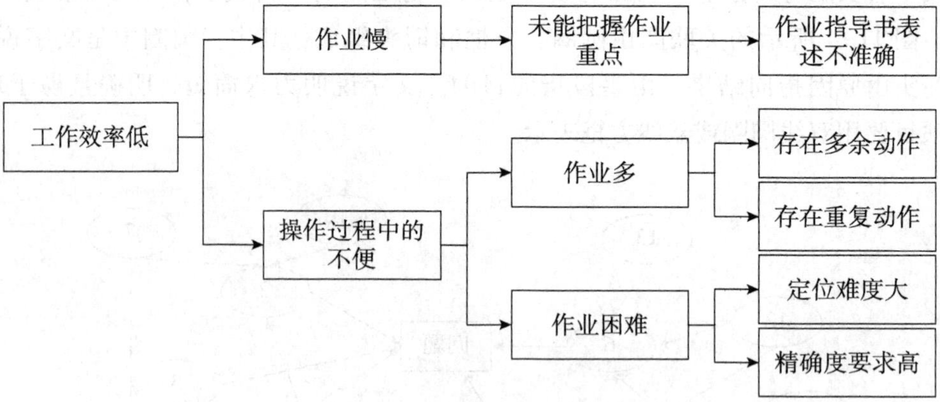

图 11-5　系统图示例

系统图适用场景常见于质量管理因果图的分析、质量保证体系的建立、各种质量管理措施的开展。以下是几种具体的使用场景。

①开发新产品中，将满足用户要求的设计质量系统地展开。

②质量目标管理中，将目标层层分解和系统展开，使之落实到位。

③建立质量保证的体系，将各部门的质量职能展开。

④在减少不良品方面，找出主要原因，采取有效措施。

4. 矩阵图

矩阵图是利用数学上的矩阵表示因素间的相互关系，从中探索问题所在并得出解决问题的方法。它是一种通过多因素综合思考，分析探索问题的好方法。

运用该方法时，可以从多维问题的事件中，找出成对的影响因素，排列成如图 11-6 所示的矩阵图，使各因素之间的关系清晰明了，然后依据矩阵图中因素间的相互关系来分析，以确定关键点。

图 11-6 所示的矩阵图中各符号的表达意思为：⏢、▲表示关键点，即关系比较密切的地方；R 代表行因素；L 代表列因素。

	L_1	L_2	L_3	……	L_i	……	L_m
R_1							
R_2	▲						
R_3			⏢				
……		▲					
R_i					⏢		
……							
R_m							

图 11-6　矩阵图示例

（1）制作矩阵图的步骤

①列出各种复杂的质量因素。

②把成对因素排列成行和列，表示其对应关系。

③选择合适的矩阵图类型。

④在成对因素交点处表示其关系程度，一般凭经验进行定性判断，可分为 3 种：密切、较密切、一般，并用不同符号表示。

⑤根据关系程度确定必须控制的重点因素。

⑥针对重点因素做对策表。

（2）矩阵图的使用场景

①保证产品质量特性，保证质量管理机构之间的体制可靠性。

②明确产品的质量特性与试验测定项目、试验测定仪器之间的关系，强化质量评价体制或使之提高效率。

③当生产工序中存在多种不良现象，且具有若干个共同原因时，可厘清其相互关

系，进而一举消除。

④多变量分析中，研究从何处入手以及以什么方式收集数据，如研制新产品或对老产品进行改进时寻找切入点。

5. 矩阵数据分析法

矩阵数据分析法是对多个变动且复杂的因果进行解析的方法。矩阵图上各因素之间的关系如果能用数据量化表示，就能更准确地整理和分析结果。这种可以用量化数据表示的矩阵图法叫作矩阵数据分析法。

矩阵数据分析法的原理是通过确定需要分析的各个方面，在矩阵图的基础上，在每个行和列的交叉点处，用数量来描述这些因素之间的对比，组成数据矩阵，并进行定量分析，确定对比分数，将多个变量转化为少数综合变量，得出有价值的规律或结论，确定哪些因素较重要。

在需要对候选方案进行选择进而决策时，往往需要对几种关键因素进行考虑，权衡其重要性，此时可以通过矩阵数据分析法进行更详细的加权系数计算，以便形成最终决策。

6. 过程决策程序图

过程决策程序图又称 PDPC（Process Decision Program Chart）法，是随事态的进展，分析能导致各种结果的因素，并确定一个最优过程以达到理想结果的方法。过程决策程序图示例如图 11-7 所示。

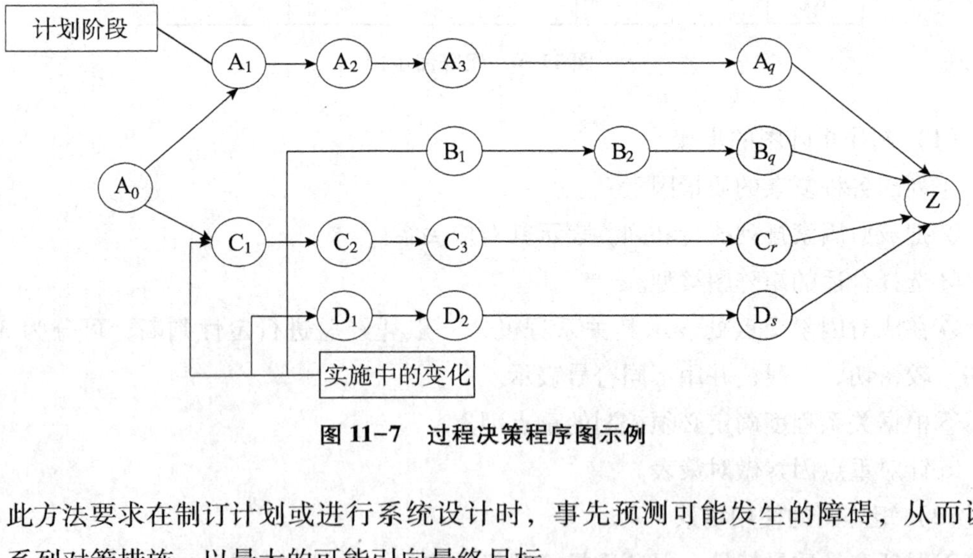

图 11-7　过程决策程序图示例

此方法要求在制订计划或进行系统设计时，事先预测可能发生的障碍，从而设计出一系列对策措施，以最大的可能引向最终目标。

过程决策程序实施的过程中，可以通过顺向和逆向两种思维模式来预测可能发生的事故或障碍。顺向思维法即按照事物发展的顺序来推导；逆向思维法则是假设质量管理中最终出现了不良的结局，逆向推测可能有哪些因素导致这种结局。该方法可用于防止重大事故的发生。

通常，过程决策程序图有两种制作方法。

①依次展开型：一边进行问题解决作业，一边收集信息，一旦遇上新情况，立即反映出来。

②强制联结型：在进行作业前，为达成目标，把所有过程中被认为有阻碍的因素事先提出，并制定出对策，将它标示于图上。

过程决策程序图的运用过程中，具有动态管理和可追踪的特点，并且运筹帷幄、料事于先，能预测较少发生的重大事故，并在设计阶段预先考虑应对措施，同时从整体上掌握系统的动态并以此来判断全局。

7. **网络图**

网络图是编制最佳日程计划、有效实施进度管理的一种科学的管理方法，其工具是箭条图，故又称箭条图法。运用网络图时，具体是利用统筹法，通过网络图的形式反映和表达计划的安排，选择最优方案；并组织协调和控制生产的进度或费用，达到预定目标。其中，运用此方法的核心为如何将项目进行分解，判断不同项目之间的逻辑性，并进行优化调整。例如，生产一个零部件的步骤为：工序 1—工序 2—工序 3—工序 4。一个箭头代表一道工序，箭头下的时间表示该工序所需的时间；将这些箭头按照顺序衔接起来，可算出需要的总时间为 55 分钟，如图 11-8 所示。

若图 11-8 中有些工序是可同步进行的，则可做出另一种衔接关系，如图 11-9 所示。

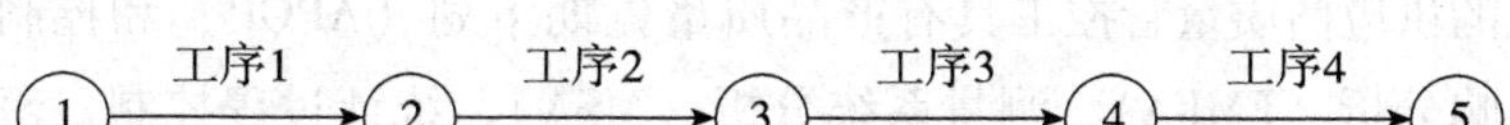

图 11-8 常规流程图示例

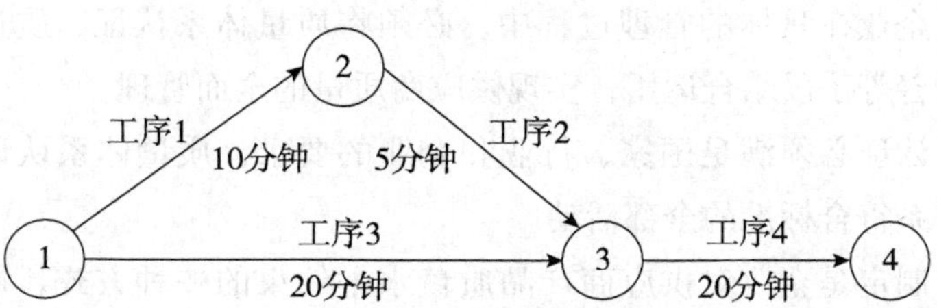

图 11-9 网络图示例

在使用网络图时需要注意：①节点间不出现循环现象；②节点间只有一个箭头；③箭头必须从节点引出；④编号不能有重复。

图 11-9 为经过优化后的网络图，其所示完成工作的时间为 40 分钟，总共节省了 15 分钟。上述仅为一个简单的案例，在复杂的项目质量管理过程中，各流程节点间，

一样可以通过上述方法判断相互之间的逻辑性，并进行优化，聚焦重要维度。

通过以上描述，可以看出网络图的优点：①项目及组成部分一目了然，便于跟进项目进度，抓关键环节；②能足够准确地估计项目的完成时间，并进行时间约定；③各组织人员的地位和作用清晰明了，可对其简化管理，使管理者的注意力更聚焦。

11.4.6 加强供应商质量建设和对客户质量需求的聚焦

图 11-10 所示为客户与供应商质量管理的传导性。企业对质量风险的管控，不仅要关注自身内部的质量管理风险，更要关注供应链的两个重要合作伙伴——供应商和客户的质量管理。对最终客户质量要求的满足必须通过企业内部和外部相结合，才能创造最好的管理成效。内外缺一不可，不能厚此薄彼。

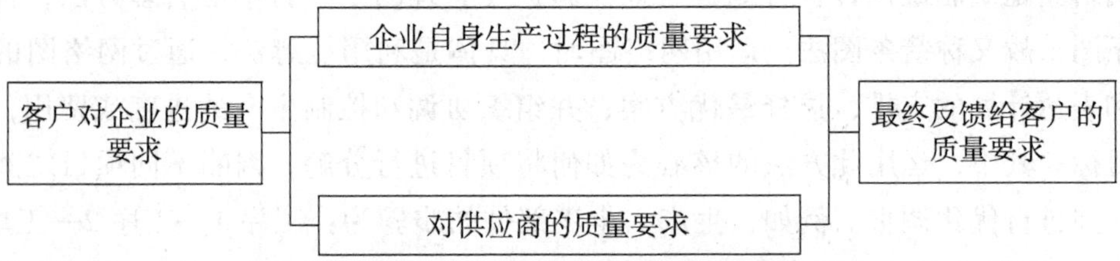

图 11-10 客户与供应商质量管理的传导性

1. 供应商的质量管理

供应商是较易发生质量风险的对象，供应商的质量管理也不等于来料检验加质量事故处理。常见的供应商质量管控工具有产品质量先期策划（APQP）和控制计划（CP）、失效模式与影响分析（FMFA）、测量系统分析（MSA）、统计过程控制（SPC）、生产件批准程序（PPAP）等。它们分别适用于产品开发、产品试制、产品量产等不同的质量管理阶段。

与此同时，企业在具体的管理过程中，必须将质量体系认证、质量标准制定、质量考核、质量改善等手段结合运用，实现供应商质量的全面管理。

①质量体系认证必须满足国家、行业和企业的要求，质量体系认证是供应商向公众证明其质量体系符合标准的全部活动。

②质量标准制定是企业对供应商产品质量水平约束的一种方式，通常可通过各种量化指标记录和追溯。质量标准一旦确定就不能轻易更改，需要对供应商进行准确宣导并严格贯彻执行。常见的质量标准有产品合格率、返修率、六西格玛等。

③质量考核包含企业对供应商现场质量管理的考核（供应商现场审核）以及供应商质量执行标准的考核。

④质量改善是企业针对供应商风险问题而发起的一种主动或被动式的质量改进活动。改善过程中，可采用戴明环等工具对改善效果进行复盘和推广。企业对供应商质

量的管理应始终处于一种精益求精的状态。

企业不仅需要对供应商质量实现全方位、无死角的管控，灵活运用各种管理工具，同时，也需要培养供应商内部独立处理质量问题的能力。供应商内部的品质管理流程和质量保证手段，必须能够与企业的需求同步。企业应根据供应商的实际情况定期提供各种质量扶持活动，帮助其提升质量管控水准。这样，才能保证供应商与企业间的良好配合，共同实现质量管理活动中的双赢局面。

2. 聚焦客户质量需求

全面质量管理理念一直强调重视客户的质量需求和满意度。客户满意度是指，客户通过将某产品（或服务）的可感知的效果（感知质量）与他的期望（认知质量）相比较，而后所形成的感觉状态。满足客户的需求是提升客户满意度的前提。

客户满意度状态一般分为以下 3 种。

①如果效果低于期望，需求得不到满足，则客户不满意。

②如果效果与期望匹配，需求得到满足，客户就满意。

③如果效果超过期望，需求得到超值满足，客户就忠诚，非常满意。

从客户满意度和质量需求入手，企业要做到重视产品质量与客户满意度之间的匹配，根据市场动态不断追求更卓越的质量水准。

质量管控的每个环节都严加把控，避免不良品的流出。无论是产品还是服务，一旦发生高频次的质量不良或者低频次的质量事故，都会在客户群体中产生放大效应，引爆客户的不满意情绪。重视客户的质量需求和满意度，可以反向促使企业重视质量管理中的缺陷，督促企业提前积极消灭各种质量危机。

企业对客户质量需求的满足永远不能拘泥于现状，要基于更高、更远的视野去追求卓越。市场和客户的需求都处于动态变化中，企业不仅要考虑客户当前的需求，更应深入思考市场和客户未来的需求，并提前布局。

为实现提前布局的目标，企业应持续改进管理手段，加强与市场和客户的交流，主动推行各种质量改善方法，弥补质量管理过程中的缺陷或堵塞漏洞，以保证所供应产品的质量，使企业始终处于不败之地。此过程不仅有助于提升企业内部质量管理的水准，也使企业能够先人一步，提前感知变化，做好风险防范。

11.4.7 六西格玛管理

六西格玛（6σ）管理最先由摩托罗拉于 20 世纪 80 年代提出，并在 20 世纪 90 年代得以大力发展。六西格玛管理在总结了全面质量管理的成功经验上，提炼了其流程管理技巧的精华和最行之有效的方法，形成了一种提升企业竞争力、追求持续进步的管理哲学。该管理法在通用、戴尔、惠普、西门子等众多跨国企业的实践运行中，都被证明是卓有成效的，已成为国际上炙手可热的质量管理模式。

美国质量协会前主席曾说："六西格玛很可能是这100年来，我们学到一切关于品质理论的集结总成。"

杰克·韦尔奇曾经说："六西格玛是通用电气至今所采用的最重要的创新……它是我们公司未来领导力的基因组成部分。"当杰克·韦尔奇在通用电气公司引入六西格玛管理方法时，他告诉高层主管，他们40%的年终奖金将根据他们在实施六西格玛管理方面的投入和业绩而定。通用电气公司开始实施六西格玛管理培训战略后，全面进行改进。通过5年的实践，通用电气公司的质量水准得到了很大提升，也获得了巨大的经济收益。

1. 六西格玛管理理念

图11-11中，σ代表标准差，标准差用于描述各种可能的结果相对于期望目标值的波动程度。6σ不仅研究"平均"，同时更关注"波动（散布）"。在第一象限、第二象限和第三象限中的分布值，要么是波动太大，要么就是偏离目标值太远，只有在第四象限中的分布值才是理想的情况。

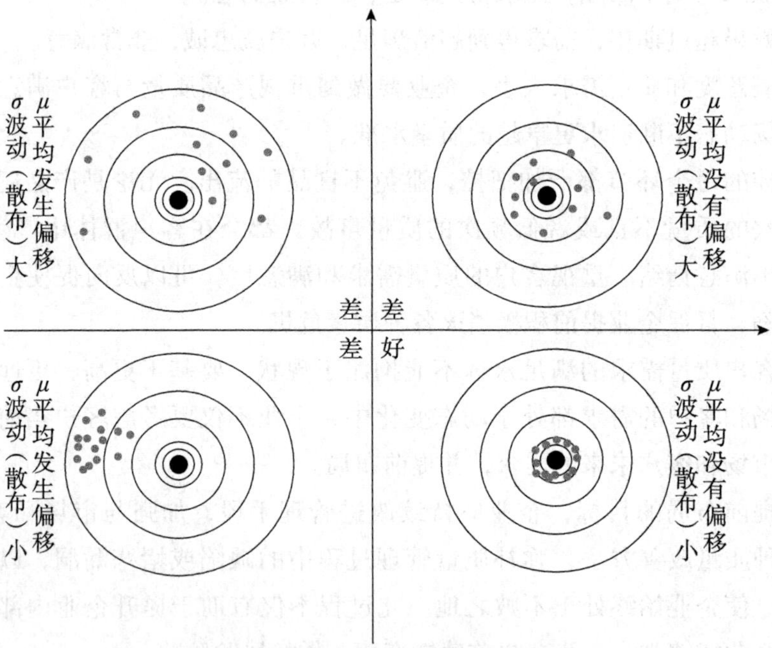

图11-11　六西格玛管理法

我们希望通过6σ管理达到的目标是每一百万个机会中只有三四个错误或故障。

2. 六西格玛管理的运用指导意义

六西格玛管理系统是一个以客户为关注焦点、以数据为基础、以统计技术为突破口，使SLPOC（供方、输入、过程、输出、客户）达到最佳效果的管理系统。

①六西格玛管理帮助企业建立了目标和测试客户满意度的标尺。作为一种有效的统计测量工具，六西格玛是一个统计测量基准，它告诉企业目前自己的产品、服务和

过程的真实水准如何。

企业不仅可以用六西格玛管理对产品的质量进行定量测量，还可以对企业内部的一些管理指标，如劳动工时、销售额、管理成本等进行测量。通过此方法，企业可将自己与其他类似的或不同的产品、服务和过程进行比较，从而知道自己处于什么位置。管理人员可以知道偏差值，明确努力的方向。

②六西格玛管理同样可以帮助企业在提供无缺陷的产品和服务方面确定更高的目标。六西格玛管理所追求的目标是把差异性减缩到这样一个程度：6 倍西格玛。

在很多产品、服务和流程中，这意味着非常显著和极其有价值的改进。企业在给内外部客户提供产品或服务时，都可以通过六西格玛来进行反思，思考企业输出的产品或者服务的质量是否与 99.9997%的完美的西格玛目标之间有差距。可以通过比较各环节西格玛的水平和业绩，让企业朝着接近完美的目标方向努力。

本章小结

本章主要是关于供应链质量风险管理的内容。首先确定了供应链质量管理的含义，阐述了供应链质量管理从质量检验阶段到统计质量管理阶段再到全面质量管理阶段的发展过程；总结供应链质量风险的特征以及三种不同的供应链质量风险的类别；介绍了供应链质量风险的识别与分析评价，介绍了供应链质量风险管控的措施。

拓展阅读

三元食品：全产业链乳品质量风险管控

1. 三元食品企业概况

北京三元食品股份有限公司（以下简称“三元食品”）创建于 1956 年，是集奶源、研发、加工、物流配送、消费及售后服务于一体的大型国有企业，有着 70 余年悠久历史。公司自有奶业全产业链优势，80%奶源来自集团自有规模化牧场。2003 年 9 月 15 日在上海证券交易所上市，现有员工约 8000 人，拥有 14 家国内加工基地、2 家国外基地，产品涵盖鲜奶、灭菌乳、酸奶、婴幼儿配方乳粉、乳粉、冰激凌、干酪及各种乳饮料等系列产品。

三元食品坚持“质量立市、诚信为本、创新领鲜”的经营理念，以“健康国人”为己任，以科技创新驱动产业发展，是国家高新技术企业、国家技术创新示范企业和首批国家级两化融合示范企业，组建了国家母婴乳品健康工程技术研究中心、母婴研究技术创新中心、母婴乳品健康北京市国际合作科技合作基地等科技创新平台。

2. 质量管理举措

①完善组织架构，确保全员参与质量管理。三元食品建立全员参与的质量管理架构，从最高管理者到一线操作工，从上到下，全员参与质量管理。积极导入卓越绩效管理模式，客观地从“领导、战略、市场、供应、相关方”等方面对公司进行了全方位的评价和指导，进一步促进了公司战略的量化、细化以及各级绩效指标的落实。同时，三元食品完善食品安全管理组织架构，成立食品安全管理委员会并聘请专家团队，执行一把手负责制，实现责权利统一，将食品安全融入业务管理。配备具有食品安全管理能力的专职食品安全总监和食品安全员。公司加强质量和食品安全文化建设，建立质量安全一票否决机制。

②标准化筑牢高质量发展根基。针对乳制品加工过程的原辅材料验收、预处理、配料、杀菌处理、灌装、设备设施清洗等方面，以人、机、料、法、环、检六个关键因素为主题，补充其他辅助要求，形成横向全覆盖、纵向全链接的七大板块标准化管理内容，建立了完善的产品质量标准化手册。

③全产业链食品安全风险管控护航高质量发展。为有效确保乳品的食品安全，依据流程图法、环境分析法，开展从源头至终端的食品安全风险信息收集、风险识别、风险评估、风险预警、风险控制和风险交流等工作，为食品安全风险预警、标准修订提供数据和技术支撑。

④全方位质量安全控制体系实现食品安全全程可控。三元食品构建了“源头严控+过程严管+快检确认”的全方位质量安全控制体系。在源头环节，通过统一饲养、防疫、配种、管理和挤奶的“五统一”现代化管理模式，结合动态严查和全程严管，持续提升自有奶源质量安全水平，并对供应商和原辅材料实行预防性管理。在过程环节，通过强化加工工艺控制、全程在线监控和红线预警防控等措施，严格把控生产过程，并通过完善物流、销售终端管理及考核制度，建立三级质量监控网络确保流通环节安全。在结果环节，建立企业自检、行业检测、国家抽检和第三方检测的四重检测体系，并设立食品安全风险监测机制，对原辅材料、半成品、加工环境和成品进行全方位检测，实现食品安全全程可控。

⑤信息化赋能全天候专业服务。三元食品构建了覆盖全产业链的质量安全信息化系统和数据库，确保产品从源头到消费者全程可追溯。上游通过管理系统采集牧场和供应商信息；新产品研发采用生命周期管理系统规范化流程；生产过程利用多个系统管理物料、工艺、设备和检测信息；下游通过销售和客户关系管理系统管理物流和分销信息。公司以消费者为中心，升级客户服务系统，提供全天候专业服务，并通过政府项目完善追溯体系。消费者可扫描产品二维码获取详尽的产品信息，确保产品安全健康。

⑥科技创新推动高质量发展。三元食品通过科技创新推动乳制品产业高质量发展，取得关键技术与设备研究的系列成果，填补了国内研究空白。公司产品包括多种创新乳制品，并采用72℃低温杀菌工艺，保留了乳制品中的活性物质。三元食品注重科技创新平台建设，强化产品研发和人才培养，形成了有效的科技创新模式，并建立了母婴营养研究队列和营养组学数据库。此外，公司通过自主研发的检测与管控技术，提升了乳品安全管控水平。

⑦质量安全智库助力人才队伍建设。三元食品构建了由全产业链专家组成的“专家库”，并依托“三元智库”平台创建了涵盖法规标准、食品安全等内容的“知识库”，以支持员工自学和公司考核。此外，公司还开展了一系列培训活动，如全产业链质量安全管理研修班和“食品安全合规知识每周一讲”，以提高员工的质量安全管理水平。这些措施旨在提升质量安全管理人员的技能和全员的质量安全意识。

3. 发展成效

三元食品在质量安全、技术创新和品牌发展等方面取得显著成绩：产品质量合格率达100%，处于行业领先地位，原料奶质量大幅提升。公司获得多项重要奖项，包括“北京市人民政府质量管理奖提名奖”和5A级乳制品生产企业评价等，多位员工获得国家级质量奖项。在技术创新方面，承担70余项国家级北京市科技项目，获20余项国家及省部级奖励，拥有49项发明专利，开发新型乳品100余种。品牌价值持续提升，2023年达505.78亿元，位列中国品牌500强第185位。经营业绩显著增长，2022年营业总收入达80.03亿元，较2013年增长111.27%。

课后习题

1. 质量管理有哪几个发展阶段？
2. 供应链质量风险有哪些特征？
3. 供应链质量风险有哪几种类型？
4. 供应链质量风险管控的方法有哪些？

参考文献

［1］张存禄，黄培清．供应链风险管理［M］．北京：清华大学出版社，2007.

［2］刘浩华．供应链风险管理［M］．北京：中国物资出版社，2009.

［3］王燕．供应链风险管理［M］．北京：中国财富出版社，2015.

［4］HANDFIELD R，MCCORMACK K P. Supply Chain Risk Management：Minimizing Disruptions in Global Sourcing［J］. Supply Chain Management，2007（2）：183-196.

［5］NORRMAN A，JANSSON U. Ericsson's Proactive Supply Chain Risk Management Approach After A Serious-Sub Supplier Accident［J］. International Journal of Physical Distribution&Logistics Management，2004（5）：434-456.

［6］QAZI A，GAUDENZI B. Supply Chain Risk Management：Creating An Agenda for Future Research［J］. International Journal of Supply Chain and Operations Resilience，2016（1）：12-50.

［7］TANG CS. Perspectives in Supply Chain Risk Management：A Review［J］. International Journal of Production Economics，2006（2）：451-488.

［8］马丁·克里斯托弗．物流与供应链管理［M］．何明珂，等译．5版．北京：电子工业出版社，2019.

［9］汪应洛．系统工程导论［M］．北京：机械工业出版社，1982.

［10］顾基发．协同创新—综合集成—大成智慧［J］．系统工程学报，2015（2）：145-152.

［11］刘冬林，周惠．供应链风险产生的根源及均衡模型［J］．武汉理工大学学报（信息与管理工程版），2007（4）：128-131.

［12］潘永明，姜景博．供应链风险管理概述与研究［J］．物流工程与管理，2020（1）：99-100+116.

［13］周凯波，魏莹，冯珊．基于案例推理的金融危机预警支持系统［J］．计算机工程与应用，2001（14）：18-21.

［14］刘莉洁，闫秀霞．供应链风险识别与防范［J］．工业经济论坛，2015（6）：74-83.

［15］李文锋．我国参与全球供应链治理的主要方向［J］．开放导报，2020（2）：28-35.

［16］曾忠禄，张冬梅．不确定环境下解读未来的方法：情景分析法［J］．情报杂志，2005（5）：14-16.

［17］宁钟，王雅青．基于情景分析的供应链风险识别——某全球性公司案例分析［J］．工业工程与管理，2007（2）：88-94.

［18］HANDFIELD RB，MCCORMACK K. Supply Chain Risk Management：Minimizing Disruptions in Global Sourcing［M］. Auerbach Publications，2007.

［19］卢有杰，卢家仪．项目风险管理［M］．北京：清华大学出版社，1998.

［20］邱映贵．供应链风险传递及其控制研究［M］．北京：科学出版社，2019.

［21］AICHLMAYR M. The Future of JIT—Time Will Tell［J］. Transportation & Distribution，2001（12）：18-23.

［22］丁伟东，刘凯，贺国先．供应链风险研究［J］．中国安全科学学报，2003（4）：64-66.

［23］英国皇家采购与供应学会（CIPS）．供应链风险管理［M］．北京中交协物流人力资源培训中心，译．北京：机械工业出版社，2014.

［24］HALLIKAS J，KARVONEN I，PULKKINEN U，et al. Risk Management Processes in Supplier Networks［J］. International Journal of Production Economics，2004（1）：47-58.

［25］MAINARDES E W，ALVES H，RAPOSO M. Stakeholder Theory：Issues to Resolve［J］. Management Decision，2011（2）：226-252.

［26］胡建一，杨敏，黄玮．公共项目社会稳定风险分析与评估概论［M］．上海：上海社会科学院出版社，2011.

［27］THOMAS J C，POISTER T H. Thinking About Stakeholders of Public Agencies：The Georgia Department of Transportation Stakeholder Audit［J］. Public Organization Review，2009（1）：67-82.

［28］柳荣，雷蕾．供应链风险管理实战：采购风险+供应商风险+质量风险+技术风险+物流风险+合同风险识别与管控［M］．北京：人民邮电出版社，2021.

［29］CHENG P，FU Y，LAI K K. Supply Chain Risk Management in The Apparel Industry［M］. Routledge，2018.

［30］ALPASLAN C M，GREEN S E，MITROFF I I. Corporate Governance in The Context of Crises：Towards A Stakeholder Theory of Crisis Management［J］. Journal of Contingencies And Crisis Management，2009（1）：38-49.

［31］魏晨红．供应链中断风险：界定、来源与应对［J］．老字号品牌营销，2021（6）：61-62.

［32］SHEKARIAN M，MELLAT PARAST M. An Integrative Approach to Supply Chain

Disruption Risk and Resilience Management: A Literature Review [J]. International Journal of Logistics Research and Applications, 2020 (2): 1-29.

[33] 张旭凤, 于杰. 供应商管理 [M]. 北京: 中国财富出版社, 2014.

[34] 邵晓峰, 季建华, 黄培清. 供应链中供应商选择方法的研究 [J]. 数量经济技术经济研究, 2001 (8): 80-83.

[35] 吴发明. 生产物料供应与管理操作手册 [M]. 北京: 人民邮电出版社, 2008.

[36] 马林. 供应链风险管理下供应商选择的评价模型 [J]. 统计与决策, 2004 (1): 43-44.

[37] 杨华, 汪贤裕. 基于风险角度的供应商选择研究 [J]. 统计与决策, 2007 (3): 45-47.

[38] 陈祥锋. 供应链金融服务创新论 [M]. 上海: 复旦大学出版社, 2008.

[39] 彭韶兵, 邢精平. 公司财务危机论 [M]. 北京: 清华大学出版社, 2005.

[40] 朱元午. 企业集团财务理论探讨 [M]. 大连: 东北财经大学出版社, 1999.

[41] CROUHY M, GALAI D, MARK RM. A Comparative Analysis of Current Credit Risk Models [J]. Journal of Banking & Finance, 2000 (24): 59-117.

[42] 邱映贵, 冯自钦, 程国平. 供应链视角下企业财务风险传导机理与模式研究 [J]. 财会通信, 2010 (1): 151-153.

[43] 托马斯·威尔逊. 价值与资本管理: 金融机构财务与风险管理指南 [M]. 朱杰, 朱文革, 等译. 上海: 上海财经大学出版社, 2018.

[44] 许建英. 集团企业供应链财务风险管理问题研究 [J]. 行政事业资产与财务, 2017 (36): 74-75.

[45] 王逸远. 供应链导向下企业财务风险传导机制问题研究 [J]. 会计之友, 2013 (3): 38-40.

[46] 张涛, 孙林岩. 供应链不确定性管理: 技术与策略 [M]. 北京: 清华大学出版社, 2005.

[47] 乔尔·D. 威斯纳, 梁源强, 陈加存. 供应链管理 [M]. 朱梓齐, 译. 北京: 机械工业出版社, 2006.

[48] 蒋屏, 董英杰. 财务风险管理 [M]. 北京: 高等教育出版社, 2017.

[49] 王峰, 李春富. 采购管理实务 [M]. 北京: 人民邮电出版社, 2015.

[50] 宫迅伟, 等. 采购全流程风险控制与合规 [M]. 北京: 机械工业出版社, 2020.

[51] 范彦彦. 合同管理与合同风险规避 [M]. 北京: 中国时代经济出版社, 2011.

[52] 李傑. 供应链管理技术: 采购和仓储实践者的创新笔记 [M]. 北京: 人民

邮电出版社，2018.

［53］柳荣，杨克亮，包立莉．库存控制与供应链管理实务［M］．北京：人民邮电出版社，2021.

［54］纪志宏，纪敏．中国式产能过剩［M］．北京：中国金融出版社，2018.

［55］冯晓玲，崔丹丹．浅析产业结构调整与产能过剩［J］．经贸实践，2016（16）：43.

［56］张煜，汪寿阳．供应链质量风险管理［M］．北京：科学出版社，2013.

［57］蒋家东，赵晗萍，冯允成．供应链质量风险特征研究［J］．航空标准化与质量，2008（1）：29-34.

［58］赵展，周子元．供应链质量风险管理及其应用［J］．商场现代化，2016（2）：88-89.

［59］汪邦军．供应链质量风险管理及其应用［J］．航空标准化与质量，2005（3）：12-16.

［60］姜启军．食品供应链社会责任管理［M］．上海：上海人民出版社，2014.

［61］鞠芳辉，张叶．消费者选择、企业博弈演化与供应链社会责任［M］．杭州：浙江大学出版社，2015.

［62］罗纳德·H. 巴罗．企业物流管理——供应链的规划、组织和控制［M］．王晓东，胡瑞娟，等译．北京：机械工业出版社，2002.

［63］王永军，石成华，杨洁英．基于供应链管理的信息风险及防范对策研究［J］．科技风险，2008（3）：65-66.

［64］庞辉．基于社会责任视角下的企业绩效与评价相关性研究［M］．北京：清华大学出版社，2015.

［65］马向国，刘同娟，余佳敏．跨境供应链管理及案例解析［M］．北京：化学工业出版社，2021.

［66］MARTIN C，HELEN P. Building the Resilient Supply Chain［J］. The International Journal of Logistics Management，2004（2）：1-14.

［67］王燕，刘永胜．供应链风险管理概述［J］．物流技术，2008（8）：138-141.

［68］徐章一．营销活动中“牛鞭效应”的综合治理［J］．市场营销导刊，2002（2）：52-54.

［69］大卫·辛奇-利维，菲利普·卡明斯基，伊迪斯·辛奇-利维．供应链设计与管理：概念、战略与案例研究［M］．季建华，邵晓峰，译．北京：中国人民大学出版社，2010.

［70］林毅夫，蔡昉，李周．比较优势与发展战略——对“东亚奇迹”的再解释［J］．中国社会科学，1999（5）：4-20+204.

[71] 卓弘毅. 供应链管理从入门到精通 [M]. 北京：中国铁道出版社有限公司，2022.

[72] WIENGARTEN F，HUMPHREYS P，MCKITTRICK A，et al. Investigating the Impact of e-Business Applications on Supply Chain Collaboration in the German Automotive Industry [J]. International Journal of Operations & Production Management，2013 (1)：25-48.

[73] 宋华，等. 供应链与物流管理研究前沿报告 2012 [M]. 北京：中国人民大学出版社，2013.

[74] ASPARA J，HIETANEN J，TIKKANEN H. Business Model Innovation vs Replication：Financial Performance Implications of Strategic Emphases [J]. Journal of Strategic Marketing，2010 (1)：39-56.

[75] BABA Y. Adopting a Specific Innovation Type Versus Composition of Different Innovation Types：Case Study of a Ghanaian Bank [J]. International Journal of Bank Marketing，2012 (3)：218-240.

[76] 青木昌彦，安藤晴彦. 模块时代 [M]. 周国荣，译. 上海：上海远东出版社. 2003.

[77] 张翠华，任金玉，于海斌. 供应链协同管理的研究进展 [J]. 系统工程，2005 (4)：1-6.

[78] 吴军，李健，汪寿阳. 供应链风险管理中的几个重要问题 [J]. 管理科学学报，2006 (6)：1-12.

[79] 胡跃飞，黄少卿. 供应链金融：背景、创新与概念界定 [J]. 金融研究，2009 (8)：194-206.

[80] 周艳菊，邱莞华，王宗润. 供应链风险管理研究进展的综述与分析 [J]. 系统工程，2006 (3)：1-7.

[81] SHEFFI Y. Supply Chain Management Under the Threat of International Terrorism [J]. The International Journal of Logistics Management，2001 (2)：1-11.

[82] 张进发. FMECA 方法在供应链风险管理中的应用研究 [J]. 物流技术，2009 (3)：117-118.

[83] 刘家国，孔玉丹，周欢，等. 供应链风险管理的物理—事理—人理方法研究 [J]. 系统工程学报，2018 (3)：298-307.

[84] GU J，XU S，FANG Y，et al. Three Aspects on Solving Queuing Service System in Shanghai World Expo [J]. Journal of Systems Science and Systems Engineering，2013 (22)：340-361.

[85] 顾基发. 关于中国管理实践的评价 [J]. 管理学报，2011 (5)：633-635.

[86] 董丽娅，刘子玲，任远，等．WSR方法论在科技投入宏观系统管理研究中的应用［J］．中国软科学，2006（2）：89-93.

[87] 顾基发，高飞．从管理科学角度谈物理—事理—人理系统方法论［J］．系统工程理论与实践，1998（8）：1-5.

[88] 柴跃廷，刘义．敏捷供需链管理［M］．北京：清华大学出版社，2001.

[89] AGRAWAL V，SESHADRI S. Risk Intermediation in Supply Chains［J］. IIE Transactions，2000（9）：819-831.

[90] 吴显英．企业国际化经营的文化风险识别［J］．经济管理，2003（1）：19-22.

[91] 李健，张金林．供应链金融的信用风险识别及预警模型研究［J］．经济管理，2019（8）：178-196.

[92] 高萍，黄培清，张存禄．基于SCOR模型的供应链绩效评价与衡量指标选取［J］．工业工程与管理，2004（3）：49-52.

[93] 詹原瑞．银行信用风险的现代度量与管理［M］．北京：经济科学出版社，2004.

[94] 李杰，马士豪，靳孟宇，等．基于SA-SVM的众筹违约风险预警模型［J］．统计与信息论坛，2018（11）：70-77.

[95] 刘闽，林成德．基于支持向量机的商业银行信用风险评估模型［J］．厦门大学学报（自然科学版），2005（11）：29-32.

[96] 宋远方，黄千员．国内供应链金融研究进展——基于2005—2017年CSSCI文献分析［J］．中国流通经济，2018（1）：47-54.

[97] 李毅学．供应链金融风险评估［J］．中央财经大学学报，2011（10）：36-41.

[98] LI F J，GUO K X，LIAO X Y. Risk Assessment of China Rapeseed Supply Chain and Policy Suggestions［J］. International Journal of Environmental Research and Public Health，2023（1）：465.

[99] APPLEQUIST G E，PEKNY J F，REKLAITIS G V. Risk and Uncertainty in Managing Chemical Manufacturing Supply Chains［J］. Computers and Chemical Engineering，2000（9-10）：2211-2222.

[100] 顾孟迪，雷鹏．风险管理［M］．北京：清华大学出版社，2005.

[101] 雷战波，袁彩燕，刘二鹏．基于UML的供应链危机预警支持系统的建模与开发［J］．系统工程，2004（12）：38-43.

[102] 沈建明．项目风险管理［M］．北京：机械工业出版社，2004.

[103] 罗伯特·汤普金斯．解读期权［M］．陈宋生，雀宏，刘锋，译．2版．北京：经济管理出版社，2004.

[104] AGRAWAL V, SESHADRI S. Impact of Uncertainty and Risk Aversion on Price and Order Quantity in the Newsvendor Problem [J]. Manufacturing & Service Operations Management, 2000 (4): 410-423.

[105] YANG Y L. Profit Sharing and Standard Setting in Production and Procurement Management [J]. Applied Economics, 2006 (2): 95-105.

[106] 李晓英，陈维政. 供应链风险形成机理研究 [J]. 中国流通经济，2003 (9): 10-13.

[107] 楚扬杰，王先甲，方德斌，等. 供应链风险预警与防范机制研究 [J]. 科技与管理，2006 (4): 65-66+70.

[108] 张存禄，王子萍，黄培清，等. 基于风险控制的供应链结构优化问题 [J]. 上海交通大学学报，2005 (3): 468-470+478.

[109] 张成海. 供应链管理技术与方法 [M]. 北京：清华大学出版社，2002.

[110] 谢识予. 经济博弈论 [M]. 3 版. 上海：复旦大学出版社，2002.

[111] 赵林度. 供应链与物流管理理论与实务 [M]. 北京：机械工业出版社，2003.

[112] GHOSH S, JINTANAPAKANONT J. Identifying and Assessing the Critical Risk Factors in An Underground Rail Project in Thailand: A factor Analysis Approach [J]. International Journal of Project Management, 2004 (8): 633-643.

[113] 金铌. 基于本质安全的供应链风险识别方法研究 [J]. 中国安全科学学报，2011 (3): 145-149.

[114] 王晓群. 风险管理 [M]. 上海：上海财经大学出版社，2003.

[115] 王燕. 供应链违约风险识别与对策 [M]. 北京：中国物资出版社，2006.

[116] BALASUBRAMANIAN S, MAHAJAN V. The Economic Leverage of the Virtual Community [J]. International Journal of Electronic Commerce, 2001 (3): 103-138.

[117] 傅少川，张文杰，施先亮. 供应链信息风险的形成机理和防范对策 [J]. 中国安全科学学报，2004 (11): 88-91.

[118] 弯红地. 供应链金融的风险模型分析研究 [J]. 经济问题，2008 (11): 109-112.

[119] 熊熊，马佳，赵文杰，等. 供应链金融模式下的信用风险评价 [J]. 南开管理评论，2009 (4): 92-98+106.

[120] 宋华. 中国供应链——前沿与趋势研究 [M]. 北京：中国人民大学出版社，2015.

[121] 马士华，林勇，等. 供应链管理 [M]. 6 版. 北京：机械工业出版社，2020.

[122] 陈国权. 供应链管理 [J]. 中国软科学，1999 (10): 101-104.

［123］刘志学．现代物流手册［M］．北京：中国物资出版社，2001.

［124］王迎军．供应链管理实用建模方法及数据挖掘［M］．北京：清华大学出版社，2001.

［125］王苑琢，王竹泉，孙建强，等．中国上市公司资本效率与财务风险调查：2017［J］．会计研究，2018（12）：62-69.

［126］陈爱早．供应链中企业财务风险传导要素分析［J］．武汉理工大学学报（社会科学版），2009（5）：14-16+37.

［127］马丽，张光明．供应链风险预警管理研究［J］．价值工程，2008（2）：69-72.

［128］JUTTNER U，PECK H，CHRISTOPHER M. Supply Chain Risk Management：Outlining an Agenda for Future Research［J］. International Journal of Logistics Research and Applications，2003（4）：197-210.

［129］钟林．攀登：企业如何赢在风险［M］．北京：清华大学出版社，2006.

［130］曹雄彬．供应链管理［M］．北京：机械工业出版社，2005.

［131］姚国庆．经济虚拟化下的金融危机［M］．天津：南开大学出版社，2005.

［132］LEE H L，PADMANABHAN V，WHANG S. Information Distortion in a Supply Chain：The Bullwhip Effect［J］. Management Science，1997（4）：546-558.

［133］凌六一，郭晓龙，胡中菊，等．基于随机产出与随机需求的农产品供应链风险共担合同［J］．中国管理科学，2013（2）：50-57.

［134］刘咏梅，李立，刘洪莲．行为供应链研究综述［J］．中南大学学报（社会科学版），2011（1）：80-88.

［135］姚忠．风险约束下退货合同对供应链的协调性分析［J］．管理科学学报，2008（3）：96-105.

［136］赵道致，何龙飞．Downside-Risk 控制下的供应链合作契约研究［J］．系统工程理论与实践，2007（4）：34-40.

［137］CACHON G P. The Allocation of Inventory Risk in a Supply Chain：Push，Pull，and Advance-Purchase Discount Contracts［J］. Management Science，2004（2）：222-238.

［138］柏庆国，史宝珍，徐健腾．风险规避下二级供应链的低碳减排运营策略［J］．系统工程，2019（3）：86-97.

［139］李晓鹏．关于供应链金融应用研究［J］．金融经济，2017（2）：156-157.

［140］谢识予．经济博弈论［M］．3 版．上海：复旦大学出版社，2002.

［141］周明，张异，李勇，等．供应链质量管理中的最优合同设计［J］．管理工程学报，2006（3）：120-122.

［142］刘光庭．质量检验［M］．北京：北京理工大学出版社，1990.

[143] 华中生，陈晓伶．考虑质量风险时供应链订货批量的博弈分析［J］．系统工程理论方法应用，2005（4）：303-307+312.

[144] 许建，田宇．基于可持续供应链管理的企业社会责任风险评价［J］．中国管理科学，2014（S1）：396-403.

[145] 申光龙，金炳秀，陈礼伟．供应链视角下的企业社会责任管理研究［J］．物流技术，2009（7）：185-188.

[146] CILIBERTI F，PONTRANDOLFO P，SCOZZI B. Logistics Social Responsibility：Standard Adoption and Practices in Italian Companies［J］．International Journal of Production Economics，2007（1）：88-106.

[147] 林梦，路红艳，孙继勇，等．跨国公司在中国：全球供应链重塑中的再选择［J］．国际经济合作，2022（4）：55-66+94.

[148] 洪群联．全球供应链的变化趋势和对策建议［J］．中国经贸导刊，2019（15）：34-36.

[149] 佘青，张洁，龚涵．数字化采购管控系统的设计与实现［J］．现代信息科技，2023（18）：36-41.